刑 事 法 学 博 士 文 库

陈忠林◎总主编

不起诉的实体根据研究

李继华◎著

中国检察出版社

图书在版编目（CIP）数据

不起诉的实体根据研究/李继华著 . —北京：中国检察出版社，
2013.5
ISBN 978 - 7 - 5102 - 0888 - 1

Ⅰ.①不⋯　Ⅱ.①李⋯　Ⅲ.①刑事诉讼法 - 研究 - 中国
Ⅳ.①D925.204

中国版本图书馆 CIP 数据核字（2013）第 088289 号

不起诉的实体根据研究

李继华　著

出版发行：中国检察出版社
社　　址：北京市石景山区香山南路 111 号　（100144）
网　　址：中国检察出版社（www. zgjccbs. com）
电　　话：(010)68650028(编辑)　68650015(发行)　68636518(门市)
经　　销：新华书店
印　　刷：保定市中画美凯印刷有限公司
开　　本：A5
印　　张：11.75 印张　插页 4
字　　数：325 千字
版　　次：2013 年 5 月第一版　2013 年 5 月第一次印刷
书　　号：ISBN 978 - 7 - 5102 - 0888 - 1
定　　价：28.00 元

总　序

　　四年前，当我校第一批刑法学博士毕业时，我就萌发了出版一套博士文库的想法。可是人懒事繁，一拖就是几年。去年借在重庆参观全国性书展的机会，我又与中国检察出版社谈起此事。他们不仅热情地表示支持，而且还建议将这个想法加以拓展和延伸。因为在刑事法学领域，目前还未出版过全国性的博士文丛，如果以文库为依托尽可能汇集全国各地刑法、刑事诉讼法、犯罪学、监狱学以及刑法史等方面的优秀博士论文，则不仅可以为相关学科的博士们提供一个展示自己成果的平台，同时也能为读者学习研究提供一种系统的参考。这是件有助于学术传承的好事啊，何乐而不为呢？于是，就有了《刑事法学博士文库》的问世。

　　按例，一套文库应该有一个总序。总序是文库的点睛之笔。这个"睛"该怎样点，委实有点为难生性拙于文的我。没有办法，无能点睛，就谈一点自己对刑事法学的看法吧。这些看法，不论是作为参考的镜子，还是作为批判的靶子，我都奢望能对认真的读者有所裨益。

　　"刑事法学"是一个复合名词。就词的结构而言，能将这门学科与其他学科完全区别开来的，就只有一个字："刑"。从修辞学的角度考察，这个"刑"字，就应该是刑事法学特有的研究对象。如果仅从汉语中考察词源，这个"刑"字，我国古已有之。但是，中国传统法律文化中的这个"刑"，并不完全等同于这里所谈的"刑事法学"中的"刑"。因为在古代中国，"民刑不分，诸法合体"，"刑"与"法"在很多情况下是可以互换的两个同义词。这个"刑"字，没有区分刑事法和其他部门法的作用。即使在现代语言中，无论是英语中的"criminallaw"，还是其他西方主要语言体系中与之相近的"strafrecht"、"dirittopenale"等，也具有与汉语中的"刑事法"不一样的含义。汉语中的"刑事法"，仅仅是指与犯罪和刑罚直接相关的法律规范体系；而在西方语言中，"criminallaw"等表述方式则兼有作为规范体系的"刑事法"和作为知识体系的"刑事法学"的意思。因此，就词源意义而言，真正以现代意义的"刑事法"为研究对象的知识体系——"刑事法学（criminallaw）"，应该是一个源自近代西方的概念。

在西方，"刑事法学"也是一个内涵与外延不断丰富和发展的概念。尚未进入成文法时代之前，由于人们对于刑罚在界定刑事法范围的作用尚无明确的认识，人们在刑事法学领域中关注的重点，还是如何认定作为事实的犯罪行为。当时的"刑事法（criminallaw）"，基本上是指如何处罚犯罪的刑事实体法，即狭义的刑法。刑事法学中"刑"字，这时还主要是"犯罪的（criminal）"意思。这就是当时的大陆法系和英美法系国家，都将刑法称为"犯罪法（criminallaw）"的原因。

进入 19 世纪以后，世界上第一部近代意义的刑事诉讼法典和刑法典——1808 年的《法国刑事诉讼法典》和 1810 年的《法国刑法典》相继颁布。制裁犯罪特有的措施——刑罚，开始在法律体系内部发挥界定刑法和其他部门法的作用。于是，"刑事法"中的"刑"字，在英美法系国家和大陆法系国家开始分别具有"犯罪的（criminal）"和"刑罚的（penal）"双重形为二、实为一的意思。

刑法以认定犯罪和适用刑罚的标准为内容；刑事诉讼法以认定犯罪和适用刑罚的程序为内容；犯罪学应该以法律规定为犯罪和适用刑罚的行为产生的原因、类型和预防措施为研究对象；①……是否以规定犯罪和刑罚为主要内容，是逻辑上界定刑事法与其他部门法的标准；是否以研究犯罪和刑罚为主要内容，是逻辑上界定刑事法学与其他法学的唯一标准。总之，一切不以犯罪或刑罚为核心内容的法律规范，就不可能成为刑事法律规范；一切不是为了正确解决犯罪和刑罚的问题，或者正确地解决由犯罪和刑罚而生的问题的知识，都不应该属于刑事法学特有的研究内容。

正如在哲学领域中的物质和精神这对基本的范畴一样，犯罪和刑罚这对作为刑事法学基础的范畴，不可能不是两个相互界定的概念：犯罪是刑罚处罚的行为，刑罚是处罚犯罪的措施。离开了惩罚犯罪的刑罚，人们就不可能将犯罪与其他危害行为区别开来；② 离开了刑罚惩罚的犯罪，刑罚这个概念根本就不可能产生。尽管就事实发生的顺序而言，应该是先出现了犯罪 —— 一种用非刑罚手段不可能解决的社会现象之后，人们才可能想到专门针对犯罪行为的处罚措施 —— 刑罚。但是，后者一旦产生，是否应受刑罚处罚，就成了在形式上衡量一个行为是否构成犯罪的唯一标准。与此同时，刑罚这个概念，在逻辑上也就成了一切刑事法学的基础；离开

---

① 笔者认为，离开了刑法学对犯罪本质的认识，不以国家规定（或者应该规定）为犯罪的行为的产生原因、类型和预防措施为讲究对象，犯罪学的研究范围就不可能界定。其结果必然是，或是将"犯罪学"混同于"越轨行为学"，或是使"犯罪学"成为研究者个人随心所欲的对象。

② 无论是以"法益侵害性"，还是以"（严重的）社会危害性"为犯罪的本质特征，否认"应受刑罚惩罚性"是犯罪本质特征的观点，无疑都是将犯罪与其他危害行为的共性与犯罪的个性混为一谈。

了刑罚的本质，刑事法学中的一切基本问题都不可能得到科学的解答。是否与（应该）适用刑罚（的行为）有关，是从内容上区分刑事法学和其他学科的唯一标准；如何保证国家正确地运用刑罚，是一切刑事法学研究最基本的归属。因此，正确地认识刑罚的本质，是确保刑事法学科学性的唯一途径。

什么是刑罚的本质？"刑罚是制裁犯罪的措施"。这个回答显然只是人们对刑罚的感性认识，而不是这个问题的最终答案。然而，"现象就是本质"。西方哲人黑格尔的这句似非而是的名言，应该是在告诉我们：现象是事物本质的表现；我们只能够通过现象来了解本质；通过现象，我们也完全可以把握本质。怎样才能通过现象把握本质呢？东方哲人孔老夫子教给我们的方法是——"致知在格物"：要想获得新的知识，你就必须运用现有的知识来"格"（考察、分析）你所研究的对象。

谁在运用刑罚？刑罚制裁的对象（可能）是谁？当我们从这一角度对刑罚的主体和适用对象进行考察时，马上就会发现：刑罚不仅是一种制裁措施，更是一种特殊的社会关系。由于刑罚的一端是掌握刑罚权的国家，而另一端是因犯罪而受到刑罚处罚的"孤立的个人"，因此，刑罚是一种国家和公民个人之间的社会关系。

面对这个结论，不少人可能提出这样的疑问：行政处罚不也包含国家处罚公民个人的内容吗？行政处罚与刑罚所代表的社会关系有何根本区别？要获得这个"知"，我们就再"格"一下这两种措施在权力主体与权力内容方面的差异。

就处罚权的主体而言，行政规范的实现，主要依靠相关的国家行政机关履行相应的职能来保证。因此，行使行政处罚权的主体是国家行政机关。但是，任何一个刑法规范的实现，都必须由国家动用包括立法、行政（负责侦查的公安机关和负责执行的监狱机关）、司法（负责职务犯罪侦查和起诉的检察机关和负责审判的法院）甚至国家武装力量（负责监狱警戒的武警）在内的全部强制性力量。国家为保证刑罚规范实现所动用的强制力量说明：与行政制裁不一样，国家刑罚权的主体不是行使国家某一部分职能的国家机关，而是作为整体的国家。

当我们从权力内容的角度考察时，我们可以看到，刑罚有两个区别于行政处罚的特点：（1）刑罚完全以剥夺公民最基本的权利（人身、财产、政治权利，甚至生命）为内容；（2）刑罚以完全剥夺公民最基本的权利为限度（终身监禁、没收全部财产、剥夺政治权利终身，甚至死刑）。

刑罚和行政处罚在权力主体和权力内容方面的上述区别说明：行政处罚是代表国家履行行政职能的行政机关与公民个人的权利之间的关系，而刑罚所代表的则是作为整体的国家和作为个人的公民最基本的权利之间的关系。这一事实说明：刑事法与其他部门法一样，同样是以一种特殊的社会关系，即以作为整体的国家和作为个人的公民最基本的权利之间的关系，为自己特有的调整对象。

当我们了解了刑事法是以国家剥夺公民最基本的权利为内容后，一个更深沉的问题自然就摆在了我们面前：

自人类进入有国家统治的时代以来，几乎所有的国家都宣称保护其成员的利益是自己神圣的职责；近代以来，几乎所有的国家都宣称自己是人民的国家，是以维护公民权利、自由为根本宗旨的国家；自20世纪50年代，人权的观念逐渐成为了普世公认的价值，"国家尊重和保护人权"也逐渐成为现代法治的基础和世界各国承担的基本义务。可是，如果刑罚代表的是作为整体的国家和作为个人的公民最基本的权利之间的关系，刑罚运用这一事实实质上就意味着：国家是在动用自己的全部强制性力量，来剥夺一个作为"孤立的个人"的公民最基本的权利。那么，以保护其成员利益为神圣职责，以维护公民权利、自由为根本宗旨，承担着"尊重和保护公民人权"义务的国家，为什么要动用自己的全部力量来剥夺一个公民最基本的权利呢？

当我们对刑罚的分析进行到这里时，我们就开始接触到了刑事法学的核心：国家剥夺一个公民基本人权的根据。而这个问题的答案，就是刑罚的本质。这既是全部刑事法学理论的价值基础，也是打开全部刑事法学秘密的钥匙。

国家为什么要剥夺一个公民的基本权利？严格地说，这是一个很难从正面回答的问题。要找到这个问题的答案，也许我们可以先从反面提出这样一个设想：对实施犯罪行为的人，国家可以不用刑罚吗？面对这个问题，历史上有不少伟大的理论家们从不同的立场，用不同的方法，给出了种种见仁见智的答案。但是，"天听自我民听，天视自我民视"，"民之所欲，天必从之"，任何时代的国家权力都必须以人民的认同为基础。"法生于义，义生于众适，众适合于人心"，只要我们承认现代国家应该是人民的国家，应该是以保护公民自由、维护公民人权为宗旨的国家，我们就应该撇开那些似是而非的理论家们的雄辩，从每一个普通人的内心来寻求这个问题的答案。

面对犯罪，国家可以不用刑罚吗？我想，任何具有基本常识和理智的人都会回答：No！人们为什么会有这样的答案呢？"王者之政，莫急于盗贼。"我们不妨以盗窃罪为例来回答这个问题。自人类进入私有社会以来，在任何时代、任何国家，盗窃都可能是最普遍的犯罪。解剖这只麻雀，应该具有普适的意义。

众所周知，盗窃行为的对象是公私财产。在现代法律制度中，财产关系，至少公民之间的财产关系，本来应是民法调整的范围。为什么一个公民侵犯另一个公民财产的盗窃行为，国家不是用处理平等主体之间关系的民事法律来解决，而要自己亲自出马，动用刑罚来处置呢？按常识，这个问题的答案是显而易见的：盗窃是以秘密窃取为手段的犯罪，往往盗窃多次才可能被发现一次，加上绝大多数情况下实施盗窃的人都不具有赔偿能力等原因，如果仅仅运用赔偿损失、恢复原状等民事措施，对于盗窃者来说就不是一种制裁，而是一种奖赏。盗窃是一种从根本上威胁他人财产安全的行为，当国家对这种任何时代、任何国家都普遍存在的犯罪采取的是一种带有奖赏性质的措施时，我们很难想象，国家以保障财产为目的的那些法律制度还可能运行。换言之，盗窃行为不仅是对公私财产的侵犯，更意味着对国家法律制度的根本威胁。这样，一个公民侵犯另一个公民的财产关系的盗窃行为，就开始转变为一个公民威胁国家法律制度的行为，公民个人之间的财产关系也就随之转变为公民个人与国家的财产法律制度之间的关系。盗窃行为如此，其他犯罪行为也同样如此。

法律是国家履行自己职能最基本的手段，法律制度是国家存在和正常运行的前提和基础。当一个公民的行为从根本上威胁到国家法律制度的运行时，国家自然会动用全部力量来剥夺该公民最基本的权利。因此，当我们注意到犯罪是公民个人对国家法律制度的威胁时，国家为什么要动用全部力量来剥夺作为"孤立的个人"的公民基本权利的理由就基本上清楚了。

保护国家法律制度的正常运用，可以从形式上解释历史上所有国家刑罚存在的根据。但是，从现代法治的角度考察，刑罚所剥夺的公民权利，都属于神圣不可侵犯的基本人权范畴。在"国家尊重和保护人权"已经写入我国《宪法》的今天，还必须从人权的角度进行考察，才可能真正说明刑罚的实质。

如果基本人权不可侵犯是一切国家权力的基本界限，那么国家为什么会动用全部的强制性力量来剥夺一个公民的基本人权？普通民众为什么会认同对盗窃者处以刑罚，即便自己的亲友，甚至本人也可能成为盗窃者，这是因为放任这种行为，自己的人权（财产权）就会受到威胁。正如联合国《世界人权宣言》第 29 条所规定的那样："人人在行使他的权利和自由时，只受法律所确定的限制，确定此种限制的唯一目的在于保证对旁人的权利和自由给予应有的承认和尊重，并在一个民主的社会中适应道德、公共秩序和普遍福利的正当需要。"因此，以保护全体公民人权为限度而被迫剥夺犯罪人的人权，是现代国家行使刑罚权的唯一根据，此亦即现代国家刑罚的本质。

"芝麻，开门！"一旦我们了解了刑罚的本质，刑事法学的一切基本问题也就迎刃而解了。

首先，如果刑罚以维护全体公民的人权而被迫剥夺限制作为个人的犯罪人的人权为内容，这就意味着以刑罚为制裁手段的刑事法，不仅是加强其他法律效力的制裁手段，而且是有着自己独立调整对象的部门法。与其他部门法一样，刑事法的调整对象是一种特殊的社会关系。这种社会关系在形式上表现为公民个人与国家的法律制度之间的关系，实质上以公民个人的基本人权与全体公民的人权之间的关系为内容。无论是刑事法的任务、犯罪的本质或是刑罚的目的，都只有从这一点出发，才可能得到正确的说明。

其次，刑事法以全体公民的人权与公民个人的基本人权为调整对象，这里的全体公民的人权当然也包括犯罪人的人权，也是国家应该"尊重和保护"的内容。这一事实说明：刑罚只能是国家在两种都应该保护的权利之间所作的一种迫不得已的选择。无论是刑法中的罪刑法定原则、罪刑相适应原则、刑罚人道原则，还是刑事诉讼法、监狱法中的保护犯罪嫌疑人和服刑人的措施，都必须以"刑法（罚）不得已原则"为根据、为限度，才可能真正发挥刑事法保护包括犯罪人在内的全体公民的基本人权的作用。

最后，国家只能基于保护包括犯罪人在内的全体公民的人权而适用刑罚，这意味着尽可能减少刑事法的适用，才是国家适用刑事法的真正目的。如何通过不断丰富和发展全体公民的人权来减少犯罪，保证每一个人"对旁人的权利和自由给予应有的承认和尊重，并在一个民主的社会中适应道德、公共秩序和普遍福利的正当需要", 就是犯罪学研究的基本内容。

　　必须交稿了, 就此打住。有疑惑者, 请联系: chen7749@ya-hoo. com. cn。

　　谢谢您对《刑事法学博士文库》的关注!

陈忠林

2008 年 8 月 6 日

目 录

序言：换个角度看刑法

继华的博士论文即将出版，邀我作序，虽忙于教学，但欣然接受。称他继华，是与他相识以来的习惯。他虽毕业于人民大学法学院知识产权法专业，但印象中在校期间与他并不相识。1999年我到北京市海淀区人民检察院挂职，从事公诉工作，那时他已是有多年工作经历、经验丰富的检察官。所以，与继华是在共同从事公诉工作中相识、相熟的。2007年至2010年，我继续到北京市人民检察院第二分院挂职，他那时已在二分院担任研究室主任，与他再次成为同事。由同事关系，转为师生关系，在我指导的博士生中，仅此一例。

博士生的学位论文选题，或由学生自选导师认可，或由师生共同磋商、反复讨论从多个选题中确认，或由导师命题，于我而言，都使用过，依具体情况而定。继华博士的论文选题"不起诉的实体根据研究"，是由我命题的。说实话，这个题目原本是我想自己系统研究的，无奈生性懒惰，从来有思路，而少落实于笔端，或者虽有片段的记载或断断续续的写作，又因疏懒而未最终成稿。现在想来，许是我本就缺乏驾驭相关题目的能力。好在老师的想法，可以交由学生去实现。于是，选择能够胜任这个选题写作的学生，就成了我多年的愿望。继华考取我的博士生后，我觉得，从必要的知识储备，尤其是丰富的司法经验积累的角度，他都是一个撰写这篇命题学位论文的最佳人选。呈现在各位读者面前的著作——《不起诉的实体根据研究》，是一部解读不起诉实体根据的力作。看到这部著作，我油然而生欣慰之情，这种心情，恐怕只有做老师的最能体悟，它是教师幸福感的内核。

以我浅见，将学生的学位论文题目确定为"不起诉的实体根据研究"的主旨，就是以不起诉为载体，换个角度考察刑法，或者研究本属于刑法视野之内，但却因学科领域的不合理界分被刑法理论遗忘的问题。最低限度，论文所探讨的问题，属于刑法学与刑事诉讼法学、刑法规范与刑事诉讼法规范互涉的问题。换个角度看刑法，或许刑法领域长期纠结的问题就能豁然清晰，或许刑法领域几成定论或影响甚广的观点就有新的解读，或许就能促使重拾原本归于刑法领域却被长期丢弃的知识。也许还有其他许多或许。

借为继华博士作序之便，略述我对相关问题的片段理解。

——酌定不起诉是刑事责任的实现方式。简要理由为：（1）起诉便宜主义下的公诉裁量权的相对扩张，是法治国家降低追究刑事责任成本的重要手段。[①] 酌定不起诉是公诉机关在可以追究犯罪嫌疑人刑事责任的前提下，拥有诉权而放弃诉权的选择。[②] 酌定不起诉的被不起诉人，实际是应当承担刑事责任的犯罪嫌疑人。酌定不起诉作为公诉机关对案件所作的程序上的处分，"虽然对案件的实体问题有影响，但其效力是程序性的。"酌定不起诉的无罪认定"是在没有进入实体确认的审判阶段就终止诉讼，是因程序上公诉

[①] 参见朱孝清、张智辉主编：《检察学》，中国检察出版社2010年版，第394页。

[②] 参见姜伟主编：《专项业务培训教材》，中国检察出版社2004年版，第236页以下。

机关放弃诉权而形成的无罪。"① 然而，国家为降低追究刑事责任成本而放弃刑事追诉权的活动，是否就实际意味着犯罪嫌疑人行为的非犯罪化，则依据特定国家的法定程序所确定的刑事责任实现方式而有所区别，根据我国刑事诉讼法的规定，因酌定不起诉而放弃诉权所形成的程序性无罪，只是犯罪嫌疑人从宽承担刑事责任的方式之一，并非意味着实体意义的非犯罪化。（2）在大量的原本公诉之后定罪免刑的案件，成规模地以酌定不起诉终止刑事诉讼的背景之下，经审判程序定罪免刑的刑事责任实现方式，便实际转换为酌定不起诉的刑事责任实现方式，这种刑事责任实现方式的替代或转换，既体现了国家对犯罪行为的否定评价和对犯罪人的谴责，又实现了对犯罪嫌疑人的从宽处理。刑事实体法的案件分流与刑事程序法的案件分流形成有机结合。由此形成的终止诉讼的法律后果，不是对犯罪嫌疑人应该承担刑事责任的否定，而是确认其应当承担刑事责任的基础上的宽宥处理措施。因为，在检察机关作出的酌定不起诉决定与审判机关作出的定罪免刑判决，同为刑事责任实现方式②的前提之下，酌定不起诉不仅具有与定罪免刑相同的实体属性，而且在实现轻微刑事案件程序分流的同时，体现了国家对犯罪嫌疑人的宽宥。（3）酌定不起诉书是体现国家对被不起诉人予以谴责，并对其犯罪行为予以否定评价的法律文书，而检察机关对被不起诉人适用非刑罚处理方法，也是被不起诉人从宽承担刑事责任的相应法律后果。检察机关在作出酌定不起诉决定的同时，依据刑法第37条的规定，有权直接适用非刑罚处理方法，或以检察建议书方式建议并监督主管机关适用非刑罚处理方法，无疑具有对犯罪

① 参见姜伟主编：《专项业务培训教材》，中国检察出版社2004年版，第230页以下。

② 参见陈兴良：《刑法适用总论》（下卷）（第二版），中国人民大学出版社2006年版，第112页以下。

嫌疑人应当承担刑事责任的行为予以实体性否定评价的意义。(4) 刑法第 37 条的规定,即"对于犯罪情节轻微不需要判处刑罚的,可以免予刑事处罚"的规定,是对于绝大多数轻微刑事案件,在审判阶段定罪免刑与在审查起诉阶段酌定不起诉的共同实体法依据。该规定的程序法意义,不仅体现为刑事诉讼法第 173 条第 2 款将其作为酌定不起诉的实体事由之一,更主要的是它与该款所规定的"犯罪情节轻微依照刑法规定免除刑罚"的实体事由,共同构成了判断公诉裁量权正确行使的基本标准。换言之,审判阶段定罪免刑的实体标准,与审查起诉阶段酌定不起诉的实体标准,是完全相同的。[①] 凡符合"犯罪情节轻微,依照刑法规定不需要判处刑罚或者免除刑罚"标准的案件,在审判阶段应当或者可以定罪免刑,在审查起诉阶段可以酌定不起诉。按照起诉裁量原则制约下的案件分流机制,凡依据实体法被认定为在审判程序中定罪免刑的案件,就没有必要提起公诉,而应依据实体法和程序法的规定作出酌定不起诉的决定。于是,大量的轻微刑事案件,就会以酌定不起诉终止诉讼,只有极少数案件在审判阶段定罪免刑。在此前提下,如果只认为定罪免刑是刑事责任的实现方式,否认酌定不起诉具有刑事责任

---

① 定罪免刑与酌定不起诉的实体标准相同,在最高人民法院与最高人民检察院联合制定的相关司法解释中,有直接的体现。例如,《关于办理诈骗刑事案件具体应用法律若干问题的解释》第 3 条规定:"诈骗公私财物虽已达到本解释第一条规定的'数额较大'的标准,但具有下列情形之一,且行为人认罪、悔罪的,可以根据刑法第三十七条、刑事诉讼法第一百四十二条的规定不起诉或者免予刑事处罚:(一)具有法定从宽处罚情节的;(二)一审宣判前全部退赃、退赔的;(三)没有参与分赃或者获赃较少且不是主犯的;(四)被害人谅解的;(五)其他情节轻微、危害不大的。"再如,《关于办理盗窃刑事案件适用法律若干问题的解释》第 7 条规定:"盗窃公私财物数额较大,行为人认罪、悔罪、退赃、退赔,且具有下列情形之一,情节轻微的,可以不起诉或者免予刑事处罚;必要时,由有关部门予以行政处罚:(一)具有法定从宽处罚情节的;(二)没有参与分赃或者获赃较少且不是主犯的;(三)被害人谅解的;(四)其他情节轻微、危害不大的。"

实现方式的属性，就会导致完全相同的案件实体性评价截然不同的结果，实体公正也就难以实现。其实，如此意义上的实体公正，并没有阻碍程序公正的实现，也没有否定程序公正的独立价值。因为，程序法意义的非犯罪化与实体法意义的非犯罪化，实际存在差异，即实际的实现方式和实现程序的差异：程序法意义的非犯罪化，是以被告人的行为是否经过法定审判程序确认构成犯罪为界分标准的，凡未经审判确认构成犯罪的行为，即为无罪，对于轻微刑事案件适用酌定不起诉，就是非犯罪化的案件分流；实体法意义的非犯罪化，是以犯罪嫌疑人或被告人的行为是否符合具体犯罪构成要件，犯罪嫌疑人或被告人是否应当承担刑事责任，进而是否以一定的方式实际承担刑事责任，作为区分标志的，即便未经审判确认行为构成犯罪，但在案件事实清楚、证据确实充分的前提下，犯罪嫌疑人受到法定形式的谴责，其行为受到法定形式的否定评价，就实际承担了应当承担的刑事责任。从刑事一体化的视角分析，酌定不起诉是被不起诉人从宽承担刑事责任的方式，以此为前提，我国程序法意义的非犯罪化与实体法意义的非犯罪化，具有实体法依据与程序法依据相结合的共同基础。将实体事由相同，但在不同诉讼阶段适用的从宽处理的法律后果，分别定性为犯罪化与非犯罪化，不仅会导致实体评价错位，而且是对法定程序价值的误解。

——酌定不起诉的实体根据。主要涉及以下问题：（1）适用酌定不起诉，必须注意程序性依据与实体性依据的关系，且关键在于准确把握实体性依据的适用条件。其中，程序性依据，为刑事诉讼法第 173 条第 2 款的规定；实体性依据，为刑法第 37 条的规定。换言之，对于程序性依据的适用，最终转换为对于实体性依据的判断。因为，作为酌定不起诉程序性依据的基本规定，是刑事诉讼法第 173 条第 2 款的规定，也即是否符合刑法第 37 条的规定，是酌定不起诉的关键。根据刑法基本原则和第 37 条的规定，对于绝大多数轻微刑事案件适用酌定不起诉，必须符合罪责刑相适应原则制约下的两个实体性条件，一是犯罪情节轻微，二是具有不需要判处刑罚的酌定免予刑罚处罚情节。罪责刑相适应原则的立法规范，要求刑罚与犯罪性质（罪质）、犯罪情节和犯罪人的人身危险性相适应。其中，犯罪性质或罪质，就是犯罪构成主客观要件统一表现的犯罪性质；犯罪情节，是指不具有犯罪构成要件意义，但与犯罪构成的主客观方面密切联系、反映主客观方面的情状，进而影响罪行轻重的各种事实情况；犯罪人的人身危险性，是指犯罪人具有的不直接反映罪行轻重，但却可以表明其对社会潜在威胁程度的事实情况，包括罪前和罪后的事实情况。① 所以从实体法的角度讲，刑法第 37 条规定的"犯罪情节"是包括狭义犯罪情节在内的广义概念，"犯罪情节轻微"是含义丰富的包括犯罪性质、犯罪情节和人身危险性在内的综合性指标。只有当案件齐备犯罪性质较轻、犯罪情节较轻和人身危险性较低的基本要素之时，才能被认定为符合"犯罪情节轻微"的前置性条件；只有经过对犯罪性质、犯罪情节和人身危险性的综合性判断，可以得出不需要判处刑罚的结论，才能对行为人酌定免予刑罚处罚。就绝大多数轻微刑事案件而言，符合"犯罪情节轻微"的前置性条件，必然同时符合"不需要判处刑罚"的条件。从罪责刑相适应原则或者罪刑关系的角度看，"犯罪情节轻微"与"不需要判处刑罚"彼此之间相适应，是具有因果关联或合为一体的条件。概言之，犯罪情节轻微与酌定免予刑罚处罚情节虽为形式上并列的两个条件，但实际却为同一司法判断过程中的因果环节。（2）对于轻微刑事案件酌定不起诉，是以刑法规定中并列存在着法定免除处罚情节与酌定免除处罚情节为基本前提的，或者说刑事实体法存在酌定免除处罚情节的规定，是依据刑

---

① 参见高铭暄、马克昌主编：《刑法学》，北京大学出版社、高等教育出版社2011 年版，第 28 页以下；张明楷：《刑法学》（第二版），法律出版社 2003 年版，第 71 页以下。

事程序法对绝大多数轻微刑事案件酌定不起诉的必要条件。刑法第37条的规定，具有双重含义。理解刑法第37条的双重含义，关键在于"不需要判处刑罚"具有广义与狭义之分。其中，狭义的"不需要判处刑罚"，仅指除法定免除处罚情节以外的，由司法官或办案机关具体根据案情判定为可以免除处罚的情节，通常是对具体案件经综合评价确认为属于"犯罪情节轻微"的结果，或者是由犯罪性质较轻、犯罪情节较轻和人身危险性较低构成的综合性事实情状。而广义的"不需要判处刑罚"，既包括酌定免除处罚情节，也包括法定免除处罚情节。所以，从规范含义上讲，刑法第37条首先是关于独立的免除刑罚事由的规定，即酌定免除处罚情节的规定。其次，该条是对因具有法定免除处罚情节，或者酌定免除处罚情节，可以适用非刑罚处罚措施的总括性规定。（3）在刑法规定中并列存在法定免除处罚情节与酌定免除处罚情节的前提下，应当注意其各自的规范形式等方面的区别。第一，法定免除处罚情节，均由刑法立法相应的具体条款予以明确规定；而酌定免除处罚情节，除刑法第37条的规定之外，在司法经验积累的基础上，由司法解释或规范文件规定已成为一种重要的形式。第二，法定免除处罚情节，均体现为刑法明确规定的具体事由，在实务操作中，表现为对具体量刑情节的适用；而酌定免除处罚情节，除相关司法解释或规范文件已有相关具体规定的之外，则是涵括犯罪性质、犯罪情节和人身危险性在内的综合性事实情状，在实务操作中，必然经过对制约是否需要判处刑罚的多重因素即犯罪性质、犯罪情节和人身危险性的综合判断，才能得出结论。第三，法定免除处罚情节，对应的程序性规范是刑事诉讼法第173条第2款"依照刑法规定免除刑罚"的规定，其适用的实体性和程序性裁量空间相对有限，主要表现为对于应当型情节和可以型情节，以及功能确定性情节和功能选择性情节的具体适用规则①的遵守；而酌定免除处罚情节，对应的程序性规范是刑事诉讼法第 173 条第 2 款 "依照刑法规定不需要判处刑罚" 的规定，其适用的实体性和程序性裁量空间相对较大，更多地表现为对于案件犯罪性质、犯罪情节和人身危险性的综合性评价，即只有符合 "综合全案认为犯罪情节轻微不需要判处刑罚的" 条件时，方可决定适用。从性质上讲，虽然酌定免除处罚情节，属于可以型情节和功能选择性情节，但并非意味着对于所有案件适用此类情节，均需要非类型化的逐案判断，相反，在实务操作中可以并应当允许形成一般规则或司法惯例，适用这种基于案件类型化而形成的规则或惯例，具有对酌定免除处罚情节的自由裁量权予以适当限制、统一规范的功能。第四，刑事司法实践显示，法定免除处罚情节的适用，受刑事政策影响的程度相对有限；而酌定免除处罚情节的适用，受刑事政策实施的力度、范围的影响程度相对较大。第五，作为裁判文书或者法律文书引用依据的区别，适用法定免除处罚情节，只有同时决定适用非刑罚处罚措施的，才应当引用刑法第 37 条规定；而适用酌定免除处罚情节，无论是否同时决定适用非刑罚处罚措施，均必须引用刑法第 37 条规定。(4) 刑事诉讼法第 173 条第 2 款关于酌定不起诉事由的规定，是以刑法规定中并列存在酌定免除处罚情节和法定免除处罚情节为基本前提的，刑事程序法关于酌定不起诉事由类别的界定，与刑事实体法关于免除处罚情节具有酌定与法定类型之分的规定，是完全一致、彼此吻合的。具体而言，在符合 "犯罪情节轻微" 的总体条件下，刑事诉讼法第 173 条第 2 款规定的可以酌定不起诉的事由，明确分为 "依照刑法规定不需要判处刑罚" 与 "依照刑法规定免除处罚" 两类，其中，"依照刑法规定不需要判处刑罚"，就

---

① 参见高铭暄、马克昌主编：《刑法学》，北京大学出版社、高等教育出版社 2011 年版，第 254 页以下。

是指刑法第37条规定的酌定免除处罚情节，"依照刑法规定免除处罚"，就是指刑法相应具体条款明确规定的各种法定免除处罚情节。据此，可以认为也应当认为，酌定不起诉的法律根据由刑事程序法与刑事实体法的规定共同构成，缺少刑事程序法的依据或者刑事实体法的依据，酌定不起诉均无法实际适用。其中，刑法第37条规定的酌定免除处罚情节，是对绝大多数轻微刑事案件酌定不起诉的关键性根据。从实务操作的角度看，刑法第37条规定的酌定免除处罚情节，实体性意义与程序性价值兼具，它为大量轻微刑事案件，预留了基本的运行空间——刑法明确规定的酌定免除处罚情节的存在，表明程序性的案件分流，是以实体性的案件分流为基础的，或者说对于绝大多数轻微刑事案件，以酌定不起诉方式实现案件分流，是在刑事程序法与刑事实体法一体化背景之下实现的案件分流。

——酌定不起诉与法定不起诉的关系。所涉及的主要问题有：（1）法定不起诉的事由中，包括刑事诉讼法第15条第1项规定的"情节显著轻微、危害不大，不认为是犯罪的"情形，与此项法定不起诉事由对应的实体性规范，就是刑法第13条但书的规定，即"情节显著轻微危害不大的，不认为是犯罪"。刑法理论界存在的应当严格限制刑法第13条但书的司法功能，不能将其作为出罪直接依据的观点，[1] 对于同时具有法定免除处罚情节的特定轻微刑事案件，即构成犯罪但同时具备多项免除处罚情节的轻微案件，不能予以合理解释；也使得法定不起诉的重要事由，在实体法的具体操作层面受到阻碍，无法以刑事一体化的司法操作应对相对疑难复杂的案件。以笔者之见，这是与刑法第13条但书的功能覆盖范围，以及罪刑法定原则的程序性价值有所关联的问题。事实上，刑法第

---

[1] 参见张明楷：《刑法学》（第二版），法律出版社2003年版，第106页以下；周光权：《刑法总论》，中国人民大学出版社2007年版，第5页以下。

13条但书的规定，不仅在审判阶段具有出罪的功能，而且在审查
起诉阶段具有案件分流的功能，甚至后种功能更为显著；刑法第
13条但书的规定，程序性价值与实体性价值并存，在刑事司法实
务操作中其程序性意义更为突出。限制刑法第13条但书司法功能
的观点，是以但书的司法适用违反罪刑法定原则为核心理由的，主
张司法环节只能依据具体的犯罪构成出罪。这种观点，将刑事司法
仅限于审判阶段，将罪刑法定原则的作用仅局限于实体法领域，以
及将罪刑法定仅视为与起诉法定主义相关联的原则，是值得商榷
的。刑事司法至少包括审查起诉阶段，出罪判断不仅发生于审判阶
段，而且存在于提起公诉之前的刑事诉讼程序之中，判断出罪的标
准除具体的犯罪构成之外，不能排除也实际难以排除相对概括的、
综合性特征明显的、无法以具体犯罪构成规范的案件事实情状。我
国刑法第13条但书的规定与刑事诉讼法第173条第1款的规定，
共同构成的司法出罪标准和司法出罪程序，在基本性质上和作用领
域上，与西方国家的司法出罪规范完全一致，且由于我国的司法出
罪规范采用实体法与程序法协调规定的方式，更具体系合理性。从
一定意义讲，起诉法定主义下的出罪依据，只能是具体的犯罪构
成，起诉便宜主义下的出罪依据，除具体的犯罪构成之外，必须具
有兜底性的总括标准，即相对概括的、综合性特征明显的、无法以
具体犯罪构成规范的案件事实情状。因为，起诉法定主义要求，只
要案件具备法律规定的要件，检察官就应依职权起诉，不能依案件
的具体情况而自由裁量起诉与否；起诉便宜主义则不同，即便检察
官认为案件已经具备法律规定的要件，仍可斟酌案件具体情况决定
是否起诉。① 所以，相对独立于具体犯罪构成要件之外的总括性出
罪标准，是与起诉便宜主义相适应的必备实体法资源，即便在许多
国家或地区的实体法规范中缺少类似的规定，它也会以程序法规范

---

① 参见张建伟：《刑事诉讼法通义》，清华大学出版社2007年版，第551页。

或者司法规则的方式而存在。起诉便宜主义是世界刑事诉讼发展的总趋势，绝对的起诉法定主义实际已不存在；我国刑事诉讼的起诉原则，"是以法定起诉原则为主，便宜起诉原则为辅。"① 以此为背景，刑法第 13 条但书的规定不仅具有立法价值，而且具有司法功能。所以，限制刑法第 13 条但书的司法功能的观点，或者认为刑法第 13 条不具有司法功能的观点，一定意义上是起诉法定主义在实体法领域或刑法学领域的反映，更与起诉便宜主义下的刑事诉讼制度规定不相融合。在起诉便宜主义已经盛行于世的时代，在刑事诉讼法明确规范公诉裁量权的制度背景下，依然以起诉法定主义的思维逻辑看待实体法的出罪机制，主张限制刑法第 13 条但书的司法功能的观点，是需要适当修正的。罪刑法定原则与程序法定原则的司法运行存在互涉领域，两者的司法适用是相互交集的状态，其彼此的作用边际并非清晰可辨；实体法基本原则的司法适用，必须以程序法的相应规定为保障，程序法基本原则的制度安排和具体操作，必须以实体法规范为依据。所以，在起诉便宜主义下的刑事诉讼的相应阶段，法官与检察官视角下的罪刑法定原则的司法操作可以是或实际是存在差异的，但在刑法与刑事诉讼法一体化的制度安排中，以及刑法与刑事诉讼法共同视域之内的司法操作中，罪刑法定原则的含义是完全一致的，即应当包括检察官对符合法定要件的案件可以斟酌具体情况而决定不起诉。忽视罪刑法定原则的程序性价值，仅在实体法层面理解罪刑法定原则，形式严谨但实质不完整。（2）以笔者之见，刑法规范未设定酌定免除刑罚处罚的特别程序，是非常合理的。其合理性体现于两方面的功能：一是兼顾公诉裁量权与审判裁量权，兼具程序价值与实体意义，甚至可以认为，刑法第 37 条规定的程序性意义大于实体性意义。刑法第 37 条

----

① 参见陈光中：《关于附条件不起诉问题的思考》，载载孙力、王振峰主编：《不起诉实务研究》，中国检察出版社 2010 年版，第 3 页以下。

的基本内容在历次修法中未作调整,[1] 不仅为审判裁量权预留了必要的法律适用空间,而且为公诉裁量权的行使预留了不可或缺的法律适用空间,使得酌定不起诉具有充分的实体法依据。刑事司法实务操作的数量规律显示,在审判阶段适用刑法第 37 条定罪免刑的案件数量,明显低于在审查起诉阶段适用该条酌定不起诉的案件数量,也即刑法第 37 条最大量的或更广泛的是在审查起诉阶段适用。所以,如果对酌定免除处罚设定类似酌定减轻处罚的特别程序,则会导致作为公诉裁量权重要体现的酌定不起诉制度,因特别程序的限制而形同虚设,我国刑事法律体系中特有且合理的由实体法与程序法共同构成的酌定不起诉制度,就会不复存在或者在实际操作中处于极低的适用水平,刑事一体化制度背景下的案件分流,也就难以达到刑事立法和刑事政策所期望的效果。二是联通酌定不起诉与法定不起诉,保留特定疑难复杂案件由酌定不起诉过渡或转化为法定不起诉的必要通道。此项功能存在与否,与适用法定不起诉的情形或事由是否具有实体判断空间,以及量刑情节同向竞合时的叠加效应,有着密切关系。在法定不起诉的多项事由中,对于刑事诉讼法第 15 条第 1 项规定的情形,公诉机关实际是具有当然的实体判断空间的。因为,无论是刑事诉讼法第 15 条第 1 项规定的"情节显著轻微、危害不大,不认为是犯罪的"情形,还是与此对应的刑法第 13 条但书规定的"情节显著轻微危害不大的,不认为是犯罪",都是综合全案事实情状才能作出判断的事项。对于该情形进行的司法判断,就是实体判断;这种实体判断的核心,就是判断行为是否属于犯罪,具体而言,就是判断行为能否被确定为"情节显著轻微危害不大,不认为是犯罪"的情形;制约这种实体判断过程或者影响这种实体判断结果的因素,包括但不限于案件中是否

---

①　参见高铭暄:《中华人民共和国刑法的孕育诞生和发展完善》,北京大学出版社 2012 年版,第 218 页。

具有多项免除刑罚处罚情节。笔者倾向性认为，对于同时具有法定免除处罚情节的特定轻微刑事案件，公诉机关应当依据贯彻宽严相济刑事政策的原则要求，审慎进行实体判断，综合全案认为确属"情节显著轻微危害不大的"，可以作出法定不起诉的决定。换言之，当特定轻微刑事案件同时具有法定免除处罚情节，导致免除处罚情节叠加或累积的效应，这种效应的形成使得案件的整体评价具有"情节显著轻微危害不大的"的属性，而由刑事实体法与刑事程序法共同构成的酌定不起诉转换为法定不起诉的通道，为具体的实务操作提供了必要的法律资源，在宽严相济刑事政策的参与作用下，公诉机关可以对案件适用法定不起诉。

以上对于不起诉相关问题的片段理解，是我不成熟的阶段性思考。权作读者阅读本书的参考。我的见解，与继华博士论著中的论据、论点和结论，有相同之处，也存有差异。学术研究的规律使然，于我们良好的师生关系无碍。同为换个角度看刑法，继华博士的著述是系统而完整的。论文评阅专家卢建平教授、甄贞教授、韩玉胜教授、于志刚教授、冀祥德教授，均对继华博士的学位论文选题意义、创新见解和学术价值予以充分肯定，也提出了中肯的完善建议。由王敏远教授、韩玉胜教授、刘广三教授、林维教授、冀祥德教授组成的答辩委员会，对该篇论文评价为"优秀的博士学位论文"。足见继华的努力得到专业性的认可。希望读者能从中获益。更希望继华博士在未来的学术探讨和实务工作中取得更令我欣慰的成就。

黄京平

2013 年 3 月 25 日

前　言

一、选题依据

（一）选题的理论意义及实践意义

　　不起诉是基于起诉便宜主义的一项重要检察裁量权，其价值已经得到世界各国及中国司法理论和司法实践的普遍认可。不起诉，既是程序法问题，又是实体法问题。然而，既往关于不起诉制度的理论研究和司法适用，学术界和实务界多数仅从程序法上予以关注，对不起诉的理论研究主要集中在刑事诉讼法学领域，从实体法上对不起诉问题的研究还十分薄弱。事实上，单纯从程序法上解释不起诉，对不起诉价值的理解是不完整的，不利于实现不起诉制度的立法价值和社会价值。在我国司法实践中，不起诉面临着很多问题，制约了不起诉功能的发挥。笔者认为其重要原因之一，是对不起诉的刑法实体根据研究薄弱。因此，对不起诉实体根据的研究，对于正确认识不起诉的价值，对于司法实践中正确适用不起诉，充分发挥不起诉的功能，完善和发展不起诉制度，全面贯彻宽严相济的刑事政策，积极化解社会矛盾，建设和谐社会，具有重要的理论意义和实践意义。同时，将刑事实体法问题与刑事程序法问题结合起来进行研究，符合刑事法律一体化的思想，是选择一种"跳出不起诉看不起诉"视角进行的研究，这种研究克服了单纯从程序上进行研究的弊端，因而还具有方法论上的意义。

不起诉的实体依据涉及的领域比较广泛，本文研究主要包括刑法理念、刑事政策、犯罪社会学、刑法规范（包括刑法总则、分则及司法解释）以及有关非刑法规定和国际公约规定等。刑法理念中的人权保障理念、刑法谦抑理念、罪刑法定原则等，与不起诉制度的确立有着密切的联系；刑事政策中的目的刑教育刑主义，非犯罪化、非刑罚化、刑罚个别化，以及宽严相济的刑事政策，与不起诉制度的运行有着密切的关系；从犯罪社会学角度审视中国社会转型期的犯罪高发形势、未成年人犯罪的特殊处遇及"贫困人口犯罪"的社会原因，不起诉制度有着"缓冲器"和"减压阀"的功能；刑法规范中的刑法总则、分则、司法解释中的相关免予刑事处罚、免除刑事责任、不起诉的规定，都可能构成不起诉的实体依据。这些实体依据与不起诉的关系是什么，实体依据对于不起诉的价值何在，值得深入研究。

从实体法上解释不起诉的依据，具有逻辑性和权威性。对于一个案件做出不起诉处分，实际包含了实体判断和程序判断两个部分，且实体判断贯穿于刑事诉讼的全过程。无论是法定不起诉、酌定不起诉还是存疑不起诉，都是首先根据刑事实体法的规定而做出实体判断，然后根据诉讼法的规定做出程序处理。换句话说，正是因为符合了实体法上的某些规定，这些案件才得以进入不起诉程序；如果案件不具备实体法上的条件，不起诉的程序启动则无从谈起。因此，要正确适用法定不起诉，就必须从刑法上准确理解和界定法定不起诉所根据的6种刑法规定情形①，尤其要准确理解和界定其中第一种情形，即刑法第13条"但书"规定的出罪机能意义，以及第6种情形，即"法律规定免予追究刑事责任"的情形，要准确理解和界定刑事诉讼法第173条第1款与刑事诉讼法第15条的关系；要正确适用酌定不起诉，就必须准确理解和界定酌定不起诉所根据的"情节轻微，刑法规定不需要判处刑罚或者免除刑罚"的内涵，尤其是刑法第37条的酌定免刑条件、非刑罚处罚措施规定与刑事诉讼法第173条第2款的关系；要正确适用存疑不起诉，就必须从刑法上准确理解和界定存疑不起诉所根据的"证据不足，不符合起诉条件"的各种情形。所以，研究不起诉的实体依据，可以在实体法理论上丰富不起诉的价值，在实践中准确认定不起诉的条件，保证不起诉的正确适用。

不起诉特别是酌定不起诉的扩张适用已经成为趋势和潮流，但是鉴于程序法和实体法的不同特征，通过诉讼法的途径拓展不起诉的适用范围比较困难，而通过实体法的途径拓展不起诉的适用范围是现实的，并且是方便可行的。我国刑事诉讼法规定的不起诉（特别是酌定不起诉）的标准较高、范围较小，实践中检察机关又从各方面限制酌定不起诉的适用，因此理论界和实务界关于扩大酌定不起诉改革的呼声很高。但是，通过修改刑事诉讼法来扩大酌定不起诉的范围往往比较困难，而且程序法修改的步骤常常缓慢于实体法的修改。因为程序法关乎诉讼制度，一旦修改则牵一发而动全身。相反，实体法的修改一般只关乎个别罪名，对刑法整体性的影响不大，所以通过对刑法的修改或解释来扩大不起诉的范围比较容

---

①　《刑事诉讼法》第15条规定，有下列情形之一的，不追究刑事责任，已经追究的，应当撤销案件，或者不起诉，或者终止审理，或者宣告无罪：（一）情节显著轻微、危害不大，不认为是犯罪的；（二）犯罪已过追诉时效期限的；（三）经特赦令免除刑罚的；（四）依照刑法告诉才处理的犯罪，没有告诉或者撤回告诉的；（五）犯罪嫌疑人、被告人死亡的；（六）其他法律规定免予追究刑事责任的。

易，实践表现也是如此，刑法修正案和刑法司法解释层出不穷，而关于刑事诉讼法则没有修正案，刑事诉讼法的司法解释也比刑法司法解释少很多。例如，1997年刑法颁布实施以来，最高人民法院、最高人民检察院通过解释、意见、批复、规则、纪要等方式，针对个别罪名或者特殊主体（如未成年人）增加了许多"不需要判处刑罚或者免除刑罚"、"不追究刑事责任"、"不起诉"的规定，成为司法实践中适用不起诉的直接根据。因此，从刑法理念、刑事政策、犯罪社会学、刑法规范等实体法方面研究不起诉，研究不起诉与刑事实体法的关系，有助于推动不起诉制度的改革，也有助于推动非犯罪化、非刑法化、刑罚个别化等刑法现代化的进程。

　　将刑事实体法问题与刑事诉讼法问题结合起来进行研究，符合刑事法律一体化的综合性学术研究模式，可促进刑事法律研究的一体化。刑事一体化是我国学者早在20世纪80年代末提出的具有重大影响的学术思想，刑事一体化的基本内涵是刑法和刑法运行内外协调，即刑法内部结构合理（横向协调）和刑法运行前后制约（纵向协调），刑事一体化的目的是实现刑法的最佳效益。学者主张，我国刑法学研究应对突破单向、片面、孤立和静态的思维模式，确立由刑法之中研究刑法、刑法之外研究刑法和刑法之上研究刑法的多方位立体思维。[①] 学者提出，要在刑事法的名目下，将与刑事法相关的学科纳入刑事法的研究视野，从而实现大刑事法的风采。[②] 因此，从实体法的角度研究不起诉这个诉讼法的重要问题，同时结合刑事政策学、刑法学、犯罪社会学等多学科的知识，能够克服单纯从实体上或程序上进行研究的弊端，因而本研究还具有方法论上的意义。

---

　　① 储槐植：《刑事一体化与关系刑法论》，北京大学出版社1997年版，第294页。
　　② 陈兴良：《刑事法评论》（第2卷），中国政法大学出版社1998年版，主编絮语。

如果说不起诉的过程和结果是枝干和果实，那么不起诉的实体根据就是树根和土壤，因此研究不起诉的实体根据具有"筑牢根基"的价值。不起诉的刑法理念、刑事政策根据，如人权保障、刑法谦抑等理念，宽严相济的刑事政策等，具有指导司法实践的导向功能，犹如不起诉之土壤；不起诉的刑法规范根据，是作出不起诉决定的直接依据，犹如不起诉的树根。从实体法上解释我国不起诉制度的根据，具有本源性和权威性。

基于程序法与实体法的关系，研究不起诉的实体根据能够为不起诉的正确适用奠定扎实的基础。现代法治国家的实体法和诉讼法相互依存，相辅相成，构成统一的法制体系。诉讼法的第一价值是保证实体法的正确实施。[①] 刑法具有定罪和出罪机能，但是刑法本身并不能自我实现，必须依据刑事诉讼程序来实现，而刑事诉讼法的首要价值——工具价值的实现，就是服务于刑法的定罪机能和出罪机能。提起公诉、审判、作出有罪判决，是实现刑法的定罪机能的程序；不起诉，就是实现刑法的出罪机能的刑事诉讼程序之一。笔者认为，如果把公诉行为比喻为一个运输系统，它有两个出口，连着两条道路，一个出口是起诉，基本是一条通向有罪之路；另一个出口是不起诉，是一条通向无罪之路；检察官是这个运输系统的调度员，依法裁量决定哪些车辆通向哪个出口、走向哪条道路。调度员决定车辆出口和道路的根据，关键是看它是否符合刑法的具体规定，是否符合刑事政策的精神。因此，研究不起诉的刑法根据，是实现不起诉工具价值的基础。

基于刑事诉讼法和刑法的关系，论文建立了如下逻辑框架。即作为实体法的刑法规定了什么是犯罪，对犯罪应当判处什么刑罚，因而刑法首先具有惩治犯罪的定罪机能；同时，刑法也界定了什么

---

① 陈光中：《论诉讼法与实体法的关系》，载陈光中、江伟主编：《诉讼法论丛》（第 1 卷），法律出版社 1998 年版，第 16 页。

不是犯罪，对哪些行为不应当处以刑罚，这就是刑法规定的"免除处罚"、"不认为是犯罪"、"免予刑事处罚"、"不负刑事责任"、"不追究刑事责任"等条款，因而刑法也具有保障人权的出罪机能。然而，无论是定罪还是出罪，刑法本身并不能自我实现，必须依据刑事诉讼程序即刑事诉讼法，必须通过刑事诉讼法规定的立案、侦查、审查起诉、审判等法定程序，方可实现刑法的定罪和出罪机能。刑事诉讼法作为程序法的首要价值——工具价值的实现，就是服务于刑法的定罪机能和出罪机能。提起公诉、审判、作出有罪判决，是实现刑法的定罪机能的程序；不起诉，是实现刑法的出罪机能的一个刑事诉讼程序。不起诉这一出罪程序，是实现刑法出罪机能的一座桥梁、一条路径。实现出罪机能的这座桥梁通不通、这条路径的方向是否正确，关键是看它的出发点，也就是出罪的实体根据是否符合刑法的规定。实体基础不牢，认定不准，不起诉的程序价值就不能实现。

（二）国内外研究现状分析及主要中外文参考文献

目前，关于不起诉的实体依据的研究还非常单薄，尚没有关于这一主题专门理论著作。相关的研究均在刑事诉讼法学领域，从刑事实体法角度对不起诉进行研究的成果还不多见。而且，关于不起诉实体依据的相关研究尚不系统，已有的研究成果主要涉及刑事政策、刑罚目的、刑法谦抑及刑罚个别化等方面，对不起诉的刑法理念依据、刑法规范依据（特别是司法解释）、犯罪社会学依据的研究涉及较少。并且，关于不起诉刑法规范依据的研究，多局限于不起诉在刑法总则和分则上的"实体条件"。

关于不起诉的刑事政策依据方面，相关研究成果较多。主要涉及不起诉与刑罚个别化、相对不起诉、附条件不起诉、刑事和解与宽严相济等刑事政策。著作有《刑事不起诉的理论与司法实务》

（刘生荣等著，中国检察出版社），《检察机关不起诉工作实务》
（彭东、张寒玉著，中国检察出版社），《宽严相济刑事政策研究》
（陈兴良著，中国人民大学出版社）；代表性的论文有《和谐语境
下的刑法学新思维》（黄京平，《法学家》2007 年第 1 期），《宽严
相济刑事政策实践考察——以检察机关相对不起诉为切入点》（莫
洪宪，《人民检察》2007 年第 4 期），《刑罚个别化与不起诉》（高
壮华等）、《论起诉便宜主义——以刑罚理论为视角》（刘秋香），
上述二文均载于樊崇义主编《刑事起诉与不起诉制度研究》（中国
人民公安大学出版社）。

　　关于不起诉的刑法理念依据方面，有一些相关的研究。主要是
从刑罚的目的刑主义和刑法谦抑原则两个方面的研究。著作有
《中德不起诉制度比较研究》（陈光中、［德］汉斯—约格 阿尔布
莱希特主编，中国检察出版社），《刑事起诉与不起诉制度研究》
（樊崇义主编，中国人民公安大学出版社），《刑事制裁：方式与选
择》（梁根林著，法律出版社）；相关论文有《论我国不起诉制度的
构建》（樊崇义、叶肖华，《山东警察学院学报》2006 年第 1 期），
《刑事诉讼谦抑论》（郭云忠，《当代法学》2007 年第 1 期），《论犯
罪问题非犯罪化处理的程序机制》（汪建成，《山东警察学院学报》
2006 年第 3 期）。当然，专门从实体法上研究目的刑主义、刑法谦抑
原则的成果比较丰富，但是这些研究大都没有联系不起诉制度。

　　关于不起诉的刑法规范依据方面，相关研究成果主要针对刑事
诉讼法规定的 3 种不起诉的适用条件，从刑法总则和分则所对应的
条款上作了梳理。著作有《刑事诉讼法》（宋英辉主编，清华大学
出版社），《检察权论》（邓思清著，北京大学出版社），《检察机
关不起诉工作实务》（彭东、张寒玉著，中国检察出版社），《公诉
权原论》（王新环著，中国人民公安大学出版社）；论文有《宽严
相济刑事政策的司法适用》（张智辉，载《刑事法学的当代展开》，
中国检察出版社），《刑法第 13 条的价值蕴含》（储槐植，《江苏警

官学院学报》2003 年第 3 期）。关于不起诉的刑法司法解释依据方面的论文很少，可见的有《宽严相济刑事政策的时代含义及实现方式》（黄京平，《法学杂志》2006 年第 4 期。）。

关于不起诉的其他国内法及国际公约依据方面，相关研究主要集中在关于未成年人犯罪的不起诉依据的《未成年人保护法》和《预防未成年人犯罪法》，国际公约则主要是对《联合国少年司法最低限度标准规则》（《北京规则》）、《国际刑事法院罗马规约》、《关于检察官作用的规则》的相关介绍。相关著作有《未成年人法律制度研究》（刘金霞主编，群众出版社）。论文有《未成年人犯罪的刑法处遇》（徐岱，《吉林大学社会科学学报》2006 年第 11 期），《少年案件的刑法适用》（王敏，《现代法学》2007 年第 3 期），《国际刑事司法中的中止犯研究》（谢佑平，《中国刑事法杂志》2006 年第 6 期），等等。

关于不起诉制度的国外及台湾地区的参考资料比较多，但是其中直接论述不起诉的实体法依据的很少。相关著作有《中外刑事公诉》（杨诚、单民主编，法律出版社）、《中美公诉制度比较研究》（孔璋著，中国检察出版社）、《日本刑事法通论》（彭勃著，中国政法大学出版社）、《法国刑事诉讼法精义》（［法］卡斯东·斯特法尼著，中国政法大学出版社）、《刑事诉讼法学》（［日］田口守一著，法律出版社）、《刑事诉讼法》（林钰雄，中国人民大学出版社），等等。

二、研究方案

（一）主要研究内容

论文拟从以下几个方面对不起诉的实体依据进行研究：

第一部分，不起诉制度及其理论依据概说。该部分首先阐述我国刑事诉讼法规定的不起诉的含义、性质、价值及司法适用现状；然后，以实体法和程序法的关系为基础，分析不起诉的程序根据与实体依据，以及二者的关系；最后，从理论价值、实践需要、刑事政策需要以及方法论需要等 4 个方面，分析研究不起诉实体依据的意义和价值。

第二部分，不起诉的刑法理念根据研究。该部分主要从刑法的人权保障理念、刑法谦抑原则、罪刑法定原则等 3 个方面展开探讨，对刑法的社会保护机能和人权保障机能的内涵及关系进行界定，对人权保障机能的内涵进行厘清；对刑法谦抑价值进行分析，对刑法谦抑内容与刑事诉讼谦抑内容进行比较，研究二者在紧缩性、经济性等方面的关系和一致性；对我国刑法规定的罪刑法定原则进行阐释，探讨法定不起诉和存疑不起诉的正当性，以及酌定不起诉的合理性根据。

第三部分，不起诉的刑事政策依据研究。不起诉是刑事政策的选择。该部分主要从目的刑教育刑主义、西方现代刑事政策、我国古代宽缓的刑法思想以及当代宽严相济刑事政策等方面着手，探讨不起诉蕴含的刑事政策渊源。目的刑教育主义的产生和发展，是起诉便宜主义产生和发展的基础，由此带来了非犯罪化、非刑罚化、刑罚个别化等现代刑法思潮和刑事政策的产生和发展，"非犯罪化、非刑罚化、非监禁化是当代刑法改革的主题"[①]，是产生不起诉制度的根本原因。我国不起诉制度没有充分体现刑罚个别化等现代刑事政策，宽严相济刑事政策的提出是一大进步；诉讼效益是实体正义与程序正义的逻辑结果，犯罪激增、诉讼膨胀、司法机关不堪重负的现实状况，迫切要求提高诉讼效益（效率和经济）要求，是不起诉制度产生的现实土壤；对未成年人犯罪的特殊要求、刑事

---

① 谢望原、卢建平等：《中国刑事政策研究》，中国人民大学出版社 2006 年版，第 48 页。

和解、附条件不起诉等司法实验，都体现了宽严相济刑事政策的内涵要求，有助于化解、减少社会矛盾。因此，相对不起诉以及附条件不起诉是实现政策目标的必然选择。

第四部分，不起诉的犯罪社会学依据研究。该部分是对不起诉刑事政策根据的细化，主要从3个方面展开探讨：一是转型期中国的犯罪总体现状、特点和原因，以及司法现状对不起诉制度的现实需求；二是未成年人犯罪的现状、特点、原因，特别是《未成年人保护法》、《预防未成年人犯罪法》、《联合国少年司法最低限度标准规则》（《北京规则》）、《国际刑事法院罗马规约》、《关于检察官作用的规则》等国内单行法和国际公约的规定，对讨论未成年人犯罪与不起诉制度的特殊关系；三是提出"贫困人口犯罪"的概念，并从"贫困人口犯罪"的现状、特点、原因等方面，探讨"贫困人口犯罪"的可宽宥性以及相对不起诉的司法适用。

第五部分，不起诉的刑法规范依据研究。该部分是论文的重点内容，分别对我国刑事诉讼法规定的3种不起诉的直接刑法规范根据进行系统的梳理和论述。包括以下3个方面：一是法定不起诉的刑法规范根据，包括对刑事诉讼法第15条所指引的刑法规定进行研究，如刑法第13条"但书"出罪条件之规定、刑法第87条时效制度之规定、刑法特赦制度之规范、刑法告诉才处理制度之规定、刑法罪责自负原则之规范、刑法免予追究刑事责任之规定；对刑法及司法解释关于只能免除刑事处罚之规定进行研究，如应当免除刑事处罚规范与自由裁量权的关系是什么，应当免除刑事处罚的基本类型有哪些；对司法解释关于应当作出不起诉决定之规定进行梳理研究，如《人民检察院办理不起诉案件质量标准（试行）》关于"依法决定不起诉"之规定、《人民检察院办理未成年人刑事案件的规定》关于"应当依法作出不起诉决定"之规定等。二是酌定不起诉的刑法规范根据，包括对刑事诉讼法第173条第2款与刑法第37条的关系进行研究，如援引与被援引的关系、包含与被包含的关系、程序规范与实体规范的关系；对刑法第37条与其他法定免除刑罚情节关系的各种学说观点进行研究，如"并列关系说"、"包容关系说"，对刑法第37条适用分则个罪的研究；对酌定不起诉刑法规范根据之刑法第37条规定进行研究，对犯罪情节轻微、不需要判处刑罚、可以免除刑事处罚以及关于刑法第37条的司法解释等进行具体分析；对酌定不起诉刑法规范根据之其他法定免除刑罚情节规定进行研究，如非单纯应当免除处罚之规定和可以免除处罚之规定内容。三是存疑不起诉的刑法规范根据，包括证明犯罪客观方面的证据不足，又可分为证明危害行为的证据不足，证明犯罪对象的证据不足，证明危害结果的证据不足，证明危害行为和危害结果之间因果关系的证据不足，证明犯罪时间、地点、方法（工具）的证据不足等；证明犯罪主体的证据不足，分为证明刑事责任年龄的证据不足、证明刑事责任能力的证据不足、证明犯罪主体特殊身份的证据不足等3个方面的内容；证明犯罪主观方面的证据不足，分为证明犯罪故意的证据不足、证明犯罪过失的证据不足、证明犯罪目的的证据不足3个方面进行研究。

　　第六部分，不起诉制度改革展望。本部分主要讨论3个问题：一是分析刑事和解与附条件不起诉在实践中的改革现状和理论依据，对刑事和解与附条件不起诉的法律化进行了评析；二是在分析酌定不起诉适用率低原因的基础上，探讨酌定不起诉依法充分适用的空间，认为那些可能被法院判处"免予刑事处分"、"宣告无罪"以及被判处缓刑、拘役、管制和单处罚金的案件，绝大部分是可以在审查起诉阶段依法作出不起诉处理的；三是借鉴国外经验，提出完善我国不起诉决定后的非刑罚处罚措施的路径，分析赋予我国检察机关一定的不起诉实体裁量权的可能性和方案。

（二）研究中所要突破的难题

本研究面临的第一个难题是不起诉的程序依据与实体依据的关系问题。因为选题本身跨越程序法和实体法两个领域，关于程序法和实体法的关系，存在程序工具主义说、程序独立价值说以及折中说的分歧，在不起诉问题上，同样存在程序依据与实体依据的关系问题。不起诉的程序依据与实体依据之间到底是什么关系，现有的这方面的研究不多，可供借鉴的资料比较贫乏。为了解决这一难题，作者通过解构不起诉的司法实践运作过程，分析"检察官—犯罪嫌疑人—被害人—刑法—刑事诉讼法"之间相互关系，将从主体和客体之间，实体法和诉讼法两个领域进行深入研究，解决该难题。

本研究面临的第二个难题是关于不起诉的刑法理念依据的研究。一个是不起诉实体依据涉及的刑法理念多，包括刑法的目的、价值、机能，刑罚目的、刑法的原则等多个方面，这些与不起诉有关的刑法理论，与不起诉之间究竟是什么关系，究竟在什么意义上、什么层面上成为不起诉的理论依据？特别是关于罪刑法定主义，即使是相对罪刑法定主义，在程序法上对应的应当是起诉法定主义，与作为起诉便宜主义为基础的不起诉价值是不是相冲突？那么，如何解释罪刑法定原则与起诉便宜主义、检察自由裁量权以及不起诉之间的关系，是一个非常困难的问题。

本研究面临的第三个难题是关于不起诉的刑法规范依据的研究。关于不起诉的刑法规范依据涉及刑法总则、分则和司法解释3个部分，涉及的具体法律条文和司法解释繁多，而系统研究成果很少，这些刑法条文和解释成为不起诉的根据究竟是否论述得清楚，直接决定着司法实践中不起诉的正确适用。

（三）特色与创新之处

从现有的研究状况以及本研究拟采取的研究路径来看，本研究力图体现以下特色与创新之处：

第一，本研究将实体问题与程序问题相结合，从实体法视野研究不起诉这个诉讼法的基本问题，研究的角度和研究方法具有一定的新颖之处，研究成果也将对不起诉问题的理解更加全面、深入。

第二，本研究从实体法视野对不起诉问题进行全面系统的研究，这方面研究成果很少，因此本研究将能够丰富不起诉的实体法根据方面的理论成果，在这一方面将具有填补空白的价值。

第三，本研究紧密结合当前的刑事政策和不起诉的司法实践，特别是对不起诉刑法规范的系统梳理归类，对于指导检察机关的不起诉实践具有直接的现实意义。论文将密切结合不起诉制度的司法改革实践，如附条件不起诉、刑事和解等基层司法试验，结合真实案例作为佐证，从而使本研究具有较好的实践基础、较高的实践指导价值。

第四，本研究注重借鉴国外不起诉制度的发展历程和发展成果，结合刑法现代化的成果和不起诉制度的最新成果，力图从实体法的角度借鉴这些最新成果的有益成分，并提出本土化的设想，从而使本研究具有符合世界刑事法潮流的前瞻性。

第五，本研究拟提出"贫困人口犯罪"的概念，从犯罪的社会原因入手探讨"贫困人口犯罪"的可宽恕性，而将不起诉作为"救济"贫困人口犯罪的一种途径。

第六，本研究拟提出完善不起诉决定后的非刑罚处罚措施的设想，提出并论述了赋予检察机关适当的不起诉实体裁量权的可行性。

（四）主要研究方法

关于论文的研究方法，作者赞成有学者提出的"中国的问题，世界的眼光"研究思路，即通过对问题的发现、描述和分析，对问题的现状作出尽可能精确的解释。然后，就问题的解决提出一些带有假设性的思路，并对解决方案的局限性和可行性作出剖析。通过这种层层质疑式的研究，使问题的分析逐步走向深入，最后在针对具体问题作出解释和解决方案的基础上，使对问题的分析由特殊走向一般，由个别走向普遍，最终使有关理论得到发展。[①]

本研究拟采取的研究方法主要有：

一是思辨的研究方法。社会科学研究的一个重要的研究方法，是思辨的方法。本研究也不可能例外。

二是比较的研究方法。目前国内有关不起诉制度实体依据的研究比较少，本研究拟在借鉴国外研究的同时，对国内外的研究方向、研究路径进行比较研究。

三是实证的研究方法。为了充实本研究，同时也使本研究的研究结论更具有说服力，本研究拟对国内权威资料上刊登的案例，特别是作者工作所在地区的检察机关的不起诉案例进行实证分析，并作为本研究的基础。

四是历史的研究方法。任何研究都不能脱离历史，前辈的研究结论是目前研究的基础和借鉴。本研究计划对我国刑法学历史上有关研究结论进行纵向的对比研究。

五是多学科联系的研究方法。本研究的特点之一是实体与程序的结合。为了体现这一特点，本研究计划对所提出的每一个子论题详尽收集、运用实体和程序的理论分析。

---

① 陈瑞华：《问题与主义之间——刑事诉讼基本问题研究》，中国人民大学出版社2008年版，序言部分第5页。

第一章　不起诉制度及其程序根据

在刑事诉讼发展史上，起诉制度有公诉和自诉两种。不起诉制度，是公诉制度的一个重要组成部分。世界各国在提起公诉的活动中所遵循的原则，可以概括为起诉法定主义和起诉便宜主义。如果具备犯罪嫌疑与诉讼条件则一定起诉，这是起诉法定主义；虽然具备了犯罪嫌疑和诉讼条件，但无起诉必要时，由检察机关酌定作出不起诉决定，这是起诉便宜主义。① 不起诉，是基于起诉便宜主义的一项重要的检察裁量权，其价值已经得到世界各国包括中国司法理论和司法实践的普遍认可。与世界大多数国家一样，我国基本是以起诉法定主义为主，兼顾起诉便宜主义，刑事诉讼法对不起诉制度有明确的规定。根据我国刑事诉讼法，不起诉是指对侦查机关向检察机关移送的案件，经检察机关审查后，依法确认不应当或者不必要对犯罪嫌疑人定罪，从而作出不将犯罪嫌疑人交付法院审判的决定。按照法律规

---

① ［日］田口守一：《刑事诉讼法》，刘迪等译，法律出版社 2000 年版，第 102 页。

定和理论通说，我国不起诉可以分为三种类型：法定不起诉、相对不起诉和存疑不起诉。

第一节　不起诉制度概述

一、不起诉的概念

关于不起诉的概念，存在广义与狭义之分。

广义不起诉，是指检察机关对不符合起诉条件、无起诉必要的案件依法作出不交付审判而终止诉讼程序（包括撤回指控）的处分决定。如美国的控辩双方在侦查和起诉阶段达成的辩诉交易、英国检察官在审判阶段的不提出证据和对公诉犯罪事实的撤回、德国的刑事处罚令等，[①] 都可称之为广义上的不起诉。狭义不起诉，是指检察机关对不符合起诉条件或无起诉必要的案件，不提请法院进行审判而终止刑事诉讼程序的处分决定。

由此可见，广义不起诉和狭义不起诉的主要区别在于作出不起诉决定的刑事诉讼阶段和决定主体的差异，广义不起诉的发生包括侦查阶段、起诉阶段甚至审判阶段，主体包括警官和检察官；狭义的不起诉则仅指在审查起诉阶段，作出不起诉决定的主体也仅是检察机关或检察官。同时可见，我国的不起诉为狭义上的不起诉。

关于不起诉的概念，我国刑事诉讼法学界有多种理解。

第一种理解是指检察机关对侦查机关侦查终结移送起诉的案件进行审查后，认为犯罪嫌疑人的行为不符合起诉条件或者无起诉必要的，依法作出不将其交付审判、追究刑事责任的一种处理

---

① 刘兰秋：《刑事不起诉制度研究》，中国政法大学 2006 年博士学位论文。

决定。①

第二种理解是指人民检察院对侦查机关侦查终结的案件审查后，确认依法应当不追究刑事责任，或可以免除刑罚不将犯罪嫌疑人提交法院审判而自行终止诉讼的一项诉讼活动。②

第三种理解是指检察机关对侦查机关侦查终结的案件审查后，认为犯罪嫌疑人的行为不应当定罪处罚，或者犯罪情节轻微，依照刑法规定不需要判处刑罚或者免除刑罚，以及证据不足不符合起诉条件的，而终止刑事诉讼的活动。③

不难看出，上述界定虽然表述不同，但是所包含的要素基本一致：作出不起诉处分的主体，是国家公诉机关——人民检察院；不起诉的适用对象，是不符合起诉条件或者不适宜起诉的犯罪嫌疑人；不起诉的结果，是对犯罪嫌疑人不提交审判、终止刑事诉讼活动。一言以蔽之，不起诉是人民检察院对于不符合起诉条件或者不适宜起诉的犯罪嫌疑人作出的不予提交审判、终止刑事诉讼的活动。

不起诉的法律效力在于不将犯罪嫌疑人交付法院审判，在程序上意味着刑事诉讼程序的终止；在实体上，则确认被不起诉人在法律上是无罪的。

二、我国不起诉的分类

关于不起诉类型的划分，我国有两分法和三分法之说。两分法

---

① 陈光中：《刑事诉讼法》（第二版），北京大学出版社、高等教育出版社2005年版，第319页。

② 陈卫东、严军兴：《新刑事诉讼法通论》，法律出版社1996年版，第308—309页。

③ 彭东、张寒玉：《检察机关不起诉工作实务》，中国检察出版社2005年版，第24页。

将不起诉区分为法定不起诉和裁量不起诉，或称绝对不起诉和相对不起诉，其根据是检察机关对案件起诉与否是否有自由裁量权。其中，法定不起诉是指检察机关对不符合起诉条件的案件作出的不交付审判、终止诉讼程序的处分决定；裁量不起诉是指检察机关对于符合起诉条件但无起诉必要的案件作出的不交付审判、终止诉讼程序的处分决定。

根据我国现行刑事诉讼法规定，三分法将不起诉区分为法定不起诉、相对不起诉和存疑不起诉三种类型。法定不起诉，也称绝对不起诉，是指根据刑事诉讼法第 173 条第 1 款作出的不起诉；相对不起诉，也称酌定不起诉，是指根据刑事诉讼法第 173 条第 2 款作出的不起诉；存疑不起诉，也称证据不足不起诉，是指根据刑事诉讼法第 171 条第 4 款作出的不起诉。

那么，如何评价两种分类方法呢？在笔者看来，两分法和三分法的区别在于依据的标准不同。两分法以检察机关对案件是否具有裁量权为根据，而三分法是根据我国刑事诉讼法对应的三个法律条文的规定作出的分类。关于不起诉的分类，有两个问题值得探讨。

其一，对三分法下的存疑不起诉应当归为两分法中的法定不起诉还是裁量不起诉？对此，存在不同意见。一种观点认为，三分法下的存疑不起诉完全可以归结为两分法下的法定不起诉，因为既然检察机关认为案件的证据不足，不符合起诉条件，检察机关就不存在自由裁量的空间，依法不得将案件提交法院审判，必须作出不起诉的决定。① 另一种认为，存疑不起诉案件属于裁量不起诉的类型，因为检察院对"证据不足"的案件具有自由裁量权，可以不

---

① 刘生荣等：《刑事不起诉的理论与司法实务》，中国检察出版社 1998 年版，第 39—43 页。

起诉，也可以提起公诉交由人民法院审判。① 如何评判这两种观点呢？

笔者认为，按照两分法标准，存疑不起诉案件存在法定不诉和裁量不诉两种可能。司法实践中，存疑不起诉案件的"证据不足"情况并非是单一的，案件在经过两次补充侦查之后，大致可以分为两种类型：一是在案证据与"犯罪事实清楚、证据确实充分"的起诉条件还有相当大的差距，现有证据在确实性或充分性方面仍然存在较大欠缺，或者存在有罪证据和无罪证据并存而无法排除其一的情况，根本达不到起诉标准，由此作出不起诉决定；二是在案证据与"犯罪事实清楚、证据确实充分"的起诉条件的差距并不是特别大，证据在确实性或充分性上仍然存在欠缺，如果提起公诉，法院可能支持公诉意见也可能否定公诉意见，也就是检察官面临的所谓"可诉可不诉"的选择，在这种情况下，检察官既可以提起公诉（即所谓"风险起诉"），也可以作出不起诉决定。那么，对于第一种类型，因为案件根本达不到起诉条件，检察官没有裁量的选择余地，就应当归属于两分法中的法定不起诉；对于第二种类型，检察官面临着"可诉可不诉"的裁量选择，所以应当归属于两分法中的裁量不起诉。

其二，两分法的包容性更强。如果进一步深究会发现，两分法可以包罗各种具体的不起诉类型，但是三分法则难以包含实践中出现的新类型的不起诉。例如，刑事诉讼法没有规定的犯罪行为并非犯罪嫌疑人所为情况的不起诉，近年来以改革的姿态出现的附条件不起诉（又称暂缓起诉）等，就难以在三分法中找到适当的归类。

---

① 姜伟、钱舫、徐鹤喃：《公诉制度教程》，法律出版社 2002 年版，第 281 页。还有人认为，证据不足的不起诉属于检察机关拥有起诉权但是没有胜诉权的情形。参见张穹主编：《人民检察院刑事诉讼理论与实务》，法律出版社 1997 年版，第 269—273 页。

而如果按照两分法，则可以顺理成章地归结到法定不起诉和裁量不起诉的类型当中。

三、不起诉的价值

探讨不起诉制度的价值，对于合理确定不起诉制度在刑事诉讼中的地位，奠定不起诉制度发展和适用的理论基础，具有重要意义。

按照《现代汉语词典》的解释，价值是指"积极作用"，这是该词语的一般含义。法律价值，指"在人与法关系中体现出来的法律的积极意义或有用性"。[①] 刑事诉讼的价值，是指刑事诉讼法立法及其实施能够满足国家、社会及其一般成员的特定需要而对国家、社会及其一般成员所具有的效用和意义。[②] 关于刑事诉讼价值的内容，有的学者认为包括秩序、公正和效益三项；[③] 有的学者认为包括秩序、公平、个人自由和效率四项；[④] 此外，还有公正、人权、效率说，正义、秩序、平等、效益说，以及自由、秩序、公正、效率说，[⑤] 等等。

不起诉制度的价值，是指不起诉程序在刑事诉讼中的地位、功能和作用。有学者将不起诉制度的价值归纳为人权保障及实现价值、正义价值和诉讼经济价值三个方面。[⑥] 对于裁量不起诉的价值，日本有学者归纳为三个方面，一是"可以利用刑事政策处理

---

① 张文显：《法学基本范畴研究》，中国政法大学出版社 1993 年版，第 253 页。
② 宋英辉：《刑事诉讼法》，清华大学出版社 2007 年版，第 17 页。
③ 宋英辉：《刑事诉讼法》，清华大学出版社 2007 年版，第 17 页。
④ 张建伟：《刑事诉讼法通义》，清华大学出版社 2007 年版，第 15 页。
⑤ 甄贞主编：《刑事诉讼法学研究综述》，法律出版社 2002 年版，第 13—15 页。
⑥ 刘兰秋：《刑事不起诉制度研究》，中国政法大学 2006 年博士学位论文，第 89—95 页。

犯罪嫌疑人，被宣布酌定不起诉的人不承受提起公诉的负担，可以早日回归社会"。二是"可以考虑被害人和其他市民的意愿……如加害人与被害人之间和解成立，被害人表示宽宥，也可以不予追诉，不课以刑罚"。三是"有利于诉讼经济"。① 在笔者看来，上述关于不起诉制度的价值表述，从不同的角度来讲都是正确的。

笔者同时认为，对于法定不起诉和裁量不起诉两种类型的不起诉而言，其蕴含的价值还是有所侧重的，法定不起诉的价值更侧重于人权保障，使无罪的人不受追究；而裁量不起诉的价值则更侧重于刑法谦抑、诉讼经济和预防犯罪，使轻微犯罪的诉讼程序尽早终止，使犯罪人以宽缓处理的方式，早日回归社会。实践证明，不起诉的特殊预防效果优于缓刑，有利于犯罪控制。日本学者及从事司法实务的专家均认为，对于一个既可以由法院判处缓刑，也可以由检察官作出不起诉决定的案件，从保障人权和控制犯罪的目的考虑，由检察官作出裁量不起诉比由法院判处缓刑的效果更好。据统计，日本 1980 年被裁量不起诉人员三年内再犯率为 11.5%，而同期被判缓刑及刑满释放人员重新犯罪率分别为 21.5% 和 57.2%。②

四、不起诉制度的历史发展

本部分简要梳理域外及我国不起诉制度的历史发展脉络，目的是通过这种梳理来厘清不起诉制度产生的原因，以及其存在和发展的根据，特别是其中关于不起诉制度产生、存在和发展的实体法方面的根据。

---

① ［日］田口守一：《刑事诉讼法》，刘迪等译，法律出版社 2000 年版，第 102—103 页。

② 宋英辉：《日本刑事诉讼的新发展》，载《诉讼法论丛》第 1 卷第 159 页。

（一）　大陆法系国家不起诉制度的历史发展

以德国、法国和日本等大陆法系代表性国家的不起诉制度为例，考察大陆法系国家不起诉制度的发展进程，期望从中探寻不起诉制度产生、存在和发展的根据。

现代不起诉制度诞生于法国，首先确立的是法定不起诉制度。而制度化的起诉便宜主义（裁量不起诉）则首先由近代日本法律所确立，并对世界各国产生了极大的影响。①

1. 法定不起诉的诞生和发展

法定不起诉制度的诞生起始于控审分离原则的确立。1789 年法国资产阶级革命后，逐步建立了以"三权分立"为核心的宪政体制。其中，控诉权与审判权的分离，成为宪政国家刑事诉讼的一项基本原则，控诉权由国家检察机关独立行使。法国 1808 年《重罪审理法典》规定了职权分离原则，即追诉职权由检察机关行使，审判职权由审判机关行使。② 在控审分离原则下，各国基本都采用起诉法定主义。起诉法定主义要求，对所有符合法定起诉条件的案件，都应该提起公诉；同时，对不符合法定起诉条件的案件，不得提起公诉。后者是法定不起诉制度产生的程序根据。

1877 年《德国刑事诉讼法》第 152 条确立了起诉法定原则，即"提起公诉权，专属检察院行使。除法律另有规定外，在有足够的事实根据时，检察院负有对所有的可予追究的犯罪行为采取行动的义务"。根据该规定，只要有足够的犯罪事实且符合法定起诉条件，检察机关别无选择地必须追诉所有的犯罪行为，而且，"从

---

① 王新环：《公诉权原论》，中国人民公安大学出版社 2006 年版，第 326、331 页。

② ［法］卡斯东·斯特法尼等：《法国刑事诉讼法精义》，罗结珍译，中国政法大学出版社 1999 年版，第 90 页。

一开始，德国刑事诉讼程序法就规定，如果侦查结果没有提供足够的提起公诉的理由时，程序应当终止"。① 这也表明，德国在确立起诉法定主义的同时，从法律上确立了法定不起诉制度。直到20世纪60年代，德国一直被作为起诉法定主义的典型国家。

日本明治维新后，于1882年颁布了治罪法，1890年颁布了刑事诉讼法。治罪法规定，如果被告所犯罪行不构成犯罪，或者不是非公诉不可的犯罪，就不准许起诉。② 日本理论界普遍认为，在治罪法和1890年刑事诉讼法时期，奉行的主要是起诉法定主义。③ 由此可以认为，日本在19世纪末期确立了法定不起诉制度。

从法定不起诉的诞生来看，它实际是起诉法定主义的衍生物。起诉法定主义认为："对每个犯罪行为，检察院、警官原则性地负有展开侦查的义务。有足够的行为嫌疑时，检察院必须提起公诉。"④即检察机关对构成犯罪、符合起诉条件的案件，必须提起公诉；相应地，对不构成犯罪、不符合起诉条件的案件，只能做不起诉处理。法定不起诉的要求和规则，自诞生至今，可以说是一以贯之，并无实质变化。

在起诉法定主义的框架下，对犯罪情节轻微的案件，检察机关没有自由裁量的余地。而检察自由裁量权的扩张和不起诉制度的真正发展，则是裁量不起诉的使命。

2. 裁量不起诉的诞生、发展和适用

在19世纪中叶以前，基于刑事古典学派的报应刑理论而确立的起诉法定主义，强调罪刑法定、有罪必诉的原则，这对于反对封建主义的罪刑擅断和限制检察官滥用权力，无疑发挥了巨大的积极

---

① 陈光中、[德] 汉斯—约格 阿尔布莱希特：《中德不起诉制度比较研究》，中国检察出版社2002年版，第63页。

② 宋军：《免予起诉制度》，中国政法大学出版社1993年版，第115页。

③ [日] 三井诚：《刑事程序法Ⅱ》，有斐阁2003年版，第24—25页。

④ 李昌珂：《德国刑事诉讼法典》，中国政法大学出版社1995年版，第15页。

作用。然而，不可否认的是，起诉法定主义只是一相情愿式的美好理想，它在实践中难以严格贯彻，显得僵化和生硬。它以报应主义为理论基础，过分关注已然的犯罪行为，完全不考虑个案情况，而忽视了犯罪行为人的千差万别及将来向社会的回归，难以实现刑事司法的个别正义。对凡是具备起诉条件的都必须起诉，既浪费了有限的司法资源，也降低了诉讼效率。起诉法定主义没有能够有效地遏制犯罪，而犯罪的迅速增长则催生了刑事近代学派的崛起。自20世纪初，刑事人类学派和刑事社会学派从对犯罪行为的关注转向对犯罪行为人的关注，强调对犯罪行为人的教育和社会回归，以功利主义为基础的目的刑理论和教育刑理论逐步取代了古典学派的报应刑理论，刑事政策的指向也发生了根本性的转变：由强调报应刑罚转向对目的刑罚的关注。同时，日益增长的犯罪与司法资源之间的矛盾凸显，诉讼经济的要求也日益明显。可以说，正是起诉法定主义存在的天生不足、目的刑理论的崛起以及诉讼经济的现实需要，催生了起诉便宜主义以及裁量不起诉的诞生。

裁量不起诉的萌芽大概可以追溯到法国最初"适当追诉"原则。即使在起诉法定主义占统治地位的19世纪，法国理论界与实务界都认为，检察机关并不必然要对所有的符合起诉条件的犯罪行为提起追诉。[①] 如果犯罪行为的社会危害性极为轻微，如果犯罪人是本着值得赞赏的目的采取行动，从公共秩序角度考量，对于这些情形提起追诉只能是弊大于利。由此可见，检察官对一定数量的案件可以"归档不究"。[②] 但是，这一时期的"适当追诉"思想并未上升为法律。

---

① 刘兰秋：《刑事不起诉制度研究》，中国政法大学2006年博士学位论文，第16页。

② ［法］卡斯东·斯特法尼等：《法国刑事诉讼法精义》，罗结珍译，中国政法大学出版社1999年版，第499—500页。

法国 1985 年刑事诉讼法典第 40 条规定，"共和国检察官接受告诉与控诉（控告）并审查、确定应当作出的适当处理"。该条第 2 款补充规定，检察官可以根据有关法律规定，对司法警察或其他任何公务助理等向其转送的笔录和其他材料作出评判。这实际是以法律明文规定了追诉适当原则。同时，法律还赋予了检察官对吸毒案件可以采取转处措施的权力，以及确认了检察机关作出调解决定的权力："共和国检察官如认为进行调解可以保证受害人受到的损失得到赔偿，可以中止因犯罪造成的扰乱，有助于罪犯重返社会，在其就公诉作出决定之前，并征得各方当事人的同意，可以决定实行调解。"

裁量不起诉在德国产生和发展的脉络，可以说最能表明裁量不起诉由被承认到不断扩张的过程和趋势。根据德国 1924 年 3 月 22 日的法律，即艾明格改革（Eermming Reform），刑事诉讼法增加了第 153 条和第 154 条。第 153 条规定："（1）对行为人责任轻微、行为后果不明显的轻微犯罪行为不予追究，但公共利益要求法院作出裁决的除外。（2）在处理轻罪时，行为人责任轻微、行为后果不明显的，经初级法院法官同意，检察院可以不提起公诉。（3）已经提起公诉的，经检察院同意，法院可以终止程序；对该裁定不得要求撤销。"[1] 第 154 条规定了不重要的附加刑的不起诉，即有下列情形之一的，检察机关可以对行为决定不起诉：追诉后可能判处的刑罚、矫正措施及保安处分，对因其他行为对被指控人判处或可能判处的刑罚、矫正及保安处分之附加刑来说，并非十分重要。

自 20 世纪 60 年代以来，随着犯罪率的不断增长，司法资源短缺的矛盾日益显现，起诉法定主义面临空前而巨大的挑战。1964

---

[1] 陈光中、[德] 汉斯—约格 阿尔布莱希特：《中德不起诉制度比较研究》，中国检察出版社 2002 年版，第 64 页。

年，德国法律赋予了检察官不起诉裁量权。根据当时修订的《德国刑事诉讼法》第 153 条规定，如果犯罪嫌疑人的犯罪行为轻微，而且追究其刑事责任对于公共利益又无实际意义，检察机关可以决定终止诉讼，但原则上应征得法院同意。此后，检察官的不起诉裁量权在法律上有了进一步的扩展。例如，1975 年《德国刑事诉讼法》修订增加了第 153 条 a 规定，如果追究刑事责任对公共利益毫无意义，或者追究刑事责任的必要性能够通过取代措施——包括罚款、社区服务、赔偿损失、赡养令或扶养令等方式——消除时，检察机关有权决定终止诉讼程序。又如，1975 年的法律修正案还规定，对于小额的财产案件，检察机关在作出不起诉决定终止诉讼程序时，无须征得法院同意。此外，该法典还规定检察机关在符合免除刑事处罚条件时可以作出不起诉决定，以及对国外行为、政治原因和以行动自责时等情形可做出裁量不起诉。1993 年，为明显、有效地节约刑事司法资源和减轻刑事司法负担，制定了《减轻司法负担法》。该法产生的一个非常重要的结果是再一次扩大了检察机关适用裁量不起诉的权限。汉斯—约格阿尔布莱希特认为，如果说 1993 年之前的《刑事诉讼法》第 153 条 a 使检察机关受制于"过失轻微原则"，那么新法典第 153 条 a 则是这样限制检察机关的：过失的轻重程度不能阻碍刑事诉讼的终止，这也就是说检察机关终止刑事诉讼的权限已经扩大到中等严重程度的犯罪。[1] 不但如此，检察机关无须征得法院同意做出不起诉的范围也得以扩大。由此可见，德国法律虽然未明确规定起诉便宜原则，刑事诉讼仍然以起诉法定主义为原则，但立法修订已为起诉便宜主义提供了方向和依据，而且，实践表明，起诉裁量处理案件的比率超过了起诉法定

---

① ［德］汉斯—约格 阿尔布莱希特：《刑事诉讼中的变通政策以及检察官在法庭审理开始前的作用》，载《诉讼法论丛》第三卷，中国政法大学出版社 1999 年版，第 207 页。

处理案件的比率。可以说，在立法上德国仍坚持起诉法定主义原则，但实践中起诉裁量原则发挥着重要的职能和作用。

统计资料显示，1997 年德国检察机关受理案件的总数为4204153 件，其中 26.7% 的案件由检察官根据刑事诉讼法第 170 条第 2 款撤销，15.6% 申请处罚令处理，21.3% 的案件不起诉，5.7% 的案件附条件停止起诉。1997 年德国仅有 12.3% 的案件经检察机关起诉至法院。①

在日本，起诉便宜主义的实践最早始于明治初期，是在冲破起诉法定主义的基础上而得以应用的。明治 18 年（1885 年），由于经济极度萧条和不景气等原因，犯罪现象剧增，监狱里人满为患，其中相当一部分人只是触犯了轻微的罪行。由于受刑事裁判的运转以及监狱的维持所需费用增长的困扰，司法大臣山田显义指出："将犯了轻微罪的人收容在刑务所里是浪费国费"，他首次提出对轻微犯罪采取不立案或者警告释放的方针，要求将轻微案件从追诉对象中分离出去，并开始鼓励在司法实务中实施微罪不起诉。由此确立了"微罪不检举"、"微罪不起诉"的方针。这成为起诉便宜主义得以确立的重要标志，微罪起诉犹豫的做法也借此应用于司法实务之中。此后，司法大臣三番五次以训令、演讲等形式肯定起诉犹豫处分做法。在 1909 年日本的刑事统计年报上，第一次开设了"起诉犹豫"栏目。② 不仅如此，司法大臣颁发训示反复强调：起诉犹豫处分的案件较实施刑罚缓期执行的案件更为妥当，而且，除科刑外凡是存在其他惩罚途径的案件，都可以做出起诉犹豫。③ 尤

---

① 陈光中、[德] 汉斯—约格 阿尔布莱希特：《中德不起诉制度比较研究》，中国检察出版社 2002 年版，第 270 页。

② 刘兰秋：《刑事不起诉制度研究》，中国政法大学 2006 年博士学位论文，第 16页。

③ [日] 三井诚：《刑事程序法 II》，有斐阁 2003 年版，第 24—25 页。

其在经历了起诉便宜主义里程碑式的案例即 1914 年的大浦案件①后，起诉便宜主义在日本得到了新的发展，并最终得以法典化。1924 年实施的刑事诉讼法第 279 条规定："根据犯人的性格、年龄及境遇以及犯罪的情况和犯罪后的情况，认为没有诉追必要时，可以不提起公诉。"现行的 1949 年刑事诉讼法继续明文规定了起诉便宜原则。日本的裁量不起诉也由最初的微罪不起诉，发展到附保护观察的不起诉，后者实质上是一种附条件的不起诉，或曰暂缓起诉。

据有关资料显示，日本自 1924 年实施的刑事诉讼法确定了起诉便宜主义之后，大大推动了起诉犹豫的适用。1918 年的起诉犹豫率为 40.2%，1923 年为 50%，1929 年达到了 55%。进入 20 世纪 30 年代，起诉犹豫率呈现增长趋势，据统计，1931 年的起诉犹豫率为 59.5%，1934 年为 63.9%，增长 7.4%。② 不仅如此，不起诉率也呈现增长趋势，1993 年的不起诉率为 29%，③ 1994 年之后的不起诉率均超过 34.6%，2002 年共办结 2204578 名刑事涉案人员，其中对 947104 人做出不起诉处分处理，占总人数的 43.0%，在不起诉人的 947104 人中，有 896759 人作起诉犹豫处分，占

---

① 大浦案件：1914 年，时任内阁农商大臣的大浦兼武为使内阁向国会提出的增设两个师团及建造军舰的方案能顺利通过决议，而经由当时众议院秘书处秘书长林田龟太郎收买在野党政友会的不平等等二十余名议员，使其脱离其党派加入己方政党。在此事件暴露后，大浦辞去了一切公职，并发誓今后绝不参与政治，从政界隐退，检察官于是对其做了起诉犹豫处分，但林田及其他受贿议员等从犯均遭起诉，并被作出有罪判决。司法大臣尾崎行雄就对大浦的起诉犹豫处分的理由进行了解释，即大浦的悔悟谨慎之情表现了不具再犯可能性，从政界隐退则具有对政治家的一般预防效果，即"不依科刑手段也能达到刑罚的目的"。

② ［日］三井诚：《刑事程序法Ⅱ》，有斐阁 2003 年版，第 26—27 页。

③ ［日］田口守一：《刑事诉讼法》，法律出版社 2000 年版，第 107 页。

40.7%。① 可见，日本一直是适用不起诉处分比例较高且呈增长趋势的国家。

（二）英美法系国家不起诉制度的历史发展及适用

与大陆法系国家传统上奉行起诉法定主义不同，英美法系国家基于当事人处分主义的诉讼理念，在实践中一直奉行起诉便宜主义，检察官对案件享有广泛的甚至是不受限制的不起诉裁量权。下面以英国和美国两个代表性的国家为例，考察其不起诉制度的历史发展情况。

1. 英国不起诉制度的历史发展及适用

英国于 1985 年通过了《犯罪起诉法》（Prosecution of Offences Act 1985），1986 年依据该法设立了全国统一的检察组织——英国皇家检控署（Crown Prosecution Service，简称 CPS），统一的检察官制度得以确立，专门负责对警察侦查终结移送起诉的案件进行审查，负责刑事案件的公诉。1985 年《犯罪起诉法》的通过可谓是英国刑事起诉历史上一个划时代的事件——从此英国以公诉模式取代了传统上的私人追诉模式。

在 1985 年以前，英国恪守普通法的基本精神，任何人包括与案件没有直接利害关系的人，对于犯罪案件都可以为了国王的利益（in the Crown's interest）而启动诉讼程序，从而形成了悠久的私人起诉传统。除了私人拥有刑事案件起诉权或不起诉权之外，总检察长（Attorney General）、公诉局长（Director of Public Prosecutions），

---

① 刘兰秋：《刑事不起诉制度研究》，中国政法大学 2006 年博士学位论文，第 19 页。

公共机关①以及警察等也拥有刑事案件起诉权或不起诉权。② 关于警察是否享有起诉权，虽然法律并没有授予警察赋有起诉的权利或义务，但自警察组织诞生起以来，警察就承担了大部分刑事案件的起诉工作。到 1854 年，英国各地方警察承担着全国"绝大多数"的起诉任务。尤其在基层法院，起诉实际上已成了警察的专有权。③ 警察根据对案件的侦查情况以及公共利益，作出起诉（prosecution）、警告（caution）、非正式警告（informal warning）、不处分（no further action）等处理。从职能分工上讲，警察是刑事司法的"守门人"，需要依据他们的专业判断，确认行为人是否需要进入刑事司法程序。④ 可以说，英国警察从一开始就享有较大的不起诉裁量权。

自 1986 年之后，英国的刑事诉讼模式由私人起诉转为国家公诉，警察在对案件侦查终结后，认为应当提起公诉的案件，必须移送检察机关审查起诉，经检察机关审查后，认为不应或无须提起公诉的，依法做出不起诉处分，终止刑事诉讼程序。

据英国皇家检控署年度统计报告（CPS Annual Report）数据显示，1991 年至 1992 年共有 17 万余件案件作不起诉处理，不起诉率为 11.8%；1992 年至 1993 年共有近 20 万件案件作不起诉处理，不起诉率为 13.5%，其中约 1/3 的不起诉是基于公共利益原因而

---

① 如邮政调查部（the Post Office Investigation）、税务局（the Inland Revenue）和海关（Customs and Excise）。

② 刘兰秋：《刑事不起诉制度研究》，中国政法大学 2006 年博士学位论文，第20—21 页。

③ ［英］麦高伟等：《英国刑事司法程序》，姚永吉等译，法律出版社 2003 年版，第 40 页、43 页。

④ ［英］麦高伟等：《英国刑事司法程序》，姚永吉等译，法律出版社 2003 年版，第 4 页。

做出的。①

2. 美国不起诉制度的历史发展

在法律建设初期，美国基本上是移植英国的普通法，但在刑事诉讼上却抛弃了"私人起诉主义"，于北美殖民地时期便产生了公诉制度，直到美利坚合众国宣布成立后，检察公诉制度才得以正式建立。② 从19世纪末到20世纪70年代，一系列案例确认了美国检察官享有巨大的起诉决定权，几乎到了不受制约的地步，尤其是不起诉决定权更是如此。早在1883年，伊利诺伊州上诉法院根据"人民诉瓦尔巴什、圣路易和太平洋铁路"判例确认了检察官的不起诉裁量权："法律赋予了检察官在追诉犯罪方面巨大的自由裁量权。检察官可以依据职权提起公诉，也可以认为在符合公共利益的情况下终止诉讼。"之后，韦尔森诉马歇尔县案（1930）、加州诉亚当斯案件（1965）、人民诉柏林案件（1974）等一列著名的判例，进一步明确了检察官对于刑事案件起诉与否享有"不得复议的独有权力"。美国检察官行使职能的基本模式是个人负责制，其在行使起诉职能的过程中享有极大的自由裁量权，其基本行为特征是独断性。这种独断性主要表现在审判之前，包括罪行豁免权、起诉决定权和辩诉交易权，而这种独断性在不起诉决定上表现得最为突出。③ 这表明，以起诉便宜主义为基础的裁量不起诉在美国被广泛认可。

在适用方面，"一般来说，一个管辖区内检察官审查的案件中

---

① See：CPS Annual Report1991－1992，at 23－24；CPS Annual Report，at 18；RC-CJ，Report，at76，para. 36。转引自：刘兰秋：《刑事不起诉制度研究》，中国政法大学2006年博士学位论文，第23页。

② 杨诚、单民：《中外刑事公诉制度》，法律出版社2000年版，第79、85页。

③ 杨诚、单民：《中外刑事公诉制度》，法律出版社2000年版，第89、106—108页。

有 1/4 至 1/2 被做出不起诉处理，这种情况已经延续了数十年"。①
可见，美国在司法实践中适用不起诉的比例也相当高。

（三）新中国不起诉制度的历史发展

1949 年 10 月 1 日中华人民共和国成立之后，先后制定颁布了
一系列条例、法律，其中规定了起诉和不起诉的内容。例如，《中
央人民政府最高人民检察署试行组织条例》（1949 年）、《中央人
民政府最高人民检察署暂行组织条例》（1951 年）以及《各级地
方人民检察署组织通则》中，都明确规定了人民检察署具有"处
理公民不服下级检察署不起诉处分之申请复议案件"的职权。

1954 年 9 月 21 日第一届全国人民代表大会第一次会议通过了
《中华人民共和国人民检察院组织法》。该法第 11 条第 2 款明确规
定："公安机关提起的刑事案件，侦查终结后，认为需要起诉的，
应当按照法律的规定移送人民检察院审查，决定起诉或不起诉。"

1950 年在全国开展了镇压反革命运动，检察机关在实践中创
设了"免予起诉"模式，即对于应当追究刑事责任、但能够坦白
交代或可以免予刑罚的自首立功者，作出免予起诉的处理。1956
年 4 月 25 日，第一届全国人民代表大会第三十四次会议通过了
《关于处理在押日本侵略中国战争中战争犯罪分子的决定》，首次
规定"对于次要的或者悔罪表现较好的日本战争犯罪分子，可以
从宽处理，免予起诉"。此乃以特别法的形式确定了免予起诉制
度，标志着免予起诉制度的法律化。该《决定》出台的主要原因，
正如《决定》中所表述的那样，是"鉴于日本投降后十年来情况
的变化和现在的处境，鉴于近年来中日两国人民友好关系的发展，
鉴于这些战争犯罪分子在关押期间绝大多数已有不同程度的悔罪表

---

① 转引自 ［美］爱伦·豪切斯泰勒·斯黛丽、南希·弗兰克：《美国刑事法院诉
讼程序》，陈卫东、徐美君译，中国人民大学出版社 2002 年版，第 275 页。

现"，因此，按照宽大政策分别予以处理。史料记载，最高人民检察院根据侦查的结果及《决定》，于 1956 年对 1062 名日本战犯分别做出了起诉和免予起诉的决定，其中起诉审判的 45 名，决定免予起诉而宽大释放的 1017 名。[①] 舆论普遍认为，采取免予起诉的方式处理日本战犯，产生了良好的社会效果和国际影响。之后，各地方检察院仿照最高人民检察院免予不起诉的做法，对内部肃反运动中清理出来的坦白交代或可以免予刑罚的自首立功的犯罪分子，做出免予起诉处理，据 21 个省市检察院和专门检察院的统计，1956 年经检察机关做出免予起诉决定的共 18400 人。[②] 在总结司法实践经验的基础上，"两高"分别在《关于审查批捕、审查起诉、出庭公诉工作的试行规定（修改稿）》和《刑、民事案件审判程序总结》等司法文件中确认了免予起诉形式，免予起诉制度在我国刑事诉讼中得以正式确立。[③] 因此，1979 年 7 月 1 日《人民检察院组织法》增加了"免予起诉"的规定，该法第 12 条规定，"人民检察院对于公安机关要求起诉的案件，应当进行审查，决定起诉、免予起诉或者不起诉"。同年颁行的《刑事诉讼法》第 101、102、103 条分别对免予起诉的法定条件、适用程序、救济程序等作了相应的规定。

我国的免予起诉制度是在特定的历史条件下产生的，在一定程度上体现了起诉便宜主义、非刑罚化和刑罚个别化的基本理念。但是，该制度在理论上存在着先天不足，最重要的一点是，其"定罪免刑"内核在事实上造成了检察机关行使审判权的结果，这严重违背了现代刑事诉讼"控审分离"的基本原则；同时，免予起

---

① 闵钐：《中国检察史资料选编》，中国检察出版社 2008 年版，第 555 页。
② 闵钐：《中国检察史资料选编》，中国检察出版社 2008 年版，第 546 页。
③ 彭东、张寒玉：《检察机关不起诉工作实务》，中国检察出版社 2005 年版，第 10 页。

诉制度使犯罪嫌疑人在未经公开审判、未能行使辩护权的情况下被认定为犯罪，并被剥夺了上诉权。由此可见，免予起诉的适用，一方面难以保证检察公诉权的正当行使，另一方面也不利于保障犯罪嫌疑人的合法权益。据最高人民检察院统计，1992 年全国检察机关共起诉贪污贿赂案件 18510 件，免予起诉案件则高达 16779 件。[①]这表明实践中由于检察机关的免予起诉权、特别是自侦案件的免予起诉权缺乏必要的监督与制约，因此导致免予起诉权被滥用的现象普遍存在。理论上的先天不足和实践中的滥用，预示着免予起诉制度必定是短命的。

1996 年刑事诉讼法废除了免予起诉制度，但是吸收了其中的合理精神，在第 142 条第 2 款规定了酌定不起诉这一新的不起诉形式。其适用条件是"犯罪情节轻微，依照刑法不需要判处刑罚或者免除刑罚的"案件。同时，增加了"证据不足不起诉"的类型。这样一来，1996 年刑事诉讼法就确立了法定不起诉（142 条第 1 款）、酌定不起诉（142 条第 2 款）和存疑不起诉（140 条第 4 款）三种不起诉类型，体现了起诉法定主义与起诉便宜主义的有机结合，在立法上基本形成了符合国际刑事诉讼发展潮流的比较完善的不起诉制度。2012 年刑事诉讼法第 173 条和 171 条在略作修改完善的前提下沿用了上述规定，具体而言：第一，将第 142 条第 1 款规定的法定不起诉修改为第 173 条第 1 款，即"犯罪嫌疑人没有犯罪事实，或者有本法第十五条规定的情形之一的，人民检察院应当作出不起诉决定"；将第 140 条第 4 款规定的存疑不起诉修改为第 171 条第 4 款，即"对于二次补充侦查的案件，人民检察院仍然认为证据不足，不符合起诉条件的，应当作出不起诉的决定"。

关于我国不起诉的司法适用方面，据统计，1997 年我国检察

---

① 刘生荣、蔺剑、张寒玉：《刑事不起诉的理论与司法实务》，中国检察出版社 1998 年版，第 13 页。

机关办理的不起诉人数占审结案件总人数的 4.2%，1998 年占 2.5%，这个数字在 1999 为 2%，2000 年为 2.4%，2002 年为 3%，2003 年为 2.8%，2004 年为 3.3%，2005 年为 2.4%。[①] 上述数据表明，1996 年刑事诉讼法确立的不起诉制度在司法实践中发挥的作用十分有限，其突出表现和原因就是不起诉适用率非常之低，除了修改后的第一年，后来的不起诉适用率均徘徊在 2.5% 左右。

（四）对域外及我国不起诉发展历史的简要评述

通过简要回顾作为大陆法系的代表性国家的不起诉制度的产生、发展和适用，笔者发现，法、德、日三国历经了一个从产生、发展到不断扩张的过程，这个过程的前进性脉络非常清晰，如从以起诉法定主义为理论基础的法定不起诉，发展到以起诉便宜主义为理论基础的裁量不起诉，从裁量不起诉范围的有限适用到适用范围的不断扩张，而且，在这个前进过程中的每个阶段都有十分明确的背景和根据，如裁量不起诉产生和扩张的理论基础是目的刑主义的兴起，其最直接的原因是犯罪的大量增加与司法资源紧张之间的矛盾，等等。

回顾新中国不起诉制度的产生和发展，也可以看到一个比较清晰但是略显迂回的发展脉络。1954 年《人民检察院组织法》规定了不起诉，指尚未构成犯罪和犯罪证据不足的案件，应仅属于法定不起诉；1956《关于处理在押日本侵略中国战争中战争犯罪分子的决定》规定了免予起诉，含有裁量不起诉的精神；1979 年刑事诉讼法规定了免予起诉和不起诉制度，免予起诉的规定进一步体现了裁量不起诉的精神；1996 年刑事诉讼法规定了法定不起诉、酌定不起诉和存疑不起诉三种类型的不起诉，初步构建了比较完整的现代意义上的法定不起诉和裁量不起诉制度；2012 年刑事诉讼法

---

① 根据历年最高人民检察院检察长向全国人民代表大会作的工作报告计算。

则在基本沿用 1996 年刑事诉讼法规定的基础上，进一步完善了我国的不起诉制度。

在我国不起诉制度的产生背景方面，从新中国不起诉制度（特别是裁量不起诉）产生、适用的背景和根据来看，除了 1956 年免予起诉制度的产生及适用具有比较明确的背景和根据之外，其他则相当模糊，这与日本、德国裁量不起诉的产生和广泛适用的背景大不相同。应当说，1956 年规定对于次要的或者悔罪表现较好的日本战犯，予以免予起诉，其主要社会背景是考虑中日友好关系的发展，主要根据是以政治原因为核心内容的公共利益的考虑。但是，因为免于起诉是定罪免刑，与通常意义的不起诉则意味着无罪的原则相背离，因而存在着先天不足，正是在这个意义上说，免予起诉不是现代意义上的裁量不起诉，而仅仅包含裁量不起诉的精神。另一方面，免予起诉在司法实践中被滥用，因而遭到广泛的批判直至废除。而其后，无论是 1979 年刑事诉讼法还是 1996 年和 2012 年刑事诉讼法，都难以看到不起诉制度设立的明显背景和根据。因为，在制定第一部刑事诉讼法的 20 世纪 70 年代末期，从我国刑法和刑事诉讼法的规定来看，并没有以目的刑主义为理论指导，而且，当时的社会也没有面临犯罪大量增加与司法资源紧张这样的矛盾，所以可以推断 1979 年刑事诉讼法规定的免予起诉制度，并不同于大陆法系国家规定裁量不起诉制度的背景和根据。1996 年刑事诉讼法规定了具有现代意义的法定不起诉和裁量不起诉制度，以当时的法律理论背景和社会背景，可以说目的刑理论在我国的影响已经有相当的程度，而当时社会亦面临着犯罪激增与司法资源紧张的矛盾，照此推理，1996 年刑事诉讼法规定的酌定不起诉制度应当是极为适时并可以大有作为的，然而实践中的司法适用却并非如此。正如统计数据①和有关批评那样，我国的不起诉是"正常的法律规则，反常的司法实践"（Formal Rules and Informal Practice）。② 有关学者的观点也印证了作者的判断：我国的不起诉制度最初主要不是为了解决诉讼经济问题，直到今日，实际上也不是出于诉讼效率方面的压力。③

既然不起诉制度尤其是裁量不起诉制度的发展是符合诉讼规律和社会发展的国际潮流，在当今世界各国都得到了充分重视和蓬勃发展，为什么在我国却遭遇了障碍呢？我们必须追问并探索，在当代社会背景和司法背景下，我国准确适用并充分发挥不起诉制度尤其是裁量不起诉制度的正确道路在哪里？为了找到这条正确的道路，必须先找到通向不起诉制度发展和发达的正确根据。

第二节　不起诉的程序理念根据

一个国家的法治建设涉及三个层次的内容，即理念、制度和技术，理念对于国家法治具有引领作用，正确理念能够引导法治建设向着正确的方向发展。④ 此话道出了理念在法治建设中的重要作用。有学者将刑事诉讼的理念分为实体正义理念和程序正义理念两

---

① 有关统计资料显示，我国 1998 年的不起诉适用率是 2.5%，1999—2000 年的不起诉适用率是 2%，远远低于德国、日本等国家的统计数据。
② see：Hou Xiaoyan, Procuratorial Discretion in China：Formal Rules and Informal Practice，Hong Kong Law Journal，Vol. 33，Part 3 of 2003. p. 663.
③ 张建伟：《刑事诉讼法通义》，清华大学出版社 2007 年版，第 575—576 页。
④ 陈兴良：《当代中国的刑法理念》，载《国家检察官学院学报》2008 年第 3 期。

类。① 关于不起诉的理念研究，诉讼法学者往往并不作程序还是实体的区分，一般从"理论基础"的角度进行研究，观点大致相同，但是并不一致。有学者在论述了起诉法定主义的理论基础②之后，阐述了起诉便宜原则四个法理基础：一是非犯罪化和轻刑化的刑事政策，二是刑罚个别化的刑事政策，三是公共利益的考虑，四是诉讼效率的要求。③ 另有学者提出，不起诉制度的法理基础包括四个原则：一是罪刑法定原则和无罪推定原则；二是公共利益原则；三是并合主义，即报应刑论和目的刑论的折中主义；四是谦抑主义，谦抑性包含非犯罪化、非刑罚化、轻刑化和诉讼效益两个内容。④ 有检察官认为，起诉便宜原则是以目的刑为理论基础的，内容包括非犯罪化与轻刑化的刑事政策、刑罚个别化的刑事政策、公共利益原则和诉讼经济原则。⑤

本文认为，不起诉的理念可以区分为程序理念和实体理念。上述观点中，非犯罪化、轻刑化、刑罚个别化的刑事政策、罪刑法定原则、目的刑主义等，基本可以归类为实体理念根据；公共利益原则、诉讼效益原则，此外笔者认为还有一个比例原则，可以归类为

① 宋英辉：《刑事诉讼原理》，法律出版社 2007 年版，第 13—51 页。该书认为，实体正义理念包括保障实施犯罪的人被判决有罪、无罪的人不受定罪、有罪的人受到罪行相当的惩罚等三个反面的要求；程序正义理念的基本要求是与诉讼结果有利害关系或者可能因该结果蒙受不利影响的人，都有机会参与到诉讼中，并得提出有利于自己的主张和证据以及反驳对方提出的主张和证据的机会。

② 陈光中教授认为，起诉法定主义的法理基础有三点：一是公平和平等原则，而是罪刑法定原则，三是控申分离原则。参见陈光中：《论我国酌定不起诉制度》，载《中国刑事法杂志》2001 年第 1 期，第 75—77 页。

③ 陈光中：《论我国酌定不起诉制度》，载《中国刑事法杂志》2001 年第 1 期，第 77—79 页。

④ 樊崇义：《迈向理性刑事诉讼法学》，中国人民公安大学出版社 2006 年版，第 447—450 页。

⑤ 彭东 张寒玉：《检察机关不起诉工作实务》，中国检察出版社 2005 年版，第 34 页。

程序理论根据，而谦抑主义则兼具程序和实体属性。本节主要论述不起诉程序理念根据中的三个重要原则。

一、公共利益原则

检察机关及检察官的产生和发展，经历了一个从作为国王、国家乃至公共利益代表的历程。现代社会的检察机关及检察官被誉为"公共利益的代表"。① 因此，公共利益原则成为检察机关及检察官活动的根本原则。检察机关作出酌定不起诉决定必须受到公共利益考量的制约。

（一）公共利益原则的含义

关于公共利益的概念在不同国家有不同的表述，在英美国家多称之为"公共利益"（Public interest）或"公共政策"（Public police），在日本法律中多用"公共福利"（Public welfare）来表述。关于公共利益的概念，更有多种界定。18 世纪的功利主义学派将公共利益定义为："一个社会的公共利益，就是这个社会中所有人的个人利益之和。既然国家的目的是最大程度地促进公共利益，那么它就要采取措施来实现社会'最大多数人的最大幸福'。"② 英国学者认为，公共政策是指社会的普遍公共利益或福利，或者一种极不明确的道德价值。③ 我国学者认为，公共利益是指作为有机整体的公众所共同享有的权益、福利和价值。它一般包括公共秩序、公共道德、公共财产、公共安全等内容，在适用上具有普适性，既为

---

① 邓思清：《检察权研究》，北京大学出版社 2007 年版，第 127 页。
② 张千帆：《宪法学导论》，法律出版社 2004 年版，第 9 页。
③ ［英］戴维·M. 沃克：《牛津法律大辞典》北京社会与科技发展研究所译，光明日报出版社 1988 年版，第 734 页。

社会共同体所享有，又为该共同体中的个体所享有，破坏社会共同体享有的权利和福利，同时也就破坏了共同体中个体的权利和福利。① 学者认为，所谓公共利益检验，被告人有无必要追究刑事责任，以公众对被告人起诉与否是否关注作为公共利益的考虑因素。② 还有学者指出，公共利益指的是作为有机整体的公众所共同享有的权益、福利和价值。公共利益一般包括公共秩序、公共道德、公共财产、公共安全等，其特征是适用的普遍性，即为公众共同体所享有并为该共同体中的单一个体所享有，破坏共同体中所享有的权益和福利，就破坏了共同体中的单一个体的权益和福利。③ 我国也有学者采取列举的方式，将"社会公共利益"归纳为四个方面：（1）出于国家安全、国防、外交和其他国家政治需要的考虑；（2）出于社会效果和民意趋向的考虑；（3）出于预防犯罪、维护社会治安效果的考虑；（4）符合被害人的意愿和要求。④ 凡此种种，不一而足。那么，让我们看看国外法律中对公共利益是如何规定的。

（二）国外刑事诉讼法关于公共利益的规定

在国外刑事诉讼法中，有因公共利益考量而对轻罪不予起诉的明文规定。如英国、荷兰、德国的法律明文规定了公共利益原则。

英国是实行起诉法定主义和起诉便宜主义相结合的国家，检察官对于是否起诉具有较大的自由裁量权。英国前检察长萧克罗斯勋爵说过，"有犯罪嫌疑就必须起诉，这从来就不是我们国家的方

---

① 樊崇义：《刑事诉讼法实施问题与对策研究》，中国人民公安大学出版社2001年版，第386页。
② 卞建林、刘玫：《外国刑事诉讼法》，人民法院出版社2002年版，第352页。
③ 张建伟：《刑事诉讼法通义》，清华大学出版社2007年版，第573页。
④ 陈光中：《论我国酌定不起诉制度》，载《中国刑事法杂志》2001年第1期，第78、79页。

针……只有当罪行和犯罪时的情形具有这样一个特点，即对该案的起诉符合公共利益，检察官才应该起诉。公共利益仍然是我们应当考虑的首要问题"。① 根据英国法律规定，王室检察官在决定起诉与否时，可以分为两个明确的阶段：第一个是检验证据阶段，第二个是检验公共利益阶段。在对证据进行检验后，起诉的相关程序通常会继续进行，但如果出现有违公共利益的因素，并且这些因素具有压倒性地位，便产生阻止起诉的法律效果。其中，最重大的公共利益因素是犯罪的严重程度。② 即使有充足的证据，还必须满足"公共利益"标准。③ 因此，公共利益是检察官决定提起公诉应当考虑的首要问题。《英国皇家检察官准则》（1994 年）④ 第 6 条规定，对每一件有充分证据证明"定罪的现实可能性"的案件，都必须考虑公共利益。《准则》列举了一些支持提起公诉的公共利益因素⑤和反对提起公诉的因素等普遍性的公共利益因素，但因现实

---

① 龙宗智：《英国检察机关》，载《世界法学》1987 年第 4 期。

② ［英］麦高伟、杰弗里·威尔逊：《英国刑事司法程序》，法律出版社 2003 年版，第 167 页。

③ ［英］麦高伟、杰弗里·威尔逊：《英国刑事司法程序》，法律出版社 2003 年版，第 139 页。

④ THE CODE FOR CROWN PROSECUTORS, Crown copyright 1994.

⑤ 《英国皇家检察官准则》（1994 年）第 6.4 条规定，支持提起公诉的一些普遍的公共利益因素包括下列 14 种情形：（1）可能判处很重的刑罚；（2）实施犯罪时使用了武器或以暴力相威胁；（3）针对服务公众的人员实施犯罪（如一名警察或监狱官员，或者一名护士）；（4）被告人处于权威或受信托的地位；（5）有证据表明被告人是犯罪集团的首领或犯罪的组织者；（6）有证据表明犯罪是有预谋的；（7）有证据表明犯罪是有组织的；（8）犯罪的被害人是脆弱的，曾被置于相当恐怖的处境，或者受到人身攻击、伤害或骚扰；（9）犯罪动机是歧视被害人的种族、原国籍、性别、宗教信仰、政治观点或性倾向；（10）被告人与被害人之间在实际的或心理的年龄上具有显著差距，或者，有任何贪污腐败的因素；（11）被告人先前的定罪或警告与当前的犯罪有关联；（12）被告人被指称在受法庭命令管制期间犯罪；（13）有理由相信犯罪可能继续或重新犯罪，例如，有累犯历史；或（14）尽管罪行本身并不严重，但在该犯罪普遍地发生。

情况复杂无法穷尽各种公共利益因素。其中，《准则》在条文 6.5 中列举了"反对提起公诉的一些普遍的公共利益因素"，也即提起公诉的可能性较小、可能做出不起诉的 8 种情形，具体包括：（1）法院可能处以很小或象征性的罚金；（2）因真正的过失或误解发生的犯罪（这些因素必须结合犯罪的严重程度来权衡）；（3）损失或伤害堪称轻微，并且是纯粹的事故，尤其是由于判断失误而发生的；（4）从犯罪的发生到审判之日有长时间的延误；（5）提起公诉可能对被害人的身体或心理健康产生不良影响，始终忘不了犯罪的严重性；（6）被告人年老或者犯罪时有严重的精神或身体疾病，检察官必须在改造有精神上的或身体上的疾病的被告人的需要与保护公共利益的需要之间进行权衡；（7）被告人已经弥补其造成的损失或伤害（但是被告人不可仅仅因为其能够赔偿而免于起诉）；（8）将细节公之于众可能会损害信息来源、国际关系或国家安全。

《荷兰刑事诉讼法》第 167 条规定的起诉便宜原则，允许检察官基于公共利益的考量而放弃起诉或提起公诉。根据荷兰最高检察院发布的国家起诉条例，检察官基于公共利益可以放弃起诉的包括以下 5 种情形，但不限于这 5 种情形①：（1）如果刑罚之外的手段更为可取，或者更为有效，如行政手段、民事手段；（2）基于犯罪行为的原因，起诉是不合适、不公正或者无益的，如犯罪没有造成危害，不适于加诸刑罚；（3）基于行为人的原因，起诉是不合适、不公正或者无益的，如行为人的年龄或者健康状况；（4）起诉可能危害国家利益，如未来安全、和平和秩序，或者适用新的立法；（5）起诉可能危害被害人的利益，如赔偿已经支付。

《德国刑事诉讼法典》第 153 条关于"轻微案件不必追究"的

---

① 何家弘：《刑事司法大趋势——以欧盟刑事司法一体化为视角》，中国检察出版社 2005 年版，第 300 页。

规定、第 153 条 a 关于"暂时不予起诉"的规定、第 153 条 c 关于"国外行为不追诉"的规定、第 153 条 d 关于"出于政治原因不追诉"的规定，均强调了公众利益和公共利益因素的考量。

(三) 我国不起诉中的公共利益考量

我国刑事诉讼法中并没有针对轻罪酌定不起诉的公共利益考量的明文规定，但是理论界都认同公共利益考量是不起诉的一个原则。比如基于政治方面的考虑，1956 年对日本战犯的免予起诉，被称为公共利益考虑的典型实例。[①] 那么，我国不起诉制度中所考量的公共利益的内涵该如何界定？

以上学者及国外法律对公共利益的界定和描述，有的是定义式的，有的是列举式的，据此不难发现：(1) 对公共利益含义的界定并非一致，而上述界定中包含最多的"利益"是"国家安全利益"；(2) 英国、荷兰的法律规定的公共利益中也包含"被告人、被害人的利益"；(3) 明显不同的是，从我国学者的界定中很难读取出公共利益包含"被告人利益"的直接含义。这难道是因为东西方对"公共"一词有不同的解读？

在笔者对"公共利益"的字面解读和理解的逻辑框架内，"公"和"私"是泾渭分明的，公共利益是相对于个人利益而言的，公共利益当然首先是国家层面的、社会层面的整体利益，而不是某个人的利益。当然，可以将社会的所有个人利益之和理解为公共利益，但那显然不同于单纯所指的某一特定案件的被害人、被告人的利益。

在笔者看来，英国、荷兰法律列举的关于公共利益的考量因素，诸如被告人、被害人的情况，可能判处刑罚的轻重、犯罪原因

---

① 陈光中、[德] 汉斯—约格 阿尔布莱希特：《中德不起诉制度比较研究》，中国检察出版社 2002 年版，第 85 页。

等，都是我国做出不起诉处理时考虑的案件本身的因素，并非"公共利益"。如果将上述情况也视为公共利益，那么公共利益则无处不在，实际上就成为处理案件应当考虑的一切因素。既然如此，为什么《英国皇家检察官准则》（1994 年）第 6.7 条还特别强调"皇家检察院依照公共利益办事，而不是依照任何个人的利益办事"呢？还特别强调检察官始终要重点考虑和关注"被害人利益"这一重要因素呢？

思考至此，笔者仅能得出一个很不成熟的结论：刑事诉讼中的公共利益可以进行广义和狭义之分。广义的公共利益，包括案件犯罪嫌疑人、被告人、被害人的利益；狭义的公共利益，则不包括案件犯罪嫌疑人、被告人、被害人的利益，仅指案件处理可能影响到的涉及国家、社会、大众的利益。我国不起诉制度考量的公共利益，一般指狭义的公共利益。

二、诉讼效益原则

基本上所有国家都面临着司法资源短缺的问题，随着犯罪形势的日益恶化使得这一问题尤为凸显。为切实有效地缓解刑事司法资源的有限性与案件数量的攀升之间的矛盾，确保刑事司法机器的正常运行，刑事诉讼经济效益问题必须引起各国高度重视。进入 20 世纪中叶，随着经济分析法学的兴起，随着"正义的第二种意义即效益"命题的提出，随着犯罪数量和质量不断提升的要求，"效率"越来越成为法律制度设计时需要考虑的关键因素。"'效益'一词被引入法律，'法应当以效益作为分配社会资源的标准'已成为法学家的口号和政府制定政策的原则……在经济法学家看来，法律制度归根到底受利益原理支配，法律安排实质是以效益为轴心。"① 效率，又称效益，是指从一定量的投入中获得最大的产出，即以最小的资源代价获得同样的收效，或者以同样的资源代价获得最大的收效。② 诉讼效益属于效益的下位概念，具体包括诉讼经济和诉讼效率两项指标。刑罚运行属于高成本的司法活动，而国家控制犯罪需要的资源投入却总是有限的，并且其缓慢的增长不能满足犯罪数量和质量日益增长的需要，特别是刑事犯罪高发时期，司法成本、司法资源与犯罪量之间更是呈现出一种高度的紧张关系。因而，有必要在刑事司法领域内树立诉讼经济观，对于一些确实一时难以查清的案件，如果不能及时、妥当地被加以处理，势必会无限期地拖延下去，造成大量案件积压，给司法机关和当事人增加诉累。相反，如果启动不起诉程序，适时终止诉讼程序，能够使得案件得到及时处理，从而减少了诉讼环节，降低了诉讼成本，有利于节约司法资源，以便于将更多的司法人力资源和物质资源投入重大疑难复杂案件的处理上，实现法律效果、经济效果和社会效果的有机统一。

　　现代社会法治需要很高的经济成本。在乡土社会，发生在民间的纠纷可能通过本地有声望的长者调解，双方互相谅解，息事宁人，其化解矛盾纠纷的成本无疑是很低的。而法治所要求的权利平等、法律职业群体的专业化、司法程序的正当化等，都需要国家的经济投入。法治鼓励人们主张权利，通过正式机构裁决谁是谁非。法治甚至意味着公民生活成本的提高，因为公民享受充分的法律服务要以支付高昂的律师费为代价。法律制度设计不能片面强调"权利文化"，鼓励当事人为区区小事就诉诸法庭，浪费国家司法资源，而且互相伤害感情。"无讼"，是中国传统法律文化的价值

---

① 刘全德：《西方法律思想史》，中国政法大学出版社1996年版，第248页。
② 张文显：《法学基本范畴》，中国政法大学出版社1993年版，第273页。

取向。① 就是说，要善于用非诉讼手段解决矛盾和纠纷。孔夫子当过几十天的法官，他说，"听讼，吾犹人也。必也使无讼乎！"② 意思是判案子使我和别人一样，我的能力在于使这个地方没有案子。

可以认为，在犯罪激增、诉讼膨胀、司法机关不堪重负的现实状况面前，诉讼效益的考虑是不起诉制度的发展和发达的重要原因，是兼顾实体正义与程序正义的逻辑结果。

按照起诉法定主义，有罪必诉，如果每个案件都必须经过法院最后判决，那么一个完整的诉讼过程，要经过侦查、起诉、审判、执行四个阶段。在这四个诉讼阶段，国家所投入的经济成本和人力成本是十分巨大的。考虑到符合酌定不起诉条件的绝大部分案件，即使进入审判程序，也会在此阶段终结，不会进入第四个阶段的执行程序，那么按照侦查、起诉、审判三个诉讼阶段的诉讼成本平均计算的话，在审判阶段终结诉讼程序，比在起诉阶段终结诉讼程序要增加三分之一的诉讼成本。事实上，如果符合不起诉条件的案件一旦进入审判程序，特别是酌定不起诉案件和存疑不起诉案件，并不意味着一定会被判处免予刑事处罚或者无罪，因为法官和检察官对案件的认识会有所差异。客观的事实是，根据同样的事实、证据和被告人的人身危险性情况，检察官认为案件情节轻微符合酌定不起诉的条件，或者认为案件证据存在疑问难以定罪，法官在绝大多数情况下和检察官的认识是一致的，但是法官也可能认为案件的情节尚重，不符合免予刑事处罚的条件，或者认为案件的证据并不存在太大的疑问，可以认定被告人有罪，从而判处被告人刑罚。③ 司法实践中，这种情况并不少见，就是那些所谓的"可诉可不诉"

① 张中秋：《中西法律文化比较研究》，南京大学出版社 1991 年版，第 323 页。
② 《论语颜渊篇第十二》，远方出版社 2003 年版，第 224 页。
③ 这种情况的发生也可能意味着先前假设的不起诉处理方式是错误的，此处分析不考虑这种情况，仅考虑检察官和法官对案件的理解和认识不一致的情况。

ᵃ分段

的案件和检察机关对证据是否充分把握不准而试着诉的"风险起诉"的案件。"可诉可不诉"的案件起诉到法院之后，绝大部分会被判处有罪，处以较轻的刑罚，如一年以下有期徒刑、拘役或缓刑，实践中对被告人判处免予刑事处罚的判例十分罕见。对于"风险起诉"的案件，有一部分会在开庭审理后、判决之前，因为法院的无罪意见而由检察机关撤回起诉，而后再作不起诉处理，也有一部分案件，法院作出了有罪判决。那么，被判有罪的被告人将进入诉讼的执行程序，从而使这部分案件的诉讼成本比以不起诉的方式终结诉讼增加了一半的成本。因此，1986 年欧洲理事会在"监禁刑的替代措施"的报告中指出，面对监狱人满为患的状况，实务家们再也不简单地以犯罪学标准（如累犯、处罚性质）来论争问题，却转而以社会经济的标准（如刑罚的财政与社会耗费、刑罚的社会效果）来看待问题了。[①]

三、比例原则

不起诉制度也可以用公法领域的比例原则来解释。通说认为比例原则包含三项内容：适当性原则、必要性原则和狭义比例原则。比例原则是行政法领域的一项重要原则。目前学术界一般认为，比例原则的思想最早可追诉到 1215 年的英国大宪章中关于人民不得因轻罪而受重罚的罪刑均衡的规定，但其正式产生是在 19 世纪的德国警察法中。随着比例原则的发展，逐步向行政法、宪法等整个公法领域扩张，20 世纪 50 年代，成文法内已出现了比例原则。[②]

---

① 转引自谢望原：《西欧探寻短期监禁刑替代措施的历程》，载《政法论坛》2001 年第 2 期。

② 陈新民：《德国公法学基础理论》（下），山东人民出版社 2001 年版，第 399 页。

比例原则被奉为公法领域的"帝王条款",在保障人权、控制公权力的扩张等方面,发挥着重要作用。

适当性原则,又称妥适性原则,是指所采取的措施应能够或至少有助于实现行政目的,手段与目的之间应有必然联系,手段不能脱离目的,即公权力所采取的措施必须有助于目的的达成。必要性原则,又称最小损害原则、不可替代原则,是指在同等条件下,存在多种措施的选择时,应尽可能选择对公民权利侵犯最小的方法,即有多种措施同样能达成目的的方法时,应该选择对人民侵害最小的措施为之。也就是说行政机关采取某项措施时,已经没有比该项措施对公民权侵犯更小的替代性措施可选择了。狭义比例原则,又称法益均衡原则,是指采取某项措施侵犯的利益应小于所追求的公共利益,所保护的利益要大于所付出的代价,也就是说手段要与所追求的利益成比例,即采取的措施所造成的损害不得与其为达成目的所带来的利益显失均衡。①。

可以看出,比例原则的适用过程实际上就是一个衡量、平衡的过程:适当性原则与必要性原则均是从目的的实现出发来注重手段的选择,也就是手段与目的的平衡,以目的取向为导向;狭义比例原则则注重目的本身的考量,从全局考虑,兼顾私益与公益,以价值取向为导向。② 在考量的层次上,法益均衡原则要高于适当性原则和必要性原则。总体上看,狭义比例原则是比例原则的核心,比例原则本质上是要在公民权利损失与公益目的之间进行利益平衡,使二者成比例,以达到最优的处理结果。

比例原则的精神实质在于调整国家活动中目的与手段的关系、公民个人的自由权利与社会公共利益的关系。不起诉制度特别是裁

---

① 王书成:《论比例原则中的利益衡量》,载《甘肃政法学院学报》2008 年第 2 期。

② 郑琦:《比例原则的个案分析》,载《行政法学研究》2004 年第 4 期。

量不起诉制度，正是在实现刑事诉讼的目的与手段之间，按照比例原则进行价值平衡之后，做出的理性选择。特别是适当性原则和必要性原则，可以十分贴切地解释不起诉的价值：对于轻微和较轻的犯罪，在面临着既符合起诉条件又可以不起诉两种措施的选择时，不起诉的措施是对公民权利侵犯最小的，已经没有比该项措施对公民权侵犯更小的替代性措施可选择了，因而是可取的。

　　古往今来，一切形态的刑事诉讼制度都潜存着两种基本价值追求：一种是安全价值，即保障社会多数成员不受各种犯罪行为的侵害，维护社会秩序和社会安全，表现为社会的一般利益；另一种是自由价值，即保障社会个体成员的正当自由免受限制和侵犯，其核心内容是保障犯罪嫌疑人的基本权利，不受国家权力的非法干预和侵犯，表现为一种个体性利益。[①] 作为刑事诉讼制度的重要组成部分不起诉制度亦不例外，在保障社会安全和公民自由价值之间，不起诉制度更多体现了保护公民自由价值的功能。

　　有学者建议，在刑事诉讼法再修改时增加规定比例原则，通过比例原则的确立来合理划分国家权力与公民个人权利的界限，防范国家权力滥用，保护公民个人权利。并将比例原则表述为："人民法院、人民检察院和公安机关实施强制性诉讼行为，应当严格限制在必要的范围内，并与所追究罪行的严重性、犯罪嫌疑人、被告人的社会危险性相适应。"[②] 本文认为，对于刑事诉讼法而言，修改时增加比例原则是必要的，如果能够被立法机关采纳，则比例原则既是不起诉制度的理念根据，也成为明文规定的法律依据。

[①]　左卫民、周长军：《刑事诉讼的理念》，法律出版社 1999 年版，第 96 页。

[②]　陈光中：《中华人民共和国刑事诉讼法再修改专家建议稿与论证》，中国法制出版社 2006 年版，第 258 页。

第三节　不起诉的程序规范根据

刑事诉讼程序规范，是以法律形式确定的诉讼行为规则。[①] 从程序功能和程序规范的关系来说，程序规范是程序功能的制度渊源和制度载体，如果没有程序规范，刑事诉讼的程序功能便无从实现。不起诉的程序规范，就是刑事诉讼法确定的规则或准则，主要体现在刑事诉讼法的相关条文之中，本节简述。

一、不起诉程序规范的规定

不起诉的程序规范根据，包括立法规范和司法解释规范。立法规范主要体现在刑事诉讼法的条文当中，可又分为总则规范和分则规范。

（一）法定不起诉的程序规范

刑事诉讼法第 15 条规定，有下列情形之一的，不追究刑事责任，已经追究的，应当撤销案件，或者不起诉，或者终止审理，或者宣告无罪：（1）情节显著轻微、危害不大，不认为是犯罪的；（2）犯罪已过追诉时效期限的；（3）经特赦令免除刑罚的；（4）依照刑法告诉才处理的犯罪，没有告诉或者撤回告诉的；（5）犯罪嫌疑人、被告人死亡的；（6）其他法律规定免予追究刑事责任的。该条规范是刑事诉讼法总则的规定，明确规定出现上述（1）至（5）项的情况的，以及第（6）项其他法律规定免予追究刑事责任的情况时，在检察机关审查起诉阶段，应当作出不起诉处分。

---

①　曾康：《刑事诉讼程序功能分析——兼论价值、规范与功能的关系》，载《诉讼法论丛》（第 7 卷），法律出版社 2002 年版，第 86 页。

这种不起诉处分，即刑事诉讼法第 173 条第 1 款规定的法定不起诉。因为，刑事诉讼法第 173 条第 1 款规定："犯罪嫌疑人没有犯罪事实，或者有本法第十五条规定的情形之一的，人民检察院应当作出不起诉决定。"可见，刑事诉讼法第 15 条与第 173 条第 1 款是紧密相连、密不可分的。法定不起诉的程序规范，就是刑事诉讼法 173 条第 1 款之规定和刑事诉讼法第 15 条规定。

此外，对 2012 年刑事诉讼法第 173 条第 1 款新规定的"犯罪嫌疑人没有犯罪事实"应作何种理解？这可以作为第七种和第八种情形，即（7）犯罪事实没有发生、不存在指控的犯罪事实的；（8）指控的犯罪事实不是犯罪嫌疑人、被告人所为的。[①] 在这两种情况下，根本不存在司法机关指控的犯罪事实或者所指控的犯罪事实并非犯罪嫌疑人、被告人所实施，犯罪嫌疑人、被告人是绝对无罪的，显然应当作法定不起诉处理。事实上，对此两种情况，《人民检察院办理不起诉案件质量标准（试行）》（〔2001〕高检诉发第 11 号）早就有过相关规定：对于犯罪嫌疑人没有违法犯罪行为的，或者犯罪事实并非犯罪嫌疑人所为的案件，人民检察院应当书面说明理由将案件退回侦查机关作撤案处理或者重新侦查；侦查机关坚持移送，经检察长决定，人民检察院可以根据刑事诉讼法第一百四十二条第一款（2012 年刑事诉讼法第 173 条第 1 款）的规定作不起诉处理。此解释应视为法定不起诉的司法解释程序规范根据。修订的《人民检察院办理不起诉案件质量标准（试行）》（〔2007〕高检诉发第 63 号）继续确认了这项规定。

本文认为，《人民检察院办理未成年人刑事案件的规定》（2006 年 12 月 28 日最高人民检察院第十届检察委员会第六十八次会议通过）第 20 条的规定，以及《人民检察院办理不起诉案件质

---

① 陈光中：《中华人民共和国刑事诉讼法再修改专家建议稿与论证》，中国法制出版社 2006 年版，第 504、263 页。

量标准（试行）》（〔2007〕高检诉发 63 号）第 1 条第 3 项规定，也属于法定不起诉的司法解释程序规范。①即《人民检察院办理未成年人刑事案件的规定》（2006 年 12 月 28 日最高人民检察院第十届检察委员会第六十八次会议通过）第 20 条规定，对于犯罪情节轻微，并具有下列情形之一，依照刑法规定不需要判处刑罚或者免除刑罚的未成年犯罪嫌疑人，一般应当依法作出不起诉决定：（1）被胁迫参与犯罪的；（2）犯罪预备、中止的；（3）在共同犯罪中起次要或者辅助作用的；（4）是又聋又哑的人或者盲人的；（5）因防卫过当或者紧急避险过当构成犯罪的；（6）有自首或者重大立功表现的；（7）其他依照刑法规定不需要判处刑罚或者免除刑罚的情形。《人民检察院办理不起诉案件质量标准（试行）》（〔2007〕高检诉发 63 号）第 1 条第 3 项规定，对符合刑事诉讼法第 142 条第 2 款规定条件，同时具有下列情形之一的，依法决定不起诉：（1）未成年犯罪嫌疑人、老年犯罪嫌疑人，主观恶性较小、社会危害不大的；（2）因亲友、邻里及同学同事之间纠纷引发的轻微犯罪中的犯罪嫌疑人，认罪悔过、赔礼道歉、积极赔偿损失并得到被害人谅解或者双方达成和解并切实履行，社会危害不大的；（3）初次实施轻微犯罪的犯罪嫌疑人，主观恶性较小的；（4）因生活无着偶然实施盗窃等轻微犯罪的犯罪嫌疑人，人身危险性不大的；（5）群体性事件引起的刑事犯罪中的犯罪嫌疑人，属于一般

---

① 对于将该种情形归属于法定不起诉范围，可能会有不同意见。本文观点是以检察机关对案件是否有自由裁量权为标准区分法定不起诉和裁量不起诉（或者相对不起诉、酌定不起诉）的，因为对于具有上述七种情形的未成年人犯罪嫌疑人，解释规定"一般应当依法作出不起诉决定"，既然是"一般应当"，那么检察机关就没有自由裁量的余地，只能做出不起诉选项，因而符合法定不起诉的特质。对于《人民检察院办理不起诉案件质量标准（试行）》（〔2007〕高检诉发 63 号）第 1 条第（三）项规定的五种情形，该司法解释规定检察机关"依法决定不起诉"，也是唯一选项，不具有自由裁量的余地，因而也应归属于法定不起诉。

参与者的。

（二）酌定不起诉的程序规范

刑事诉讼法 173 条第 2 款规定：对于犯罪情节轻微，依照刑法规定不需要判处刑罚或者免除刑罚的，检察机关依法作出不起诉决定。此即酌定不起诉的立法层面的程序规范根据。而依据刑法规定，不需要判处刑罚或者免除刑罚的情形有 16 种：刑法总则第 10 条规定的在我国领域外犯罪并且在外国已经受过刑罚处罚的；第 19 条规定的又聋又哑的人或者盲人犯罪的；第 20 条规定的防卫过当的；第 21 条规定的避险过当的；第 22 条规定的预备犯；第 24 条规定的没有造成损害的中止犯；第 27 条规定的从犯；第 28 条规定的胁从犯；第 37 条规定的非刑罚处罚措施；第 67 条规定的犯罪较轻的自首；刑法分则第 164 条规定的对公司、企业人员行贿罪在被追诉前主动交代行贿行为的；第 351 条规定的非法种植罂粟或者其他毒品原植物、在收获前自动铲除的；第 383 条规定的个人贪污数额在五千元以上不满一万元，犯罪后有悔改表现、积极退赃的；第 390 条规定的行贿人在被追诉前主动交待行贿行为的；第 392 条规定的介绍贿赂人在被追诉前主动交代介绍贿赂行为的，等等。

《人民检察院办理未成年人刑事案件的规定》（2006 年 12 月 28 日最高人民检察院第十届检察委员会第六十八次会议通过）第 21 条的规定，属于酌定不起诉的司法解释程序规范：对于未成年人实施的轻伤害案件、初次犯罪、过失犯罪、犯罪未遂的案件以及被诱骗或者被教唆实施的犯罪案件等，情节轻微，犯罪嫌疑人确有悔罪表现，当事人双方自愿就民事赔偿达成协议并切实履行，符合刑法第 37 条规定的，人民检察院可以依照刑事诉讼法第 142 条第 2 款（2012 年刑事诉讼法第 173 条第 2 款）的规定作出不起诉的决定。①

（三）存疑不起诉的程序规范

刑事诉讼法第171条第4款规定：对于二次补充侦查的案件，人民检察院仍然认为证据不足，不符合起诉条件的，应当作出不起诉的决定。根据1999年《人民检察院刑事诉讼规则》第286条规定，具有下列情形之一，不能确定犯罪嫌疑人构成犯罪和需要追究刑事责任的，属于证据不足，不符合起诉条件：（1）据以定罪的证据存在疑问，无法查证属实的；（2）犯罪构成要件事实缺乏必要的证据予以证明的；（3）据以定罪的证据之间的矛盾不能合理排除的；（4）根据证据得出的结论具有其他可能性的。《人民检察院办理不起诉案件质量标准（试行）》（〔2007〕高检诉发63号）第1条第1项规定，重申了刑事诉讼规则第286条规定的六种情形。2012年修订的《人民检察院刑事诉讼规则》第404条规定，具有下列情形之一，不能确定犯罪嫌疑人构成犯罪和需要追究刑事责任的，属于证据不足，不符合起诉条件：（1）犯罪构成要件事实缺乏必要的证据予以证明的；（2）据以定罪的证据存在疑问，无法查证属实的；（3）据以定罪的证据之间、证据与案件事实之间的矛盾不能合理排除的；（4）根据证据得出的结论具有其他可能性，不能排除合理怀疑的；（5）根据证据认定案件事实不符合

---

① 值得特别注意的是，《人民检察院办理未成年人刑事案件的规定》第21条与第20条表述作出不起诉处理的用语是有明显区别的，第21条表述为"可以依照刑事诉讼法第一百四十二条第二款的规定作出不起诉的决定"，第20条表述为"一般应当依法作出不起诉决定"，其明显不同点在于：第21条用语是"可以"，第20条用语是"应当"；第21条用语是"依照刑事诉讼法第一百四十二条第二款规定"，其实就明确了是作出酌定不起诉决定，而第20条用语是"依法作出不起诉决定"，并未指明是依照第142条第1款还是第2款。在同一个司法解释的上下两条出现这样明显不同的表达方式，是耐人寻味的。笔者理解，该解释第20条与第21条的不同，就是法定不起诉和酌定不起诉的不同。关于这一点，论文将在"不起诉的刑法规范根据"一章详细论述。

逻辑和经验法则，得出的结论明显不符合常理的。显然，刑事诉讼
法第 171 条第 4 款是立法上的存疑不起诉的程序规范；人民检察院
刑事诉讼规则、《人民检察院办理不起诉案件质量标准（试行）》
第 1 条第（一）项规定，属于司法解释层面的程序规范。

二、不起诉程序规范与实体规范的关系

（一）刑法与刑事诉讼法的关系

在诸法合体的时代，并没有实体法与诉讼法之别。诸法合体的
法律体系走向崩溃后，实体法和诉讼法在体系上逐渐分离，这才产
生了实体法与程序法的关系问题。刑法与刑事诉讼法的关系，是实
体法与程序法关系问题上的一个重要内容。

刑法是规定什么是犯罪以及对犯罪处以何种刑罚的法律，属于
刑事实体法，解决的是刑事诉讼中的实质问题。刑事诉讼法是规定
以什么样的程序认定犯罪以及如何适用刑罚的法律，属于刑事程序
法，解决的是进行刑事诉讼的程序问题。对于国家追究和惩罚犯罪
的活动来说，刑法和刑事诉讼法是缺一不可的。刑事诉讼对于刑法
的意义在于：刑事诉讼是犯罪的必然的后续结果，是刑法的两个最
基本要素——犯罪与刑罚之间一个必不可少的连接号。[①]

关于诉讼法与实体法的关系的讨论，在价值层面形成了程序工
具主义和程序本位主义两种观点。英国著名法学家边沁在阐述程序
工具主义时认为，"程序法唯一正当的目的是最大限度实现实体
法"，仅具备外在的工具价值。而程序本位主义认为，程序的价值
不在于作为实现实体法的手段，而在于其具有独立于实体的内在作

---

①　［法］卡斯东·斯特法尼等：《法国刑事诉讼法精义》（上册），罗结珍译，中
国政法大学出版社 1999 年版。

用。正如日本诉讼法学家谷口安平教授所指出：程序法乃实体法之母，主张以"程序法中心论"取代"实体法中心论"①。

　　传统上坚持程序工具主义观点，台湾地区学者也基本如此。譬如，我国大陆学者认为，诉讼法的工具价值在于保障实体法的正确实施，也是诉讼法的首要价值。如果诉讼法没有保障实体法实施的作用，那么诉讼法也就失去了其存在的依据，如同"皮之不存，毛将焉附"。②台湾地区学者认为："刑法所规定者为刑罚权之内容，与此相对，刑事诉讼法所规定者为刑罚权实现之方法，由于二者之规定均与刑罚权有关，故刑法被称为实体刑法，而刑事诉讼法被称为形式刑法。"③ 后来的学者大多把诉讼法与实体法的关系理解为形式与内容、目标与手段的关系，而且经常引用马克思的以下著名论述："如果审判程序只归结为一种毫无内容的形式，那么这样空洞的形式就没有任何独立的价值了。……实体法却具有本身特有的必要的诉讼形式。……审判程序和法二者之间的联系如此密切，就像植物的外形和植物的联系，动物的外形和血肉的联系一样。审判程序和法律应该具有同样的精神，因为审判程序只是法律的生命形式，因而也是法律的内部生命的表现。"④

　　本文认为，程序工具主义和程序本位主义均有自身的道理，但均失之偏颇。传统观点认为刑法与刑事诉讼法是内容与形式的关系描述，虽然具有相对合理性，但时至今日这种表述并不能全面地反映刑法与刑事诉讼法的关系。因为程序工具主义忽视了程序法自身

　　① ［日］谷口安平：《程序的正义与诉讼》，中国政法大学出版社1996年，第64页。
　　② 陈光中：《论诉讼法与实体法的关系》，载陈光中、江伟主编：《诉讼法论丛》（第1卷），法律出版社1998年版，第16页。
　　③ 蔡墩铭：《刑事诉讼法论》（修订版），台湾五南公司1993年版，第3页。
　　④ 马克思：《关于林木盗窃法的辩论》，载《马克思恩格斯全集》第1卷，第126页。

特有的价值，如程序正义价值、弥补实体法不足而创制实体法的价值、限制实体法实施的价值，等等①。而程序本位主义则过分强调程序自身的价值，不可否认，在认识程序的价值方面开拓了新的视野，但是，这一观点将程序独立价值强调到了极端，完全牺牲实体价值，最终只能是架空刑事实体法，并使刑事程序自身失去存在的意义。总之，刑法和刑事诉讼法两者之间是相互依存、相辅相成的关系，共同组成了统一的刑事法制体系，二者之间无孰主孰次、孰轻孰重之分。需要再次强调的是，刑事诉讼法的第一价值是其工具价值，也即确保刑法的正确实施；同时，绝不能忽视刑事诉讼法自身的独立价值。因此，好的法律制度提供的不只是程序正义，它应该既有力又公平，既有助于界定公众利益又致力于达到实体正义。

（二）不起诉的程序依据与实体依据的关系

如前所述，不起诉制度的直接程序根据是起诉便宜主义。罪刑法定原则、刑法谦抑理念、目的刑教育刑理论、非犯罪化、刑罚个别化、宽严相济等刑事政策根据，现行法律规定的刑法和刑法解释规范根据、犯罪社会原因等，是不起诉的刑法实体性根据。不起诉的程序理念依据，包括公共利益原则和诉讼效益原则，又可细分为诉讼经济原则和诉讼效率原则，以及公法领域的比例原则。

进一步分析表明，虽然起诉便宜主义是诉讼理论的范畴，可是起诉便宜主义的基础又是实体法理论，其逻辑顺序是先有目的刑理论的崛起，然后有起诉便宜主义的勃兴，起诉便宜主义的理论基础奠定智慧，才有裁量不起诉制度的发展。

其实，不起诉的经济原则共存于程序理论和实体理论之中。经济原则在诉讼过程中表现为诉讼阶段的减少、诉讼程序的提前终

---

① 陈光中：《论诉讼法与实体法的关系》，载陈光中、江伟主编：《诉讼法论丛》（第1卷），法律出版社1998年版，第16页。

止，因而减少了包括人力、物力等司法资源的投入；经济原则的实体法根据则表现为刑法谦抑原则的贯彻，即尽量不动用刑罚制裁方法、尽量利用非法刑罚处罚方法代替刑罚，因而也减少了刑罚资源的投入。

不起诉的程序规范根据和实体规范根据的划分是有相对性的，"在实体法与程序法之间不可能截然地划出一条线"，① 关于不起诉的程序规范与实体规范在很多法条里是共存的，如刑事诉讼法第173 条第2 款的规定是酌定不起诉的程序规范根据，刑法第37 条的规定是酌定不起诉的实体规范根据之一。在酌定不起诉规范体系中，程序规范与实体规范交叉共处，本身就是实体法与程序法的合体，一边拴着实体法，一边拴着程序法。

基于程序法与实体法的关系、刑事诉讼法和刑法的关系，作者试着构建了不起诉与实体根据之间的逻辑框架，这一框架成为研究不起诉的实体根据的逻辑基础。即作为实体法的刑法规定了什么是犯罪，对犯罪应当判处什么刑罚，因而刑法首先具有惩治犯罪的定罪机能；同时，刑法也界定了什么不是犯罪，对那些行为不应当处以刑罚，这就是刑法规定的"免除处罚"、"不认为是犯罪"、"免予刑事处罚"、"不负刑事责任""不追究刑事责任"等条款，因而刑法也具有保障人权的出罪机能。然而，无论是定罪还是出罪，刑法本身并不能自我实现，必须依据刑事诉讼程序即刑事诉讼法，必须通过刑事诉讼法规定的立案、侦查、审查起诉、审判等法定程序，方可实现刑法的定罪和出罪机能。刑事诉讼法作为程序法的首要价值——工具价值的实现，就是服务于刑法的定罪机能和出罪机能。提起公诉、审判、作出有罪判决，是实现刑法的定罪机能的程序；不起诉，是实现刑法的出罪机能的一个刑事诉讼程序。

---

① ［英］戴维·M. 沃克编：《牛津法律大辞典》，邓正来等译，光明日报出版社1988 年版，第521 页。

一位日本学者曾经说过："真正的理由只有一个，真正的原因只有一个，真正的解决办法只有一个。"我理解这句话的意思是，一个问题的原因或解决办法中，最重要的原因或办法只有一个。那么，在关于不起诉制度的理论基础中，最重要的理论根据是什么呢？不少人认为，诉讼效益原则是不起诉制度产生和存在的最重要理由。笔者认为，诉讼效益是酌定不起诉制度产生和存在的直接原因，但不是根本原因；是直接依据，但不是根本依据。实体法上的根据才是支撑不起诉制度发展的最主要的根据。

第二章 不起诉的刑法理念根据

关于刑法理念的内涵，学界有不同的界定。德国学者拉德布鲁赫认为，法律理念包括三个构成要素，即正义、合目的性和法的安定性。[1] 我国学者认为，刑法理念就是刑法的基本观念、基本立场。当代中国的刑法理念包括三个内容，即人权保障理念、刑法谦抑理念和形式理性理念。[2] 有学者指出，我国刑法所规定的目的与基本原则都是对刑法理念的表述，即合目的性、安定性和平等性理念。[3] 也有观点认为，刑法理念是对刑法的性质、功能、使命及刑法所规定的犯

---

[1] ［德］拉德布鲁赫：《法哲学》，王朴译，法律出版社 2005 年版，第 73 页。

[2] 陈兴良：《当代中国的刑法理念》，载《国家检察官学院学报》2008 年第 3 期。

[3] 张明楷：《刑法理念与刑法解释》，载《法学杂志》2004 年第 4 期。作者认为刑法第 2 条即刑法的目的任务表述的是合目的性理念，刑法第 3 条即罪刑法定原则表述的是安定性理念，刑法第 4、5 条即法律面前人人平等原则和罪刑均衡表述的是刑法平等理念。

罪和刑罚的基本认识和价值取向的总称。① 刑法理念对于刑事法治建设具有重要的指导意义和指引功能。刑法理念对刑法原则、刑事政策、刑法规范和刑法解释而言，居于先导性地位，决定和指引着刑法原则、刑事政策、刑法规范和刑法解释的产生和确定，后三者则是刑法理念的实现和表现。换一个角度，对于刑事立法、刑事司法而言，刑法理念是刑事立法行为的思想源泉，是刑事司法行为的指引；对于刑事诉讼中的不起诉而言，刑法理念同样具有根基和指引作用。美国耶鲁大学法学院院长史蒂芬·延德尔曾经说过一句经典的话："永远别让你的技巧胜过你的品德"，这其中的品德也包含理念的意思。的确，对于公诉人而言，胸中怀有什么样的刑法理念，远远重要于他的公诉技巧。

鉴于刑法理念内涵丰富，笔者选择自认为与不起诉关系最为密切、最直接的理念内容，即刑法的人权保障理念、谦抑理念和罪刑法定原则，阐述刑法理念成为不起诉根据的表现和原因。

第一节　人权保障与不起诉

中华人民共和国宪法第 33 条规定：国家尊重和保障人权。刑法的人权保障理念主要体现在对刑法的人权保障机能的认识上，刑法的人权保障机能与不起诉的人权保障价值具有内在的契合关系。

一、人权保障理念的历史变迁

人权保障作为刑法机能的确立，在近代刑法发展史上具有十分重要的意义，甚至可以视为刑法现代化的重要标志之一。在专制社会里，刑法被认为是驭民之术，用刑法来镇压反抗统治的行为，被

---

① 　叶洪和：《现代法治社会的刑法理念》，载《法学论坛》2006 年第 12 期。

认为是"刀把子"。① 在这种情况下，公民个人与国家的关系处于一种紧张的对立之中。统治阶级为了维护统治，随意地限制甚至剥夺公民的自由，可以根据统治者的道德信条来确定一个人是否有罪、罪轻还是罪重。② 在这种罪刑擅断的刑法制度下，公民的个人自由得不到保障，往往成为专制刑法的牺牲品。到17、18世纪启蒙运动，专断刑法制度受到猛烈抨击，刑法机能从简单地镇压犯罪转换为对公民自由的保障，这是一个历史性的转变，由此开展了一场刑法改革运动。美国学者认为，早期的刑法改革具有双重的内容，即使法律和刑罚具有更大的控制和预防犯罪的功能（防止一般公民受罪犯侵害），以及保证国家权力在某种控制之下，并负有保护社会契约的义务（保护公民不受国王侵犯）。米歇尔·福特认为：刑罚改革源于反抗专制权力的斗争和与犯罪作斗争二者之间的要求和对非法行为之可容忍度的交汇点。③ 正是这场轰轰烈烈的刑法改革运动，把公民的个人自由从专制刑法的禁锢和压迫下解放出来，使刑法具有了人权保障机能。

清末修订刑律开启了中国近代刑法人权保障的历史。④《大清新刑律》总则第14条明确规定："凡律例无正条者，不论何种行为不得为罪。"废除了长达两千多年的比附制度⑤，确定了罪刑法定原则，为人权在刑法上的保障提供了法律保证。日本人冈田朝太

---

① 梁根林：《"刀把子"、"大宪章"抑或"天平"？——刑法价值的追问、批判与建构》，载北京大学法学院：《刑事法治的理念建构》，法律出版社2002年版，第121页。

② 黄风：《贝卡利亚及其刑法思想》，中国政法大学出版社1987年版，第17页。

③ ［美］理查德·霍金斯等：《美国监狱制度——刑罚与正义》，孙晓雳、林遐译，中国人民公安大学出版社1991年版，第29—30页。

④ 曾宪义主编：《法律文化研究》（2006年卷第2辑），中国人民大学出版社2006年版，第104页。

⑤ 《唐律·名例》规定："诸断罪而无正条，其应出罪者，则举重以明轻，其应入罪者，则举轻以明重。"

郎对此称赞道："（新刑律）于第10章，禁止比附援引，可谓中国刑律上之一大革命。"① 北洋政府在《大清新刑律》基础上，修订出台了《暂行新刑律》，其第10条规定："法律无正条者，不问何种行为，不为罪。"1928年国民党政府在《暂行新刑律》的基础上制定了《中华民国刑法》，第1条明确规定了罪刑法定原则，在"修正理由"中说明："本条为刑罚之根本主义，不许比附援引。"②《大清新刑律》在确立罪刑法定原则时，将身份、地位不同的人都作为独立、平等的人，打破身份地位关系使刑法适用趋向人人平等，同时废止肉刑，死刑执行方式人道化。譬如，规定"嗣后，官员犯充军流徒各罪，应照民人，一体同科"，以及刑种在内现代刑罚制度。③上述不同历史时期的立法，充分体现了近代刑法人权保障的理念。

当代中国刑法的孕育、诞生和发展是与人权保障紧密相连的。新中国成立以后，中央人民政府先后颁布了《惩治反革命条例》、《惩治贪污条例》、《妨害国家货币治罪条例》等单行刑事法规。这些刑事法规在坚决惩治犯罪、捍卫新生人民民主政权的同时，也确定了一系列人权保障制度，如确立惩办与宽大相结合的刑事政策，对犯罪分子分清不同情况，实行区别对待，惩办少数，改造多数等刑事政策。但自1957年的反右扩大化至"文化大革命"十年浩劫结束的二十年内，连续不断的政治运动使法律虚无主义思想恶性发展，刑事立法出现一片空白，刑法的人权保障功能荡然无存。④直到1979年，在吸取建国后法制建设的经验教训、特别是吸取"文化大革命"破坏法制的沉痛教训基础上，通过了新中国第一部刑

① 王健：《西法东渐》，中国政法大学出版社2001年版，第161页。
② 周密：《中国刑法史纲》，北京大学出版社1998年版，第355页。
③ 徐岱：《中国刑法近代化论纲》，人民法院出版社2003年版，第204页。
④ 罗玉中、万其刚：《人权与法制》，北京大学出版社2001年版，第470页。

法。这部法律不仅对犯罪行为作出了惩罚性规定，而且对保障人权作出了明确的规定。客观地讲，无论是建国初期的一系列刑事法规还是 1979 年刑法，有关人权保障的规定更多地适应了那个时代的需要，打上鲜明的阶级斗争的印记。刑法"与其说是法律，还不如说是阶级斗争的一种武器"①，其主要任务是"同一切反革命罪和其他刑事犯罪行为作斗争"，更多地强调的是对犯罪的控制和惩罚，而非对人权的保障，因而在刑事司法领域为惩罚犯罪而侵犯人权的现象并不鲜见。特别是 1980 年之后，面对日益恶化的社会治安状况，采取"严打"刑事政策，②虽然对扼制犯罪增长起到积极作用，但在很大程度上是以牺牲刑法应有的人权保障功能为代价。

随着改革开放的不断深入以及市场经济体制的建立与发展，民主、公正与人权的观念日渐深入人心。这一历史趋势和时代精神反映在法治环境中，就要求刑法作为重要的社会关系调节器，不单要体现阶级意志，更要具体贯彻罪刑法定的原则；不仅是镇压犯罪的工具，更应是保障人权、捍卫人道的武器。适应这一要求，1997年通过了新修订的刑法，在人权保障方面迈出了重要步伐。

二、人权保障机能的内涵厘清

人权保障机能是刑法的一项重要的机能。关于刑法人权保障机能的概念，主要存在以下几种表述：第一种表述是，刑法之机能尚不以维护社会秩序为限，依法治国之通则、罪与刑皆由立法机关制定法规，明定其范围，藉免政府权力之擅断，因此，刑法又能发挥

---

① 王学沛：《现代刑法观的重塑》，载《现代法学》1997 年第 3 期。
② 我国先后开展了三次全国性的"严打"斗争，分别是：第一次"严打"时间为 1983 年 8 月至 1987 年 1 月底；第二次"严打"开始于 1996 年 4 月；第三次"严打"从 2001 年 4 月开始。

下列之作用：对于一般社会而言，保障社会各分子，凡未有违反刑法规范之行为者，皆不受国家刑罚权之干涉；对于特定犯罪人而言，并保障其不受超越法律范围之处罚，亦即保证国家绝不设置违反人道或蔑视人格尊严之惨虐刑罚，刑法之具有如斯作用堪以人权保障的机能称之。① 第二种表述是，所谓保障人权机能，是指通过明确地将一定的行为作为犯罪，对该行为科处一定刑罚，来限制国家行使刑罚权，由此使一般国民和罪犯免受刑罚权的任意发动而引起的灾难的机能。② 第三种表述是，自由保障机能是指刑法必须通过明确表示一定的行为是犯罪，对其科以一定的刑罚，来限制国家刑罚权的发动，在保障善良国民自由的同时保障犯罪人的自由，这又被称为大宪章的机能。③ 第四种表述是，刑法明定应予以刑事制裁之犯罪行为及其法律效果，一方面保证凡是未违反刑法规范者，均不受国家权力机关之干涉、侵犯或处罚；另一方面则保证行为人不受超出法律规定范围以外之处罚，以及不受有违人道与藐视人性尊严之惨虐刑罚。刑法由于此等双重保证作用，而产生保障人权之功能。④ 第五种表述是，所谓刑法机能，又称刑法功能，是指刑法在其运行过程中产生的功效和作用。按照学者分类，刑法机能首先分为规范机能和社会机能。其中，规范机能又分为评价机能和裁判机能，社会机能又分为保障机能和保护机能。⑤ 第六种表述是，刑法的人权保障机能是指刑法以规定一定的行为是犯罪并给予刑罚处罚的方式，来限制国家对刑罚权的发动和利用，在保障善良国民自

---

① 韩忠谟：《刑法原理》，中国政法大学出版社 2002 年版，第 6 页。

② ［日］大谷实：《刑法总论》，黎宏译，法律出版社 2003 年版，第 4 页。

③ ［日］大塚仁：《刑法概说（总论）》，冯军译，中国人民大学出版社 2003 版，第 37 页。

④ 林山田：《刑法通论》（上册），台大法学院图书部 2000 年版，第 48 页。

⑤ 陈兴良：《本体刑法学》，商务印书馆 2001 年版，37—40 页。

由的同时，也保障犯罪人自身的自由。①

不论如何表述，但基本内容不外乎三点：（1）限制国家刑罚权的发动，从而达到保障善良国民（或称未违反刑法规范的一般社会公民）自由的目的；（2）保障犯罪人的自由，使特定的犯罪人得到其应得之处罚，而不受额外之刑；（3）保障特定的犯罪人受到人道的而非残酷之处罚。据此，笔者认为，刑法的人权保障机能是指刑法通过规定一定的行为是犯罪并给予刑罚的方式，以限制国家刑罚权，在保障一般公民自由的同时保障犯罪人不受额外或者非人道之处罚。具体包括两方面内容：

（一）对国家刑罚权的制约

刑法人权保障机能首先表现为对国家刑罚权的制约，也称做刑法的收缩机能。刑法涉及对公民的生杀予夺，基于刑法的犯罪评价是对行为无价值的彻底性否定。尤其是，刑事法律关系的主体是国家与犯罪人，并且只有国家与犯罪人，而不存在第三方。国家是刑罚权的拥有者、刑事惩罚的施行者，犯罪人是刑事责任的承担者，刑事制裁的接受者。国家与犯罪人的地位无等同可言。不受制约的权力将异化，刑罚权泛滥将危及无辜，不合理的刑事处置将吞没社会价值观导致社会振荡，以刑罚为主体的刑事制裁极其严厉。这些都决定了需要对刑罚权予以制约，在刑法无明文规定时，不得定罪处刑。正如日本刑法学家所言："刑法还有保障机能，即行使保护犯罪行为者的权利及利益，避免因国家权力的滥用而使其受害的机能。对司法有关者来说，刑法作为一种制裁的规范是妥当的，这就意味着当一定的条件具备时，才可命令实施刑罚；同时当其条件不具备时，就禁止科刑。虽然刑法是为处罚人而设立的规范，但国家没有刑法而要科以刑罚照样可行。从这一点看，可以说刑法是无用

---

① 张明楷：《外国刑法纲要》，清华大学出版社1999年版，第7页。

的，是一种为不处罚人而设立的规范，人们之所以把刑法称为犯罪人的大宪章，其原因就在于此。"①

（二）对公民自由的保障

刑法的人权保障机能还表现为对公民自由的保障，意味着国家不能任意处罚公民。

1. 保障犯罪公民得到合法追究

犯罪是刑事责任的前提，刑事责任是犯罪的必然法律后果。但这并不是说对犯罪人可以进行任意的刑事处置，犯罪人因其犯罪行为向国家承担刑事责任是有限度的，表现为形式上受刑法规定的制约。对刑法没有明文规定为犯罪的行为，不得定罪处刑，对刑法明文规定为犯罪的行为，只能严格依照刑法定罪处刑，实质上受社会客观事实的制约。作为对犯罪人追究刑事责任依据的刑法，其所规定的刑事责任的范围与分量，是与该刑法的社会环境相适应的。因为刑法"永远不能超出社会的经济结构以及由经济结构所制约的社会文化发展"。②

2. 保障善良公民不受非法追究

刑法所规定的犯罪是刑事责任的唯一前提，所有超出这一前提的刑事责任均是不正当的。同时，国家没有事先以法律禁止的行为，均是可为的行为。事后法的追究，尽管其以法律的名义，但是也是一种不合理的国家行为。这种对承担刑事责任前提的严格法律限制，在很大程度上赋予合法公民以自由空间，激发了社会的活力，促进了社会的发展。"法律按其真正的含义而言与其说是限制还不如说指导一个自由而有智慧的人去追求他的正当利益……法律

---

① ［日］西原春夫：《刑法的根基与哲学》，顾肖荣译，上海三联书店1991年版，第33页。

② 《马克思恩格斯选集》（第3卷），人民出版社1972年版，第12页。

的目的不是废除或限制自由，而是保护和扩大自由"。[1]

三、人权保障理念与不起诉

刑法的人权保障机能是通过限制国家的刑罚权，保护无罪的人不受追究来实现的，即通过立法上确定罪刑法定原则、无罪推定原则来限制入罪，通过司法上存疑时有利于被告人的解释、微罪轻罪不起诉、免予刑事处罚等路径，来实现出罪的功能。

当惩治犯罪和保障人权两种刑法功能发生冲突的时候，应当把哪个功能放在第一位？对于这个问题，不同传统的国家的认识并不一致，甚至完全相左。在现代西方法治国家，尤其是在美国人的观念中，重视个人自由胜于对公共安全的关注，对人权的关注强于对惩罚犯罪的诉求。因此，检察官理所当然地将人权保障机能放在首位，行使自由裁量权对犯罪嫌疑人作出不起诉决定，并且因不起诉决定终止了诉讼程序而不会有进一步侵犯人权和自由的危险，从而为美国民众广泛认可和接受，对于检察官不将公民交付刑事审判的权力表现出罕见的认可。而在我国对于这一问题的传统认识，正如刑法学者论述的那样，长期以来我国刑事司法过分强调刑法的社会保护机能，忽视了刑法的人权保障机能。[2] 显然，这种倾向不符合当今国际上的刑事法治精神和刑事司法趋势。因为现代法治国家的刑法莫不强调人权保障思想。在刑法的社会保护机能和人权保障机能的关系上，有的学者提出：在当代，人权保障机能甚至已经一跃成为社会保护机能之上的首要机能。[3] 有学者进一步阐述：在法治

---

① ［英］洛克：《政府论》（下篇），叶启芳、瞿菊农译，商务印书馆 1983 年版，第 127 页

② 陈兴良：《刑法的价值构造》，中国人民大学出版社 1998 年版，第 272 页。

③ 刘艳红：《刑法的目的与犯罪论的实质化——"中国特色"罪刑法定原则的出罪机制》，载《环球法律评论》2008 年第 1 期，第 42 页。

社会中应当把刑法的保障人权功能放在第一位，这是必然的选择。只有在有效地保障人权这一前提下，我们才能充分发挥刑法的打击犯罪的功能。如果过度地强调刑法的打击犯罪的功能，甚至以牺牲人权保障为代价去追求打击犯罪的效果，就会发生刑法功能的异化。[①] 因此，刑事司法活动应当将刑法的社会保障机能与人权保障机能相协调，将人权保障机能提高到一个更高的位置，一个比社会保障机能更重要的位置，才符合"国家尊重和保障人权"的宪法规定，才体现"以人为本"这个科学发展观的核心要求。

　　具体来讲，惩罚犯罪是手段、是过程，保护社会是目的，但是，惩罚犯罪并不必然就能达到保护社会的目的。真正能够达到保护社会目的的，是对犯罪人惩罚的效果。因为，惩罚犯罪仅仅是个过程，这个过程仅仅能够达到的目的，对犯罪人而言达到了报应的目的，对于社会而言起到了一定的一般预防的作用。惩罚犯罪的结果，则不是一种必然的结果，而是具有两种可能性，一种结果是通过对犯罪人的惩罚，使犯罪丧失了犯罪能力和机会（典型的例子就是对犯罪分子判处死刑并立即执行），或者是通过惩罚犯罪将犯罪人彻底改造，犯罪人悔过自新，从此不再危害社会，从而达到了特殊预防的目的；然而，不可否认的是，惩罚犯罪还有另外一种结果，即犯罪人虽然遭受了刑罚，通过刑罚实现了报应的目的，但是犯罪人并没有因为适用刑罚而悔过自新，反而可能因为贴上犯罪标签而强化了其反社会的心理，以致再次犯罪，重新危害社会，累犯、再犯就是这方面的典型例子。

　　由此可见，惩罚犯罪并不能必然实现保护社会的目的，它必须依赖于惩罚的效果。那么，反过来问的一个问题就是，要达到保护社会的目的，只可以依靠惩罚犯罪这一个手段吗？如果不惩罚犯

---

　　① 陈兴良：《当代中国刑法应当具有的三个理念》，载《检察日报》2008年3月17日。

罪、对具备某些条件的犯罪人免予刑罚，是不是也可以达到保护社会的目的呢？思考到这里，笔者不禁想起了下面这个家喻户晓的寓言故事：风和太阳看见路上一个穿着风衣的行人，二者比赛看谁能够脱掉行人的风衣，风就使劲地吹，可是风越刮越大，行人则越是裹紧了风衣；而太阳则缓缓地将温暖洒向大地，天气越来越热，行人自己脱下了风衣。这个寓言故事对笔者的启发是：故事里风的手段，就好比对犯罪人使用刑罚惩罚的强硬手段，而太阳的手段，则好比对犯罪人使用感化的缓和手段。结果是，采用强硬手段的风，输掉了比赛；而采用缓和手段的太阳，赢了这场比赛。

因此，对于犯罪而言，刑罚惩罚的手段不一定能够达到保护社会的目的，而不使用刑罚手段，或者尽量使用缓和的手段、非刑罚处罚手段，同样可以达到保护社会的目的，同时还实现了保障人权的目的。对犯罪嫌疑人作不起诉处分，意味着犯罪嫌疑人从刑事诉讼程序中解脱出来，不再承受因诉讼程序继续进行带来的负担，更避免了随之而来的审判甚至定罪和服刑的可能，这显然意味着刑法人权保障机能的实现。

第二节 刑法谦抑与不起诉

人类对刑法作用的认识，经历了一个由迷信刑法万能到主张刑法谦抑的发展过程。[①] 刑法谦抑理念已成为一种基本的刑法理念，为人们广泛认可，成为影响立法和司法的一种有影响力的观念。

一、刑法谦抑理念的含义

我国古代早有"谦抑"一词的用法，如"徐氏诸子请（李）

---

① 苏彩霞：《中国刑法国际化研究》，北京大学出版社 2006 年版，第 114 页。

昪（bian）复姓，昪谦抑不敢忘徐氏恩，下其议百官，百官皆请，然后复姓李氏，改名曰昪"[1] 等多处使用该词，其意思是，"谦卑退让"[2]。后被日本学者从中国传介到日本，但其基本含义仍未改变。《日本国语大辞典》也将"谦抑"一词解释为"谦逊退让"之意。[3] 20 世纪 30 年代，日本学者将罗马法中"法官不问细事"的法谚首次翻译为"谦抑主义"，运用于各部门法理论。于是，刑法"谦抑主义"便应运而生，也称刑法的"谦抑性"，指由于作为刑法调整的刑罚后果往往以施加剥夺生命、自由等最严峻的制裁，因此不应当以一切犯罪行为作为其适用对象，而应当以认为需要动用刑罚处罚的情形为限，如果所侵害的法益比较轻微，就不应该交付刑罚。日本学者主张尽可能地予以限制刑罚适用，因为刑罚是强制性的，而且属于"恶害"。[4] 日本教授认为，刑法谦抑性包括三方面的含义，即刑法的补充性、不完整性和宽容性。所谓刑法的补充性，是指只有在采取习惯、道德制裁或民事控制不充分时，才动用刑法。所谓刑法的不完整性，是指基于刑法的补充性，自然动用刑法的情况就是不完整的。所谓刑法的宽容性，是指刑罚没有必要无遗漏地处罚，在一个高风险的社会里，人们之间或多或少的存在着侵犯现象，如果对所有的侵犯行为都予以禁止，反过来容易阻碍个人的生活。[5] 另有日本教授主张："要以人道主义为基础，慎重地、而且谦虚地适用刑法。刑法不应以一切违法行为、一切有责行为为当然对象，只限于在必要的不得已的范围内才应该适用刑罚。

---

① 欧阳修:《新五代史 南唐世家第二卷·六十二》。
② 陈复华主编:《古代汉语词典》（大字本），商务印书馆 2002 年版，第 1217 页。
③ ［日］州七原保雄等:《日本国语大辞典》，小学馆 2001 年版，第 131 页。
④ ［日］《图解法律用语辞典》，自由国民社 1998 年修订版，第 46 页。
⑤ 转引自梁根林:《刑罚结构论》，北京大学出版社 1998 年版，第 174 页。

称这种原则为谦抑主义。"①

我国有刑法学者将刑法的谦抑性归纳为"刑法调整范围的不完整性、刑法统制手段的最后性、刑罚制裁方式发动的克制性"。② 学者指出,"刑法的谦抑性,是指刑法应依据一定的规则控制处罚范围和处罚程度,即凡是使用其他法律足以抑制某种违法行为、足以保护合法权益时,就不要将其规定为犯罪;凡是使用较轻的制裁方法足以抑制某种犯罪行为、足以保护合法权益时,就不要规定较重的制裁方法"。③ 可见,这里强调的刑法谦抑主要是指其最后手段性和宽容轻缓性。还有刑法学者在著作中系统论述了刑法的谦抑价值:"刑法的谦抑性是指立法者应当力求以最小的支出——少用甚至不用刑罚(而用其他刑罚替代措施),获取最大的社会效益——有效地预防和控制犯罪。"④ 这里将刑法谦抑性的价值内涵概括为刑法的紧缩性、补充性和经济性,将刑法谦抑性的内容概括为犯罪范围的谦抑性和刑罚限度的谦抑性。所谓刑法的紧缩性,指从现代社会文明发展史和法律发展史来看,一方面表现为民事法律在社会生活中的不断扩张,另一方面却表现为刑法在法律体系中所占的比重逐渐降低。换一个角度说,法制历史越往前追溯,法与刑关系越密切,法与刑的距离越接近;而法制史越往后延伸,法与刑的关系和距离越疏远。所谓刑法的补充性,指由于刑法具有暴力性,是一切法律中代价最大、最昂贵的法律,因而只有在其他法律措施不能奏效时,才不得已动用刑法。该书总结指出:"从刑法的价值分析中,我们可以得出结论:刑法是一种不得已之恶。用之得

---

① [日]大塚仁:《刑法概说》,冯军译,中国人民大学出版社 2003 年版,第 24 页。

② 莫洪宪、王树茂:《刑法谦抑主义论纲》,载《中国刑事法杂志》2004 年第 1 期,第 15 页。

③ 张明楷:《论刑法的谦抑性》,载《法商研究》1995 年第 4 期,第 55 页。

④ 陈兴良:《刑法的价值构造》,中国人民大学出版社 1998 年版,第 352 页。

当，个人与社会两受其益，用之不当，个人与社会两受其害。因此，对刑法之可能的扩张与乱用，必须保持足够的警惕。不得已之恶只能不得已而用之，此乃用刑之道也。"① 同样，台湾刑法学者说："故刑罚之界限应该是内缩的，而不是外张的，而刑罚该是国家为达其保护法益和维持法秩序的任务时的最后手段。能够不使用刑罚，而以其他手段亦能达到维护社会共同生活秩序及保护社会与个人法益的目的时，则务必放弃刑罚的手段。"② 法国启蒙思想家卢梭则强调"刑法在根本上与其说是一种特别的法律，还不如说是其他一切法律的制裁"。③ 也正是在这个意义上，刑法的补充性又被称为刑法的最后手段性。就是说，刑法是国家针对违法行为防卫社会的最后一道防线、最后一种手段，如果有其他法律措施或者其他手段可以解决纠纷，可以防卫社会，就尽可能不用刑法手段调整，能够用较轻的刑法手段调整的违法行为，就尽量不用较重的刑法手段调整。所谓刑法的经济性，指以最少的刑法资源投入，获取最大的刑法效益，也就是刑法节俭。特别是在一个社会的犯罪急速增长时期，国家控制犯罪的司法资源格外紧张，因此需要以最小的司法成本支出，获取最大限度地遏制犯罪的效果。学者认为刑法的谦抑性是刑法理性的重要内容，刑法谦抑的核心是反对基于报复情感的滥用刑法，主张刑法应当少用、慎用，刑法的启动应当限定在绝对必要的范围之内。刑法谦抑主要包括政策上的宽容性、立法上的谨慎性和司法上的非犯罪化、非刑罚化三个方面的内容。④

---

① 陈兴良：《刑法的价值构造》，中国人民大学出版社 1998 年版，前言第 17 页。

② 林山田：《刑罚学》，台湾商务印书馆 1985 年版，第 128 页。

③ ［法］卢梭：《社会契约论》，何兆武译，商务印书馆 1980 年版，第 73 页。

④ 张智辉：《刑法理性论》，北京大学出版社 2006 年版，第 93、94 页。

二、刑法谦抑理念的价值蕴含

刑法谦抑理念的价值蕴含，可以从刑法适用范围与处罚程度两方面理解：

（一）谦抑性的题中之义——刑法适用范围的抑制

这里首先涉及在什么情况下不能动用刑法规制手段的问题。英国著名法学家边沁根据功利原则进行分析，将不应适用刑法干预的情形分为四类：（1）滥用之刑。即对不存在现实之罪或者对恶性刚刚超过由附随善性所产生的可补偿性而进行刑法干预的情况。（2）无效之刑。对不知法者、非故意行为者、因错误判断或不可抗力而无辜干坏事者所适用之刑，都是无效的。（3）过分之刑。当通过更温和的手段—指导、示范、请求、缓期、褒奖可以获取同样的效果时，适用刑罚就是过分的。（4）昂贵之刑。如果刑罚之恶超过罪行之恶，立法者就是制造更大的痛苦而不是防止痛苦，是以较大恶之代价来消除较小之恶。① 我国学者将其总结为不具备刑罚之无可避免性的三类：（1）无效果。所谓效果，就是指对某一危害行为来说，即使规定为犯罪并处以刑罚，也不能达到预防与抗制之效果。（2）可替代。所谓可替代，就是指对于某一危害行为来说，即使不运用刑罚手段，只运用其他社会的或者法律的手段，例如道德教育、民事或者行政制裁，也足以预防和抗制这一危害行为。（3）太昂贵。所谓太昂贵，是指通过刑罚所得到的效益要小于其所产生的消极作用。② 美国刑事法学者也提出类似观点："科

---

① ［英］边沁：《立法理论——刑法典原理》，孙力等译，中国人民公安大学出版社 1993 年版，第 66—67 页。
② 陈兴良：《刑法哲学》，中国政法大学出版社 1997 年版，第 7 页。

处刑罚所需要的条件是：（1）该行为在大部分人看来给社会的威胁是显著的，不能被社会的任何重要部分所认可；（2）对该行为科处刑罚能够符合刑罚的目的；（3）抑制它不会禁止社会所希望的行为；（4）能够通过公平的、无差别的执行对它进行处理；（5）通过刑事程序取缔该行为，不会在程序上成为质的或量的加重负担；（6）不存在取代刑罚的处理该行为的适当方法。"① 不难看出，该论述中突出表达了刑罚发动的限制性和最后手段性。

（二）谦抑性的必然要求——刑法处罚程度的宽和

对刑法处罚范围的控制，主要着眼于把握刑法干预的合理性与必要性，这是对刑法干预的质的把握；对刑法处罚程度的宽和，则是对刑法干预的量的考虑与选择。这是刑法谦抑性的必然要求，二者共同构成刑法谦抑的本质内容。刑法谦抑在刑法处罚程度上体现为宽和时，并不意味着刑罚体系中只能规定有较轻的刑种，而不能有较重的刑种；也不意味着刑罚体系中轻刑种的适用效果就一定优于重刑种；更不意味着在任何时代、任何条件下刑罚适用得越轻越好。② 刑法处罚程度的宽和，表现在刑事立法活动中，它是指在创制刑法时，应当尽可能地使刑法处罚程度轻缓、宽和。表现在司法活动中，它是指在定罪上，可定可不定的，则不定罪；可重可轻的，则定轻罪。在量刑上，无论在刑种或刑罚方法上，可从重可从轻的，则从轻，可免则免。在刑罚执行中，服刑者如有真实的弃恶从善的，则或者减刑或者提前释放。刑法处罚程度的选择与确立，在刑事立法活动中还应当考虑到诸如社会生活水平、伦理道德水

---

① 帕克（Packer）：《刑事制裁的界限》（The Limits of Criminal Sanction），转引自[日]大塚仁：《刑法概说》（总论），冯军译：中国人民大学出版社 2003 年版，第 24 页

② 黄明儒：《也论谦抑性原则——以刑事立法活动为视野》，载武汉大学法学院编：《珞珈法学论坛》（第 2 卷），武汉大学出版社 2002 年版，第 197 页。

平、犯罪状况等客观因素。在刑事司法活动中也不排除根据不同的形势、犯罪人主观恶性的大小而采取相对灵活的措施。[1]

刑法的谦抑性中还包含着人道性。正如培根告诫司法官所言：应当在法律的范围内以公平为念而勿忘慈悲；应当以严厉的眼光对事，而以悲悯的眼光对人。中国古代司法官员在办理刑事案件中也有"虽得其情，哀矜而勿喜"的体会。刑法包括刑罚所包含的宽容性、轻缓性，正体现了刑法的人道性。全国检察业务专家熊红文提出并倡导"公诉乃仁术"的理念，"仁"的含义包括仁爱、仁慈、仁义、仁道；公诉人在司法中要怀着一颗仁慈之心，怀着对被害人及其近亲属、犯罪嫌疑人、被告人的体恤之情。[2] 这正是公诉人在审查起诉工作过程中，特别是在审查不起诉工作中，所应当具有的刑法理念。

三、刑法谦抑理念与不起诉

(一) 刑法谦抑性与不起诉谦抑性的关联解析

不起诉体现的是国家追诉权力行使上的限缩性和经济性，契合了刑法谦抑的限缩性与经济性。作为刑事追诉的手段和措施，特别是对犯罪嫌疑人、被告人基本权利造成巨大侵害的措施，比如逮捕、起诉、有罪判决，必须与所追究的犯罪行为和人身危险性相适应。在刑事追诉的过程中，为实现每一个诉讼目标都须尽可能采用对公民权利损害最小的手段，从而将对公民权利的损害保持在必要的最低限度内。详言之，就强制性诉讼手段与非强制性诉讼手段而言，应当尽可能的采用非强制性诉讼手段，只有在采用非强制性诉

---

① 傅建平：《刑法谦抑性的理论根基与价值》，载游伟主编：《华东刑事司法评论》（第5卷），法律出版社2003年版，第83页。

② 熊红文：《公诉实战技巧》，中国检察出版社2007年版，第324页。

讼手段无法达到预期诉讼目标时，才可采用强制性诉讼手段。那么，在提起公诉与不起诉二者之间，如果采取不起诉这一非强制性手段可以达到预防犯罪、保护社会的目的，则不应当提起公诉。可见，不起诉制度所体现的刑事诉讼谦抑价值与刑法谦抑价值，其取向是一致的。特别是刑法谦抑价值所包含的司法上的非犯罪化、非刑罚化思想，标志着国家在如何评价人的犯罪问题的观念上发生了重大变化，这个变化就是，对于那些犯罪情节轻微的犯罪嫌疑人、或者犯罪后果并不严重且有悔罪表现的犯罪嫌疑人，即使符合立法上的犯罪构成，司法上也可以不追究刑事责任，可以免予刑事处罚，或者不予起诉。

谦抑性原则是非犯罪化与轻刑化刑事政策的内在要求。[①] 犯罪是一个古老的现象，它的历史几乎和人类文明社会一样漫长，犯罪产生的原因是复杂的，在一定条件下又具有必然性。为此菲利提出了犯罪饱和论："犯罪是由人类学因素、自然因素和社会因素相互作用而成的一种社会现象。这一规律导致了我所讲过的犯罪饱和论，即每一个社会都有其应有的犯罪，这些犯罪的产生是由于自然条件引起的，其质和量是与每一个社会集体的发展相适应的。"[②] 既然犯罪是必然出现的，刑事司法的任务就不在于消灭犯罪，而是将犯罪控制在一个社会可接受的、较低的水准上。刑罚自身具有消极性，不能指望所有的危害社会行为都由刑罚来制裁，刑罚只能用

---

① 刑法的谦抑性又称为刑法的辅助性和刑法的最后性。意大利学者曾经指出：鉴于许多现代国家（特别是意大利）的法律制度中，都存在立法者联用立法权的现象，最新的刑事政策倾向于认为，为了能理性地防止在刑法方面滥用立法权，必须对实际上是否有必要规制刑事制裁进行评估，或者说必须坚持人们所说的刑法辅助性原则。这个原则的内容为，不在不用刑事制裁就不足以有效地处罚和预防某种行为时，就不允许对该行为规定刑事制裁。参见：〔意〕杜里奥·帕多瓦尼：《意大利刑法学原理》，陈忠林译，法律出版社1998年版，第3—4页。

② 〔意〕菲利：《实证派犯罪学》，郭建安译，中国政法大学出版社1987年版，第43页。

来打击严重危害社会的行为。德国刑法学家耶林曾经指出："刑罚如两刃之剑，用之不得其当，则国家与个人两受其害。"[1] 因此，刑法的谦抑性体现在，对于某种危害社会的行为，国家只有在运用民事的、行政的法律手段和措施，仍不足以抗制时，才能通过刑事立法将其规定为犯罪，处以一定的刑罚，并进而通过相应的刑事司法活动加以解决。

（二）刑法谦抑与刑事诉讼法谦抑关系的解析

刑事诉讼法的产生，即刑事诉讼法从刑法中分离出来的过程，本身就是刑法谦抑的结果。目的就是查明真相的过程中，防止侵犯被追诉人的权利，防止提前对被追诉人适用刑罚。[2] 刑事诉讼法上的谦抑原则表现为五个方面：（1）刑事诉讼在纠纷解决空间上的萎缩性。法律只是人们解决纠纷的方法之一，除此之外还有多种途径。即使在用法律解决纠纷的时候，也有多种选择，必须通过协商、调解、仲裁、行政处理、民事诉讼、行政诉讼、刑事诉讼来解决。刑事诉讼之不过是通过法律解决纠纷方式中的一种，并且呈现出一种逐渐萎缩的趋势。（2）刑事诉讼在纠纷解决时间上的最后性。（3）刑事诉讼在纠纷解决开始时的克制性。（4）刑事诉讼在纠纷解决过程中的妥协性。（5）刑事诉讼在纠纷解决结果上的宽容性。

不起诉制度蕴含的刑事诉讼法谦抑原则是非常明显的。第一，对法定不起诉来说，法定不起诉的具体六种情节都属于根据刑事实体法规定不构成犯罪（情节显著轻微危害不大，不认为是犯罪的）、构成犯罪但是无法追究刑事责任（犯罪已过追诉时效期限和经特赦令免除刑罚的、被告人死亡）以及犯罪非行为人实施的情

---

①　林山田：《刑罚学》，台湾商务印书馆 1985 年版，第 127 页。

②　郭云忠：《刑事诉讼谦抑论》，北京大学出版社 2008 年版，导言第 4 页。

形，法定不起诉的情形明显已经不存在追究刑事责任的必要，如果强行让这些行为进入到刑事审判程序中，不但令国家司法机关继续为之投入大量宝贵的刑事司法资源，违反诉讼经济原则，而且在我国的刑事诉讼体制下，被告人如果还在拘留或者逮捕中的，对其个人的人身权利也是一个巨大的侵害。第二，针对酌定不起诉而言，酌定不起诉包括的案件实体条件介于追究刑事责任与不追究刑事责任之间，处于两者之间的模糊地带。在这种情况下，应当积极寻求其他可行的解决路径，避免轻易将行为人诉诸刑事诉讼程序。诚如博登海默所言："虽然在有组织的社会的历史上，法律作为人际关系的调节器一直发挥着巨大的和决定性的作用，但在任何这样的社会中，仅仅依凭法律这一社会控制力量显然是不够的。实际上，还存在一些能够指导或引导人们行为的其他工具，这些工具是在实现社会目标的过程中用以补充或部分替代法律手段的。这些工具包括权力、行政、道德和习惯。"① 谦抑性既是酌定不起诉制度的衡量依据，也应当是酌定不起诉的理论基础。另外，证据不足不起诉体现的谦抑性精神更加明显。根据刑事诉讼法的规定，定罪量刑应当达到"案件事实清楚、证据确实充分"的标准，这是保证查明案件事实，保障犯罪人正当权益的重要基础。因此对于证据不足的案件，应当放弃对犯罪嫌疑人刑事责任的追诉，并可以考虑采用非刑事的制裁措施。

第三节　罪刑法定与不起诉

罪刑法定既是刑法的基本原则，也是刑法理念的核心内容。罪刑法定是刑法基本原则中最重要的原则，被誉为"刑法的铁则"、

---

① ［美］博登海默：《法理学：法律哲学与法律方法》，邓正来译，中国政法大学出版社1999年版，第357页。

"刑法的第一要义"。罪刑法定理念追求的是形式理性，坚持法无明文规定不为罪。这就使得刑罚受到刑法的严格限制，防止刑罚滥用，避免出入人罪。不起诉与罪刑法定原则有着十分密切的关系。

一、罪刑法定原则的理解与阐释

罪刑法定原则的经典表述是"法无明文规定不为罪，法无明文规定不处罚"。罪刑法定原则的基本价值也是首要价值是保障人权，目的是限制政府权力，防止司法权的滥用，保障公民的权利不被侵犯。鉴于以保障人权为首要价值的罪刑法定原则在刑法中的重要地位以及在世界各国产生的广泛而深远的影响，可以说，没有罪刑法定原则，就没有现代意义上的刑法。

一般认为，罪刑法定原则的思想渊源最早可以追溯到 1215 年英国大宪章第 39 条规定，"对于任何自由人，不依同一身份的适当裁判或国家的法律，不得逮捕、监禁、剥夺领地、剥夺法的保护或放逐出境，不得采取任何方法使之破产，不得施加暴力，不得使其入狱"。[①] 贝卡利亚认为："只有法律才能规定惩治犯罪的刑罚……超出法律范围的刑罚是不公正的，因为它是法律没有规定的一种处罚。"[②] 刑法意义上的罪刑法定原则是德国法学家冯·费尔巴哈在 1801 年《刑法教科书》中提出"罪刑法定原则"这一确切的学术用语，他也因此被誉为近代刑法学之父。他指出："每一个应当判刑的行为都应当依据法律处罚。""哪里没有法律，哪里就没有对公民的处罚。"罪刑法定从学说向刑法原则的转变，是在法国资产阶级革命胜利后才完成的。通常认为，现代意义的罪刑法定

---

① 张明楷：《刑法学》（第四版），法律出版社 2011 年版，第 50 页。

② ［意］贝卡利亚：《论犯罪与刑罚》，黄风译，中国大百科全书出版社 1993 年版，第 11 页。

原则的渊源是法国 1789 年《人权宣言》、1791 年宪法及 1810 年的
法国刑法典。1789 年法国《人权宣言》第 5 条规定："法律仅有权
禁止有害于社会的行为，凡未经法律禁止的行为既不应受到妨碍，
而且任何人都不得被迫从事法律所禁止的行为。"1810 年《法国刑
法典》第 4 条明确规定了罪刑法定原则"没有在犯罪行为时以明
文规定刑罚的法律，对任何人不得处以违警罪、轻罪和重罪"。①
从此，大陆法系国家纷纷效仿，在刑法中规定了罪刑法定原则。可
以说，罪刑法定原则是资产阶级革命反对封建专政统治和司法擅断
的重要成果，具有重大的历史进步意义。至现代，罪刑法定原则被
许多国家确定为一项宪法原则，并且得到了国际法的普遍认可，被
写进了《世界人权宣言》、《公民权利和政治权利国际公约》等国
际公约，成为国内、国际防止罪刑擅断，保障人权的普遍公认
原则。

　　罪刑法定原则自诞生以来，其价值内容并不是一成不变的，而
是在总体上经历了一个从绝对罪刑法定主义向相对罪刑法定主义的
转变过程。绝对罪刑法定主义特点是：完全取消司法裁量权、完全
否定类推、在刑法的溯及力上完全禁止事后法，因为其坚持彻底的
法律主义，所以被称为"绝对的"罪刑法定主义。相对罪刑法定
主义的特点是：容许有一定的司法裁量权、容许有利于被告人的类
推、在刑法的溯及力上采取从旧兼从轻原则。相对罪刑法定主义增
加了刑法的灵活性和适应性，实现了刑法的人权保障机能和社会保
护机能之间的平衡。正如陈兴良教授我国刑法学者论述的那样：罪
刑法定原则从绝对到相对的变化，并非自我否定，而是自我完
善。② 当今世界各国采用的罪刑法定主义，大都是相对的罪刑法定

---

　　① 肖杨：《当代世界法制与中国法制建设》，中央党校出版社 2005 年版，第 84—
85 页。

　　② 陈兴良：《走向哲学的刑法学》，法律出版社 2008 年版，第 168 页。

原则。这是因为，绝对的罪刑法定主义体现的是司法机械主义的司法品格，将司法官看作机械适用法律的工匠，完全否认司法官在司法活动中的能动作用，这既忽视了现实中刑事案件事实的复杂多样性和被告人人身危险性的不同程度，也无助于通过司法实现刑法的价值。司法能动主义则过分夸大司法官的作用，进而否定罪刑法定原则，导致司法权的滥用，显然更是不足取的。而相对的罪刑法定主义尊重司法官在司法活动中的能动性，给司法官的司法活动留有一定的自由裁量的余地，有助于实现刑法的价值。

关于罪刑法定原则基本内涵，国内外学者都有过丰富而翔实的阐述。我国有刑法学者认为：罪刑法定原则的基本内容分为"形式的侧面"和"实质的侧面"，形式侧面的罪刑法定原则的内容包括法律主义、禁止事后法、禁止类推解释、禁止不定期刑等；实质侧面的罪行法定原则的内容包括刑罚法规的明确性原则和刑罚法规的内容适当原则，后者又包括两个要求，即禁止处罚不当罚的行为，禁止不均衡等残虐的刑罚。罪刑法定原则的思想基础是民主主义和尊重人权主义。[①]

二、我国刑法规定的罪刑法定原则及其评析

我国 1979 年刑法并未确定罪刑法定原则，相反却明文规定了与罪刑法定原则相违背的类推制度。1997 年刑法第 3 条规定："法律明文规定为犯罪行为的，依照法律定罪处刑；法律没有明文规定为犯罪行为的，不得定罪处刑"。这一规定标志着罪刑法定原则在中国刑事法律制度中的正式确立，标志着我国刑法发展进入了一个新时期。

但是，正如许多专家所指出的那样，我国刑法对罪刑法定原则

---

① 张明楷：《刑法学》，法律出版社 2003 年版，第 52—65 页。

的法律条文规定，与经典意义上的罪刑法定原则有所不同。这个不同表现在刑法第 3 条的规定包含了两个部分的内容：前半部分规定了"法律明文规定为犯罪行为的，依照法律定罪处刑；"后半部分规定了"法律没有明文规定为犯罪行为的，不得定罪处刑。"有的学者将前半部分的规定称之为"积极的罪刑法定原则"，将后半部分的规定称之为"消极的罪刑法定原则"。[1] 有的学者称之为"中国特色罪刑法定原则"。[2] 很显然，如果按照既包含积极意义又包含消极意义的规定来理解我国刑法的罪刑法定原则，那就与原本意义的罪刑法定原则有很大的不同，因为原本意义上的罪刑法定原则从其诞生之日起，就不包含所谓的积极意义上的罪刑法定原则。应当如何看待和理解我国刑法第 3 条规定的罪刑法定原则呢？关于这一问题，学术界有过激烈的争论，笔者将之归纳为赞赏派、批判派和解释派三种观点。

赞赏派认为，应当有效统一积极的罪刑法定原则与消极的罪刑法定原则，充分实现运用刑罚权惩罚犯罪，保护人民与约束刑罚权、保障人权的有机融合。这也是我国刑法规定的罪刑法定原则的全面的、正确的含义。我国刑法第 3 条关于罪刑法定原则的规定，克服了西方刑法罪刑法定原则的片面性，是对罪刑法定原则的新的发展。论者认为，在刑法保护社会机能和保障人权机能二者的关系上，正确运用刑罚权，惩罚犯罪、保护人民，这是首要任务；而防止刑罚权的滥用以保障人权，则次之任务。[3] 在 1997 年刑法修改的过程中，一些重要参与者对此也持肯定意见，例如有的学者认为这一规定的意思是："只有法律将某一种行为明文规定为犯罪的，

---

[1] 何秉松：《刑法教科书》，中国法制出版社 1997 年版，第 63—68 页。

[2] 刘艳红：《刑法的目的与犯罪论的实质化》，载《环球法律评论》2008 年第 1 期。

[3] 何秉松：《刑法教科书》，中国法制出版社 1997 年版，第 63—68 页。

才能对这种行为定罪判刑，而且必须依照法律的规定定罪判刑。"①

　　与赞赏派的学者相比，对刑法第 3 条持批判态度的学者也大有人在。有的观点认为，刑法第 3 条强调在法律有明文规定的情况下，司法机关应当依照法律规定定罪处刑当然是正确的，但能否将法律有明文规定的必须定罪处刑理解为罪刑法定原则的应有之义，却是值得商榷的。实际上，罪刑法定原则只是限制法官对法无明文规定的行为入罪，但并不限制法官对法有明文规定的行为出罪。②显然，这对我国刑法规定的罪刑法定原则的批评是委婉含蓄的。更多的学者则不是这么委婉含蓄，而是对"中国特色罪刑法定原则"提出了尖锐的批判。如有的学者批评指出，所谓认定我国刑法规定了罪刑法定原则的说法，只是学者们一相情愿地臆造出来的一个神话，我国刑法第 3 条的规定，并非原始意义和真正意义上的罪刑法定原则，至少不是完全意义上的罪刑法定原则。罪刑法定说到底是一项出罪原则而非入罪原则。罪刑法定的经典表述是"法无明文规定不为罪，法无明文规定不处罚"，从这一格言并不能得出"法有明文规定就一定入罪，法有明文规定就一定处罚"的结论。③也有的学者指出，肯定我国罪刑法定原则具有"全面性"的学者，实际是误解了源于西方的罪刑法定原则。起源于西方启蒙时代的罪刑法定原则的根本作用在于防止国家刑罚权的滥用，其根本机能是保障人权而不是保护社会，体现的是入罪禁止机能。因此，"中国特色"罪刑法定原则是以刑法的社会保护机能为首要价值取向，

---

①　胡康生、李福成：《中华人民共和国刑法释义》，法律出版社 1997 年版，第 5 页。

②　陈兴良：《入罪与出罪：罪刑法定司法化的双重考察》，载《法学》2002 年第 12 期。

③　梁根林、付立庆：《刑事领域违法性的冲突及其救济——以社会危害性理论的检讨与反思为切入》，载陈兴良主编：《刑事法评论》（第 10 卷），中国政法大学出版社 2002 年版，第 59 页。

而使人权保障机能退居其后，仅为社会保护机能的附随；"中国特色"罪刑法定原则只是复制了经典罪刑法定原则的语词，并未传承罪刑法定原则的精神理念，它违背了以人权保障为价值取向的法治原则的实质内涵，非但徒有其表，甚至篡改了罪刑法定原则的真义，使罪刑法定原则由出罪原则兑变为了入罪原则，这是对现代罪行法定原则的异化和曲解。① 我国有学者从"人类为什么要有刑法"的问题回答了罪刑法定原则的真义。其认为三百多年前的欧洲启蒙思想家们回答了这个问题：刑事法律要遏制的不是犯罪人，而是国家。换言之，尽管刑法规定的是犯罪和刑罚，但是其针对的对象却是国家。这就是罪刑法定主义的实质，也是它的全部内容。② 离开了刑法的对象是国家这一认识，刑法就成为国家单纯镇压或打击犯罪的简单工具，甚至是碍手碍脚的工具，以保护人权为要旨的罪刑法定原则就不复存在。③

　　解释派首先明确刑法第 3 条后半段即"法律没有明文规定为犯罪行为的，不得定罪处刑"是罪刑法定原则的规定，刑法第 3 条前半段即"法律明文规定为犯罪行为的，依照法律定罪处刑"并不是罪刑法定原则的规定，但需要对前半段作出合理解释。例如，有学者针对赞赏派观点批评指出：罪刑法定原则的产生和发展历程表明，该原则旨在限制司法机关的入罪权、施刑权、入罪权、制刑权，因而不存在所谓积极的罪刑法定原则，否则就违背事实和逻辑；对于批判派的观点，该学者认为其观点和论证方法存在明显缺陷，即批判派既然认为刑法第 3 条前半段不是罪刑法定原则的内容，就不要将其解释为罪刑法定原则。该学者认为，刑法第 3 条是

---

①　刘艳红：《刑法的目的与犯罪论的实质化》，载《环球法律评论》2008 年第 1 期。

②　李海东：《刑法原理入门》（犯罪论基础），法律出版社 1998 年版，序言第 4 页。

③　李海东：《刑法原理入门》（犯罪论基础），法律出版社 1998 年版，第 4—5 页。

对司法机关自由裁量权的限制，是一个条款规定包含两个意思，前段是限制司法机关的出罪权、弃刑权，旨在突出刑法的法益保护机能；后段是限制司法机关的入罪权、施刑权，旨在突出刑法的人权保障机能。[①] 人大法工委官员表示很不赞成将刑法第 3 条前半段理解为积极意义上的罪刑法定原则，其指出前半段强调的是"依法"，而不是所谓的积极意义上的"应当"。[②] 对此学者从文本角度进一步解释，刑法第 3 条前半段的含义是指"只有法律明文规定为犯罪行为的，才能依法定罪处刑"。因此，刑法第 3 条前半段与后半段的含义是完全相同的，都是为了限制国家的刑罚权，我国刑法关于罪刑法定原则的表述虽然不同于其他国家，但其基本精神是完全一致的。[③]

可见，解释派的观点超越了对刑法第 3 条赞赏或批判的视角，而是基于"法律不是嘲笑的对象"的胸怀，通过法律解释的方法使我国刑法第 3 条表述的含义与经典罪刑法定原则相一致，使看似坏的法律条文解释为好的法律条文。本文赞同解释派对刑法第 3 条的解释方法和结论。不是轻易批评法律，而是通过合理解释法律，将不理想的法律条文解释成理想的法律规定，从而维护对法律的信仰，这是令人称道的选择。特别是对罪刑法定原则这样一个在刑法中具有至高地位的法律规定，解释派的选择就更具有价值。但是仍然需要指出，尽管解释派可以将该条解释得很圆满，但是我国刑法第 3 条罪刑法定原则的规定在立法语言文字表述方式上，的确是值得商榷的，因为这种表述方式带来的误解是客观的，而且是普遍的。因而，进一步完善对刑法第 3 条规定的法律条文表述，仍然是

---

① 张明楷：《司法上的犯罪化与非犯罪化》，载《法学家》2008 年第 4 期。
② 张军、郎胜等：《刑法纵横谈》（总则部分修订版），北京大学出版社 2008 年版，第 19 页。
③ 陈兴良：《罪刑法定主义》，中国法制出版社 2010 年版，第 63 页。

一个任务。

三、罪刑法定原则视野中的不起诉

我国刑事诉讼法规定的法定不起诉、存疑不起诉和酌定不起诉三种不起诉类型，都可以从现代社会秉持的相对罪刑法定主义中找到理念根据。

（一）法定不起诉的正当性分析

法定不起诉，是对法律明文规定的不追究刑事责任的情形予以不起诉，直接体现了罪刑法定原则的基本精神。《刑事诉讼法》第15条规定："有下列情形之一的，不追究刑事责任，已经追究的，应当撤销案件，或者不起诉，或者终止审理，或者宣告无罪：（一）情节显著轻微、危害不大，不认为是犯罪的；（二）犯罪已过追诉时效期限的；（三）经特赦令免除刑罚的；（四）依照刑法告诉才处理的犯罪，没有告诉或者撤回告诉的；（五）犯罪嫌疑人、被告人死亡的；（六）其他法律规定免予追究刑事责任的。"在法定不起诉的六种情形中，除了第六种在性质上属于法律规定的兜底条款外，其他五种情形有的属于刑事实体法方面的规定，有的属于刑事程序法方面的规定。下面分别予以分析：

1. "情节显著轻微、危害不大，不认为是犯罪的。"该款规定源于刑法总则第13条犯罪概念的但书规定。[①] 因而该条的正当性根据实际上就是犯罪概念但书规定的正当性根据。

---

① 刑法第13条规定：一切危害国家主权、领土完整和安全，分裂国家、颠覆人民民主专政的政权和推翻社会主义制度，破坏社会秩序和经济秩序，侵犯国有财产或者劳动群众集体所有的财产，侵犯公民私人所有的财产，侵犯公民的人身权利、民主权利和其他权利，以及其他危害社会的行为，依照法律应当受刑罚处罚的，都是犯罪，但是情节显著轻微危害不大的，不认为是犯罪。

犯罪概念的但书规定反映到刑法分则中，就是许多犯罪都以"数额较大"、"情节严重"、"后果严重"作为犯罪成立的条件，这在理论上被称为定量因素。关于定量因素在我国在刑法中的地位以及定量因素的利弊得失，理论上争议非常大。支持者认为："把定量因素明确地引进犯罪的一般概念中，反映了人类认识发展的时代水平，是世界刑事立法史上的创新。"[①] 反对的观点则认为，定量因素是法制不够发达的表现，只有在三权分立但又不完全分立，即行政机关既能行使一部分立法权又能行使一部分司法权的法律制度下，它才会存在。可见它是专制集权向三权分立发展不充分的结果。[②] 反对观点还认为，定量因素的存在是将本来由司法机关管辖的事务转交给行政机关，本质上是缩小司法权，扩大行政权，从而与一系列宪法原则相冲突。[③] 表面上看，定量因素涉及对犯罪概念的规定方式，是立法技术方面的问题，实际上，定量因素反映了一国对犯罪圈的界定标准、打击犯罪的刑事政策选择以及历史文化传统等多方面因素，它也体现了一国采用刑事实体法还是刑事程序法来解决轻微刑事案件的策略选择。

比较世界各国的立法，对犯罪概念存在两种规定模式，即"立法定性＋司法定量"的规定模式和"立法定性＋定量"的规定模式。前者也被称为单纯的定性分析模式。"所谓单纯的定性分析模式，是指立法者在规定犯罪的概念时，只对行为性质进行考察，不作任何量的分析，犯罪构成中不含数量成分。这种模式是目前世界上多数国家通行的界定犯罪概念模式。"[④] 例如，法国 1810 年刑

① 储槐植：《刑事一体化与关系刑法论》，北京大学出版社 1997 年版，第 272—273 页。

② 李居全：《也论我国刑法中犯罪概念的定量因素——与储槐植教授和汪永乐博士商榷》，载《法律科学》2001 年第 1 期。

③ 欧爱民：《我国犯罪概念的宪法学透视》，载《法商研究》2006 年第 4 期。

④ 储槐植：《刑事一体化论要》，北京大学出版社 2007 年版，第 113 页。

法典第 1 条规定了犯罪概念:"法律以警察刑处罚的犯罪,为违警罪;法律以矫正刑处罚的犯罪,为轻罪;法律以剥夺生命、身体自由或身份能力之刑处罚的犯罪为重罪。"作为西方近代资产阶级的第一部刑法典,法国 1810 年刑法典对后世产生了很大的影响力。法国 1810 年刑法典中的犯罪划分以刑罚的种类为依据,警察刑、矫正刑、资格刑、自由刑和生命刑是区分不同犯罪种类的标准。法国 1810 年刑法典无论是总则的犯罪一般概念还是分则的具体犯罪罪名,都不含有定量因素,这也就断绝了司法机关就某些行为进行自由裁量,从而将其排除在犯罪圈的可能。法国立法者这么做有深刻的历史与现实原因。从立法背景看,新兴的资产阶级刚刚取得政权,自由、民主、博爱、宪政、法制观念深入人心。建立在封建专制制度废墟上的资产阶级力图用法律手段来捍卫自己的革命果实,捍卫自己的理念。当时流行的刑事古典学派的思想就来自于早期的自然法思想,这是一个理性万能的时代,人们相信通过自己的理性认识能力的提高,可以掌握客观世界的一切规律,在刑事立法上力求精准、详尽。

犯罪概念的定性规定模式也有当时社会结构方面的现实考虑。法国大革命期间,立法机关被资产阶级控制,而司法机关则一直被认为是保皇党和旧封建势力的堡垒和坚定的支持者,司法机关在大革命期间扮演了封建势力的帮凶的角色,因而法国革命胜利后制定的 1810 年刑法典出于限制司法机关自由裁量权力的目的,尽量将法典制定的详尽,以挤压司法机关自由裁量的空间。自法国 1810 年刑法典之后,西方国家的刑事立法一般都不会在刑法典中引入犯罪的定量因素。这突出体现在盗窃罪的法条中。例如,德国现行刑法典第 242 条的盗窃罪规定:"一、意图盗窃他人动产、非法占为己有或者使第三人占有的,处 5 年以下自由刑或罚金。二、犯本罪未遂的，亦应处罚。"① 再如，《瑞士联邦刑法典》第 139 条规定："（1）盗窃他人动产，意图使自己或他人非法获利的，处 5 年以下重惩役或监禁刑。（2）行为人为职业犯的，处 10 年以下监禁刑或 3 个月以上监禁刑。（3）具备下列情形之一的，处 10 年以下重惩役或 6 个月以上监禁刑：——作为为实施抢劫或盗窃行为而组成的犯罪集团成员犯盗窃罪的；——为盗窃目的而随身携带设计武器或其他危险武器的，或——以其他方式实施盗窃行为，表明行为人具有特殊危险性的。（4）盗窃亲属或家庭成员财物的，告诉乃论。"② 这些国家的盗窃罪都没有规定"数额较大"的才进行定罪处罚的规定，与我国刑法形成鲜明对比。

那么是否意味着情节显著轻微的盗窃罪，例如盗窃一块钱或者盗窃一张纸的行为都要受到处罚呢？实际情况也并非如此。因为这些国家大多通过刑事诉讼上的特别程序将此类轻微案件分流了，也就是立法不涉及犯罪的定量，定量工作由司法机关来完成。这就与不起诉制度密切联系起来了。

在西方国家的刑事司法实践中，盗窃一张报纸构成盗窃罪，骗取一个文具构成诈骗罪，殴打他人可能构成故意伤害罪，就是一般的骂人都可能构成侮辱罪或者诽谤罪，这是我们通过媒体报道就可以获得的事实。但这并不意味着所有与此强度相类似的犯罪行为都会被作为犯罪处理。检察机关充分行使自由裁量权，将大量的轻微刑事案件不予起诉的做法非常普遍，甚至警察机关也不会轻易地将轻微的刑事案件予以立案侦查。

例如，以德国为例，德国长期实行起诉法定主义，德国检察机关的工作重点过去主要集中在行使侦查指挥权方面。根据德国刑事

---

① 徐久生、庄敬华译：《德国刑法典》，中国法制出版社 2000 年版，第 174 页。

② 徐久生、庄敬华译：《瑞士联邦刑法典》（2003 年修订），中国方正出版社 2004 年版，第 47—48 页。

诉讼法的规定，检察机关决定所有刑事案件的侦查程序和侦查环节，警察对检察官只有服从的义务。但是自 20 世纪 60 年代以来，犯罪现象激增，尤其是所谓的"普通刑事案件"，也就是犯罪形式相对单一、犯罪情节相对简单的财产犯罪和交通肇事犯罪大量出现，不得不促使司法机关寻求简便、经济而又迅速的解决方式。"1993 年 1 月 11 日颁布的《减轻司法负担法》使检察机关在中止刑事诉讼程序的问题上取得了高度的自主性，其中止刑事诉讼程序的权限已扩大到中等严重程度的犯罪。为了简化诉讼程序，德国刑事诉讼法规定了'刑事命令程序'，即一种简易的书面程序，以便以快捷的方式处理犯罪情节较轻的案件。按照这种程序，检察机关在它认为根据犯罪行为的事实构成不需要进行正式的审判程序时，可以提出'刑事命令'的申请，由刑事庭的法官或有管辖权的职业及非职业法官组成的法庭处理该类案件。"① "为什么国外的警察、检察官有如此之大的自由裁量权，敢于将刑法明文规定的犯罪不移送起诉、不起诉至法院？其中的一个重要原因是，国外刑法规定的犯罪没有量的限制，包含在刑法中的轻微犯罪大体上都没有被移送到检察机关，或者没有起诉到法院。国外刑法所规定的犯罪没有量的限制，成为国外司法机关充分行使出罪权的最重要理由。换言之，国外的基本做法是，在刑事立法上扩大处罚范围，在刑事司法上限制处罚范围。"②

　　与西方国家不同，我国采用的是"立法定性＋定量"的规定模式，这是犯罪概念但书规定的法律模式方面的原因。这种规定模式具有以下优点：（1）契合我国社会治安三级处罚体系，即刑罚、劳动教养和治安处罚的结构要求。需要指出的是，我国犯罪规定的重心与西方国家不同，西方国家以刑罚的轻重为重心，将某些社会

---

① 武功：《德国的刑事司法改革》，载《检察日报》2000 年 8 月 7 日。
② 张明楷：《司法上的犯罪化与非犯罪化》，载《法学家》2008 年第 4 期。

失范行为规定为重罪、轻罪、违警罪，这在法国 1810 年刑法典中表现尤其明显。而我国是按照行为的社会危害性程度对行为作出划分，犯罪是具有严重社会危害性的行为，需要动用刑罚手段予以制裁；具有罪错但是行为严重程度又达不到犯罪的，予以劳动教养；一般的违法行为，则按照《治安管理处罚法》予以行政处罚。由此，对社会失范行为的处罚分别由法院、劳教委员会和公安机关分别行使。"由于我国刑法只调整具有严重社会危害性的犯罪行为，因此，最易体现危害程度的定量因素便会很自然地引入到犯罪概念之中。而且从司法实践的角度来看，这种界定犯罪概念的方法也便于划分罪与非罪的界限，不致于造成社会治安三级制裁体系结构的混乱。"① (2) 使司法机关集中精力打击社会危害严重的犯罪行为。进入 20 世纪 70 年代，西方各国都进入了一个犯罪率激增和诉讼保障紧张的时代。国家有限的司法资源不足以应对大量的犯罪行为，司法力量的增长速度无法赶上犯罪行为的增长速度。在我国同样面临这样的问题。有限的刑事司法资源只有用在严重的危害社会的行为中，才能发挥最大的效能。而将那些行为性质轻微的行为交给行政机关处理，更能发挥行政机关灵活性的特点，有助于快速化解社会矛盾，达到甚至超过刑罚的效能。(3) 降低犯罪率和前科，保证行为人顺利复归社会。犯罪圈过大自然意味着作为犯罪处理的行为变多，从而在统计学上犯罪率升高，显示社会治安压力上升。但这还不是最重要的。最重要的是，犯罪具有标签效应，犯过罪的人往往会受到社会的歧视，并在重新回归社会方面面临诸多障碍和重重困难。事实证明，无法顺利复归社会的犯罪人再犯可能性是非常高的。而在犯罪概念中增加定量因素，将情节显著轻微的行为排除在犯罪圈之外，能够很好的避免犯罪的标签效应，将犯罪的不利后

---

① 储槐植、汪永乐：《再论犯罪概念中的定量因素》，载《法学研究》2000 年第 2 期。

果降低到最小程度。

　　根据以上的分析，刑事诉讼法第 15 条规定的法定不起诉情形之"情节显著轻微、危害不大，不认为是犯罪"的罪刑法定依据表现为两点：

　　（1）根据犯罪概念但书的规定，情节显著轻微、危害不大的行为不是犯罪，而这种"情节显著轻微、危害不大的行为"是刑法第 13 条明确规定的非犯罪行为，是刑法在正面规定了犯罪的一般概念、在基本确立犯罪圈的大小之后，从另一个侧面规定犯罪的消极要件，以实现对犯罪圈的若干修正，达到紧缩犯罪圈、限制刑罚权的目的，它是刑法明文规定的不是犯罪的行为。即使不考虑积极的罪刑法定原则的存在，如果说法律没有明文规定为犯罪行为的，不得定罪处刑，那么法律明文规定不是犯罪行为的，就更不能定罪处刑了。在立法技术上，由法律明文规定某些行为不可处罚，其宣示的法律否定性态度要比"法律没有明文规定是犯罪行为的不得处罚的"更加强烈。不过需要注意的是，"情节显著轻微、危害不大"是犯罪概念的原则性规定，司法机关在适用时应当结合具体触犯的分则条文，结合具体犯罪的性质、情节、犯罪人主观方面的各种因素来综合认定。

　　（2）"情节显著轻微、危害不大，不认为是犯罪的"符合罪刑法定原则实质侧面之"禁止处罚不当罚的行为"的要求。"禁止处罚不当罚的行为"的最核心的含义是不得处罚轻微的危害行为，[①]即刑罚只能处罚值得科处刑罚的行为，而不理会琐细之事；只有当其他部门法不能充分保护法益时，才需要刑法，这同样也是刑法谦抑之最后手段性的要求。其实这也牵涉到犯罪规格的认定问题，对于某些形式上符合刑法分则客观罪状要求，但是实际上犯罪的法益侵害性非常小，根本不值得刑罚予以处罚，或者如果处罚可能违背

---

　　①　张明楷：《刑法格言的展开》，法律出版社 2003 年版，第 38 页。

罪刑相适应原则的，就应当作无罪处理。反映到程序法上就是不起诉。其实，刑事诉讼法基于自己独特的程序设计赋予了轻微行为多次排除犯罪性的行为。比如，公安机关在接受举报、报案或者自己发现案件线索的，通过简单地讯问等就可以将轻微事实排除在刑事诉讼程序之外，而只作为一般的治安案件处理。即使立案并启动正式地侦查程序，也可以在案件侦查终结时不予移送起诉。但是，对于公安机关基于各种理由仍然坚持移送起诉的，人民检察院在审查起诉阶段就可以以"情节显著轻微、危害不大"为由，对案件决定不予起诉。

2. 刑事诉讼法第 15 条规定的"犯罪已过追诉时效期限的"、"经特赦令免除刑罚的"、"依照刑法告诉才处理的犯罪，没有告诉或者撤回告诉的"、"犯罪嫌疑人、被告人死亡的"、"其他法律规定免予追究刑事责任的"等法定不起诉的情形，直接体现了罪刑法定原则之形式侧面所要求的法律主义，即规定犯罪与刑罚的必须是成文的法律，法官只能根据成文法律定罪量刑，上述情形都是法律明文规定不受刑法处罚的行为，对其不予追诉符合法律主义的要求，也是罪刑法定原则禁止入罪的人权保障机能的完整体现。

（二）酌定不起诉的正当性分析

起诉法定主义的刑法理论基础是罪刑法定原则，那么起诉裁量主义或者说酌定不起诉制度与罪刑法定原则是什么关系呢？特别是在我国刑法第 3 条前半部分规定了所谓"积极的罪刑法定"精神的情况下，酌定不起诉制度与罪刑法定原则是否相矛盾呢？

有的学者从如何看待司法活动中人的因素的角度，论述了罪刑法定原则与法官自由裁量权的相容性。学者在考察了我国古代和西方人与法的关系以及人治与法治关系后指出，大多数人都同时肯定人与法的作用，承认司法活动中人的因素具有积极作用，法官的自由裁量权是司法的必要前提，在相对罪刑法定主义，法与人是可以统一的，罪刑法定主义并不排斥一定限度内的自由裁量。[①] 黑格尔曾经提出了"法的偶然性"的观点，并指出，"法律和司法包含着偶然性，这本质上是它们的一个方面。之所以如此，是因为法律是应用于个人事物的一种普遍规定。如果有人表示反对这种偶然性，那他是在谈一种抽象的东西。例如，刑罚的分量就不可能使之与任何概念的规定相适合，从这方面看，一切裁决终难免是一种任性。然而这种任性本身却是必然的"。[②] 黑格尔这里所说的任性，指的就是司法裁量权。当然，这里的法官裁量，只能是在法律范围之内进行的。由司法活动的性质所决定，法官的自由裁量权是必要的，绝对罪刑法定主义否定这种裁量权违背了司法活动的内在规律，而相对罪刑法定主义能够为法官提供一定的自由裁量权。[③]

本文认为，可以从经典罪刑法定原则的核心价值以及内容表述的逻辑关系两个方面，来论证经典罪刑法定原则与酌定不起诉制度的相容性。要解释这种相容性，就必须正确理解经典罪刑法定原则的核心价值。

如前所述，罪刑法定原则自诞生之日起，始终是以限制刑罚权、保障人权为核心价值的，无论是绝对罪刑法定主义还是相对罪刑法定主义，这个核心价值指向都是单向的，即仅指向限制刑罚权力、保障人权的价值，而不指向扩张刑法权、侵犯人权的方向。这一单向性价值取向，与酌定不起诉的出罪功能与保障人权的价值取向是一致的。罪刑法定原则的核心价值表述为"法无明文规定不为罪，法无明文规定不处罚"，从逻辑上讲，这是一个反向的双重否定式表述，其正向表述的逻辑关系是：必须先有法律明文规定为

---

① 陈兴良：《罪刑法定的当代命运》，载《走向哲学的刑法学》，法律出版社 2008 年，第 172—179 页。

② 黑格尔：《法哲学原理》，范扬等译，商务印书馆 1961 年版，第 223 页。

③ 陈兴良：《罪刑法定主义》，中国法制出版社 2010 年版，第 155 页。

犯罪的前提，然后才可能有认定犯罪并给予处罚的后果。问题是，这个反向的双重否定式逻辑关系是否可以用肯定的关系表述呢？即是否意味着"有了法律明文规定为犯罪的前提，就必须有给予处罚的结果"呢？显然，后面这个逻辑关系是不成立的。因为相对罪刑法定主义允许有利于被告人的类推或者类推解释，允许在案件存疑时作有利于被告的无罪处理，都体现了刑法的限制机能，与罪刑法定原则限制刑罚权、保障个人自由的价值取向并不违背。

此外，刑法中有许多条款明确规定对构成犯罪的行为可以或应当"免除处罚"，也是在立法上证明，当今罪刑法定原则并不意味着"有犯罪就一定有刑罚处罚"。可见，罪刑法定原则只是限制对法无明文规定的行为入罪，但并不限制对法有明文规定的行为出罪。因此，酌定不起诉制度规定对构成犯罪但是"情节轻微"的犯罪嫌疑人可以不起诉，体现了罪刑法定原则的限制刑罚权、保障人权的价值，体现了罪刑法定原则的出罪机能。反过来说，罪刑法定原则也是酌定不起诉的理论根据。

（三）存疑不起诉的正当性分析

存疑不起诉又叫证据不足不起诉，它是中国刑事诉讼法确立的一种不起诉的类型。刑事诉讼法第 171 条第 4 款规定："对于二次补充侦查的案件，人民检察院仍然认为证据不足，不符合起诉条件的，应当作出不起诉的决定。"根据刑事诉讼法的规定，人民检察院提出公诉的案件应当是案件事实清楚，证据确实、充分，如果公安机关提交的案件证据达不到这样的标准，人民检察院可以自行侦查，也可以退回公安机关补充侦查，退回补充侦查以两次为限，如果仍然达不到案件事实清楚，证据确实、充分的标准的，人民检察院就应当作出不起诉的决定。即便人民检察院强行将案件提起公诉，人民法院也应当作出无罪的判决或决定。

存疑不起诉体现的是疑罪从无思想，它的直接诉讼理论根据是无罪推定原则。尽管各国立法和理论对无罪推定原则的表述不尽相同，但其基本含义是一致的，即被告人在未经法院依法判决有罪之前，应当被假定为无罪。该原则的实质在于确立犯罪嫌疑人、被告人的诉讼主体地位。我国刑事诉讼法第12条合理地吸收了无罪推定原则的精神，并在第195条规定："证据不足，不能认定被告人有罪的，应当作出证据不足、指控的犯罪不能成立的无罪判决。"这就以具体法律条文确认了"疑罪从无"这一无罪推定原则的内核。

对于存疑不起诉的刑法理念依据，笔者认为，只要理解了无罪推定与罪刑法定原则之间的关系，就可以很好地把握了。

无罪推定原则与罪刑法定原则的诞生具有相同的历史背景。根据联合国《公民权利与政治权利国际公约》第14条第2款之规定，无罪推定是指"凡受刑事诉讼控告者，在未依法证实有罪之前应当有权视为无罪"。中国刑事诉讼法之所以借鉴和吸收了公约内容，目的在于加强和保护刑事被告人诉讼地位和权利的无罪推定原则的精神。[①] 从历史上看，无罪推定原则是资产阶级在反对封建专制制度的革命过程中，针对封建司法的有罪推定制度提出来的。刑事古典学派的代表人物、近代刑法学的开创者、18世纪意大利的刑法学者贝卡里亚在他那本著名的《论犯罪与刑罚》中指出："在法官判决之前，一个人是不能被称为罪犯的。只要还不能断定他已经侵犯了给予他公共保护的契约，社会就不能取消对他的公共保护。"[②] "资产阶级革命取得胜利后，世界上许多国家都先后以贝卡利亚的这一原始表述为基础，在自己的宪法和刑事诉讼法中以立

---

① 陈光中、〔德〕汉斯—约格　阿尔布莱希特：《中德不起诉制度比较研究》，中国检察出版社2002年版，第106页。

② 〔意〕贝卡利亚：《论犯罪与刑罚》，黄风译，中国法制出版社2002年版，第35页。

法形式将无罪推定规定为刑事诉讼的一项最重要的原则。但是由于语言文字的差异抑或还有其他方面的原因，我们至今所见到的各国关于无罪推定原则的立法表述不尽相同。"① 1789 法国《人权宣言》第 9 条最早在法律文件上确立了这一原则："任何人在其未被宣告为犯罪之前应被推定为无罪。"此后，无罪推定原则受到资产阶级国家刑事诉讼法理论的普遍承认，并规定在立法中，甚至有些国家将其规定在宪法中。1982 年加拿大宪法就规定："在独立的不偏袒的法庭举行公平的公开审判中，根据法律证明有罪之前，应推定为无罪。"而且无罪推定原则也受到了一些国际公约的承认。例如 1948 年 12 月 10 日联合国大会通过的《世界人权宣言》确认了无罪推定原则。该宣言第 11 条第 1 项规定："凡受刑事控告者，在未经获得辩护上所需的一切保证的公开审判而依法证实有罪以前，有权被视为无罪。"1966 年 12 月 16 日通过的《公民权利和政治权利国际公约》第 14 条第 2 款规定："凡受刑事控告者，在未依法证实有罪之前，应有权被视为无罪。"《欧洲人权公约》第 6 条第 2 项规定："任何被指控实施犯罪的人在依法被证明有罪之前应被假定无罪。"

　　根据学者的研究，无罪推定原则应把握两方面的要求：一是犯罪嫌疑人、被告人不等于罪犯，任何人被确定为有罪都必须经过国家有效的审判；二是既然犯罪嫌疑人、被告人不是真正的罪犯，在正式定罪之前都要假定犯罪嫌疑人、被告人无罪。由此，无罪推定原则就有了派生原则：被告人在诉讼过程中享有沉默权，被告人没有自证其罪的义务，国家不能要求被告人强迫回答各种问题，更不能要求犯罪人提供证明自己有罪的证据；被告人不具有证明自己有罪的责任，控诉责任由国家机关承担，只要公诉机关不能提出各种证明被告人有罪和罪重的证据，就应当推定被告人无罪，被告人既

---

①　张旭：《罪刑法定与无罪推定》，载《现代法学》1998 年第 5 期。

不承担自己有罪、罪重的证明责任，也不承担证明自己罪轻的责任，但是有权提出证实自己无罪的证据；虽然公诉机关拥有一些能够证实被告人有罪的证据，但是不能达到刑事诉讼法要求的"证据确实、充分"的地步的，只能对被告人作出无罪判决或者罪轻判决。上述几点，可谓是无罪推定原则之内容的精华。沉默权是无罪推定原则的基础，它反映了现代法制国家所遵循的诉讼民主、保障人权的基本理念，这也是无罪推定原则的精华所在。是否理性、文明的对待被告人，是现代法治国家与封建专制国家的根本区别之一。"国家在用刑罚手段追诉刑事责任时，尤其关注尊重保护人权，国家必须严格地按照预先设定的定罪量刑标准——刑法和科学、文明、民主、公正的追诉程序——刑事诉讼法追诉犯罪，即必须通过合法的审判确定犯罪判处刑罚。"① 在刑事诉讼过程中，现代国家的司法机关的出发点与封建专制国家是截然不同的，后者是把被告人当作诉讼的客体，当作被追诉的对象，并且从有罪推定的角度出发，假定被告人是有罪的，这样做的后果不可避免地会造成刑事司法权的滥用。而无罪推定显然更加符合实事求是的推定方式，也更能符合保障人权的现代法治精神，实现对个人权利的最大尊重与保障。因此我们可以说，沉默权、不自证其罪、疑罪从无是无罪推定原则最重要的派生原则。

无罪推定彰显的保障人权、维护个人权利的理念，与刑法之罪刑法定原则是不谋而合的。从刑事实体法上考察，本文认为部分存疑不起诉的刑法理论根据是罪刑法定原则体现的禁止类推解释。所谓类推解释，是指在需要判断的具体事实与法律规定的构成要件基本相似时，将后者的法律效果适用于前者。如前所述，在绝对罪刑法定主义时代，是禁止所有的类推解释的，但是在当今相对罪刑法定主义之下，罪刑法定原则要求禁止类推解释，只是禁止不利于被

---

① 张旭：《罪刑法定与无罪推定》，载《现代法学》1998 年第 5 期。

告人的类推解释，而允许有利于被告人的类推解释，这克服了罪刑法定原则形式侧面的缺陷，有利于实现刑法的正义。[①] 因此，当检察机关审查案件时发现某一犯罪的证据所证明的事实仅与刑法规定的某一罪名的构成要件相似，而不是完全相同时，就不能采用类推的方式认定犯罪，应当作出存疑不起诉的规定，否则就违反了罪刑法定原则。

在保障人权方面，罪刑法定原则与无罪推定原则可谓是殊途同归。罪刑法定原则是实体法的规定，它规定了什么行为构成犯罪，构成犯罪后依照何种刑罚处罚，既使司法机关定罪量刑有了明确的依据，也使公民个人对自己的行为具有预测性，自觉调整自己的行为，从而最大限度地实现个人的行为自由。而无罪推定原则是程序法原则，是刑事诉讼法的基础原则。刑事诉讼活动的目的是解决行为人的刑事责任，即被告人的行为是否构成犯罪、构成何罪，无罪推定原则有助于保障被告人的合法权益不受到国家司法机关的侵害，切实保护当事人的合法权益。虽然无罪推定原则和罪刑法定原则要解决的具体问题和路径有所不同，但是他们的精神实质、理念以及目的，都是高度一致的。在实际的司法活动中这两者高度依存、互相配合。"对于国家追究和惩罚犯罪活动来讲，没有刑法中的罪刑法定原则，定罪就没有标准，量刑就没有尺度，而没有刑诉法中的无罪推定原则就可能导致冤假错案，使无罪的人受到追究，使公民的人身权利和民主权利受到破坏，损害司法机关的形象。"[②] 因此，罪刑法定原则也是存疑不起诉的刑事实体法的理论依据之一。

---

① 张明楷：《刑法学》，法律出版社 2003 年版，第 59 页。
② 孙胜玉：《无罪推定与罪刑法定》，载《丹东纺专学报》1997 年第 3 期。

第三章 不起诉的刑事政策根据

　　所谓政策，从基本意义上讲，是指政治国家或社会公共组织为管理公共事务而制定的指导方针和行动方案。① 据权威学者介绍，刑事政策这一概念的首次面世，是在德国法学教授克兰斯洛德和费尔巴哈 1803 年合著的《Lehrbuch》之中。② 关于刑事政策的概念，中外学者有几十种不同的界定。刑事政策概念的最早提出人费尔巴哈认为，刑事政策是国家据以同犯罪作斗争惩罚措施的总和。20 世纪初，德国法学家李斯特将刑事政策定义为"国家和社会据以组织反犯罪斗争的原则的总和"。我国学者指出，中外学者给刑事政策下了种种内涵互有差异的定义，几乎找不到两个完全相同的刑事政策定义，提出刑事政策的"最大公约数"是"有效地与犯罪作斗争的方略"，刑事政策可以定义为：刑事政策是国家或执政党依据犯罪态势对犯罪行为和犯罪人

---

　　① 梁根林：《刑事政策：立场与范畴》，法律出版社 2005 年版，第 1 页。

　　② 梁根林：《非刑罚化——当代刑法改革的主题》，载《现代法学》2000 年第 6 期。

运用刑罚和有关措施以期有效地实现惩罚和预防犯罪目的之方略。[①] 日本学者提出："刑事政策是由犯罪这一社会现象所引发的国家和社会的整体反应体系，旨在对犯罪进行预防和控制，从而维持社会秩序，保证社会生产和生活的正常进行。它包括立法、司法以及行政方面的对策。"[②]

刑事政策包括定罪政策、刑罚政策和处遇政策。定罪政策指如何划定犯罪圈，即犯罪化和非犯罪化的范围界定政策导向。刑罚政策指设定刑罚的目的和运用刑罚的手段的政策。现代意义的刑事政策的出现，是目的刑论发展的直接产物。[③] 处遇政策包括犯罪矫治场所管理、犯罪矫正、犯罪预防的方针和措施。

刑事政策的功能，包括导向功能和调节功能。对刑事实体法的导向功能主要体现在打击范围的划定、打击重点的确定、打击程度的设定、打击方式的选定。刑事政策的调节功能，包括对刑事立法与刑事司法之间的调节、对刑事法律与社会状况之间的调节。[④]

我国刑法无论在立法上还是司法上都存在着刑罚过重的问题，是典型的重刑主义精神。死刑罪名多、判处和执行死刑多，是最突出的表现。即使对于轻罪，立法规定和司法适用也是十分严厉的。这容易造成刑与罪之间的过度紧张关系，从而导致"刑罚缺乏柔性"。因此，重刑主义的刑法，特别是对于轻罪，亟须轻缓刑事政策的引导和调节，酌定不起诉制度正是一个诉讼过程中的有效途径，可以发挥这个调节作用。

---

① 储槐植：《刑事政策：犯罪学的重点研究对象和司法实践的基本指导思想》，载《福建公安高等专科学校学报》1999 年第 5 期。

② ［日］大谷实：《刑事政策学》，黎宏译，法律出版社 2000 年版，第 3 页。

③ 储槐植：《刑事政策：犯罪学的重点研究对象和司法实践的基本指导思想》，载《福建公安高等专科学校学报》1999 年第 5 期。

④ 储槐植：《刑事政策：犯罪学的重点研究对象和司法实践的基本指导思想》，载《福建公安高等专科学校学报》1999 年第 5 期。

不起诉制度的产生，是刑事政策的选择。无论是在西方现代刑事政策、我国古代宽缓的刑法思想以及当代中国的宽严相济刑事政策当中，都蕴含着不起诉的刑事政策根据。

第一节　目的刑教育刑主义与不起诉

目的刑主义是不起诉制度的一项重要刑事政策根据，笔者将之归纳为不起诉制度的合理性依据。法定不起诉中，检察机关作出不起诉决定缘于刑事诉讼法的直接规定，没有任何裁量的余地。而且从实质看，构成法定不起诉条件的，都属于要么行为不构成犯罪，要么构成犯罪但是刑事责任已消灭，或者行为人已死亡而不存在刑事责任的客体等情况。在犯罪行为不成立或者追究刑事责任已无必要的情况下，再奢谈目的刑主义更无必要。笔者认为，用目的刑主义来解释酌定不起诉与证据不足不起诉具有很强的说服力，这是由酌定不起诉与证据不足不起诉的特点决定的。酌定不起诉与证据不足不起诉虽然是法律明确规定的、制度化的不起诉方式，但是至于是否动用则主要取决于检察机关的自由裁量权。显而易见，在公民法制意识日渐浓厚的今天，检察机关必须有充分的理由来说服当事人（尤其是被害人）采用酌定不起诉，而目的刑主义和教育刑主义应当成为支撑检察机关作出合理性判读的最重要理由和参考依据。目的刑教育刑主义是不起诉制度的合理性依据，尤其是酌定不起诉，在检察机关拥有自由裁量权的情况下，目的刑主义和教育刑主义是支撑检察机关作出合理性判断的最重要理由和参考依据。

不起诉制度虽然存在一个酝酿的过程，但它主要诞生于西方自由资本主义向垄断资本主义过渡的时期，这在相对不起诉中表现得最为明显。这一历史时期也是西方国家社会矛盾丛生，刑事犯罪率激增，刑事古典学派日益受到质疑，以及刑事近代学派开始兴起的时候。从时间上看，不起诉制度与刑事近代学派几乎诞生于同一阶段，这究竟是历史的巧合还是具有某种内在关联性？刑事近代学派的重要主张是目的刑主义和教育刑主义。即刑罚的目的是为了教育、改造犯罪人而不是单纯的威慑与惩罚，如果能够通过其他方式预防犯罪人不再犯罪，或者达到同样的改造效果，就没有必要对犯罪人施加刑罚。从刑罚目的的角度来审视不起诉制度，法定不起诉的七种情形要么是无法实现刑罚目的（例如被告人已经死亡）、要么是没有必要实现刑罚目的（例如情节显著轻微危害不大，不认为是犯罪的），而酌定不起诉和证据不足不起诉蕴含的教育刑理念、目的刑理念更加明显，即通过保安处分等其他社会处遇措施同样能够达到教育改造犯罪嫌疑人的目的，就没有必要追究犯罪嫌疑人的刑事责任。不起诉的法律效果不同于定罪免刑。不起诉是国家公诉机关彻底放弃对犯罪嫌疑人刑事责任的追究，而定罪免刑则是刑事责任的一种特别实现方式。①

一、刑罚目的的一般理论

国家为什么施用刑罚，国家制定和适用刑罚为了达到什么样的效果，这就涉及刑罚的目的。刑罚的目的是刑罚论的根本问题，它决定了设计刑罚制度的根本出发点，也决定了刑罚制度的最终归宿。② 在刑法学的发展史上，学者对刑罚目的进行了深入而细致的探索，并提出了各自的见解。

---

① 刑罚和刑事责任之间不能划等号。刑事责任是一种法律责任，而刑罚则是一种强制方法，刑罚是实现刑事责任的方法，却不是刑事责任本身；刑罚是实现刑事责任的主要方法，但不是唯一方法。参见于志刚：《刑法学总论》，中国法制出版社 2010 年版，第 323 页。

② 于志刚：《刑法学总论》，中国法制出版社 2010 年版，第 328 页。

（一）刑罚目的的概念

历来的刑法学者，对于"刑罚的目的"都十分关注——盖因此问题关涉惩罚的正当性和国家刑罚权的合理化与合法化，在"刑法学上极具价值"，因此不管在什么年代，有关刑罚的意义与目的的论文，都是汗牛充栋。[1] 对于什么是刑罚的目的，我国刑法学界主要有以下三种不同的观点，可以分别称之为狭义、中义、广义的刑罚概念。

第一种观点认为，刑罚目的是刑罚适用的目的，即"指国家对犯罪分子适用刑罚的目的，即人民法院对犯罪分子判处刑罚所期望达到的结果"。[2] 第二种观点认为，刑罚目的是指制定和适用刑罚的目的，即指国家制定刑罚和人民法院对犯罪分子适用刑罚所要达到的目的。[3] 第三种观点认为，刑罚目的是指国家制定、使用、执行刑罚的目的，也即国家的刑事立法采用刑罚作为对犯罪现象的强制措施及其具体适用和执行所预期实现的效果。[4] 笔者赞同上述第三种观点，认为上述前两种观点都是片面的。

对刑罚目的的理解和认识与刑罚的本质是密不可分的。历史地看，犯罪与刑罚产生于阶级社会和国家诞生之后，是国家为了抑制同态复仇和血亲复仇而建立起了一整套法律制度，以制约个人之间的复仇活动，刑罚是专属于国家统治阶级的权力，非统治阶级和一

---

① 林山田：《刑法学》，台湾商务印书馆1983年版，第47页。
② 高铭暄主编：《刑法学》，北京大学出版社1989版，第264页。
③ 陈兴良：《刑法哲学》，中国政法大学出版社1992年版，第351页。
④ 张明楷：《刑法学》（第2版），法律出版社2003年版，第400页。杨春洗、杨敦先主编的《中国刑法论》（北京大学出版社1994年版）也阐述了近似的观点：刑罚目的不应仅仅局限于刑罚适用阶段，而应包括刑事法律活动的所有阶段，因而刑罚目的"实际上是指国家运用刑罚的目的，即国家通过制定、适用、执行刑罚所期望达到的目的。"

般个人无权僭越，犯罪是国家对违反自己统治利益的行为的一种"标定"，刑罚则是对此类社会危害行为的反应机制。刑罚权是专属于国家的权力。刑罚是国家的犯罪行为的反应措施，是国家对威胁它的生存条件的行为的一种自卫手段，制定和适用刑罚也是国家的一项重要权力。刑罚与刑罚权的概念密不可分，刑罚权属于国家权力的范畴，是国家对犯罪人适用刑罚，借以惩罚犯罪人的权力，它以国家暴力机器为后盾，同时又是国家暴力机器的重要内容。刑罚权是国家基于独立主权而对犯罪人实行刑事制裁的权力。[①] 刑罚权包括制刑权、求刑权、量刑权和行刑权四种权能。制刑权是国家创制刑罚的权力，是国家立法权力的重要组成部分。也只有国家才拥有制定刑罚的权力。求刑权也称为起诉权，是请求国家给予犯罪人施以刑罚惩罚的权力。在我国，求刑权一般由检察机关行使，但是刑事自诉人也可以行使部分求刑权。量刑权是人民法院裁量和决定刑罚的权力，具体包括是否判处刑罚以及判处何种刑罚两个方面的内容。量刑权是人民法院的专属权力，它是审判权力的一部分，其他任何机关、团体和个人都无权行使。行刑权是指国家对犯罪人执行刑罚的权力，根据刑法和刑事诉讼法的规定，行刑权由人民法院、监狱和看守所等机关行使。

刑罚的目的依托刑罚的属性，受到刑罚性质的制约。既然刑罚的权能包括制刑权、求刑权、量刑权和行刑权，那么对刑罚目的的界定理由容纳进这四种权力。上述第一种观点将刑罚目的界定为量刑的目的，上述第二种观点将刑罚目的界定为制刑权、求刑权和量刑权的目的，都不免存在着以偏概全的问题，只有上述第三种对刑罚目的的界定涵盖了刑罚权的四种权能，是可取的。

---

① 于志刚：《刑法学总论》，中国法制出版社 2010 年版，第 321 页。

（二）关于刑罚目的的争论

在西方刑罚史上，关于刑罚目的的争论持续了一二百年之久，主要是前期的刑事古典学派与后期的刑事近代学派之间的争论。

1. 报应论的刑罚目的观

报应刑论的刑罚目的观又称为绝对主义或者报应主义。这种理论以绝对主义和报应思想为基础，其理论基础是正义和公平理念。报应主义认为，刑罚没有特别期望的目的要求，其意义在于报复犯罪行为，给犯罪人施加惩罚。报应主义主张意思自由和因果报应。所谓意思自由是指任何人的行为都是在自己主观意志的支配下完成的，行为是意思自由的产物，犯罪行为是犯罪人自己主动选择的结果，刑罚是对犯罪的报应，对犯罪人施加刑罚是尊重犯罪人主观意志和意志自由的表现。因果报应来源于人的朴素正义和公平观念，认为行为人种何因、结何果，刑罚就是对犯罪的报复。在报应主义内部，又可以区分以下几种观点：

（1）同害报应主义。同害报应主义是最早的报应理论，它脱胎于原始社会的同态复仇和血亲复仇，这种理论认为犯罪人实施怎样的犯罪，就应当对之处以何种的刑罚，追求刑罚与犯罪损害之间绝对的、具体的平等，是原始朴素的正义观点在刑罚理论上的体现。同害报应主义的顶峰是康德的等量报应论。康德指出："公共的正义可以作为它的原则和标准的惩罚方式与尺度是什么？这只能是平等的原则。根据这个原则，在公正的天平上，指针就不会偏向一边的。换句话说，任何一个人对人民当中的某个个别人所做的恶行，可以看作是对他对自己作恶。因此，也可以这样说：'如果你诽谤别人，你就是诽谤了你自己；如果你偷了别人的东西，你就是偷了你自己的东西；如果你打了别人，你就是打了你自己；如果你杀了别人，你就杀了你自己。'这就是报复的权利。"① 同害报应的最大问题是，难以实现。因为假如一个使他人眼睛双目失明的罪犯恰巧也是一个独眼龙，试问如何施加刑罚以达到公平？波斯纳在分析报应刑时指出：人们之所以拒绝以复仇作为今日刑法之基础，理由之一是犯罪与惩罚的分裂，这种分裂是在受惩罚概率小于一的时候造成的。在一个现代的惩罚体系中，犯罪的严重性与惩罚的严厉性之间不需要有精确对应，一个不那么严重的犯罪，但如果比较容易掩藏，那么它受到的惩罚也许会比一个更严重的犯罪受到的惩罚更为严厉。②

（2）神意报应主义。神意报应主义来源于宗教观念。这种观点认为，神是正义的象征。犯罪是违背神意的行为，理应遭受神的惩罚。而国家是神意的代表，国家刑罚权则是神授予的，因而国家对犯罪的惩罚也就是根据神的正义观念施加的惩罚，是神的报应。这种观点将刑罚的正当性归结于神的报应，试图用宗教观念来为刑罚辩护，将法律与宗教混为一谈，试图借用虚幻世界的神意来说明现实世界的刑罚的正当性，也只有在宗教观念非常浓厚的国家里才有一定的市场，在世俗化国家显得过于荒唐，为人所不取。

（3）道义报应主义。道义报应是指根据犯罪人的主观恶性程度实行报应。根据道义报应的观点，对犯罪人发动刑罚，应以其道德罪过为基础，使刑罚与道德充分保持一致。道义报应的本质是将刑罚奠基于主观恶性，予以否定的伦理评价。道义报应解释了刑罚的伦理意义，因而是刑罚的题中应有之义。③ 道义报应论认为，犯罪是严重违反道德的行为，刑罚根据道德观念对犯罪行为进行报

---

① ［德］康德：《法的形而上学原理——权利的科学》，沈叔平译，商务印书馆1991年版，第165页。

② ［美］波斯纳：《正义/司法的经济学》，苏力译，中国政法大学出版社2002年版，第221页。

③ 陈兴良：《本体刑法学》，商务印书馆2001年版，第640—641页。

应，因而必须与犯罪人所为的罪恶相适应。道义报应论摆脱了同态报应主义的不切实际之处，也没有神意报应论的虚幻，这是它的进步之处，但是道义报应将刑罚的目的等同于道德损害，仍然存在很大缺陷。

（4）法律报应主义。法律报应主义是指正义的根据来自于法律，犯罪是违反法律的行为，刑罚是对违法行为的报应，道德不能代替法律的评价。刑罚通过否定犯罪，使法获得肯定。① 德国刑法学家黑格尔是法律报应主义的典型代表。黑格尔认为："犯罪总要引起某种变化，事物便在这种变化中获得实存，但是这种实存是它本身的对立物，因而在本身中乃是虚无的。其虚无性在于作为法的法被扬弃了，但是作为绝对的东西是不可能被扬弃的，所以实施犯罪的本身是虚无的，而这种虚无性便是犯罪所起作用的本质。虚无的东西必然要作为虚无的东西而显现出来，即显现自己是易遭破坏的。犯罪行为不是最初的东西、肯定的东西，刑罚是作为否定加于它的，相反的，它是否定的东西，所以刑罚不过是否定的否定。现在现实的法就是对那种侵害的扬弃，正是通过这一扬弃，法显示出其有效性，并且证明了自己是一个必然的被中介的存在。"② 黑格尔主要是从法的辩证运动论述了刑罚的报应性。正是这种报应性，体现了刑罚的正义性。黑格尔虽然没有论及康德的道义报应主义，但是从其理论来看，显然是扬弃了道义报应的。应该说黑格尔的法律报应论是对康德道义报应论的发展，更具科学性。③

2. 目的论的刑罚目的观

目的论的刑罚目的观又称为相对主义或者功利主义。认为"刑罚不是因为有犯罪才科处，而是为了将来不犯罪。所以刑罚不

---

① 陈兴良：《刑法的启蒙》，法律出版社 2003 年版，第 153 页。
② ［德］黑格尔：《法哲学原理》，范扬等译，商务印书馆 1961 年版，第 100 页。
③ 陈兴良：《刑法的启蒙》，法律出版社 2003 年版，第 153 页。

是犯罪的当然结果，而是预防将来犯罪，维护社会利益的手段。所以刑罚目的不在于犯罪本身，而在于保护社会的实际利益，从而科刑的标准应依是否达到维护实际利益的目的来决定，不是依犯罪的客观现实或者罪责大小来决定"。① 目的论的刑罚目的观具体可分为三种：

（1）双面预防论。该观点认为，刑罚的目的在于一般预防与特殊预防。其代表人物有贝卡里亚和边沁。贝卡里亚认为："我们看到：刑罚的目的既不是要摧残折磨一个感知者，也不是要消除业已犯下的罪行。一个并不为所欲为的政治实体平稳地控制着私人欲望，难道它能够容忍无益的酷政为野蛮和狂热、为虚弱的暴君充当工具吗？难道一个不幸者的惨叫可以从不可逆转的时间中赎回已经完成的行为吗？刑罚的目的仅仅在于：阻止罪犯再重新侵害公民，并规诫其他人不要重蹈覆辙。因而，刑罚和实施刑罚的方式应该经过仔细推敲，一旦建立了确定的对应关系，它会给人以一种更有效、更持久、更少摧残犯人躯体的印象。"②

贝卡里亚虽然主张双面预防，但是他更为强调的还是一般预防，并且预防的手段主要在于刑罚的威慑性。③ 贝卡里亚提出了几个关于刑罚适用的原则：刑罚的必要性、刑罚的确定性、刑罚的及时性。它的刑罚目的论的哲学基石是功利主义。"我们翻开利益发现，作为或者本应作为自由人之间公约的法律，往往只是少数人欲望的工具，或者成了某种偶然或临时需要的产物。这种法律已不是由冷静地考察人类本质的人所制定的了的，这种考察者把人的繁多行为加以综合，并仅仅根据这个观点进行研究：最大多数人分享最

---

① 马克昌主编：《刑罚通论》，武汉大学出版社 1999 年版，第 54 页。
② ［意］贝卡利亚：《论犯罪与刑罚》，黄风译，中国大百科全书出版社 1993 年版，第 42 页。
③ 陈兴良：《刑法的启蒙》，法律出版社 2003 年版，第 153 页。

大幸福。"①

（2）一般预防论。一般预防论认为刑罚的目的在于预防社会上的一般人犯罪，犯罪是由贪欲引起的，判处刑罚的目的就在于使受刑之苦大于犯罪所得贪欲，使人们不敢触犯刑法。德国学者费尔巴哈是一般预防论的支持者。他从心理强制说和罪刑法定主义出发，否定道德的报应论，坚持预防犯罪论，忽视特别预防论，主张一般预防论。他认为在法律中规定刑罚的目的，在于警告可能成为犯罪者的社会上的人不要实施犯罪行为。对一般人加以心理上的强制，使之不实施犯罪。② 日本学者山口邦夫曾经指出："在法律上规定作为感性的害恶的刑罚，威吓可能成为犯罪者的市民，如实显示了努力于不发生犯罪的费尔巴哈的一般预防主义的观点。"③ 当然，费尔巴哈也认为，刑罚的目的对于一些犯罪人来说是威慑，而对于另外一些犯罪人来说是教育。

（3）特别预防论。该观点认为，刑罚的目的在于预防犯罪人再次犯罪。特别预防论是建立在对报应主义和威慑主义批判基础上建立起来的。它的诞生具有深厚的社会、历史原因。古典学派鼓吹意志自由、威慑主义，认为犯罪人都是有自由意志的，犯罪都是行为人自由选择的结果，因此对行为人施加刑罚，使其感受到刑罚的否定性评价的痛苦就能达到抑制犯罪的目的。而实证派犯罪学则认为："古典派犯罪学和一般公民均认为犯罪含有道德上的罪过，因为犯罪者背弃道德正规而走上犯罪歧途均为个人自由意志所选择，

---

① ［意］贝卡利亚：《论犯罪与刑罚》，黄风译，中国大百科全书出版社1993年版，第5页。

② 马克昌主编：《近代西方刑法学说史略》，中国检察出版社2004年版，第103页。

③ ［日］山口邦夫：《19世纪德国刑法学研究》，八千代出版股份公司1979年版，第41页，转引自马克昌主编：《近代西方刑法学说史略》，中国检察出版社2004年版，第103页。

因此以相应的刑罚对其进行制裁，这是迄今为止最流行的犯罪观念。人的自由意志的观念引出一个假定，即一个人可以在善恶之间自由选择。但是，当用现代实证研究方法武装起来的近代心理学否认了自由意志的存在，并证明人的任何行为均系人格与人所处的环境相互作用的结果时，你还怎么相信自由意志的存在呢?"[1] 特别预防论的代表人物龙勃罗梭也对威慑刑论进行了抨击，并提出了刑罚只能以防卫为其正当性根据。"存在着犯罪的必然性，但是也存在防卫和处罚的必要性。因此，刑罚就爱那个获得一种不那么凶狠，也不那么矛盾的特点，当然也会变得更为有效。惩罚权应当以自然必要性和自我防卫权为基础，脱离了这样的基础，我不相信有哪种关于刑罚权的理论能够稳固地站住脚。"[2]

此外，刑罚理论上还存在目的刑主义，它是李斯特的重要主张，李斯特也是目的刑主义的倡导者。由于本文将目的刑主义作为不起诉的刑罚理论根据，因此将在后文重点论述目的刑主义。我国刑法学对刑罚目的的研究肇始于 20 世纪 50 年代，进入 80 年代之后，如何界定刑罚目的又成为长盛不衰的学术热点。存在以下几种主要的观点：（1）教育改造说。该观点认为，刑罚目的是教育改造罪犯。这取决于我国属于社会主义国家的基本性质，应当坚决摒弃旧时代的报应、威吓的刑罚观。惩罚只不过是手段，其目的在于教育和改造犯罪人。[3]（2）惩罚改造说。该观点认为，刑罚具有惩罚犯罪人和教育改造犯罪人的双重目的，因为对少数犯罪人适用刑

---

[1] ［意］菲利：《实证派犯罪学》，郭建安译，中国政法大学出版社 1987 年版，第 51 页。

[2] ［意］龙勃罗梭：《犯罪人论》，黄风译，中国法制出版社 2000 年版，第 321 页。

[3] 周振想主编：《中国新刑法释论与罪案》，中国方正出版社 1997 年版，第 318 页。

罚不可能完全放弃惩罚和报复色彩。① （3） 双重预防目的说。该观点认为，我国刑罚目的在于特殊预防和一般预防。前者是指通过适用刑罚，防止犯罪人再犯；后者是指通过刑罚的规范与实践，防止社会一般人犯罪。② （4） 刑罚功能充分发挥说。该观点主张："刑罚的目的是追求刑罚功能的充分发挥，明确地说，便是最大限度地预防犯罪"。③ （5） 直接目的和根本目的说。该观点认为，刑罚目的可以区分为直接目的与根本目的。前者包括：惩罚犯罪，维护社会公平正义；威慑犯罪分子和潜在犯罪分子，抑止犯罪思想；改造犯罪分子。后者则是立足于预防犯罪、保卫社会。④ （6） 刑罚目的二元论。该观点认为，刑罚的目的应当是报应和预防的有机统一，确立"以报应为主，预防为辅"的原则，即在刑罚总体上以报应为主要目的，预防为附属目的，从而保持刑罚的公正性与功利性。该说进一步阐明，在刑罚的创制阶段，刑罚的一般预防目的处于主导地位；在刑罚裁量阶段，以报应的目的为主；在刑罚执行阶段，个别预防是刑罚的主要目的。⑤

二、目的刑主义与不起诉

目的刑主义的兴起不是偶然的，它是刑罚理论的进化以及社会进步等多方面因素共同作用的结果。以往的研究往往只注意到目的刑主义对传统古典学派刑法理论的批判以及目的刑主义兴起的社会

① 周振想主编：《中国新刑法释论与罪案》，中国方正出版社 1997 年版，第 318 页。

② 高铭暄主编：《新编中国刑法学》（上册），中国人民大学出版社 1998 年版，第 311 页。

③ 邱兴隆、许章润编：《刑罚学》，中国政法大学出版社 1999 年版，第 126 页。

④ 田文昌：《刑罚目的论》，中国政法大学出版社 1987 版，第 52 页。

⑤ 陈兴良：《本体刑法学》，商务印书馆 2001 年版，第 637—653 页。

历史背景和时代因素，却忽视了目的刑主义和刑事诉讼法制度与理论直接的变革。实际上在 19 世纪末 20 世纪初这一段时间，不仅刑事实体法理论出现了很大变化，刑事诉讼法理论也在不断的进步。20 世纪以后，刑法改革转移到了监狱与监禁制度上，这就是在西方国家将近半个世纪的刑罚现代化运动，这场运动在 20 世纪中叶后达到一个高潮，但随之又进入了一个低谷。刑法理论出现了一个小反动，古典刑罚理论又开始得到提倡、发扬，但是这并不意味着目的刑主义被彻底抛弃，相反，体现目的刑主义的许多刑罚制度仍然得到保留，只是在具体制度设计方面进行了微调。与刑罚制度改革相伴生的，还包括刑事诉讼法方面的制度，而刑事诉讼法的变革既来自于自身进化的逻辑，在一定程度上也受到了刑事实体法理论的影响的制约。

（一）目的刑主义兴起的背景解读

自 19 世纪 50 年代以后，人们关于刑罚功能的认识仍然局限在刑事古典学派所主张的刑罚报应论的知识框架下。然而，现实社会中犯罪率的不断上升，尤其累犯率的大幅度上升，引发了人们对刑罚报应和威慑功能普遍质疑。人们逐渐意识到，刑罚与犯罪之间并非简单的因果法则关系，刑罚不是犯罪产生的原因，因此也不能指望用刑罚去消灭犯罪，犯罪的出现有着复杂的政治、经济、文化和社会原因，犯罪与刑罚的关系远比以前想象的复杂。在这种背景下，刑事实证学派代表人菲利、李斯特、牧野英一等人提出了矫正刑论和教育刑论。他们否定刑事古典学派的自由意志论，认为犯罪是个体原因、社会原因和自然原因综合作用的产物，其中社会原因是导致犯罪的主要因素。因为犯罪归结起来讲是一种社会问题，而社会的问题只能依靠社会的方法来解决，正所谓"最好的社会政策就是最好的刑事政策"，因此他们主张刑罚的目的应当是矫正和教育，帮助犯罪人更好地回归和适应社会。① 在这种背景下，目的刑主义开始兴起。

在论及目的刑主义的诞生过程时，德国学者曾经指出："李斯特的特殊预防理论，被视为具有国际影响的思维模式，并导致德国刑法制裁体系的深刻变革。李斯特重新将刑法与以自由观为基础建立的法政策联系在一起，在该法政策中，目的思想应当成为法进步的支柱。他从犯罪现实问题出发，以在当时刚进入法学领域的现代自然科学的因果经验研究方法为先导，指出现行刑法缺少犯罪统计结果，并视刑事政策为社会政策的有组织的一部分（实证主义）。李斯特刑事政策的基本思想，于1882年反映在其著名的马尔堡计划'刑法的目的思想'中。"② 1882年，李斯特在马尔堡大学做演讲时正式提出了目的刑主义的思想。李斯特的目的刑主义强调特殊预防，但是也没有将特殊预防与一般预防对立起来。对于两者的关系，李斯特曾经指出："无论是一般预防还是特殊预防，如果片面地实施，必然会取得不同的结果。特殊预防视犯罪为反社会思想的标志，一般预防则视犯罪为行为人本身的某些重要因素起作用的结果；特殊预防将侧重点放在犯罪行为人及其思想上，而一般预防则将侧重点放在犯罪行为和结果上。一般预防就某一些犯罪构成要件与其他犯罪的构成要件尽可能严格地区别开来，以此构成刑法分则部分，并视之为其主要任务；与此相反的是，特殊预防主要是区分不同的犯罪人类型，以此形成刑罚体系。一般预防在由犯罪行为所造成对法制的实际损害中寻找犯罪与刑罚的均衡，特殊预防则在犯罪人的反社会思想的强烈程度上寻找犯罪与刑罚的均衡。但是，同

----

① 黄华生：《论刑罚轻缓化》，中国政法大学图书馆馆藏博士学位论文2004年，第58页。

② ［德］汉斯·海因里希·耶赛克、托马斯·魏根特：《德国刑法教科书》（总论），徐久生译，中国法制出版社2001年版，第92页。

时有一点是清楚的，即这一矛盾通过立法缓和到一定程度。一旦立法者决定以两个基本思想之一为出发点，但又不谨守这一思想，而是同时兼顾另一个基本思想的要求的话，那么，两者之间缓和的矛盾就有可能了。"① 李斯特的目的刑主义催生了刑罚个别化原则与保安处分制度的确立。

（二）不起诉与目的刑教育刑主义的内在关联

在刑事近代学派思想的指引下，近代西方国家的刑事政策开始有了新发展，并提出了新的政策主张。比如：首先，尽量改良社会的政治、经济结构，争取好的政策以达到预防犯罪的根本效果。其次，既然犯罪的产生有其社会原因，那么，社会就应当对犯罪人承担相应的连带责任，根据犯罪人个别化的犯罪原因，采取刑罚个别化方式，帮助犯罪人顺利回归社会。由于报应刑理论逐渐为目的刑理论所取代，相应地，在司法上从重视一般预防向重视特殊预防转变，开始充分地考虑具体案件的具体情况以及犯罪人的个体情况。这在特殊预防中至关重要。

特殊预防是酌定不起诉制度产生的重要实体法依据之一。根据刑事诉讼法的规定，酌定不起诉的条件是"犯罪情节轻微，依照刑法规定不需要判处刑罚或者免除刑罚的"。所谓"犯罪情节轻微"当然是就具体案件的具体情节而言的，而其判断的依据既包括案件本身反映出来的有关罪质轻重的各种因素，还包括案前和案后与行为人有关的、能够体现行为人人身危险性的各种因素。同时，不起诉并不意味着对行为人放任自流，仍然可以对之施加必要的行政管束措施。这也是特殊预防和教育刑的思想。刑罚的威慑功能是一种消极的作用，而教育、感化、指引功能则是一种积极的功

---

① ［德］李斯特：《刑法教科书》，徐久生译，法律出版社 2000 年版，第 25—26 页。

能。在适用刑罚时不仅要考虑是否为犯罪行为所必要，更要考虑是否为矫正犯罪人所必要，除了刑罚处罚外是否还有其他的替代措施能够更好预防犯罪。[①] 随着目的刑、教育刑理论和刑罚个别化刑事政策的兴起与实践，传统的"有罪必罚"、"有罪必诉"的报应刑理论根基有所动摇，与此相对应的起诉法定主义原则面临空前的挑战，起诉便宜主义也得到了新的发展。

　　考察一下李斯特的祖国德国的不起诉制度建立的过程，也会发现这两者之间存在蛛丝马迹的联系。德国刑事诉讼法于 1877 年诞生，立法者的出发点只是纯粹形式上的起诉法定主义，这就意味着警察和检察官有义务起诉被任何人发现的所有犯罪，但是在以后的实践中，立法者在刑事诉讼法生效后增加了若干规定，这些规定突破了起诉法定原则，并且出于相称性的考虑允许免予刑事追诉，现在，是否对犯罪嫌疑人起诉的决定权很大程度上赋予了检察院。德国的立法者早在 20 世纪 20 年代就使刑事诉讼程序中不起诉成为可能，特别是在关于少年犯罪的刑法和刑事诉讼法中。在 1924 年，德国进行了所谓艾明格改革，增加了因行为轻微不受惩罚而终止的程序规定，1974 年又进一步扩大了检察院的职权。特别是德国刑事诉讼法第 153 条和第 153 条 a，这两条规定在很大程度上将法官的选择权限、定义权限和惩罚权限转移给了检察院。当前出于权衡原因而终止程序的占绝大多数，检察院也因而在刑事诉讼程序中起着决定性的作用。与此相反，法庭审理程序则日益失去了其意义。刑事诉讼程序中的不起诉在德国刑事诉讼程序实践中的意义也格外重要。[②] 德国刑事诉讼法上的这一改革与目的刑兴起、繁盛的时间

---

　　①　姜伟、钱舫、徐鹤喃：《公诉制度教程》，法律出版社 2002 年 3 月版，第 190—191 页。

　　②　陈光中、[德] 汉斯—约格阿尔布莱希特：《中德不起诉制度比较研究》，中国检察出版社 2002 年版，第 62—70 页。

基本吻合，他们之间恐怕不是一种时间上的巧合吧。

实际上，随着对刑罚目的的重新认识，人们也开始更加关注对犯罪人的改造活动。为了进一步减少和避免犯罪人定罪之后重返社会的各种障碍，许多国家对刑事起诉权的发动都采取了非常慎重的态度。将那些本来具备起诉条件但是如果不起诉更有利于犯罪人改过自新的人，一般都倾向于作出不起诉决定。可以说，如果有罪必罚的观念以及刑罚报应的思想还在人们的意识中占据统治地位，则不可能产生其起诉的制度与实践。不起诉制度与刑罚目的思想具有非常密切的内在关联，它是起诉便宜主义在刑事诉讼中应运而生的重要刑罚依据。起诉便宜主义的主要表现就是不起诉裁量权的产生。

孟德斯鸠说："一个良好的立法者关心预防犯罪多于惩罚犯罪，注意激励良好风格，多于试用刑罚。"[1] 刑罚是国家对于公民权利与利益可能造成损害的最激烈方式，也是个人与社会发生冲突时可能产生的最严重的后果。[2] 古典学派的代表人物贝卡利亚曾经说过："刑罚的有效性不在于其严酷性，而在于其不可避免性。"这句富有辩证哲理和法学智慧的名言，曾经令我叹为观止，反复引用，甚至顶礼膜拜。现在看来，贝氏的观点显然来自报应刑主义的立场。如果以目的刑主义的立场来评价这句名言，其结论的正确性就值得推敲了。在今天看来，为了犯罪人回归社会，犯罪的结果并不必然与刑罚相联系。同样，"有法可依，有法必依，执法必严，违法必究"的社会主义法制原则的十六字方针，最后四个字"违法必究"也存在一个如何理解的问题。违法应当追究，这是毫无

---

[1] ［法］孟德斯鸠：《论法的精神》，孙立坚译，陕西人民出版社1999年版，第137页。

[2] 李海东：《刑法原理入门（犯罪论基础）》，法律出版社1998年版，序言第16页。

疑问的，但是如何追究？本文认为，首先应当看是严重违法还是轻微违法，是什么人违法以及在什么情况下违法。如果是构成犯罪，也存在一个如何实现刑事责任的问题。根据刑法第37条的规定，对于犯罪情节轻微不需要判处刑罚的，可以免予刑事处罚，但是可以根据案件的具体情况，予以训诫或者责令具结悔过、赔礼道歉、赔偿损失，或者由主管部门予以行政处罚或者行政处分。不需要判处刑罚，包括实体上无罪以及程序上排除犯罪成立的情况（即酌定不起诉），但是，即使不判处刑罚的，也不意味着对行为人姑息纵容，他还要承担相应的民事赔偿责任或者行政处罚，这其实也是对行为人的法律责任的一种追究方式。

（三）不起诉对目的刑教育刑主义的实现

不起诉制度的合理性也建立在对刑罚效能的客观认识的基础上。早在18世纪，古典学派的代表人物贝卡利亚就曾指出：只有做到刑罚的肯定性、均衡性和即时性，才能达到预防犯罪的目的。而英国的犯罪调查显示，被纳入正式统计的案件只占实际发案数的大约1/4，而记录在案的破案率只有35%，也就是说，只有很少一部分犯罪案件受到了刑事司法系统的追究。一些学者认为，刑罚本身并不能独自起到抑制重新犯罪的作用，罪犯甚至会将严厉惩罚当作与传统社会的决裂点和进一步越轨的转折点。英国学者指出，监禁机构曾对服刑犯尝试过各种各样的治疗和矫正措施，尽管这些措施有取得效果的个案例证，但是从总体上讲，它们对总体犯罪的影响微乎其微。① 适用酌定不起诉的是犯罪情节轻微的案件，对这类案件，可以说定罪判刑亦可，不定罪判刑亦可，那么又有何种理由选择不起诉呢？考虑到这类案件即使判处刑罚也多是短期自由刑，

---

① 郝宏奎：《评英国犯罪预防的理论、政策与实践》，载《公安大学学报》1997年第6期。

短期自由刑对犯罪人改造的效果比较微小，但是又存在着使犯罪人沾染巨大恶习的可能性，不利于目的刑主义的实现。不起诉制度可以有效避免短期自由刑的弊端，选择更好的方式对行为人进行教育、改造、挽救，这与目的刑主义的初衷可以说是不谋而合的。

　　如果说对判处实刑的犯罪分子仍然有适用酌定不起诉的空间，那么对于缓刑的犯罪分子更是如此了。因为从各国立法例来看，附条件不起诉的实体条件和部分缓刑免刑的条件实质上是一致的。我国刑事诉讼法规定的相对不起诉实质上和免刑的条件是一致的，就是小于缓刑的范围。① 我国刑法第 72 条规定，对于被判处拘役、三年以下有期徒刑的犯罪分子，根据犯罪分子的犯罪情节和悔罪表现，适用缓刑确实不致再危害社会的，可以宣告缓刑。笔者认为，虽然缓刑的适用条件与酌定不起诉的条件有所差别，但是两者都考虑到了犯罪情节对司法结局的影响，都要考虑到犯罪人的悔罪表现，因而对实体上被判处缓刑的被告人，大部分都可以适用酌定不起诉。因为既然司法机关认为适用缓刑的被告人不会再危害社会，也就是说被告人不具有再犯的可能性，这与目的刑主义追究的目的是一致的，从诉讼经济和诉讼效益的原则出发，从酌定不起诉设定的目的出发，有利于行为人更好回归社会，避免其打上犯罪的标签的角度出发，都可以对行为人适用酌定不起诉，而没有必要去浪费大量的司法资源来追求缓刑。充分合理适用不起诉裁量权有利于犯罪控制。实践证明，不起诉的特殊预防效果优于缓刑，有利于犯罪控制。日本学者及从事司法实务的专家均认为，由检察官行使自由裁量权而作出不起诉处分与起诉到法院判缓刑相比，在保障人权和控制犯罪方面，更能发挥好的作用。1980 年被检察官裁量不起诉的人员，在三年内的重新犯罪率为 11.5%，而同期被判处缓刑及

---

　　① 陈国庆：《不起诉制度的观点争议回应》，载《人民检察》2007 年第 24 期，第 9 页。

刑满释放人员的再犯罪率分别为 21.5% 和 57.2%。[1] 该数字表明，不起诉决定对预防犯罪人再犯的效果明显优于缓刑。

可见，随着目的刑、教育刑理论的兴起，传统的报应刑理论要求的有罪必罚、有罪必诉的原则开始松动，人们的刑罚观念逐渐发生变化，人们开始认识到：犯了罪不一定都要起诉，如果不起诉也可以达到起诉的目的，就不必起诉。[2] 也就是说，即使在案件具备起诉的条件下，仍然要考虑起诉的必要性和合理性，如果有起诉替代措施，就不必起诉。因此，1925 年伦敦国际监狱会议决议明确指出："对于犯罪的防止有种种不同的方法，刑罚不是镇压犯罪的唯一方法，所以有犯罪必有刑罚的原则，已经没有绝对的价值。"[3]

不可否认，本该适用缓刑的却对行为人适用酌定不起诉，这对行为人是一种宽恕，因为缓刑毕竟存在执行实刑的可能性，而不起诉意味着行为人的刑事责任从程序上永久消灭。不过，"宽恕是对正义的超越"，[4] 西方有一句谚语说：推动世界的手是推动摇篮的手。[5] 还有人把刑事诉讼模式分为母爱主义模式和父爱主义模式，真是一个生动的比喻：父爱主义（报应主义、报应刑立场）就是惩罚、报复、打击，母爱主义（功利主义、目的刑立场）就是教育、感化、挽救。[6] 本文认为，当代刑事诉讼更多地应当体现母爱主义的精神，而不起诉制度正是母爱主义的具体体现。

---

① 宋英辉：《日本刑事诉讼的新发展》，载《诉讼法论丛》第 1 卷，第 159 页。

② 宋英辉：《国外裁量不起诉制度评介》，载《人民检察》2007 年第 24 期，第 10 页。

③ 转引自林纪东：《刑事政策学》，台湾"国立编译馆"1965 版，第 143 页。

④ 王立峰：《惩罚的哲理》，清华大学出版社 2006 年版，第 27 页。

⑤ 曹泽林：《国家文化安全论》，军事科学出版社 2006 年版，第 168 页。

⑥ 郭云忠：《刑事司法中的母爱主义》，载《法律科学》2009 年第 2 期。

第二节　非犯罪化等刑事政策与不起诉

非犯罪化、轻刑化、非刑罚化、刑罚个别化等刑事政策，简称非犯罪化等刑事政策，是 20 世纪尤其是第二次世界大战结束后，西方国家为了应对本国的犯罪新情况而提出的刑事政策。在非犯罪化等刑事政策的影响下，各国纷纷开展了本国刑事司法制度的改革，在刑事立法上表现为将一些犯罪行为的除罪化和轻刑化，在刑事司法上表现为非刑罚化和刑罚个别化，并且改革了相关的刑事诉讼法制度。可以说，先有非犯罪化、非刑罚化等刑事政策的产生，后有裁量不起诉制度的诞生和发展。

一、非犯罪化等刑事政策解读

（一）非犯罪化、非刑罚化

20 世纪 30—40 年代，西方资本主义国家开始刑法改革运动，其中"社会防护运动"曾一度引领着欧洲刑法改革的方向与进程，非犯罪化和非刑罚化成为这场轰轰烈烈刑法改革运动的重要主题。非犯罪化（decriminalization），是指将原本作为犯罪加以处罚的行为从犯罪体系中予以清除，停止对其处罚。非犯罪化和非刑罚化是当代世界刑法改革的两大主题，是刑法谦抑原则的直接要求。[①] 尽管在不同的时代、不同国度的刑法都有过不同程度的非犯罪化，但是非犯罪化成为刑法政策的重要内容，作为一项重要的刑法改革思潮，是在"二战"以后由欧美国家的学者引发的。引发这场思潮

[①]　谢望原、卢建平等：《中国刑事政策研究》，中国人民大学出版社 2006 年版，第 48 页。

的导火索是 1957 年发生在英国的"沃尔芬登报告"。该报告中有一个重要建议，即将成年人之间自愿进行的同性性行为从刑法条文中取消。① 也有学者认为，非犯罪化和非刑罚化兴起于"二战"后欧洲的社会防卫运动。② 根据社会防卫论的主张，刑法不是唯一的，甚至不是主要的对付犯罪的工具，特别是监禁刑不但不利于罪犯的矫正，而且可能加剧再犯的可能性。要合理地组织对犯罪的反应，首先要注重的是犯罪预防，因而非犯罪化和非刑罚化成为社会防卫运动的重要内容。

非犯罪化包括两种形式，一是立法上的非犯罪化，又称法律上的非犯罪化，是指改变现行法律的规定，将特定的行为从刑法干预范围中排除出去的立法过程，如荷兰对成年人之间的自愿同性恋行为的除罪化；二是事实上的非犯罪化，包括避免进入刑事司法程序和中断刑事司法程序两种情况，检察官通过不起诉的方式终止诉讼程序，使案件不进入审判阶段，就是事实上的非犯罪化的主要途径之一。

"非刑罚化，是指对某些犯罪不用刑罚的方法而用刑罚以外的方法来感化改造罪犯。"③ 换句话说，非刑罚化是指免除法律规定的对某些犯罪的刑事处罚，这些行为仍然属于犯罪行为，但对待这些犯罪的方法与传统的刑事处罚方法是不同的：对犯罪的处罚更多的采取刑罚之外的替代措施，刑罚只作为一种非刑罚方法失败的补救办法适用。非刑罚化主要通过三种途径来实现，一是通过规定免刑制度和免除处罚情节，严格限制刑罚的适用范围；二是通过非刑事制裁措施对刑罚适用范围进行限制；三是通过保安处分措施限制

---

① 张军：《非犯罪化思潮与我国刑事政策路径选择》，载《江苏警官学院学报》2005 年第 5 期，第 55 页。

② 刘守芬、韩永初：《非犯罪化、非刑罚化之理性分析》，载《现代法学》2004年第 3 期，第 98 页。

③ 马克昌：《犯罪通论》，武汉大学出版社 1999 年版，第 736 页。

刑罚适用范围。非刑罚化和非犯罪化是在避免自由刑的弊端的基础上提出的理论概念，同时立足于刑法谦抑主义，限制刑事制裁措施的适用，倘若不适用刑罚而采用其他非刑罚措施亦能达到预防和控制犯罪之目的，则应排除刑罚的适用。非犯罪化、非刑罚化的刑事司法改革代表了现代社会宽容轻微犯罪的新思潮、新趋向。[1] 在现代社会中，刑罚的重心由犯罪为中心转向以犯罪人为中心，适用刑罚时更注重对犯罪人的教育改造，以防止其再犯为目的。

（二）刑罚个别化

刑罚个别化既是一项刑法原则，也是一项刑事政策。刑罚个别化在其酝酿、诞生和发展的过程中，对世界各国的刑罚改革产生了深远的影响，这其中也包括刑事诉讼法中起诉便宜制度。不起诉制度深深镌刻着刑罚个别化的烙印。

1. 刑罚个别化与特殊预防

在刑罚理论上，将刑罚的目的分为一般预防和特殊预防。一般预防是通过对犯罪分子适用刑罚，警告社会上的不安分分子，警戒威慑潜在的犯罪人，并对一般守法公民起到鼓励、教育和警示作用，来达到预防一般人犯罪的目的。一般预防虽然是刑罚目的的重要组成部分，但是难免存在将犯罪人当成刑事司法的工具的嫌疑，并且一般预防的效能难以测量。从这个角度来说，特殊预防的地位和作用是无法代替的。而刑罚个别化与特殊预防具有密切关系，也可以说刑罚个别化是特殊预防的重要组成部分。

刑罚个别化，是目的刑主义刑罚观代替报应刑主义刑罚观的必然结果，是刑事实证学派以犯罪人的人身危险性为基础，以个别预防为指针而倡导的刑罚理论。刑罚个别化，既是刑罚制度的一项重要原则，也是现代刑事政策的重要内容。关于刑罚个别化的概念，

---

① 张智辉：《刑法理性论》，北京大学出版社 2006 版，第 322—329 页。

各国理论界认识并不一致。刑事政策意义上的刑罚个别化，是指依据犯罪人的人身危险程度而不是其犯罪行为，有针对性地规定和适用刑罚，以期有效地改造罪犯，预防犯罪人再次犯罪。法国的萨雷伊早在 1898 年就出版了《刑罚个别化》的专著，1810 年的法国刑法典中取消了绝对确定的法定刑。安赛尔认为，绝对确定的法定刑的取消、相对确定的法定刑的确立，意味着刑罚已经"个人化"。[①]

刑罚个别化有近代学派的刑罚个别化与现代学派的刑罚个别化之分。[②] 近代学派的刑罚个别化思想主要包括两个观点：第一，适用刑罚应当以犯罪的个别预防为出发点；第二，刑罚个别化是根据犯罪分子的人身危险性决定刑罚的适用。也就是说，近代刑法中的刑罚个别化以人身危险性为个别化的着眼点，人身危险性越大，刑罚越重，反之越轻。现代学派的刑罚个别化思想认为，刑罚个别化不仅要着眼于犯罪人的再犯可能性，而且要着眼于犯罪所造成的危害、社会对犯罪行为的评价。现代刑法中的刑罚个别化在回答刑罚适用目的的问题上，既坚持刑罚的预防观，又主张刑罚的报应观，主张刑罚适用既要考虑刑罚的预防需要，也要考虑刑罚的报应需要。[③] 无疑，现代学派的刑罚个别化既吸收了近代学派的精华之处，又兼容了刑罚报应主义的基本要求，比近代学派的刑罚个别化更为合理。

2. 刑罚个别化与社会防卫运动

在刑罚个别化的确立与发展过程中，社会防卫运动与刑罚个别化有着不解之缘。社会防卫的字面意思是防卫社会免遭犯罪行为的

---

① 〔法〕安赛尔：《新刑法理论》，卢建平译，香港天地图书有限公司 1989 年版，第 11 页

② 翟中东：《刑罚个别化的蕴涵：从发展角度所作的考察》，载《中国法学》2001 年第 2 期。

③ 翟中东：《刑罚个别化的蕴涵：从发展角度所作的考察》，载《中国法学》2001 年第 2 期。

侵害，现代意义的社会防卫运动源于 19 世纪刑事实证学派的主张。从 19 世纪到 20 世纪后半期，社会防卫运动经历了三个发展时期。第一个时期是社会防卫运动形成的时期，社会防卫运动不再一味强调刑罚的制裁和惩罚，而是开始关注根据犯罪人的个人性质、特点等选择恰当的处罚方式。第二阶段肇始于第二次世界大战之后，西欧在"二战"经验的基础上，以社会防卫运动为理论基础进行监狱制度的改革，重点在于制定新的预防和打击青少年犯罪的政策与制度。第三个阶段是 20 世纪的后半期，此时社会防卫运动已经经历了将近一个世纪的运行，但是其效果并未如人们之前意料的那样。因此在理论上开展对社会防卫运动的反思和修正运动，社会防卫理论也放弃了自己的不切实际之处，出现向传统的报应刑论回归的趋向。① 但是，新社会防卫运动仍然具有自己的一些独特之处。我国学者指出："社会防卫运动虽然不是一种轮廓分明的刑法学说，内部也不是一个刻板的公式，而是一场永远的多变和灵活的刑事政策运动，但它有自己一贯坚持的根本宗旨：犯罪是一种社会的人的问题，反犯罪斗争也主要是解决一个社会的人的问题。必须走始终建立在促进人类进步的思想基础上的预防（犯罪）、保护（受害人）和安置（犯罪人）的道路。社会防卫运动力图以下两个互为补充的指导思想建立起一个崭新的刑事政策体系：一是坚持反对传统的报复性惩罚制度；二是立志坚决保护权利，保护人类，提高人类价值。这也就是人们所说的社会防卫运动的人道主义。刑罚的个别化，是社会防卫运动始自始坚持的一个基本主张。"② 社会防卫运动这一现代刑事政策运动的产生以人权、人格尊严及其在社

---

① ［法］马克·安赛尔：《新刑法理论》，卢建平译，香港天地图书有限公司 1990 年版，第 122 页。

② 张琳：《刑罚个别化研究》，中国政法大学 2001 年诉讼法学博士论文，第 59 页。

会中的有效保护为基础。①

　　社会防卫运动学派的前期代表人物意大利的格拉马蒂卡在其代表作《社会防卫原理》中主张，用"社会防卫法"取代"刑法"，认为社会防卫的目的不应该只是保障市民人身、财产安全，更本质的目的是改善那些反社会的人，使之复归社会。换言之，社会防卫的终极目的，是使反社会的人适应社会秩序，而不是对他的行为加以制裁。他要求废除犯罪、责任、刑罚等刑法基本概念，而以"反社会性"、"反社会性的指标及其程度"、"社会防卫处分"等概念来代替。他认为反社会性是"对不遵守法律规范者在法律上的一种称呼"。②

　　法国刑法学家马克·安塞尔以更加贴近现实的视角，对格拉马蒂卡的一些观点进行了修正，使社会防卫运动进入了所谓的新社会防卫思想阶段。安塞尔认为，新社会防卫思想不是一个取代现行刑法的新学说，而是指导刑法改革的刑事政策理论，其核心是人道主义的刑事政策运动。在安塞尔看来，社会防卫"是一场对刑事政策的思想运动和改革运动，也就是说，要合理地组织对犯罪的反应。为此，社会防卫首先提出要对现行的制度进行检讨，甚至提出异议，并号召所有人文学科通过多学科的研究提出符合我们这个时代要求的、对打击犯罪更有效的反应方式和战略。从这一观点出发，刑法不是唯一的，甚至也不是主要的对付犯罪的工具"。③ 安塞尔把社会防卫运动的基本观点归结为三点：一是社会防卫论首先对现有的与犯罪作斗争的制度进行批判性研究，甚至提出质疑；二是社会防卫论始终主张联合所有人文科学对犯罪现象进行多学科性

---

　　① ［法］马克·安塞尔：《新刑法理论》，卢建平译，香港天地图书有限公司1990版，第21页。

　　② 刘远：《刑事政策哲学解读》，中国人民公安大学出版社2005年版，第25页。

　　③ ［法］马克·安塞尔：《从社会防卫运动角度看西方国家刑事政策的新发展》，王立宪译，载《中外法学》1989年第2期，第60页。

研究；三是坚决反对传统的报复性惩罚制度，立志坚决保护权利、保卫人类，提高人类价值。① 安塞尔强调，真正的现代社会防卫运动的基石在于：相信人类的命运，保护人类，反对盲目镇压，希望使刑法制度人道化，并使误入犯罪歧途的人重新回归社会。在刑事责任承担方式上，安塞尔认为：非刑罚化是指减轻法律规定的对某些犯罪的刑事处罚，这些行为仍被认为是犯罪，但对待这些犯罪的方法与原有的刑事惩罚不同。② 在非刑罚化刑事政策理念下，刑法不是唯一的，也不是主要的对付犯罪的工具，它不以刑罚作为犯罪的唯一法律后果，对于部分犯罪可以用刑罚之外的处罚方法，包括民事和行政处罚方法，对犯罪人进行处罚，实现犯罪人的刑事责任。新社会防卫运动的上述观点，正与我国刑法第 37 条、刑事诉讼法第 173 条第 3 款规定的非刑罚处罚方法相契合，可以成为我国酌定不起诉制度的刑事政策依据。

二、非犯罪化等刑事政策的意义

非犯罪化刑事政策上的意义在于，纠正了过剩犯罪化的倾向，立足于谦抑主义的立场，设置适当的犯罪圈。关于犯罪的非刑罚化出现的原因，一般概括为三个方面：一是刑罚本身发展日益平缓、人道，自由刑面临着刑罚正义的考验和挑战；二是随着世界各国对非犯罪化和非刑罚化运动的探索，在控制犯罪和改造罪犯方面，实践中普遍收到了并不比犯罪化和刑罚化对控制犯罪、改造罪犯更差的效果；三是刑罚经济思想的影响，显然，在对犯罪的控制和处理

---

① ［法］马克·安塞尔：《新刑法理论》，卢建平译，香港天地图书有限公司 1990 年版，第 30 页。

② ［法］马克·安塞尔：《从社会防卫运动角度看西方国家刑事政策的新发展》，王立宪译，载《中外法学》1989 年第 2 期，第 60 页。

上，非刑罚化要比刑罚化更经济，能够节省大量的司法资源。

　　轻刑化体现的是对重刑资源的慎用，非刑罚化要求的是对刑罚资源的慎用，两者的根本性区别在于是否启动刑罚。刑罚作为一种社会控制资源，虽然不同于自然物质资源，但同样具有资源的一般特点：一是有限性。开发刑罚性资源需要耗费大量的物质性资源，从制刑到求刑再到量刑每一环节都需要消耗大量的人力、物力和财力。另外，刑罚资源本身也是有限的，一个国家刑罚所能预算和支配的资源占总资源的比重是非常小的，所以只有充分发挥这种极为有限的刑罚资源，才能应对日益高发的犯罪态势，一旦刑罚资源消耗殆尽便不可再生。二是负效性。所有的资源在产生成效的同时也会带来负效应，刑罚资源也不例外。刑罚作为一种抗制犯罪的资源，一旦被滥用势必对犯罪人及整个社会造成不良的社会效果，死刑、自由刑等莫不如此。从上述刑罚资源的属性来看，"非刑罚化"是一种更科学和解决问题的路径。

　　基于对犯罪人的人道处遇，刑事法理论领域现在普遍要求实现轻刑化。有学者论证了刑事法领域中的轻刑化包括轻刑化的立法选择和轻刑化的司法选择两个方面。[1] 轻刑化的立法选择有以下几点：第一，减少死刑。第二，减轻法定最低刑。第三，限制加重处罚的适用范围。轻刑化的司法选择包括以下几点：第一，减少刑罚的适用，即尽量非刑罚化。第二，扩大非监禁刑的适用。适用非监禁刑的好处在于：惩罚性较轻，花费的社会资源少，能够有效地降低刑罚成本；具有开放性，有利于犯罪人的再社会化；与驱逐出境、具结悔过、赔礼道歉、赔偿损失等非刑罚处理方法、非刑罚制裁措施相结合，能更好地达到行刑效果。[2]

　　非犯罪化、非刑罚化是当今犯罪与刑罚制度发展的世界性趋

① 张智辉：《刑法理性论》，北京大学出版社 2006 版，第 322—329 页。
② 张智辉：《刑法理性论》，北京大学出版社 2006 版，第 322—329 页。

势。这种发展趋势尽管在不同国家、不同时期存在某些摇摆，但是在总体趋势上表现出越来越普遍的意义。二者的基本精神是一致的，均致力于对犯罪的有效和人道的处遇。既然非犯罪化、非刑罚化的处遇方略与犯罪化、刑罚化的处遇方略在控制和预防犯罪上的效果相当，而非犯罪化、非刑罚化还更具有人道性、还能够节省大量的司法资源，那么非犯罪化和非刑罚化理所当然地成为理想的选择。

刑罚个别化与不起诉具有密切的联系。第二次世界大战之后，"联合国1948年所通过的《世界人权宣言》，以及成为世界各国宪法原则的尊重个人的精神，对刑法内容的理解有显著影响。……非犯罪化立法运动在蓬勃展开，同时，在人道主义的旗帜下，……缓用和慎用刑罚等也成为各国刑事立法的指针"。① 随着世界范围内目的刑、教育刑的兴起，诉讼经济观念的树立和特别预防刑事政策的贯彻，诉讼制度正朝着非诉讼化、轻刑化和简易化发展，各国检察官自由裁量权呈现扩大趋势，尤其是不起诉裁量权的便宜主义原则更是备受青睐。1990年联合国《关于检察官作用的准则》第18条规定，根据国家的法律，在充分尊重犯罪嫌疑人和被害人人权的基础上适当考虑免予起诉、有条件或无条件地中止诉讼程序，或使某些刑事案件从正规的司法系统转由其他办法处理。② 刑罚个别化与犯罪控制的目的紧密相连。犯罪控制是指基于犯罪条件的揭示，由国家与社会采取各种措施与方法，致力于减少、消除犯罪发生的致罪因素③，对于个体犯罪现象以及社会犯罪现象，予以限控与遏

---

① ［日］大谷实，《刑法总论》，黎宏译，法律出版社2003年版，第21页。

② 程味秋：《联合国人权公约和刑事司法文献汇编》，中国法制出版社2000年版，第265页。

③ 康树华：《犯罪学：历史·现状·未来》，群众出版社1998年版，第191－196页。

制的一系列活动。① 犯罪控制分为积极控制和消极控制，积极控制主要通过正面引导达到犯罪控制的目的，消极控制则是通过对犯罪进行负面评价达到犯罪控制的目的。从这个意义上讲，不起诉的方式，是一种积极控制的方式。

与刑事实体法理论的更新相适应，刑事诉讼法理论领域便产生了起诉便宜主义。可以说，在不起诉与刑罚个别化的关系上，是先有刑罚个别化刑事政策的勃兴，后有起诉便宜主义的诞生，因此，刑罚个别化原则，是作为起诉便宜主义重要内容的不起诉的重要刑事政策根据。我国刑事诉讼法规定的酌定不起诉，是实现刑罚个别化的主要途径之一。不起诉制度体现了刑事实体法中的刑罚个别化和轻刑化的刑事政策思想，不起诉是审查起诉阶段检察官对刑事案件进行审查后作出的一种处理结果，其产生的直接法律后果是刑事诉讼的终结，使被追诉人尽早地脱离刑事诉讼，有利于促使轻微犯罪的人悔过自新。② 在我国台湾地区，建立了专门的不起诉处分制度，又叫起诉犹豫制度。我国台湾地区学者认为："起诉便宜主义乃指对于有充分犯罪嫌疑者，依法本应起诉，然而任由检察官决定起诉或不起诉者称之。起诉便宜主义，较能符合刑事政策之要求，唯其缺点则是难达公平。相对，按起诉法定主义，颇能符合公平之要求，可防止追诉者恣意、避免刑事追诉受政治影响及人情左右、确保公诉权公平地行使；唯其缺点则无伸缩性，完全不考量具体个案情况，失去具体个案正义及因大量起诉而有违诉讼经济之虞，且亦不符合犯罪者改善更生的刑事政策上的要求。"③ 可见，起诉法定主义和起诉裁量主义是互补的，起诉法定主义的缺点正是起诉裁

---

① 张小虎：《犯罪预防与犯罪控制的基本理念》，载《河南省政法管理干部学院学报》2008 年第 1 期，第 68 页。

② 程味秋：《联合国人权公约和刑事司法文献汇编》，中国法制出版社 2000 年版，第 265 页。

③ 许福生：《刑事政策学》，中国民主法制出版社 2006 年版，第 303 页。

量主义的优势。在世界范围内，赋予检察官以更大的起诉裁量权是一个整体趋势，它符合现代社会注重各种社会利益的平衡，注重经济效益，以及犯罪人的个性化特征等思想观念，因而即使不起诉制度本身具有这样那样的问题，仍挡不住其迅猛发展的势头。

三、不起诉对非犯罪化等刑事政策的实现

非犯罪化等刑事政策虽然是西方国家提出的刑事政策，在我国适用具有一定的局限性，并且我国刑事诉讼法不起诉制度设立的初衷未必是基于非犯罪化、非刑罚化、刑罚个别化刑事政策，但是不起诉的价值选择与上述刑事政策具有密切关系。

（一）非犯罪化等刑事政策实现的中国路径

西方刑法改革的潮流不可避免地影响到当代中国的刑法领域，特别是近几年国家提出宽严相济的刑事政策之后，我国刑事法领域的不少学者着眼于中国的现实状况和法治化背景，也提出和倡导非犯罪化、非刑罚化的目标，开始探索实现这些目标的途径。有学者认为，尽管不能断言犯罪的非刑罚化和刑罚的非监禁化将成为我国犯罪与刑罚制度的发展方向，但是可以相信这是未来刑罚发展中将会遇到的一个问题，及早地开展这方面的研究是十分必要的。[①] 有学者提出，这些目标的实现主要分两个层面，一个是立法层面，另一个是司法层面，司法层面又分为实体法方面和程序法方面。但是，我国在刑法立法层面上的非犯罪化空间不大，甚至就目前我国犯罪圈的划定范围来看，相当长时间内刑法立法的重心不应是非犯罪化而应是犯罪化，因为我国刑法当前的实际保护范围与刑法调控社会的应然需要相比，可能还存在着相当的距离。所以，在当前中

---

① 张绍彦：《刑罚实现与行刑变革》，法律出版社1999年版，第167页。

国刑事法制的背景下，贯彻宽严相济刑事政策更多地应该关注的是司法层面的非犯罪化、轻刑化和非监禁化。[①] 这是由我国刑法的特点决定的。众所周知，受犯罪概念但书规定的影响，我国刑法对犯罪概念的规定模式采取的是立法定性＋司法定量的模式，能够构成犯罪的一般都是社会危害性非常严重的行为，"情节严重"、"后果严重"、"数额较大"是刑法分则中许多犯罪的构成要件要素，即使分则具体条文没有规定，司法解释也会规定只有行为达到一定程度的才构成犯罪。我国法律对危害行为采取的是"刑罚—劳动教养—治安管理处罚"三级制裁模式，能够进入刑法的都是非常严重的行为，这和西方国家是不同的。西方国家的刑法中没有定量因素，即使危害程度很微小的行为也可能构成犯罪，例如盗窃一支笔在理论上也构成犯罪。正因为如此，西方国家才会提出非犯罪化和非刑罚化的刑事政策。根据笔者的理解，非犯罪化主要是在刑法上将那些单纯道德过错的行为，例如通奸等，以及社会危害性较小的行为排除在犯罪之外，轻微犯罪过去一般依照违警罪处罚，现在不予处罚。但是我国留给非犯罪化的空间是比较小的，相反，我国正在处在传统社会向现代社会转型的过程中，各种社会矛盾激发，因此入罪化反而是我国刑事立法发展的一个重要方向。我国的立法实践表明，中国目前在立法层面上的确是一个以犯罪化为主流的倾向，1997年刑法施行以后的修订过程，就是一个明显的犯罪化过程，例如，2006年6月29日通过的《刑法修正案（六）》将十几种行为"入罪化"，可以说是一个非常明显的例证。自1997年刑法颁布之后，截止到2011年2月25日，立法机关已经通过了八个刑法修正案和一个单行刑法，可以预料，今后频繁的刑事立法工作还将持续一段时间。

---

　　① 黄京平：《宽严相济刑事政策的时代含义及实现方式》，载《法学杂志》2006年第4期。

在我国现阶段，从立法层面上全面实现非犯罪化、非刑罚化和刑罚个别化的现实空间和现实可能性不大，所以人们把目光投向了司法层面。也就是在中国对非犯罪化等刑事政策的贯彻，主要体现在刑事司法层面。近年来司法实践中关于扩大酌定不起诉的改革呼声，以及对附条件不起诉和刑事和解的探索，其根据正是非犯罪化、非刑罚化、刑罚个别化的刑事政策。

刑罚个别化作为不起诉制度的刑事政策根据体现在两个方面：第一，从宏观背景看，刑罚个别化为不起诉制度的确立提供了正当性依据和理论上的理由，不起诉制度的设定初衷、制度期待等都与刑罚个别化保持一致；第二，刑罚个别化是不起诉制度具体运用过程中的参照标准。刑罚个别化的实现不但依赖于立法层面的确认，也来自于司法层面的执行，如果仅有立法的明确条文但是不具有司法可操作性，那么刑罚个别化的效能发挥就无从谈起。因此，检察机关在具体办理案件过程中，应当依据刑罚个别化的原则，重点考察行为人的主观恶性和人身危险性，来决定是否对行为人适用酌定不起诉。刑罚的个别化包括法院定罪后量刑的轻重和免刑，也包括检察机关裁量是否起诉，对于某些罪行轻微或者较轻的罪犯，如未成年人、老年人、偶尔失足者、防卫过当犯，他们的社会危险性相对要小一些，可以考虑不予起诉。[①]

我国当前办理未成年人犯罪案件的立法和司法实践，正体现了非犯罪化、非刑罚化和刑罚个别化的刑事政策。未成年人犯罪是我国刑事立法和刑事司法长期关注的问题，为此我国专门制定和颁布了《预防未成年人犯罪法》。《未成年人保护法》第54条规定："对违法犯罪的未成年人，实行教育、感化、挽救的方针，坚持教育为主、惩罚为辅的原则。对违法犯罪的未成年人，应当依法从

---

① 陈光中、[德] 汉斯—约格 阿尔布莱希特：《中德不起诉制度比较研究》，中国检察出版社2002年版，第84页。

轻、减轻或者免除处罚。"因而对于未成年人犯罪，如果不符合刑法第 15 条的法定不起诉的条件，也可以依照酌定不起诉的规定，基于未成年人的身心特点和具体犯罪表现出来的主观恶性以及人身危险性裁量不予起诉。我国一些关于未成年人犯罪的司法文件也赋予了司法机关予以不起诉的权力。例如，2006 年 12 月 28 日最高人民检察院颁布的《人民检察院办理未成年人刑事案件的规定》第 20 条明确规定了未成年人犯罪的六种情形可以不起诉。① 而且规定，对作出不起诉决定的未成年人，可以根据案件的不同情况，予以训诫或者责令具结悔过、赔礼道歉，采取积极手段引导未成年人改过自新。

（二）不起诉与非犯罪化等刑事政策要求的经济性相一致

按照起诉法定主义，有罪必诉，必须经过法院最后判决。一个完整的诉讼过程，经过侦查、起诉、审判、执行四个阶段。四个阶段的成本分析，包括经济成本和人力成本。考虑到符合不起诉条件的绝大部分案件，即使进入审判程序，也会在此阶段终结，不会进入第四个阶段的执行程序，那么按照侦查、起诉、审判三个诉讼阶段的诉讼成本平均计算的话，在审判阶段终结诉讼程序，比在起诉阶段终结诉讼程序要增加三分之一的诉讼成本。事实上，如果符合不起诉条件的案件一旦进入审判程序，特别是酌定不起诉案件和存疑不起诉案件，并不意味着一定会被判处免予刑事处罚或者无罪，因为法官和检察官对案件的认识会有所差异。客观的事实是，根据同样的事实、证据和被告人的人身危险性情况，检察官认为案件情

---

① 对于犯罪情节轻微，并具有下列情形之一，依照刑法规定不需要判处刑罚或者免除刑罚的未成年犯罪嫌疑人，一般应当依法作出不起诉决定：（一）被胁迫参与犯罪的；（二）犯罪预备、中止的；（三）在共同犯罪中起次要或者辅助作用的；（四）是又聋又哑的人或者盲人的；（五）因防卫过当或者紧急避险过当构成犯罪的；（六）有自首或者重大立功表现的；（七）其他依照刑法规定不需要判处刑罚或者免除刑罚的情形。

节轻微符合酌定不起诉的条件，或者认为案件证据存在疑问难以定罪，法官在绝大多数情况下和检察官的认识是一致的，但是法官也可能认为案件的情节尚重，不符合免予刑事处罚的条件，或者认为案件的证据并不存在太大的疑问，可以认定被告人有罪，从而判处被告人刑罚。[①] 司法实践中，这种情况并不少见，就是那些所谓的"可诉可不诉"的案件和检察机关对证据是否充分把握不准而试着诉的"风险起诉"的案件。"可诉可不诉"的案件起诉到法院之后，绝大部分会被判处有罪，处以较轻的刑罚，如一年以下有期徒刑、拘役或缓刑，实践中对被告人判处免予刑事处罚的判例并不多见；对于"风险起诉"的案件，有一部分会在开庭审理后、判决之前，因为法院的无罪意见而由检察机关撤回起诉，而后再作不起诉处理，也有一部分案件，法院作出了有罪判决。那么，被判有罪的被告人将进入诉讼的执行程序，从而使这部分案件的诉讼成本比以不起诉的方式终结诉讼增加了一半的成本。

现代社会法治需要很高的经济成本。法治所要求的权利平等、法律职业群体的专业化、司法程序的正规化等都需要国家的经济投入。法治甚至意味着公民生活成本的提高。享受充分的法律服务要以支付高昂的律师费和诉讼费为代价。资源的有限性与犯罪案件激增之间不可调和的矛盾为起诉便宜主义尤其是微罪裁量不起诉提供了现实依据，20 世纪 70 年代以来，兴起的经济分析法学则为起诉便宜主义的登堂入室提供了坚实可靠的理论依据，其核心内容在于，合理分配和利用有限的司法资源，以最低的成本达到最佳的效果。由于受到经济分析法学的影响，很多国家逐渐认识并确立起诉便宜主义，然后进一步扩大和放宽起诉便宜主义的适用范围和条件，赋予检察官对一定范围内的案件作出裁量不诉的权力，以从整

---

① 这种情况的发生也可能意味着先前假设的不起诉处理方式是错误的，此处分析不考虑这种情况，仅考虑检察官和法官对案件的理解和认识不一致的情况。

体上提升刑事诉讼程序的经济效益。[①]

世界各国在应对刑事犯罪的刑事诉讼过程中面临一个共同的难题，一方面犯罪数量居高不下和犯罪种类增加，另一方面用于惩治犯罪的资源尤其是人员却没有大的变化，再加上烦琐低效的诉讼程序，导致大量刑事案件被积压，监管场所拥挤不堪，司法机关资力不堪重负。哪怕是事实清楚、证据确实充分的案件也要历经侦查、审查起诉和审判这样一个完整的诉讼程序，似乎只有这样才算是达到了法律正义的要求，但殊不知造成了更多案件处理被拖延，甚至出现超期羁押的现象，被害人的合法权益长时间的得不到维护，[②]实则是拆东墙来补西墙，形成更多资源紧张缺口。

目前我国尚处于社会主义初级阶段和市场经济的转型时期，国家各项资源还比较紧张，司法经费还不能完全满足司法活动的需要，尤其欠发达地区更是如此。这就要求诉讼程序运行的模式应为"小成本—大收益"。不起诉制度正好体现了这种诉讼经济原则，提前终止了不应当或者不必进入审判环节的诉讼程序，大大节省了司法资源，使检察机关和审判机关能够将更多精力投放到更为重要的案件中。[③] 资源的有限性与犯罪案件激增的现实性，决定了分流程序存在的必然性，不起诉制度作为一种非常重要的分流机制，其诉讼经济之功效越来越为人们所关注。以德国为例，尽管犯罪嫌疑人由 20 世纪 60 年代的 100 万上升至 90 年代的 700 万，但司法人员的数量却处于相对稳定的状态，而且东西德统一之后德国还面临着财政困难。[④] 面对客观的现实情况，德国人突破了起诉法定的原则，引入了起诉便宜原则，在较大范围内赋予了检察官以起诉裁量

---

① 姜伟、钱舫、徐鹤喃：《公诉制度教程》，法律出版社 2002 年版，第 191 页。

② 林俊益：《程序正义与诉讼经济》，元照出版公司 2000 年版，第 89 页。

③ 马克昌：《近代西方刑法学说史略》，中国检察出版社 1996 年版，第 327 页。

④ 张朝霞：《德国不起诉制度》，载《诉讼法论丛》第 4 卷，法律出版社 2000 年4 月版，第 65 页。

权。效率往往是衡量法律乃至所有公共政策适当与否的根本标准。① 波斯纳曾对刑事诉讼程序进行了经济分析认为，刑事诉讼程序同样要追求经济和效率，对符合一定条件的案件尽可能采用简便、迅速、节约成本的方式加以解决。在立法上明确规定起诉法定主义的德国，最终因司法机关不堪负荷，吸纳了起诉便宜主义是务实合理的。②

经济性要求是非犯罪化等刑事政策的重要考量因素，同时诉讼资源的紧张与诉讼数量的激增在我国也是一个突出的司法问题。2011年2月16日，最高人民法院在通报《最高人民法院关于新形势下进一步加强人民法院基层基础建设的若干意见》表示，2010年全国基层法院共审结案件93337669件。就刑事案件而言，我国在1980年的刑事立案数为757104件，到了1989年为1971901件，1990年为2216997件，1997年刑法修改当年的数量为1613629件，2002年约为202万件，最近几年基本为500万件左右。③ 因此，通过刑事程序方面的转处措施，将一些轻微刑事案件排除在审判程序之外，符合诉讼经济与诉讼效益原则，有利于刑事司法机关集中力量办理严重危害社会秩序和治安的刑事案件。

总之，不起诉是我国实现非犯罪化等刑事政策重要途径，非犯罪化等刑事政策是不起诉的重要根据。也就是说，通过刑事诉讼中的不起诉程序实现案件分流，将不符合犯罪构成要件的轻微危害行为以及虽然符合犯罪构成要件，但是在刑事政策上没有必要予以刑罚处罚的案件在审查起诉阶段予以终止，从而实现了非犯罪化、非

① 钱弘道：《法律经济学的理论基础》，载《法学研究》2002年第4期。
② ［德］汉斯—约格 阿尔布莱希特：《刑事诉讼中的变通政策以及检察官在法庭审理开始前的作用》，载《诉讼法论丛》第三卷，中国政法大学出版社1999年版，第209页。
③ 部分数据来源于赵宝成著：《犯罪学专论》，中国人民公安大学出版社2005年版，第47—48页。

刑罚化、刑罚个别化等刑事政策的目的和价值。

第三节　宽严相济刑事政策与不起诉

第二次世界大战之后，世界各国的刑事政策朝着所谓"宽松的刑事政策"和"严厉的刑事政策"两个不同的方向发展，这种现象称为刑事政策的两极化，[①] 并被进一步概括为"轻轻重重"的刑事政策。

"轻轻"是指对轻微犯罪，包括偶犯、初犯、过失犯等主观恶性不重的犯罪，处罚更轻。之所以采取这种宽松的刑事政策，主要原因为：其一，改善犯罪人重新回归社会的条件。其二，减轻司法机关负担，特别是缓解监管场所的压力。其三，刑事政策多元化的需要，采用轻罪处分、缓刑起诉、保护观察等非拘禁的刑事处分来代替自由刑的开放性的处遇政策。其四，符合国际刑事司法政策潮流。联合国预防犯罪及罪犯待遇大会通过的《囚犯待遇最低限度标准规则》和《保护人人不受酷刑和其他残忍、不人道或者有辱人格待遇或处罚宣言》等国际公约，促进了罪犯处遇的人道化，推动了刑事政策向宽松方向发展。"重重"是指对一些严重犯罪，诸如恐怖犯罪、毒品犯罪、经济犯罪等犯罪，更多地、更长期地适用监禁刑。与国外两极化的刑事政策相呼应，我国学者创造性地提出了"严而不厉"的刑事政策思想：严，指刑事法网严密，刑事责任严格；厉，主要指刑罚苛厉，刑罚过重。[②] 后有学者对"严而不厉"进一步诠释为："严而不厉，实际是指，严：扩大犯罪圈

---

① ［日］森下忠：《犯罪者处遇》，白绿铉等译，中国纺织出版社 1994 版，第 24 页。

② 储槐植：《刑事一体化与关系刑法论》，北京大学出版社 1997 年版，第 306 页。

（即犯罪化），从而增加刑罚规模；不厉，降低刑罚度。"①

　　与世界范围内的两极化刑事政策潮流相符合，我国在 21 世纪初提出了宽严相济的刑事政策。宽严相济的刑事政策是我国当前和今后一个时期的基本刑事政策。2005 年 12 月 5 日至 6 日召开的全国政法工作会议上，时任中共中央政治局常委、中央政法委书记的罗干同志第一次提出了要注重贯彻宽严相济的刑事政策。2006 年 10 月，中国共产党第十六届六中全会作出的《关于构建社会主义和谐社会若干决定》，正式提出了要实施宽严相济刑事政策。之后，罗干于 2006 年 11 月 6 日在全国第五次全国刑事审判工作会议上的讲话再次强调指出："要正确执行宽严相济的刑事司法政策，实现法律效果和社会效果的统一。"宽严相济刑事政策作为我国目前主流的刑事政策，是当前正在进行的许多刑事司法改革的理论支撑，例如社区矫正、刑事和解等。探讨它和不起诉制度的关系，并借此丰富不起诉制度的理论与实践，具有积极的现实意义。

一、宽严相济刑事政策的基本内涵

　　宽严相济刑事政策是我国现阶段惩治和预防犯罪的基本刑事司法政策，它丰富和发展了惩办与宽大相结合的刑事政策的内容，是国家正视社会稳定与犯罪增长的关系，在刑事立法司法领域做出的理性反应。徒法不足以自行，政策也一样。刑事政策是立法者根据各个国家的具体情况而采取的预防犯罪、保护公民自然权利的措施，② 它无法脱离具体国家具体时期的具体犯罪状况以及立法者要实现的整体目的。宽严相济刑事政策在我国同样存在一个传承和演

---

① 陈兴良：《刑法适用总论》，法律出版社 1999 版，第 8 页。
② ［法］米海依尔·戴尔玛斯—马蒂：《刑事政策的主要体系》，卢建平译，法律出版社 2000 年版，译序第 1 页。

变的过程，它和我国的传统法律思想具有内在精神的一致，与我国建国以后提出的若干刑事政策也具有密切关联。

（一）宽严相济刑事政策的文化与历史渊源

需要指出的是，宽严相济的刑事政策思想并非没有渊源，它在我国古代法律思想体系中和现代刑事法律思想中都有体现。我国古代法律文化传统是根植于中华民族特性和土壤之中，是法律制度的依托，其中的宽缓刑事法律思想，可以说是宽严相济刑事政策的思想渊源。我国古代宽严相济的法律政策思想包括："因时而赦、分化瓦解"的思想、"区别对待、便宜从事"的政策、"以观后效、记罪免决制度"、"罪疑从无、刑疑惟轻思想"，等等。[1]

新民主主义革命时期，中华苏维埃共和国提出了"区别对待、分化瓦解"的刑事政策。抗日战争时期，1942年11月6日，中共中央发布了《宽大政策的解释》，该解释针对抗日根据地执行宽大政策过程中出现的偏差，明确提出实行镇压与宽大相结合的刑事政策，并提出："对敌人、汉奸及其他破坏分子等，在被俘被捕后，除绝对坚决不愿改悔者，一律实行宽大政策，予以自新之路。这里提示了镇压与宽大两个政策，并非片面地只有一个政策，对于绝对坚决不愿改悔者，是除外于宽大政策的，这就是镇压政策。我们在惩治破坏分子时，主要的应是那些首要分子，其次才是惩治那些胁从分子。"这标志着镇压与宽大相结合的刑事政策正式得到确认。在该政策基础上，1947年中国人民解放军发布的《中国人民解放军宣言》提出了具体的方针和策略："本军对于蒋方人员，并非一概排斥，而是采取分步对待的方针。这就是首恶者必办，胁从者不问，立功者受奖。"在新中国成立后，在镇压反革命的运动中，面

———
[1]　彭东、张寒玉：《检察机关不起诉工作实务》，中国检察出版社2005年版，第3—6页。

对数量较大的历史反革命和现行反革命，为了维护新生的革命政权，既要严厉打击罪行严重的反革命分子，又要分化瓦解反革命营垒，所以继续坚持了"镇压与宽大相相结合"的刑事政策，后来这一政策也适用于其他犯罪人。镇压与宽大相结合刑事政策实际是战争时期的特殊产物，虽然在革命战争年代发挥了巨大作用，但是局限性也是非常明显的。进入社会主义建设的新时期，它被惩办与宽大相结合刑事政策所取代。在镇压反革命的实践中，为了实现当时的刑事政策，我国创立了不起诉制度和免予起诉制度。

随着 1956 年"三大改造"完成，国内形势发生了很大变化，阶级矛盾不再是我国的主要社会矛盾，人民内部矛盾开始突出，而解决人民内部矛盾的思路当然与解决阶级矛盾的思路不同，从镇压与宽大相结合刑事政策到惩办与宽大相结合刑事政策，不仅仅是表面上的表述，也不仅仅是内涵上的调整，而是根本策略的转变。对此有的学者指出："从镇压与宽大相结合到承办与宽大相结合，经历了一个从政治斗争策略到刑事政策的转变过程。"① 1956 年党的第八次代表会议的政治报告指出："我们对反革命分子和其他犯罪分子一贯实行惩办与宽大相结合的刑事政策，凡是坦白的、悔过的、立功的，一律给以宽大处置。大家知道，这个政策已经收到了巨大的成效。"这是首次以官方文件正式确认惩办与宽大相结合刑事政策。1956 年时任公安部长罗瑞卿在八大第一次会议上发言称："党在肃反斗争中的严肃与谨慎相结合的方针，体现在对待反革命分子的政策上，就是惩办与宽大相结合的政策，它的具体内容就是：首恶必办，胁从不问，坦白从宽，抗拒从严，立功折罪，立大功受奖。惩办与宽大，两者是密切结合不可偏废的。"这是对惩办与宽大相结合刑事政策内涵的具体化。1979 年新中国第一部刑法

---

① 陈兴良：《刑事法治视野中的刑事政策》，载陈兴良主编：《中国刑事政策检讨》，中国检察出版社 2004 年版，第 120 页。

诞生时，第 1 条即将"惩办与宽大相结合"的刑事政策作为刑法的立法依据之一，此后这一政策指导刑事立法、司法长达 20 多年。直到 1997 年刑法修订，新刑法删除了"惩办与宽大相结合"的内容，但是许多学者认为，这并不意味着在当时即放弃了"惩办与宽大相结合"的刑事政策。惩办与宽大相结合刑事政策在今天依然有效，依然具有重要意义。不过，在该政策运行的过程中曾经被一些短期刑事政策所冲击，主要是严打刑事政策。"严打"是一项综合性的具体刑事政策，它开始于 20 世纪 80 年代初，其背景是改革开放之后的社会治安状况。我国社会由封闭转向开放，社会结构由静态转为动态，由此导致人民利益结构的倾斜和价值观念的变化，各种社会矛盾随之激化。从那时起，我国的犯罪率基本上呈现上升态势，[①] 出现了五次犯罪的高峰。为此，着眼于短期治安的严打刑事政策应运而生。严打刑事政策虽然在遏制重大犯罪方面起到了一定的积极意义，但是其缺点则更加为人所诟病。例如重打击轻预防，重大要案轻小案，或者小案当作大案办。进入 21 世纪，依法治国、民主法治等理念日益深入人心，国家经济水平和政治影响力都有了不小的跃升。"我国的刑事司法工作也渐渐转入突出预防犯罪，坚持打防结合、预防为主，坚持依法惩罚犯罪与依法保障人权并重的新时期。刑事政策的内涵于是有了新的发展，最突出的表现就是宽严相济的刑事司法政策的提出与确立。"[②]

2005 年宽严相济的刑事政策正式提出，并在中国共产党十六届六中全会上被确定为当代中国的基本刑事政策。马克昌教授认为，宽严相济的刑事政策是对"惩办与宽大相结合"的刑事政策

① 谢望原、卢建平等：《中国刑事政策研究》，中国人民大学出版社 2006 年版，第 247—248 页。

② 高铭暄、彭凤莲：《新中国基本刑事政策的演进》，载卢建平主编：《刑事政策评论》第 1 卷，中国方正出版社 2007 年版，第 8 页。

的继承和发展。但是，二者的价值取向具有明显的不同，具体到实际内容，"惩办与宽大相结合"政策强调的是犯罪化、重刑化和监禁刑化，而"宽严相济"政策强调更多的是非犯罪化、轻刑化和非监禁化。① 宽严相济的刑事政策在法律层面上表现为以人权保障为基础，和谐地协调人权保障与社会防卫之间关系的现代法治理念。② 正是由于宽严相济的刑事政策的价值取向在于非犯罪化，是对刑法工具主义的扬弃，所以正切合了不起诉的功能，成为目前司法实践中的不起诉特别是酌定不起诉的直接刑事政策根据。

（二）宽严相济刑事政策产生的社会背景

宽严相济刑事政策的确立，是依据当前我国社会转型期的国情提出来的。关于国情与社会主义法治的关系，有学者曾作过如下分析：法治属于上层建筑，是由经济基础以及与经济基础相适应的社会和文化发展水平所决定的。所以说，没有抽象的法治，只有具体国家中具体社会条件下的法治，而且法治不能、也不可能超出社会经济、政治和文化所提供的社会条件，两者之间的关系，用简单的类比来表述，是土壤和植物的关系，或者母亲与孩子的关系。③

按照联合国现代化指数排名，2005 年已有 25 个国家进入以知识化、信息化、全球化为特征的第二次现代化，我国仍然处在以工业化、城市化为特征的第一次现代化的进程中。2007 年我国国内生产总值位居全球第 4 位，但人均国民总收入排名 129 位，而且地

---

① 黄京平：《宽严相济刑事政策的时代含义及实现方式》，载《法学杂志》2006年第 4 期，第 11 页。

② 卢建平：《新中国刑事政策与刑法关系的历史演变》，载赵秉志、郎胜主编：《和谐社会与中国现代化刑法建设——新刑法典颁行十周年纪念文集》，北京大学出版社2007 年版，第 239 页。

③ 信春鹰：《中国国情与社会主义法治建设》，载《法制日报》2008 年 6 月 29日。

区之间发展不平衡，2007 年上海人均 GDP 达到 8949 美元，贵州不到 1000 美元。目前我国平均受教育年限仍然低于发达国家人均受教育水平，而且低于世界平均水平约 11 年。《犯罪与现代化》一书的作者、美国女犯罪学家谢利在占有全球性的犯罪统计资料的基础上，对发达国家和发展中国家两个世纪以来的犯罪发展变化历史进行了系统的考察后得出一个结论：发展中国家在 20 世纪又重演了发达国家在 19 世纪所上演的犯罪激增的一幕。这说明，任何国家在向现代化——工业化、城市化迈进的过程中，由于社会的急剧变迁，在特定的发展阶段都将面临犯罪激增这一严峻的问题。而在后工业化社会犯罪激增的主要原因是由于犯罪机会的增多。[1]

　　2006 年罗干在社会主义法治理念研讨班的讲话中指出："我国社会主义建设事业正处在难得的重要战略机遇期，同时也处在人民内部矛盾凸显、刑事犯罪高发、对敌斗争复杂的时期。尽快提高化解社会矛盾的能力，妥善调处不同利益主体间的利益纠纷，成为政法机关日益迫切的重大任务。"在这一过程中，法律自然要发挥主要功能，但是也要结合中国的具体国情，不要一味迷信法律，因为法治可能会带来"道德冷漠"。[2] 法治的理想是以法治来规范社会生活的方方面面，但毕竟规则是滞后的，鲜活的社会生活是规则所无法囊括的。在少数情况下，法律与道德可能会产生冲突，严格适用法律可能引发道德层面的问题，例如有的案子法律上没有问题，但社会效果可能不见得好。静态的、僵硬的法律如何更好地适应社会生活，以求实现具体案件法律效果与社会效果的统一，也是宽严相济刑事政策追究的目标。不起诉制度尤其是酌定不起诉以其特有

---

[1]　郝宏奎：《评英国犯罪预防的理论、政策与实践（二）》，载《公安大学学报》社科版 1997 年第 6 期。

[2]　信春鹰：《中国国情与社会主义法治建设》，载《法制日报》2008 年 6 月 29 日。

的灵活性，能够在坚持法律基本原则的前提下，更好地实现国家的政策目标，它的主要作用方式，是贯彻宽严相济刑事政策中"宽"的一面。

二、不起诉对宽严相济刑事政策的实现

需要注意的一个问题是，不起诉制度诞生的时间远早于宽严相济刑事政策。在世界范围内，不起诉制度出现的时间至少有百年之上，而宽严相济刑事政策提出的时间不过五年，况且是在我国当前特有的政治、经济背景下提出的，具有非常大的个性特征，那么，宽严相济刑事政策何以成为不起诉制度的理论依据呢？对此笔者认为，虽然不起诉制度最早建立的初衷并非为宽严相济刑事政策而设，但是两者的精神内涵却有许多契合之处，以宽严相济刑事政策来解释不起诉制度存在的理由，并非没有说服力。另一方面，宽严相济刑事政策给不起诉制度提供了厚重、坚实的发展空间。可以预见，伴随着宽严相济刑事政策在中国的深入贯彻，刑事诉讼实务上扩大与发展不起诉制度的实践将成为一个重要发展方向。反过来，宽严相济刑事政策也将成为不起诉制度改革与实践的重要理论支撑和正当性根据，因而探讨两者之间的关系无疑更具有现实意义。

（一）不起诉体现了宽严相济刑事政策中"宽"的一面

作为世界各国普遍存在的一项刑事诉讼法制度，不起诉制度与当前刑事诉讼由起诉法定主义向起诉裁量主义发展的总体趋势相一致，也与我国目前构建社会主义和谐社会的总体目标相一致。"作为贯彻非犯罪化和刑罚化刑事政策的程序机制，相对不起诉制度以

实施个别预防和节约司法成本为价值目标。"①

刑事政策是刑法制定和运行的指导思想，任何刑事政策的贯彻实施都离不开具体的刑法规范以及刑法规范的具体运行环境，对于宽严相济刑事政策来说，它作为一项司法政策，② 不仅仅要符合刑事实体法方面的原则束缚，也要受到刑事程序法方面的原则束缚，它不仅指导刑法规范的运行结果，即最终的判决，也指导刑法规范运行的过程，也就是整个刑事诉讼过程。

宽严相济的刑事政策包括两个方面，一是从严刑事政策，二是从轻刑事政策。有学者将之总结为 24 个字："该严则严，当宽则宽；严中有宽，宽中有严；宽严有度，宽严审时。"③ 学者对这 24 个字进一步解释指出："现分别稍作具体说明如下：1. 该严则严。即对严重犯罪，依法从严惩处，应当判处重刑的，依法判处重刑；应当判处死刑的，依法判处死刑直至判处死刑立即执行。2. 当宽则宽。对罪行较轻、犯罪人主观恶性较小的，则应从宽处罚，对轻微违法犯罪人员特别是对失足青少年，根据条件可以免予处罚，也可以适当多判一些缓刑或者安排到社区矫正。3. 严中有宽。即使所犯罪行严重，但有法定或酌定从轻、减轻处罚情节的，应予以从

---

① 樊崇义：《刑事诉讼法实施问题与对策研究》，中国人民公安大学出版社 2001 年版，第 40 页。

② 关于宽严相济刑事政策的定位，理论上存在一定的争论，主要是它仅是一种司法政策还是既是司法政策又是立法政策。认为它是司法政策的理论根据在于，《中共中央关于构建社会主义和谐社会若干重大问题的决定》第六部分之（六）中提到："实施宽严相济的刑事司法政策，改革未成年人司法制度，积极推行社区矫正"，"两高"的工作报告中使用的也是"宽严相济刑事司法政策"的术语，这足以说明国家有权机关的法律态度，但是认为它还是刑事立法政策的观点认为，贯彻实施宽严相济刑事政策离不开刑事立法上的探索，例如刑事和解、缓起诉、社区矫正等，我国最近通过的几个刑法修正案事实上也贯彻了宽严相济刑事政策，因而宽严相济刑事政策既是刑事立法政策，也是刑事司法政策，甚至还是刑事执行政策。关于这个问题的详细论述，参见马克昌：《论宽严相济刑事政策的定位》，载《中国法学》2007 年第 4 期。

③ 马克昌：《宽严相济刑事政策刍议》，载《人民检察》2006 年第 10 期（上）。

宽处罚；罪当判处死刑，如有从轻、减轻处罚情节或者不是必须立即执行的，应依法判处死刑缓期二年执行、无期徒刑或者十年以上有期徒刑。4. 宽中有严。虽然罪行较轻，但有法定从重处罚情节（如累犯）的，应依法从重处罚。5. 宽严有度。即对犯罪人的处理，不论'宽'或'严'都必须以'事实为根据，以法律为准绳'，在法律范围内进行。6. 宽严审时。即对犯罪人的处理，必须考虑一定时期的社会情况或者从严或者从宽。"①

以上论述概括了宽严相济刑事政策的精髓，但从刑事实体法的角度而言，并没有涉及刑事实体法的问题。刑事实体法结果的实现离不开刑事程序法的配合，如果忽略刑事程序法配套制度的完善，那么无论是宽严相济刑事政策中宽的一面还是严的一面，恐怕都难以贯彻下去。其实，对于某些从轻处罚的情形，例如青少年犯罪、老年人犯罪、初犯、偶犯、家属之间的犯罪，如果不需要追究刑事责任的，没有必要一定走完所有的刑事诉讼程序。也就是说刑事责任的最终判定权不一定由审判机关独断行使，对于某些明显没有必要再追究刑事责任的，应当赋予检察机关或者公安机关一定的自由裁量权，充分依托目前的制度优势和程序机制，发挥它们的主观能动性，实现案件处理的尽早分流。当然，考虑到公安机关与检察机关的法律定位不尽相同，并结合我国目前的司法现状，笔者认为，对公安机关仍应以限权为主，对检察机关则以扩权为主，令检察机关依托不起诉制度，允许其享有更大的自由裁量权，将没有必要追究刑事责任的情形，以及虽然法律规定可以构成犯罪，但是不追究刑事责任更符合宽严相济刑事政策之"宽"的精神的，适用不起诉制度。

这样做的现实好处是：第一，符合诉讼经济原则，避免国家司法机关在轻微刑事案件中投入过多的力量而分散对社会影响恶劣的

---

① 马克昌：《宽严相济刑事政策刍议》，载《人民检察》2006 年第 10 期（上）。

重特大刑事案件的关注精力。第二，有助于保障当事人的合法权益。根据我国刑事诉讼法的规定，每一个独立的刑事诉讼阶段都有期限性的限制，但是一旦案件进入到刑事审判程序，对于当事人来说，其个人利益就处于更长时期的不确定状态中，不得不接受心理上的痛苦，这对任何人来说恐怕都是一种煎熬。另一方面，也有可能因对当事人采取刑事诉讼强制措施而又侵害当事人合法权益之嫌。① 第三，对当事人来说多了一层程序保障机制，有助于刑事诉讼人权保障理由的贯彻。

客观地讲，在不起诉的三种类型中，酌定不起诉的弹性余地最大，最具有灵活性，证据不足不起诉次之。证据不足不起诉牵涉到刑事诉讼的基本理念——无罪推定原则的贯彻与实施，它本质上也是对当事人的从宽处理措施，也符合宽严相济刑事政策中"宽"的要求。但对于法定不起诉而言，表面上看，法定不起诉的几种条件都为刑事诉讼法第15条明确规定，受制于罪刑法定原则，没有给检察机关留下发挥的余地，它与宽严相济刑事政策的紧密关系就逊色得多。不过，刑事诉讼法第15条规定的法定不起诉的几个条件中还存在一个兜底条款——"其他法律规定免予追究刑事责任的"，这里的"其他法律"同样存在检察机关自由裁量权行使的空间的。例如，2006年1月11日最高人民法院《关于审理未成年人刑事案件具体应用法律若干问题的解释》第7条规定："已满十四

---

① 刑事诉讼法对限制人身自由的强制措施，例如拘留、逮捕规定了严格的适用程序，从理论上讲，如果一个案件符合不起诉的情形的，当事人似乎也难以达到适用拘留或者逮捕的条件，但是实践中一些地方的司法机关为了防止当事人脱逃或者有其他方面的理由，往往倾向于对当事人采取刑事诉讼强制措施，刑事诉讼强制措施的滥用是比较高的。多数当事人都是在羁押状态下完成最后的审判程序的。而司法机关最终发现当事人没有必要定罪处罚的，为了避免国家赔偿责任，也为了防止公安机关或者检察机关因错捕错侦而可能导致的法律责任，一般都会对当事人判处缓刑。这是一种难以启齿但是却又实际存在的潜规则。

周岁不满十六周岁的人使用轻微暴力或者威胁，强行索要其他未成年人随身携带的生活、学习用品或者钱财数量不大，且未造成被害人轻微伤以上或者不敢正常到校学习、生活等危害后果的，不认为是犯罪"，第9条规定："已满十六周岁不满十八周岁的人盗窃自己家庭或者近亲属财物，或者盗窃其他亲属财物但其他亲属要求不予追究的，可不按犯罪处理。"第11条规定："对未成年罪犯量刑应当依照刑法第六十一条的规定，并充分考虑未成年人实施犯罪行为的动机和目的、犯罪时的年龄、是否初次犯罪、犯罪后的悔罪表现、个人成长经历和一贯表现等因素。对符合管制、缓刑、单处罚金或者免予刑事处罚适用条件的未成年罪犯，应当依法适用管制、缓刑、单处罚金或者免予刑事处罚。"该司法解释关于未成年人不追究刑事责任的规定，既是检察机关适用法定不起诉的法定依据，又给司法解释提供了充分的裁量空间。

2007年1月15日，最高人民检察院出台了《关于在检察工作中贯彻宽严相济刑事司法政策的若干意见》，该《意见》第8条规定："正确把握起诉和不起诉条件，依法适用不起诉。在审查起诉工作中，严格依法掌握起诉条件，充分考虑起诉的必要性，可诉可不诉的不诉。对于初犯、从犯、预备犯、中止犯、防卫过当、避险过当、未成年人犯罪、老年人犯罪以及亲友、邻里、同学同事等纠纷引发的案件，符合不起诉条件的，可以依法适用不起诉，并可以根据案件的不同情况，对被不起诉人予以训诫或者责令具结悔过、赔礼道歉、赔偿损失。确需提起公诉的，可以依法向人民法院提出从宽处理、适用缓刑等量刑方面的意见。"对未成年人犯罪案件依法从宽处理。办理未成年人犯罪案件，应当坚持"教育、感化、挽救"的方针和"教育为主、惩罚为辅"的原则。要对未成年犯罪嫌疑人的情况进行调查，了解未成年人的性格特点、家庭情况、社会交往、成长经历以及有无帮教条件等情况，除主观恶性大、社会危害严重的以外，根据案件具体情况，可捕可不捕的不捕，可诉可不诉的不诉。对确需提起公诉的未成年被告人，应当根据情况依法向人民法院提出从宽处理、适用缓刑等量刑方面的意见。该《意见》第12条规定，对因人民内部矛盾引发的轻微刑事案件依法从宽处理。对因亲友、邻里及同学同事之间纠纷引发的轻微刑事案件，要本着"冤家宜解不宜结"的精神，着重从化解矛盾、解决纠纷的角度正确处理。对于轻微刑事案件中犯罪嫌疑人认罪悔过、赔礼道歉、积极赔偿损失并得到被害人谅解或者双方达成和解并切实履行和解协议，社会危害性不大的，可以依法不予逮捕或者不起诉。确需提起公诉的，可以依法向人民法院提出从宽处理的意见。对属于被害人可以提起自诉的轻微刑事案件，由公安机关立案侦查并提请批捕、移送起诉的，人民检察院可以促使双方当事人在民事赔偿和精神抚慰方面和解，及时化解矛盾，依法从宽处理。该《意见》13条规定，对轻微犯罪中的初犯、偶犯依法从宽处理。对于初次实施轻微犯罪、主观恶性小的犯罪嫌疑人，特别是对因生活无着偶然发生的盗窃等轻微犯罪，犯罪嫌疑人人身危险性不大的，一般可以不予逮捕；符合法定条件的，可以依法不起诉。确需提起公诉的，可以依法向人民法院提出从宽处理的意见。

2010年2月8日最高人民法院发布了《关于贯彻宽严相济刑事政策的若干意见》，对司法审判工作中如何具体应用宽严相济刑事政策作出了详细规定。该《意见》第19条规定："对于较轻犯罪的初犯、偶犯，应当综合考虑其犯罪的动机、手段、情节、后果和犯罪时的主观状态，酌情予以从宽处罚。对于犯罪情节轻微的初犯、偶犯，可以免予刑事处罚；依法应当予以刑事处罚的，也应当尽量适用缓刑或者判处管制、单处罚金等非监禁刑。"《意见》第23条规定："被告人案发后对被害人积极进行赔偿，并认罪、悔罪的，依法可以作为酌定量刑情节予以考虑。因婚姻家庭等民间纠纷激化引发的犯罪，被害人及其家属对被告人表示谅解的，应当作为酌定量刑情节予以考虑。犯罪情节轻微，取得被害人谅解的，可以依法从宽处理，不需判处刑罚的，可以免予刑事处罚。"据此，如果在具体案件中当事人符合免予刑事处罚的条件的，不由人民法院作出判决而是由人民检察院直接作出不起诉决定，或许会收到更好的政策效果。

（二）宽严相济刑事政策视野下不起诉的障碍

伴随着中共中央关于构建社会主义和谐社会的政策的逐步深入贯彻，不起诉制度的政策机能将越来越受到重视，但是同样不可否认的是，以宽严相济刑事政策的视角来审视不起诉制度，我们会发现他还有很多不足与不完善之处。

不起诉制度在我国司法实践中主要存在的问题，是适用率过低。根据2003年到2005年在全国人民代表大会上最高人民检察院工作报告披露的数据，2003年全国检察机关提起公诉819216人，不起诉27957人，不起诉率为3.3%；2004年提起公诉867186人，不起诉21225人，不起诉率为2.4%；2005年提起公诉950804人，不起诉14939人不起诉率为1.5%。根据数据来看，不起诉的人数占总起诉人数的比例是非常低的，不起诉如此之低的适用率与其具有的重大的制度功能极不匹配，这种状况不能适应打击犯罪与化解矛盾的现实需要，不符合刑法的谦抑性。① 而不起诉的适用率较低又是多种原因造成的：

第一，我国刑事诉讼法更加提倡起诉法定主义，起诉裁量主义相对处于补充地位。刑事诉讼法规定对公安机关补充侦查的案件，人民检察院可以两次要求退回补充侦查，人民检察院也可以自行补充侦查。刑事诉讼法之所以如此规定，一层含义是尽量查清案件事实，另一层含义则是收集能够证明犯罪嫌疑人有罪的证据，以便审

_____
① 黄曙、梁洪行：《宽严相济刑事司法政策视野下相对不起诉制度的完善》，载《华东政法大学学报》2007年第2期。

查起诉的顺利进行，这必然压缩证据不足不起诉制度的适用范围。此外，根据刑事诉讼法第176条的规定，对于有被害人的案件，检察机关决定不起诉的，被害人如果不服，可以向上一级人民检察院申诉，请求提起公诉，也可以直接向人民法院起诉。该规定虽然是为了制约检察机关滥用不起诉权力而赋予被害人程序救济权利，但是在客观上进一步限制了不起诉的适用。

第二，我国传统司法观念制约了不起诉的运用。传统观念对司法人员有很大的影响力，一些司法人员还固守"疑罪从有"的思想。加上社会上的报应思想还很浓重，以及人们普遍对司法机关和法律缺乏应有的尊重感和认同感，法律没有完全被社会信仰。在这种社会氛围下，检察机关适用不起诉制度时往往如履薄冰、心存顾虑，既担心社会公众的指责，又担心上级司法机关的误解，为了避免滥用执法的怀疑，具体办案人员往往更倾向于起诉。

第三，一些地方的检察机关将不起诉率作为检察官工作业绩的考核标准之一。通过考核标准的方式强令规定不起诉的上限，超过这个上限的会认为起诉质量不高，从而影响检察人员适用不起诉制度的积极性。对此检察机关内部的工作人员深有体会："往往上级检察机关文件下发后，下级检察机关都明令严格控制不起诉比例，要求降低不起诉率，甚至出台细化到绝对不起诉率不得超过多少，相对不起诉率不得超过多少，存疑不起诉率不得超过多少的规定。比如，某直辖市人民检察院要求各院务必做到：符合相对不起诉的案件（除极个别情况外），均应起诉；对自侦部门移送的案件，经审查认为符合不起诉条件的，原则上建议自侦部门作撤案处理。"①

第四，相对不起诉的办理程序烦琐。原刑事诉讼法规定了检察机关的免予起诉权，这项权力受到了学界的广泛诟病，为此现行刑事诉讼法取消了检察机关的免予起诉权，基于自我克制权力的需要，检察机关对不起诉制度的行使又规定了相对严格的内部工作流程。例如，2012 年《人民检察院刑事诉讼规则》第 406 条明确规定："人民检察院对于犯罪情节轻微，依照刑法规定不需要判处刑罚或者免除刑罚的，经检察长或者检察委员会决定，可以作出不起诉决定。"也就是说，不起诉的决定权在检察长或者检察委员会手中，而不是在具体案件的承办人员手中，如果要适用不起诉，需要具体承办人员逐层上报。对于检察机关自侦案件的不起诉决定则更加复杂。根据 2005 年《最高人民检察院关于省级以下人民检察院对直接受理侦查案件作撤销案件、不起诉决定报上一级人民检察院批准的规定（试行）》第 2 条规定："省级以下（含省级）人民检察院办理直接受理侦查的案件，拟作撤销案件、不起诉决定的，应当报请上一级人民检察院批准。"第 4 条规定："人民检察院直接受理侦查的案件，拟撤销案件或者拟不起诉的，经人民监督员履行监督程序，提出表决意见后，侦查部门或者公诉部门应当报请检察长或者检察委员会决定。报送案件时，应当将人民监督员的表决意见一并报送。按规定报请检察长决定的，检察长如果不同意人民监督员的表决意见，应当提请检察委员会讨论决定。检察长同意人民监督员表决意见的，由检察长决定。"程序上的烦琐可见一斑。

---

①　黄曙、梁洪行：《宽严相济刑事司法政策视野下相对不起诉制度的完善》，载《华东政法大学学报》2007 年第 2 期。根据笔者私下对某些基层检察人员的了解，目前有些地方的检察机关又出现了一个新的趋势，即强行规定不起诉率应当达到一个下限，其理由则是更好贯彻宽严相济刑事政策。笔者认为，不管背后的理由如何充分，强行规定不起诉率都是一个非常可笑的做法，这样做的后果只能是贬损不起诉的制度价值，并将宽严相济刑事政策庸俗化。

　　笔者此处指明不起诉制度面临的诸多问题，绝非是为了进行原因与对策的分析，而是为了说明不起诉的制度设计与运行实际都与宽严相济刑事政策要求有许多不适应的地方，不起诉制度还有很大的发挥空间。可以预见，随着宽严相济刑事政策的深入贯彻，不起诉制度将有广阔的制度前景，宽严相济刑事政策必然成为不起诉制度完善的重要政策支撑。

第四章 不起诉的犯罪社会学根据

　　19世纪意大利著名的刑法学家、犯罪学家、刑事实证学派的代表人物菲利认为，犯罪是由自然原因、社会原因和个人原因三个因素造成的。根据长期的实证研究，他坚决反对刑事古典学派的自由意志论，提出了著名的"犯罪饱和法则",① 认为每一种犯罪都是行为人的身体状况与社会环境相互作用的结果。德国著名刑法学家、刑事社会学派的创始人李斯特主张，任何一个具体犯罪的产生均源于两个主要因素，一个是犯罪人个人的因素，另一个是社会的尤其是经济的因素，他特别强调犯罪的社会原因。② 本章是对刑事政策根据部分内容的细化，主要采用统计分析的方法，从我国社会转型期犯罪高发形势的司法需求、未成年人犯罪和贫困人口犯罪的社会

---

　　① 犯罪饱和法则：每一个社会都有其应有的犯罪，这些犯罪的产生是由于自然和社会条件引起的，其质和量是与每一个社会集体的发展相适应的。［意］菲利：《实证派犯罪学》，中国政法大学出版社1987年版，第43页。

　　② ［德］李斯特：《德国刑法教科书》，徐久生译，法律出版社2000年版，第9页。

原因三个方面，探讨不起诉的犯罪社会学根据。

第一节 社会转型期犯罪高发形势的司法需求

一、犯罪状况分析与评估

（一）基本情况

进入 21 世纪以来，社会治安案件和刑事犯罪案件总量继续保持不断增长的态势。截至 2009 年，统计数据显示全国公安机关刑事案件立案数 530 万余件，较 2008 年增长 8.9%，较 2000 年增长 46.3%；治安案件数 992 万件，增长幅度为 13.1%，较 2000 年增长 159.5%（如图 4.1）。

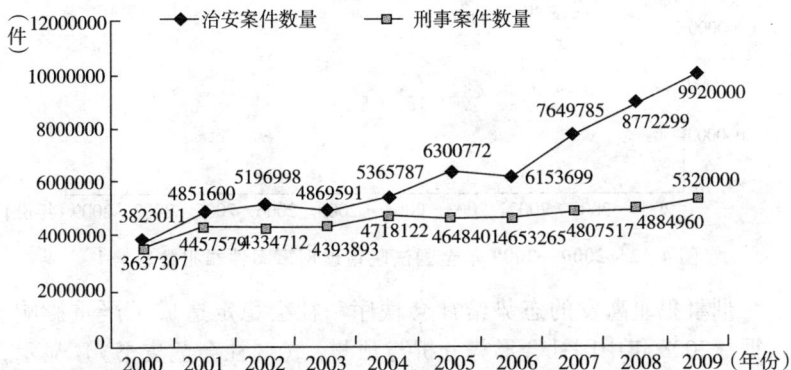

图 4.1 2000—2009 年全国公安机关刑事案件立案数
与治安案件发现受理数趋势①

2008 年、2009 年全国法院每年审理刑事罪犯约 100 万人，较 2000 年增长 55.8%，每年审理的刑事罪犯占当年总人口的约

---

① 数据来源：《中国法律年鉴》。

0.08%。依此增长规模，到 2020 年左右全国法院每年审理刑事罪犯约为 180 万人，占当年全国总人口数的 0.12%—0.15%，也即1000 个人中将至少有 1 个罪犯（如图 4.2）。换一个角度统计，2000 年至 2009 年法院判决罪犯之和是 8262004 人，也可以说，这10 年间，从法院的刑事案件审理判决中"诞生"了 8262004 个罪犯（累犯忽略不计），占全国总人口（按 13 亿计算）的 0.6%，即目前中国社会人口中每 1000 人中有 6 个罪犯！这是一个惊人的数字。长此以往，人口中的罪犯越多，罪犯的耻辱感就越淡化，刑罚因此将失去预防犯罪的意义。这又是一个多么可怕的趋势。

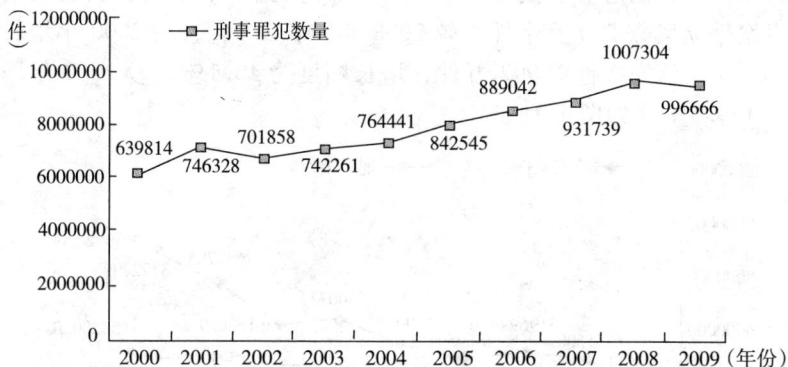

图 4.2 2000—2009 年全国法院审理刑事案件罪犯数趋势①

刑事犯罪高发的态势给社会秩序和社会稳定造成了严重影响。根据《2008 年中国社会形势分析与预测》（《社会蓝皮书》）显示，社会秩序指数②，2006 年比 1978 年，按逆指标计算下降了 32.6%，28 年年均递减 1.4%。其中每万人口刑事案件立案率，从 1978 年 5.5件上升为 2006 年 35.5 件，年均递减 6.4%；贪污贿赂渎职受案率和治安案件查处率，年均递减 1.0% 和 5.4%；2006 年由于对安全生产

---

① 数据来源：《中国法律年鉴》。
② 社会秩序指数是由警力、刑事、治安、贪污、生产安全等五项指标组成。

采取了强有力的措施，狠抓了生产安全，使交通、工伤、火灾死亡人数从上年的 12.7 万人降为 11.3 万人，每 10 万人死亡率从上年的 9.8 人降为 8.6 人，降低了 12.2%，按逆指标计算，增长了 14.0%。从长期看，社会秩序指数仍为负增长。28 年间社会稳定指数增减相抵后，按逆指标计算年均递减 0.5%。[①]（如表 4.1）

指标	权重	单位	1978年	1990年	2005年	2006年	2006年为1978年（%）	2006年为1990年（%）	年均递增速度（%）		
									1979~2006年（28年）	1991~2006年（16年）	2006年比上年
社会秩序指数	15	%					67.4	86.0	-1.4	-0.9	6.5
1. 每万人口警察人数	3	人	6.5	7.3	11.2	11.4	175.4	156.2	2.0	2.8	1.8
2. 每万人口刑事案件立案率	3	件	5.5	19.6	35.7	35.5	15.5	55.2	-6.4	-3.6	0.6
3. 每10万人口贪污贿赂、渎职受案率	3	件	3.5（1982）	4.5	4.8	4.4	79.5	102.3	-1.0	0.1	9.1
4. 每万人口治安案件查处率	2	件	9.9	16.6	48.3	46.9	21.1	35.4	-5.4	-6.3	3.0
5. 每10万人口各类事故死亡率	4	人	4.4	6.0	9.8	8.6	51.1	69.7	-2.4	-2.2	14.0
社会稳定指数	15	%					88.1	74.9	-0.5	-1.8	0.5
1. 通货膨胀率（消费物价指数，以 1978 = 100）	3	%	100.0	218	464.0	471.0	21.2	45.9	-5.4	-4.8	-1.5
2. 城镇登记失业率	3	%	5.3	2.5	4.2	4.1	129.3	61.0	0.9	-3.0	2.4
3. 社会保障覆盖面	2	%	23.0	26.5	32	32	139.1	120.8	1.2	1.2	0

① 汝信、陆学艺、李培林：《2008 年中国社会形势分析与预测》，社会科学文献出版社 2008 年版，第 341 页。

续表

指标	权重	单位	1978年	1990年	2005年	2006年	2006年为1978年(%)	2006年为1990年(%)	年均递增速度（%）		
									1979~2006年(28年)	1991~2006年(16年)	2006年比上年
4. 贫困人口比重	2	%	9.3	7.3	6.1	6.0	155.0	121.7	1.6	1.2	1.7
城镇		%	0.9	5.0	5.0	5.0	18.0	100.0	-5.9	0	0
农村		%	11.2	8.3	7.0	6.9	162.3	120.3	1.7	1.2	1.4
贫富差距（五等分）	3	倍	2.7	4.0	6.6	6.5	41.5	61.5	-3.1	-3.0	1.5
城镇		倍	2.2 (1983)	2.5	5.7	5.6	39.3	44.1	-4.0	-5.0	1.8
农村		倍	2.9	4.5	7.3	7.2	40.3	62.5	-3.2	-2.9	1.4
城乡收入差距（以农民收入为1）	2	倍	2.57	2.20	3.22	3.28	78.4	67.1	-0.9	-2.5	-1.8

表 4.1　社会秩序指数和社会稳定指数综合评价（1978—2006 年）①

　　从前七次国家统计局关于全国群众安全感抽样调查情况看，在影响群众安全感受的问题中，被调查人选择"刑事犯罪"的平均为 32.2%，最高的为 35.4%，最低的为 24.8%。从倒"U"分布规律上看，"刑事犯罪"指标有呈现下降趋势，但是所占比例不会过低，仍然维持在比较高的点位（如表 4.2）。由此可见，"刑事犯罪"依然是影响群众安全感的重要因素之一。

---

　　① 数据来源：中国统计年鉴、民政统计年鉴、公安部提供的资料。

年 份	刑事犯罪	公共秩序混乱	交通事故	火灾	其他
2001	30.50%	25.60%	20%	3.90%	20%
2002	27.70%	25.50%	21.50%	4.30%	21%
2003	35.40%	33.33%	24.53%	6.74%	
2004	33.01%	31.28%	28.18%	7.53%	
2005	30.90%	31.90%	28.20%	9%	
2006	26.00%	31.80%	33.20%	9.00%	
2007	24.80%	27.60%	38.20%	9.40%	

表 4.2 全国群众安全感抽样调查情况（2001—2007 年）[1]

（二）基本特征

1. 多发性暴力犯罪稳中上升。从 2000 年至 2009 年多发性暴力犯罪曲线走向看（如图 4.3），2008 年是多发性暴力犯罪率的"拐点"，2009 年出现了较大的增长幅度。其中，放火案件占 26.4%，投放危险物品案件占 37.5%，强奸案件占 11.4%，增长幅度较大。[2] 需要指出的是，刑事案件的基数逐年增长，意味着多发性暴力犯罪总量也是持续上升。

---

① 数据来源：国家统计局其他统计公报。
② 汶信、陆学艺、李培林：《2010 年中国社会形势分析与预测》，社会科学文献出版社 2009 年版，第 86 页。

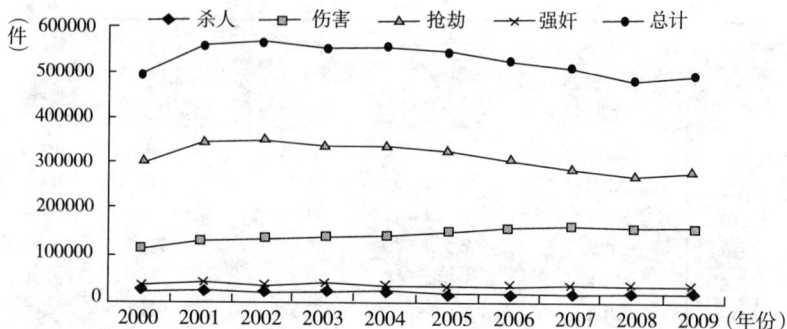

图 4.3　2000—2009 年全国公安机关四类暴力犯罪案件立案趋势①

2. 侵财犯罪增幅明显。2001 以来，侵财犯罪比例一直处于增长态势，到 2009 年增幅达 16% 左右，较 2001 年将近翻一番。"两抢一盗"、金融诈骗、电信诈骗、网络诈骗等案件增长迅猛，仅 2008 年全国法院审理盗窃案 202475 件，占全年总案件量的 26.4% 。（如图 4.4）

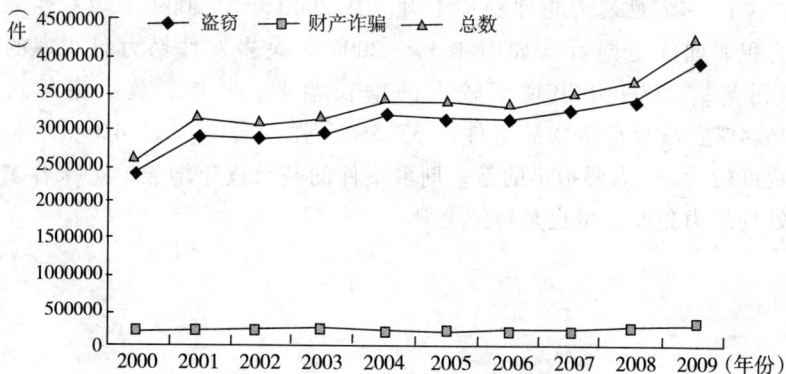

图 4.4　2000—2009 年全国公安机关两类侵财犯罪案件立案趋势②

---

① 数据来源：《中国法律年鉴》。
② 数据来源：《中国法律年鉴》。

3. 新类型犯罪不断出现。由于社会结构变化，特别是新的经济形式的出现以及国际、国内交流和融合的不断加深，政治、经济、文化、宗教等方面的矛盾更加突出，过去不曾产生的犯罪形式现开始大量出现。这正是洗钱犯罪、计算机犯罪、侵犯知识产权犯罪、黑社会性质组织犯罪、恐怖犯罪等新类型犯罪的"沃土"。[①]以计算机犯罪为例，自1986年发现首例计算机犯罪以来，利用网络犯罪案件数量迅猛增加，1986年全国发生网络犯罪案件9起，2000年2700起，2002年达到了4500起，涉及金额从几万元到几百万元，但据称被发现的仅占全部犯罪活动的1%，损失难以估量。[②] 从司法实践看，网络犯罪案件主要表现为网上诈骗、网上敲诈勒索、利用网络非法传销、计算机病毒、黑客攻击等危害计算机信息网络安全，利用计算机制作、复制、传播色情、淫秽物品，利用互联网危害国家安全。

4. "黄赌毒"犯罪呈泛滥之势。以"黄赌毒"为代表的新中国成立后基本消失的反伦理型丑恶犯罪，不仅"顺利"地度过了"萌芽"期，而且在新的社会条件下出现泛滥之势，对社会的危害性日益加大。据全国公安部门统计，1984年全国查处卖淫、嫖娼人员12201人，以后逐年上升，成倍增长，1989年查处人员突破10万，1991年查处人数突破20万，1992年查处人员达24万多，比1984年增长了20倍。8年间共查处卖淫、嫖娼人员86万多，1993年全国查处的人数24.7万人，1994年全国查处的人数28.8万人，1995年仅1至5月全国查处的人数即高达11.3万人，而这些数字还仅仅是被发现查处的。[③] 据性社会学家潘绥铭教授实证研

---

①　谢望原、卢建平：《中国刑事政策研究》，中国人民大学出版社2006年版，第115页。

②　《跨国侵权犯罪：互联网上涌动暗流》，载公安部网站，http://www.mps.gov.cn/n16/n1252/n1852/n2647/124275.html。

③　康树华：《刑事犯罪学》，群众出版社2000年版，第69—70页。

究测算，打击数仅为实际的1/20。[①] 公安部一组数字显示，从2002年至2006年，全国共查处赌博案件209.7万余起，抓获涉案人员778.8万余人，收缴罚没赌资207.3亿元。这组惊人的数字说明，各种形式的非法赌博已经对正常的社会经济秩序造成了严重危害。[②] 资料显示，从1991年到1995年，全国破获的毒品案件年平均增长速度为51%。1998年我国的涉毒案件总数比上年上升2.27%，制贩毒案件上升9.2%，而10000克以上大案增势更猛，达25.2%。1997年至2002年的5年间，南京市毒品犯罪案件从1997年的251件上升到2002年的1044件，案件数增加了3.16倍；年平均增长的案件数为159件，增长率为38.01%。[③]

5. 职务犯罪呈平稳状态。总体来看，职务犯罪发展较为平稳，但撤案率或者不起诉率较高且呈下降趋势（如图4.5）。这是针对查处的职务犯罪而言，但是职务犯罪存在"黑数"问题，1998年公安部在全国范围内再次对刑事犯罪的立案不实情况进行调查，发现统计上报的刑事案件数字仅为实际发案数的20%左右，而职务犯罪又是公认的隐蔽性最强的一种犯罪，究竟其犯罪隐案有多少，这是一个无法测算的黑洞。[④]

① 潘绥铭：《性，你真懂了吗?》，中国检察出版社1998年版，第397页。
② 《湖南岳阳闹市万人聚众赌博 庄家疑有保护伞》，载淮海网，
http://news.huaihai.tv/guoneinews/2007/0422/2007-04-2236205.html。
③ 谢望原、卢建平等：《中国刑事政策研究》，中国人民大学出版社2006年版，第117页。
④ 王娜：《职务犯罪的概念和现象论析》，载刘明祥主编：《马克昌教授八十年华诞祝贺文集》，中国方正出版社2005年版，第1219页。

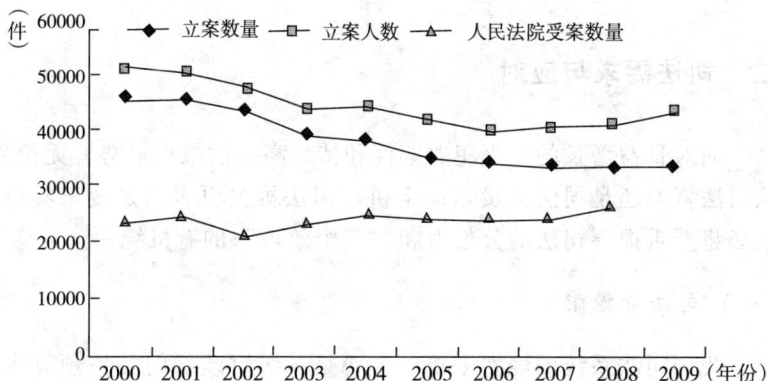

图 4. 5　2000—2009 年全国职务犯罪案件立案趋势①

6. 群体性事件呈现扩张态势。有统计资料显示，1993 年全国范围的群体性事件共 8709 起，此后一直保持快速上升趋势，1994 年发生 10000 余起，1995 年发生 11000 余起，1996 年发生 12000 余起，1997 年发生 17000 余起，1998 年发生 25000 余起，1999 年总数超过 32000 起，7 年间增加了 3 倍，2000 年 1—9 月就突破 30000 起，2002—2004 年均保持在 40000 起以上，到 2004 年已增至 74000 起，2005 年上升至 87000 起，总体数量相当于 12 年前的 10 倍，每年以 9%—10% 的速度递增。过去，群体性事件参与人数一般只有几十人，而现在规模日益扩大，少则千人，多则上万、十几万人。2005 年发表的《社会蓝皮书》表明了从 1993 年到 2003 年，全国群体性事件数量已由 1 万起增至 6 万余起，参与人数也由 70 万增至 300 余万。② 群体性事件的多发，在很大程度上干扰了经济社会的和谐稳定。

① 数据来源：《中国法律年鉴》。
② 宣强：《中国突发事件报告》，中国时代经济出版社 2009 年版，第 188 页。

二、司法需求与应对

面对日益增长的刑事犯罪案件和持续高压的维稳局势，无论是从司法资源还是司法人员素能上讲，司法机关更多的是疲于应付。这必将严重损害司法的公信力和"三个效果"的有机统一。

（一）司法资源配置

我国司法系统的经费来源，主要是各级财政部门核拨预算内、预算外经费。在这种体制下，各级司法机关经费保障水平取决于本地区的经济状况及其他因素，地区差异很大。一些欠发达地区的司法机关经费问题成为制约审判、检察职能充分发挥的重要因素。

1. 经费保障不足。（1）办案经费不足。最高人民法院副院长苏泽林曾表示，全国 3133 个基层人民法院，经费不足的占 60% 左右，其中大部分在中西部，特别是西部。如湖北某基层法院，一位法官一年"人头费"才 2400 元，平均每个月 200 元。经费不足的情况在青海、西藏等地区更为严重，一些基层法院电话打不通的情况很普遍，因为欠费电话都被停掉了。[①] 在中西部地区，检察机关人均财政拨款只有两三万元，一些贫困地区不足 1 万元。2002 年，全国共有 400 多个检察院人均财政拨款不足 2 万元，有些县级检察院人均财政拨款不足 1 万元。2001 年，全国检察机关办案费缺口为 6 亿多元，2002 年达到近 10 亿元。[②] 甚至出现拖欠干警工资的现象，这种"基本运转都困难"的经费状况无法对应当前严峻的

---

① 田享华：《司法改革任重道远 法院经费"钱景"渐明》，载《第一财经日报》2005 年 11 月 14 日。

② 童建明、万春：《中国检察体制改革论纲》，中国检察出版社 2008 年版，第 410 页。

刑事司法形势。（2）福利待遇差。1998年以来，检察机关对外欠款呈不断上升趋势，1998年为25亿多元，2002年年底达到32亿多元。特别是基建欠款，2002年为近25亿元，比1998年增加40%多。在一些贫困地区，检察院由于长期欠债而被停电、停水等，影响了正常工作的开展。部分地区拖欠干警工资的现象仍然存在，岗位津贴不能兑现。到2002年年底，全国检察机关累计拖欠干警工资金额3亿多元，涉及干警8.5万多人。[1]（3）装备短缺或陈旧。基础设施方面，主要是办公用房总量不足，办案和专业技术用房严重缺乏。目前，全国检察机关无办公用房的单位200多个，无办案用房和专业技术用房的单位1000多个。如云南省维西县，仍在一栋破旧的清朝建筑物里办公。物资装备方面，全国检察机关有200多个单位没有复印机，400多个单位无计算机，近600个单位无传真机，还有一些单位既无复印机也无计算机和传真机。[2]

2. 人员保障不足。1988年至1998年十年间，全国法院受理的各类案件数量从165万件增加到588万件，增加了133%，与此同时，法官的数量从13万人增加到17万人，仅增加了43%，而办案法官人数占所在法院实际法官总数的60%—70%。[3] 根据冀祥德教授调查显示，1997年山东泰安市6个基层检察院从事刑事起诉工作的干警为44人，当年办理公诉案件877件1307人；法院从事刑事审判工作的干警为38人，当年审理刑事案件1111件1472人（含自诉案件）。2002年底，公诉检察官为42人，当年办理公诉案件1383件2133人；法院刑事审判人员为25人，当年审理刑事案

---

① 童建明、万春：《中国检察体制改革论纲》，中国检察出版社2008年版，第411页。

② 童建明、万春：《中国检察体制改革论纲》，中国检察出版社2008年版，第410页。

③ 左卫民、吴卫军：《形合实独：中国合议制度的困境和出路》，载《法制与社会发展》2002年第2期。

件 1395 件 2145 人（含自诉案件）。六年间办案人员不仅没有增加，反而有所下降，而同期办理的刑事案件数却明显增加了。例如，1999 年北京海淀区检察院起诉部门共 45 人，17 个办案组，年受理刑事案件 2300 件，每个办案组年均结案 130 件，平均 1.7 个工作日办结一案。海淀区法院刑庭有 35 名干部，4 个审判长、3 个独任法官，一年审理 2000 件案件，相当于 1 天审结 1 件案子。正如台湾地区著名律师陈传岳批评 20 世纪 90 年代初台湾地区法官人均办案负担重时所说：这是客观上陷法官于不能，"法官被要求训练得像神一样，卷宗看过去，争点要自然跳出来"。[1]

（二）诉讼效率状况

1. 诉讼冗长的客观存在。以下三个典型案例可为诉讼冗长的现实做生动的注解。（1）谢洪武案：作为"无案宗、无罪名、无判决、无期限"的"四无案件"当事人的谢洪武，1974 年 6 月 24 日遭当地公安机关拘留，直到 2002 年 10 月 30 日，玉林市公安局终于签发了"释放证明书"。[2]（2）胥敬祥案：1992 年 4 月 13 日，胥敬祥被鹿邑县检察院批准逮捕。鹿邑县检察院、河南省检察院周口分院（现周口市检察院）曾经 7 次退回补充侦查。4 年多后，鹿邑县检察院对胥敬祥提起了公诉。1997 年 3 月 7 日，鹿邑县法院一审以抢劫罪和盗窃罪，判处胥敬祥有期徒刑 16 年。从 2001 年到 2005 年，胥敬祥案经过 5 次审理，2005 年 1 月 10 日，河南省高级法院下达终审裁定书，撤销一、二审法院有罪判决，发回鹿邑县法院重新审理。2005 年 3 月 15 日，胥敬祥被无罪释放。（3）河北农

---

[1] 冀祥德：《建立中国控辩协商制度研究》，北京大学出版社 2006 年版，第 87—88 页。

[2] 万静波：《被"遗忘"在看守所 28 年的人》，载《南方周末》2003 年 11 月 14 日。

民杀人案：1994 年 7 月和 8 月，河北承德连续发生两起出租车司机被杀案，同年年底，河北农民陈国清等 4 人被列为犯罪嫌疑人。之后历时 10 年，4 农民 4 次被宣判死刑，又被上级法院以事实不清为由发回重审。[①]

2. 诉讼效率的实证分析。根据北京海淀区检察院统计，以适用普通程序简化审的案件为例，审查起诉阶段的办案天数平均为 73.8 天，超过未退补的法定期限 45 天，需要借助退补来弥补办案时间。其中办案时间最长的案件在审查起诉阶段用了 308 天。[②] 需要指出的是，这是适用普通程序简化审后的案件诉讼效率。由此推断，如果没有适用普通程序简化审的案件平均办案天数将会更长。笔者曾对北京市顺义区检察院 2007 年 35 件简易程序案件进行调查发现，这些案件侦查和审查起诉平均办案时间为 94.3 天，仅比法定期限 97 天少 2.7 天，最长为 210 天，审判平均办案时间为 13.3 天。而且，该院在 2006 年就与公安机关、法院会签了《关于依法快速办理轻微刑事案件的意见》，按照《意见》要求审查起诉期限为 5 天，与目前实际的诉讼周期相去甚远，因此诉讼改革并没有起到提速的作用，简易程序也没有起到简易之功效。

（三）司法人员素质

刑事审判工作对于司法人员的知识结构、专业素养、社会阅历、法律职业经历等要求十分严格。虽然检察官法、法官法颁布后，选任检察官、法官水准虽有所提高，但是我国对检察官、法官任职资格规定本身就很低，即使是通过全国司法考试和检察院、法

---

① 万兴亚、包丽敏、温淼：《专家称：有罪该杀　无罪释放》，载《中国青年报》2004 年 3 月 31 日。

② 孙力、李巧芬：《认罪案件处理程序研究——以北京市海淀区人民检察院办案实践为视角》，载《人民检察》2008 年第 14 期。

院内部考试的检察官、法官仍然在法律素质方面存在明显的不足。如检察官法、法官法规定担任检察官、法官必须具备的条件是：具有中国国籍，年满 23 岁，拥护宪法、良好政治、业务素质和良好的品行，身体健康，法律专科或非法律本科，从法律工作满 2 年。这种司法官准入标准在世界范围内是属于低标准。英国高等法院的法官要求在任职 10 年以上的辩护律师中挑选，辩护律师要求大学法学院毕业后必须进入英国四大法律学院的任何一所学习 3 年，经过多次严格考试完全及格者。美国联邦系统法院法官资格是在美国大学法学院毕业并获得"法律职业博士"（JD），经过严格律师资格考试合格，从事律师工作若干年。法国法官资格要求是必须在大学读完 4 年法律课程考试合格后，参加并通过由政府主持的考试，合格者可进入国立法官学院，进行为期 31 个月培训并再次通过考试者。日本法官资格的取得必须通过统一严格司法考试，日本司法考试有"世界上最难的考试"之称，1970—1991 年，平均及格率为 2% 左右。俄罗斯法官任职条件是：年满 25 周岁、受过高等法律教育，不少于 5 年司法工作经历、没有劣迹、通过资格考试并获资深法官推荐。[1]

即便如此，目前司法队伍与这一要求都还有一定差距。数据统计显示，1997 年全国法院系统 25 万干部中，本科层次占 5.6%，研究生占 0.25%；检察院系统 18 万干部中，本科层次占 4.0%，研究生只占 0.15%。[2] 而且，在我国工人可以转干当司法人员，军队转业干部可以当司法人员；未经过政法部门锻炼，没有读过法律专业的人可以当检察院检察长、法院院长。[3] 由于司法人员专业素

① 张锐智：《小康·和谐·法治：关于社会主义法治建设的新思考》，辽宁大学出版社 2007 年版，第 206 页。
② 张卫理：《中国需要大批法律人才》，载《法制日报》1997 年 10 月 3 日。
③ 夏勇：《走向权利的时代》，中国政法大学出版社 1995 年版，第 240 页。

质先天不足，直接影响了司法办案能力和办案效率。据统计，1997年我国法官人均结案率 21%，这一数字是美国法官的 1/40，德国法官的 1/50，澳门法官的 1/60，澳门法官一人一年能办 2000 宗案件，珠海法官一人一年只能办 20—30 起案件。①

司法人员不仅要求具备深厚的专业素养，而且更要恪守司法的操守，应当以"服务人民"为其己任，把司法工作当作公平、正义的一部分。② 据法院系统对法院内部人员违纪违法数量的统计，1988—1992 年间，开除违法违纪干警 138 人（含审判人员 32 人），受到刑事处分干警 157 人（含有审判人员 44 人）；1993—1997 年间，法院人员中被依法追究刑事责任有 376 人；1998—2002 年间，全国法院违法违纪人数由 1998 年的 6.7‰下降到 2002 年 2‰，但仍未消除法官违法违纪的现象。③ 而英国自 1701 年以来，高等法院没有受过处分的法官，郡法院自 1846 年成立以来有 2 名法官受过处分。美国联邦法院建立 200 多年来，联邦法官受到弹劾的只有 10 人。法国从 1959 年至 1994 年，有 48 名审判官 15 名检察官受到纪律处分，受处分的法官占同一时期全体法官人数的 0.16%。④

三、案件分流与不起诉

目前司法情状难以应对数量多、类型新、法律关系复杂、办理难度大的刑事案件，难以满足人民群众对司法公正和效率越来越高的要求。通过增加司法人员编制和办案经费的方法，仍然难以解决

---

① 李晓斌：《审判效率如何能有大幅度提高》，载《法学》1998 年版第 10 期。

② 澄社、民间司法改革基金会主编：《司法的重塑——民间司法改革研讨会论文集（二）》，桂冠图书股份有限公司 2000 年版，第 116—117 页。

③ 数据来源最高人民法院工作报告 1993 年、1998 年、2003 年。

④ 张锐智：《国外法官选荐制度特点及启示》，载《辽宁公安司法管理干部学院学报》2007 年第 1 期。

当前的困难。而通过不起诉的方式在审查起诉环节对案件进行分流处理，使相当一部分案件在检察机关终结诉讼程序，这将大大减轻审判机关的司法压力，大大节约司法的人力资源和经济资源。同时，法院也可以从过去审理过多的轻微案件中适当解脱出来，将有限的资源、有限的精力投入到审理大要案中去。通过不起诉方式进行案件分流处理，也是司法谦抑的要求和具体体现。

司法能力的局限性要求以案件分流的方式尽快终结诉讼程序。任何组织或个人的能力都是有限的，司法人员也不例外。正如有学者所说，"当行政机构处理高度技术性的事实或政策问题时，如含铅汽油产生的空中污染物质若被大量吸收是否会构成健康危害，或核反应堆上的紧急核心制冷系统在某些假设的事故中是否足以防止辐射泄漏等，人们会想到配备了多面手律师的法院在做出基本裁定时缺少充分的准备。即使问题简单得仅仅是享受福利待遇者是否有私下的收入来源，机关的事实调查员（他听到了证言并观察了证人的行为举止）也许能更好地评估它们的可靠性并决定真理在哪一方"。[①] 因此在涉及不同道德观念和价值观念之间争议的案件、体现很强行政专业知识和经验的案件、有关政策选择的案件等，司法机关往往只能通过对法律的限缩解释规避审判，或者充分尊重其他机关的判断，或者仅做"浅而窄"的判决，不对案件涉及的深层次问题进行理论阐述和决断。

司法精力的有限性要求通过案件分流的方式尽快终结诉讼程序。面对"诉讼爆炸"时代，司法精力的有限性与维权诉求的无限性之间矛盾逐渐凸显，许多案件得不到及时、有效处理，司法机关的公信力和权威必然会受到不同程度的影响。由此，"经济性司法"开始成为许多国家司法机关需要考虑的问题。美国伯格大法

① ［美］欧内斯特·盖尔霍恩、罗纳德·M.利文：《行政法与行政程序概要》，黄列译，中国社会科学出版社1996年版，第47页。

官就曾强调："我们面临一个严峻的现实，有必要做出抉择：如果我们希望保持最高法院的历史性职能，获得公众的信赖，就必须减少收案数量，以恢复到一个世纪以前的数量。"① 可以说，在"案多人少"矛盾突出的情况下，司法谦抑有利于减少案件负担，是司法机关解决司法精力有限与权利诉求无限之间矛盾的良方，使自己疲于奔命，不仅不能使司法资源得到有效利用，还会使司法公信力受到较大影响和削弱。②

第二节　未成年人犯罪与不起诉

未成年人犯罪，是指刑事责任年龄在实施犯罪时已满 14 周岁不满 18 周岁的行为人群（的犯罪）。③ 未成年人犯罪的刑法处遇是刑法适用中的一个永恒的主题，不起诉制度与未成年人犯罪处遇有着天然的联系。

一、未成年人犯罪现状及分析

（一）基本情况

未成年人犯罪越来越为国际社会和世界各国共同关注。有资料显示，目前我国青少年犯罪形势十分严峻，全国 2.2 亿青少年中，平均每分钟发生一起刑事案件。④ 据统计，1997 年至 2009 年 13 年

---

① 甘文：《行政与法律的一般原理》，中国法制出版社 2002 年版，第 19—20 页。

② 黄先雄：《司法谦抑论：以美国司法审查为视角》，法律出版社 2008 年版，第 76 页。

③ 徐岱：《未成年人犯罪的刑法处遇》，载《吉林大学社会科学学报》2006 年第 6 期，第 50 页。

④ 《有关部门启动"亿万青少年普法行"活动》，载《人民日报》2002 年 11 月 27 日。

间我国青少年罪犯累计 330 万余人次，占总人口数的 2.54%，未成年犯罪累计 80 余万人次（如表 4.3），而且从 1997 年至 2005 年呈逐年递增的趋势，近三年增幅有所下降（如图 4.6）。但是，一些省份未成年人犯罪增长迅速，而且犯罪数量的绝对值也一直在攀升，因此未成年人犯罪问题形势依然严峻，应当引起社会更加广泛的关注。

单位：人

年 份	刑事罪犯总数	青少年罪犯	不满18岁	18岁至25岁	青少年罪犯占刑事罪犯比重(%)
1997	526312	199212	30446	168766	37.90
1998	528301	208076	33612	174464	39.40
1999	602380	221153	40014	181139	36.70
2000	639814	220981	41709	179272	34.50
2001	746328	253465	49883	203582	34.00
2002	701858	217909	50030	167879	31.00
2003	742261	231715	58870	172845	31.20
2004	764441	248834	70086	178748	32.60
2005	842545	285801	82692	203109	33.92
2006	889042	303631	83697	219934	34.15
2007	931736	316298	87506	228792	33.90
2008	1007304	322061	88891	233170	31.97
2009	996666	302023	77604	224419	30.30

表 4.3 全国法院审理刑事案件罪犯情况（1997—2009 年）①

---

① 数据来源：《中国法律年鉴》。

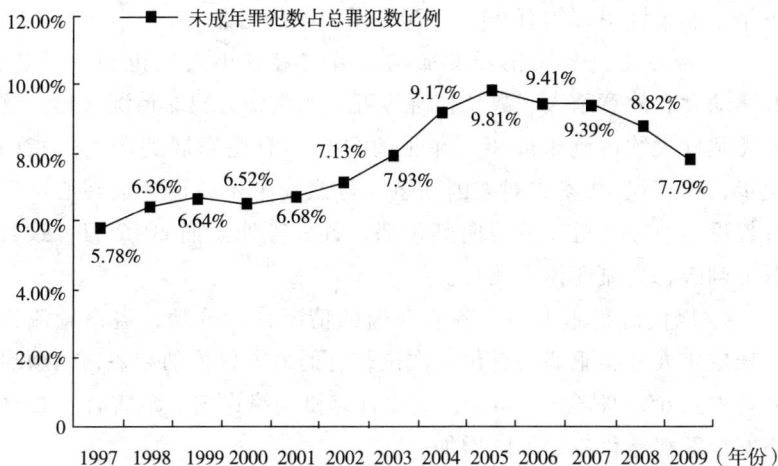

图 4.6　1997—2009 年全国法院审判未成年罪犯比例趋势①

根据中国青少年犯罪研究会 2009 年对全国 18 个省、直辖市的 1793 名未成年犯②抽样调查发现，未成年人犯罪呈现以下新特点③：

1. 文化程度较低。在对 1793 名未成年犯的调查显示，小学文化占 32.55%，初中文化占 60.44%，高中或中专文化占 6.96%，大专以上文化占 0.05%。未成年犯初中以下学历占到 90% 以上，辍学学生成为未成年人犯罪的后备军。

2. 团伙化现象突出。在所有的调查对象中，"有过组建或加入黑社会性质组织想法"的有 632 人，占 36.03%；表示"已经加入黑社会性质组织"有 147 人，占 8.38%；表示"没有组建或加入黑社会组织想法"有 975 人，占 55.58%。据有关部门统计，在青

---

① 资料来源：《中国法律年鉴》。
② 中国青少年犯罪研究会共发放问卷 1800 份，收回有效问卷 1793 份（其中男犯 1666 例、女犯 127 例）。
③ 《我国未成年人犯罪的新动态》，载《法制日报》2010 年 9 月 1 日。

少年犯罪案件中，约有 60%—70% 属于团伙犯罪。[①]

3. 暴力化、恶性化程度加剧。当前未成年人犯抢劫、强奸、奸淫幼女、故意杀人、故意伤害等五类严重暴力犯罪情况突出，这五类案件大约占到未成年人罪犯的 50%。有些发展到令人发指的地步，如年仅 19 岁的刘某因琐事与母亲发生矛盾遂怀恨在心，翌日趁母亲熟睡之机，持刀向其颈部、背部等处猛捅 20 余刀，致其双肺刺破，失血性休克死亡。

4. 以侵财犯罪为主。各省普遍的情况是，抢劫、盗窃轮流排在未成年人各类犯罪的首位与次位，有的地方仅抢劫和盗窃两项罪名就占到 65.5%[②]。近年来，利用计算机网络诈骗、危害计算机网络安全等智能化犯罪不断增加。

5. 法律意识淡薄。调查显示，"不知道"、"不太清楚"未成年人保护法的分别占 36.97% 和 38.05%。对某市 100 名在押未成年犯的调查显示，因一时冲动而犯罪的占 33.52%，而且绝大多数在犯罪时不知道或根本不考虑犯罪行为的后果和应当承担的法律责任。

6. 心理存在缺陷。调查结果显示，父母未尽到监护和抚养责任的超过 40%，有 32% 的人表示怨恨父母，与老师关系好的占 28%。对于"是否会选择重新回到学校"的问题，分别有 37.81% 和 33.05% 的人选择了"不会"和"没想好"。

7. 受网络不良资讯影响严重。调查结果显示，高达 80% 以上的未成年人犯罪与经常接触网络上的不良内容有关。在被调查的未成年罪犯当中，高达 93% 的人"经常进网吧"，有 85% 的人"沉迷网络"，占 92% 的人经常上网"聊天、游戏、浏览黄色网页"。

---

① 康树华：《当代中国犯罪主体》，群众出版社 2005 年版，第 26 页。
② 周路：《青少年罪犯群体人生轨迹实证研究》，载《青年研究》2003 年第 11 期。

8. 行为存在偏差。63.11%的人存在"夜不归宿"现象，10.72%的人存在"接触不良青少年"现象、5.67%的人存在"逃学旷课"现象。而"经常离家出走"的占31.69%。这与家庭、学校教育和管理缺位直接相关。

（二）主要原因

1. 家庭原因。家庭是未成年人成长发育的第一环境，家庭因素也是未成年人走向犯罪道路的首要原因。通常，导致未成年人犯罪的家庭因素（如表4.4）[①] 主要有：一是家庭功能不全，例如离异家庭、单亲家庭、矛盾重重家庭等，给孩子感情上造成创伤，形成变态人格，极易导致偏激型犯罪。二是不良的家庭教育，例如粗暴、溺爱、放纵等，都不利于未成年人健康人格的形成。三是家长行为不检点，父母是孩子的第一任老师，例如家长存在偷窃、赌博、酗酒等违法犯罪行为，容易给未成年人形成不良的榜样和示范作用。

犯罪原因	父母不和、离异	家庭条件差，不给钱用	父母打骂，家庭暴力	父母有恶习	父母不关心、不管教	父母溺爱	其他
人数（100%）	12%	28%	18%	10%	6%	22%	4%

表4.4 父母及家庭教育因素对未成年人犯罪的影响[②]

2. 学校因素。未成年人大部分时期都是在学校度过的，学校是未成年人健康成长的关键性因素，也是未成年人犯罪的重要原因。学校因素对未成年人犯罪的具体影响主要包括（如表4.5）：

---

① 李旺城：《未成年人犯罪和受害同时存在——兼论"四四二"未成年人犯罪预防策略》，载政法网络学堂网，www.zfwlxt.com。

② 数据来源：对北京市顺义区检察院的160名未成年犯案件笔录实证归纳。

一是学校教育方式不当。例如，片面追求升学率，忽视学生德育、法制教育，忽视"后进生"、"双差生"的教育转化等。二是不良的学校环境，既包括学校周边环境，如学校被游戏厅、录像厅、洗头房等包围，也包括学校内部治安环境，如打架斗殴、校园帮会等。三是学校缺乏与家长的联系、沟通，未能及时掌握未成年人心理、情绪变化，无法及时发现苗头性问题。

犯罪原因	唯升学率	教学枯燥	忽视后进生、双差生	缺乏与家长沟通	让学生交费	其他
人数（100%）	34%	14%	20%	18%	8%	6%

表4.5　教师及学校教育因素对未成年人犯罪的影响①

3. 社会因素。任何一个社会成员都生活在一定的社会环境中，社会环境的好坏对于未成年人犯罪也会产生很大的影响。据调查，容易导致未成年人犯罪的社会因素（如表4.6）主要是：一是消极的、非主流的价值观，如"金钱至上"、"权力至上"、不劳而获等。二是犯罪亚文化，突出的是来自"黄、赌、毒"和江湖义气等亚文化的影响。三是工作难、就业难，无事可干、无人可收，导致未成年人铤而走险。

犯罪原因	金钱至上权力至上	黄赌毒	江湖义气	就业困难	其他
人数（100%）	44%	22%	12%	18%	4%

表4.6　社会因素对未成年人犯罪的影响②

4. 自身因素。自身原因是未成年人犯罪的根本因素。一是由于未成年人正处于生理和心理发育成长阶段，辨别是非、自我控制

---

① 数据来源：对北京市顺义区检察院的160名未成年犯案件笔录实证归纳。
② 数据来源：对北京市顺义区检察院的160名未成年犯案件笔录实证归纳。

能力弱，容易受外界环境的干扰和影响，行为不稳，好冲动，易引发犯罪。二是盲目攀比和不平衡的心理特征，容易形成偏激性人格和攻击性人格；当遭受歧视和挫折时，又极易产生逆反心理与报复心理。（如表 4.7）

犯罪原因	认识和控制能力弱	盲目攀比不平衡	报复心理	好奇心理	其他
人数（100%）	28%	32%	14%	22%	4%

表 4.7　生理和心理因素对未成年人犯罪的影响[1]

二、未成年人犯罪不起诉的相关依据

（一）未成年人认识能力和控制能力较弱

据有关方面的统计，13 岁左右是少年开始犯错误的年龄高峰期，原因是其年轻、气盛、是非观念不清、行为不羁、自我控制能力差，易犯错误。湖北省少管所对 160 名少管人员进行统计显示，13 岁为始犯年龄的人数占 67.1%。综合比较，13 岁开始犯各种错误的孩子，比 12 岁的突然猛增一倍以上。从其生理发展特征看，12 到 17 岁，正值人生青春发育期：能量新陈代谢周期短且快，精力充沛，特别好动；性机能萌发，体内产生了性激素，感情容易冲动，冒险性大，进而带来了心理上的不平衡。他们正处在生理、心理不成熟期、社会影响干扰性大、知识不多、经验不足等多种矛盾交织和冲突中，又从小学升入初中，生活变化突然，自感长大成人，遇事想自己做主，可又缺乏是非识别能力，一遇不良影响就可能在摆脱家长管教中步入犯错误的行列，成为违法犯罪的先锋队或

①　数据来源：对北京市顺义区检察院的 160 名未成年犯案件笔录实证归纳

预备队，这势必徒增其社会危险性。①

　　未成年人之所以作为特殊的行为人群体，因为法律拟制其在认识能力与控制能力方面相较成年人存在很大差距。通常情况下，刑法应当恪守主客观相统一的原则，但未成年人在主观认识和意志上的确存在不足，因此法律明确规定未成年人应当从轻或减轻处罚。进一步研究表明，未成年人的认识状态和控制状态的缺陷是导致其犯罪发生的潜在根源，因为未成年人难以对自己的手段方式、作用对象、事物发展的因果过程、社会危害性等有较为清晰的认识和判断，一旦其受到外界刺激和诱惑往往容易发生犯罪。这一过程反映了未成年人存在的人身危险性，也即未成年人认识能力与控制能力的非定型性（不成熟性），导致了违法犯罪发生的外部行为，并通过这一动态的过程表征了未成年犯人身危险性。②

（二）未成年人可塑性和可改造性较强

　　孟子说过："人皆可以为尧舜。"荀子说过："涂之人可以为禹。"说明现实的个人与理想的道德人格之间并没有不可逾越的鸿沟，这是因为现实的个人都具有一定的可塑性。所谓可塑性，又称可教性，是指受教育者个体在生理、心理、社会意识形态方面，在一定条件下具有按照教育者所需要的方向变化、发展的潜在可能性。可塑性个体是进行教育和训练的前提性条件和生物性基础。③而实质上，人的可塑性是人的大脑的可塑性。神经发展心理学家认为，人脑的可塑性是人类个体发展过程的脑以及成熟以后的脑对环境积极适应和调整的特性。可塑性是中枢神经系统的重要特性，即

---

① 周密：《论证犯罪学》，北京大学出版社 2005 年版，第 245—246 页。
② 陈伟：《未成年人的人身危险性及其征表》，载《西南政法大学学报》2011 年第 1 期。
③ 朱本：《关于儿童的可塑性与抗塑性问题的探讨》，载《教育改革》1998 年第 5 期。

在形态和功能活动上的可修饰性，可理解为中枢神经系统因适应机体内外环境变化而发生的结构与功能的变化。[1]

　　未成年人青春期大脑发育的特点主要表现在以下方面：首先是脑重量和容量的增长。到青春发育前期（约 12 岁），大脑平均重量和容量已经接近成人水平；其次是大脑结构和机能的变化。到青春发育前期，大脑皮质的沟回组合已经完善、分明。再次，神经细胞不断复杂和完善。10 岁左右枕颞叶皮层的神经元基本完成了髓鞘化，11—17 岁完成大脑联络皮层的神经髓鞘化，以确保信息传递畅通、互不干扰；然而，18—26 岁大脑前额叶新皮质的神经髓鞘化才能够完成，到 20—25 岁以后，大脑才完全成熟[2]。青少年的大脑正处于从不成熟到成熟的过渡阶段，其结构和功能的可塑性非常强。譬如，小孩子早期学习的知识，即使他以后不能很清楚地回忆起来，这些知识也会永远保存在他的脑海中。如果一个孩子大脑的语言中枢不幸受到了损害，在数月内，他的大脑可发育出另一个语言中枢；如果成年人的言语中枢受到同样的伤害，则很难恢复，因为成年人的大脑失去了可塑性。[3]

　　大脑的可塑性是智力和认知功能发展的神经基础，也是"教育、感化、挽救"未成年犯的直接依据。无论是强调"教育为主、惩罚为辅"原则，还是贯彻"教育、感化、挽救"方针，实际上都隐含着这样一个逻辑前提，即未成年人不同于成年人的特别之处，就在于他们有着较强的可塑性和矫正可能性，能够通过一定的矫正措施，使失足的未成年人重新回到人生的正确轨道上，教育得

① 刘海燕、李玲玲：《脑的可塑性研究探析》，载《首都师范大学学报（社会科学版）》2006 年第 1 期。
② 林崇德、李庆安：《青少年身心发展特点》，载《北京师范大学学报（社会科学版）》2005 年第 1 期。
③ 《脑发育关键期和可塑性》，载"http://www.wenkang.cn/"，2010 年 7 月 26 日。

好、挽救得好、感化得好。而较强的可塑性，正来源于未成年人生长发育尚不完全，仍然存在极大的转变、完善和发展之可能。这实质上为从轻或者减轻处罚未成年犯提供了一定的科学依据。

（三）关于不起诉未成年人犯罪的法律规范

关于未成年人犯罪适用不起诉的刑事政策依据和刑法规范依据，前面章节已经论述。本部分主要从刑事法典和刑事司法解释之外的关于未成年人犯罪的国内法律中，探寻未成年人犯罪适用不起诉制度的实体根据。

1. 国内单行法依据。《中华人民共和国未成年人保护法》和《中华人民共和国预防未成年人犯罪法》是我国关于未成年人保护和预防未成年人犯罪的单行法，两部法律均提出了关于未成年人犯罪的"教育、感化、挽救"方针和"教育为主、惩罚为辅"原则，确认了对未成年人犯"应当依法从轻、减轻或者免除处罚"的刑事处罚规定。这一方针、原则和刑事处罚规定，是检察机关办理未成年人犯罪案件和开展未成年人司法保护的指导思想和依据①。

2. 国际公约根据。

有以下四个方面：（1）《联合国少年司法最低限度标准规则》。1985 年联合国第七届预防犯罪和罪犯待遇大会通过了《联合国少年司法最低限度标准规则》（以下简称《北京规则》）。《北京规则》中规定了有关对未成年人犯不起诉的实体依据，第 11 条规定："应酌情考虑在处理少年犯时尽可能不提交第 14 条第（1）项中提到的主管当局正式审判"；"应授权处理少年犯案件的警察、检察机关或其他机构按照各法律系统为此目的规定的标准以及本规则所载的原则自行处置这种案件，无须依靠正式审讯"；第 17 条

---

① 武延平：《不起诉制度的改革与完善》，载樊崇义主编：《诉讼法学研究》（第 2 卷），中国检察出版社 2002 年版，第 217 页。

规定：关于对少年的刑事处罚原则，强调监禁应当总是"作为最后的手段和限制在必要的最短期限内"。第20条规定："每一案件从一开始就应迅速处理，不应有任何不必要的拖延。"

（2）《联合国预防少年犯罪准则》。1990年第八届联合国预防犯罪和罪犯待遇大会通过了《联合国预防少年犯罪准则》（以下简称《利雅得准则》）。《利雅得准则》第1节第1—6条规定："预防少年犯罪是社会预防犯罪的一个关键部分，要成功地预防少年犯罪，需要全社会进行努力"；"预防少年犯罪的政策和措施应避免对未造成严重损害儿童发育和危害他人的行为而给儿童定罪和处罚"；"在防止少年违法犯罪中，应发展以社区为基础的服务和方案，特别是在还没有设立任何机构的地方。正规的社会管制机构只应作为最后的手段来利用。"

（3）《联合国保护被剥夺自由少年规则》。该规则第1条规定："少年司法系统应维护少年的权利和安全，增进少年的身心福祉，监禁办法只应作为最后手段加以采用"；第2条规定："只应根据本《规则》和《联合国少年司法最低限度标准规则》所规定原则和程序来剥夺少年的自由。剥夺少年的自由应作为最后的一种处置手段，时间应尽可能短，并只限于特殊情况。制裁的期限应由司法当局确定，同时不排除今后早日释放的可能性"；第17条规定："被逮捕扣押的少年或待审讯（"未审讯"）的少年应假定是无罪的，并当作无罪者对待。应尽可能避免审讯前拘留的情况，并只限于特殊情况。因此，应作出一切努力，采用其他的替代办法。在不得已采取预防性拘留的情况下，少年法院和调查机构应给予最优先处理，以最快捷方式处理此种案件，以保证尽可能缩短拘留时间。应将未审讯的拘留者与已判罪的少年分隔开来。"

（4）《关于检察官作用的准则》。1990年联合国第八届预防犯罪和罪犯待遇大会通过了《关于检察官作用的准则》，其中第14条规定："如若一项不偏不倚的调查表明起诉缺乏根据，检察官不应提出或继续检控，或应竭力阻止诉讼程序。"在"起诉之外的办法"部分第 18 条规定："根据国家法律，检察官应在充分尊重犯罪嫌疑人和被害人人权的基础上适当考虑不起诉，有条件或无条件地中止诉讼程序或使某些刑事案件从正规的司法系统转由其他办法处理。为实现此目的，各国应当充分探讨采用非刑事办法的可能性，目的不仅在于减轻法院过重的负担，而且也避免犯罪嫌疑人受到不必要的审前拘留、起诉和定罪的污名，以及避免监禁可能带来的不利后果。第 19 条在检察官拥有决定应否对少年起诉酌处职能的国家，应对犯罪的性质和严重程度、保护社会和少年的品格和出身经历给予特别考虑。作出决定前，检察官应根据有关少年司法审判法和程序特别考虑可行的起诉之外的办法。检察官应尽量在十分必要时才对少年采取向法院起诉的方式"。

三、起诉未成年人犯罪的消极后果

最大的消极后果是未成年犯被标签化。标签理论认为，"贴标签是违法犯罪的催化剂。一个人在初次实施违法犯罪行为以后，如果被有权界定标签的人贴上不道德或犯罪人的标签，就留下了一个污点，使行为人处处受到这种污点的影响，长期下去，被贴标签者便会认可这种标签，进而实施更加严重的违法犯罪行为，最终成为职业犯"。[1] 其具体表征为：

（一）未成年人重新犯罪问题

据有关统计，截至 2010 年 8 月，上海市未管所在押少年犯共607 人，两次以上犯罪的有 50 人，占 8.24%。其中，判处非监禁刑或刑满释放后一年内重新犯罪的人数为 36 人，其中 3 个月内重

---

① 魏平雄：《犯罪学教程》，中国政法大学出版社 1998 年版，第 69 页。

新犯罪的 6 人，3 个月至 6 个月的 13 人，6 个月至 1 年的 17 人。[1]
在这里，一个很重要的原因就是未成年犯被贴上"犯罪标签"，不
但得不到社会的认可，反而遭受周围人的歧视。这些强烈地刺激着
未成年犯原本就脆弱的自尊，增加了其回归社会和与人交往的难
度。对于未成年犯来说，他们在回归社会的过程中本身就存在自我
认同的艰难和痛苦，一旦遭受他人的贬损和歧视，进一步加深了对
自己"罪犯"的认同，也将其推向了更危险的境地。[2]

			身边人（如同学、朋友等）的态度				合计
			关心	一般	无人过问	歧视	
犯罪次数	2次	计数	6	25	7	8	46
	3次	计数	0	1	2	1	4
合计		计数	6	26	9	9	50
		犯罪次数中的%	12.00%	52.00%	18.00%	18.00%	100.00%

表 4.8　社会态度和未成年人重新犯罪的关系

（二）判处非监禁刑未成年人复学难

对非监禁刑未成年人及时予以复学安置，是教育、感化、挽救
失足未成年人，预防失足未成年人重新违法犯罪的重要举措，也是
有关职能部门沟通协作、合力保护未成年人健康发展的重要职责。
北京市法院系统统计数据显示，北京市 3 个中级法院、21 个基层
法院 2005 年至 2007 年共判处非监禁刑未成年人 2000 余人，其中
应复学（"应复学"主要指被宣告缓刑、免刑以及刑满释放的未成
年犯罪学生，还包括处于义务教育期内的辍学未成年人）的未成
年人 800 余人，应复学而未能复学的未成年人 300 余人，约占非监

---

① 上海市第一中级人民法院少年审判庭课题组：《未成年人重新犯罪的实证分析
及对策研究——以上海市未成年犯管教所在押少年犯为研究样本》，载《青少年犯罪问
题》2011 年第 3 期。
② 孔一：《少年再犯研究——对浙江省归正青少年重新犯罪的实证分析》，载《中
国刑事法杂志》2006 年第 4 期。

禁刑未成年人总数的 17% 和应复学非监禁刑未成年人总数的 43%。① 判处非监禁刑未成年人之所以复学难，一言以蔽之，乃犯罪标签使然。一方面部分学校因受"违法犯罪一票否决制"、"零犯罪指标"等制度的限制，或担心其他未成年人受到不良影响，或以"不归教委直接管辖"、"不在九年义务教育阶段"等为由，不愿接收非监禁刑未成年人复学；另一方面社会舆论对于有犯罪经历的未成年人存在不同程度的歧视和排斥，部分学生及家长对学校接收非监禁刑未成年人复学有抵触情绪。

（三）未成年犯就业难

1954 年 8 月 26 日，原中央人民政府政务院通过的《中华人民共和国劳动改造条例》第 62 条指出："凡是犯人在刑期满了临释放的时候，自愿留下就业，或者无家可归无业可就、或者在地广人稀地区可能就地安置的，劳动改造机关就应当组织他们劳动就业。"同时，政务院通过了《劳动改造罪犯刑满释放安置就业暂行办法》。实际上，党和国家一直以来都非常重视刑满释放人员就业安置问题，尤其是未成年犯复学、就业安置。但是，根据北京市监狱局 2005 年在对该局各监所服刑的 2209 名累犯（占在押犯总数的 15%）进行了专项调查，有 63.42% 的累犯反映刑释后找不到工作，63.56% 的人没有稳定收入。② 重新犯罪的刑释人员就业安置情况大多不理想，农村籍未成年刑释人员回乡后责任田得到落实，而城镇籍未成年刑满释放人员的就业安置率仅为 41%。

随着就业要求越来越高、就业压力越来越大，对于无工作经

---

① 宋莹：《北京市法院关于判处非监禁刑未成年人复学情况的调研报告》，载《青少年犯罪研究》2008 年第 6 期。

② 潘开元、李仲林：《北京市监狱管理局在押累犯犯罪原因及矫正对策》，载《中国司法》2006 年第 4 期。

历、无挂靠单位、无就业技能、无学历文凭、无技术职称且有前科
有污点的未成年刑满释放人员来说，无疑是难上加难。河北省未成
年犯管教所对在押犯所作的一次调查显示：81.7%的未成年犯最大
忧虑是无一技之长，担心回到社会后找不到工作、不能就业、生活
没有出路。由于周围人"一朝为罪犯，一生是犯人"的歧视和偏
见，严重影响了未成年犯的社交和人际关系，以至于就业、婚姻家
庭等问题都不能很好解决。例如，浙江某县曾经发生一起恶性案
件：一未成年犯在街道大力帮助下，筹款搭棚做生意。他生活有
着，对政府感恩戴德，决心重新做人。但在整顿市容时，有关人员
以违章建筑为由，不但把他的售货棚拆掉，而且把其货物和营业执
照也没收了。他多次交涉，只求退还执照结果也未能如愿。他在绝
望之中，杀死了没收执照的人。①

　　"标签理论"对于少年司法的影响非常重大。在少年受到司法
程序处理后，他们就会被打上罪犯的烙印，烙印效应使其自我修正
为犯罪者的形象，因而脱离社会，加深其犯罪性，因而成为真正的
犯罪者。具体言之，一旦未成年犯被判有罪而服刑中，对独生子女
组成的家庭及未成年人本人将产生巨大的打击。服刑出狱后，撕去
标签的过程是否顺利，要看其再社会化难易程度。何况，基于监狱
环境之限制，未成年犯难免感染一些不良恶习。因此，要尽量避免
对未成年犯有任何形式的烙印过程，即刑事司法过程愈多，对犯罪
少年的伤害也愈大。所以，少年刑事司法体系从调查开始，到进入
起诉、审判、矫治等整个过程，均应简化，甚至能免则免，能不诉
则不诉。

---

　　① 杨世光等：《刑满释放人员回归社会问题专题：回归社会学研究》，社会科学文
献出版社1995年版，第4页。

第三节 贫困人口犯罪与不起诉

一、贫困人口犯罪[①]的定义

(一)"贫困人口"概念考察

从最广泛的意义上看,贫困是指缺乏为享有一种基本生活水准而必需的经济资源。贫困人口是指那些被剥夺了为达到该社会适当生活必备的条件的人。[②] 根据我国贫困标准(如表4.9),虽然我国贫困标准有所提升,但相对居民消费指数水平而言非常低,较国际贫困标准低 200 余元。我国农村低收入标准与国际贫困标准相当。这里需要特别指出的是,贫困人口所拥有的净资产仅能维持最基本的生活需要,所以"贫困人口"是一个静态资产与动态资产相结合的概念。

年份	2000	2001	2002	2003	2004	2005
农村贫困标准(元)	625	630	627	637	668	683
农村低收入标准(元)	865	872	869	882	924	944
国际贫困标准(1天1美元)*(元)	876	882	873	884	918	935

表4. 9 2000—2005 年我国贫困标准[③]

有关"贫困人口"经济状况,据统计,2000 年城市贫困人口

---

① 本文所提出的"贫困人口犯罪",主要指行为人因生活无着、生存困难而引发的犯罪。它并非一个严格的刑法学或犯罪学上的概念,作者仅为概括这一类犯罪现象,方便行文而使用。

② John Scott, Poverty and Wealth, 1994, p. 17.

③ 数据来源:王萍萍:《中国贫困标准与国际贫困标准的比较》,载《调研世界》2007 年第 1 期。

平均收入为 1477 元，比当年贫困线 1875 元约少 400 元，贫困家庭人均消费支出 1722 元，收支倒挂 245 元，入不敷出约 17%。从 1998 年开始，中国社会科学院对上海、天津、武汉、兰州和重庆等 5 个城市 2500 户贫困家庭进行了问卷调查。其结果显示：（1）每星期吃肉的天数平均在 1—2 天，武汉、天津和兰州 40%—60% 的家庭不沾荤腥；80% 以上的家庭副食以素菜为主，并且总是买最便宜的蔬菜吃。（2）90% 以上的家庭中成年人极少买新衣服，30%—60% 的家庭成年人穿的衣服主要靠亲友赠送，有的是基层社区募集的旧衣物。（3）30%—60% 的家庭成员患有慢性病和遗传病，但不去医院看病的占到 50%—70%。（4）60%—90% 的家庭负担不起学杂费，50%—80% 的家庭在教育方面没有能够享受到政府或学校的优惠。[①]

（二）"贫困人口犯罪"概念分析

1979 年诺贝尔经济学奖得主、著名经济学家舒尔茨提出了"穷人经济学"的概念，令人深思。他在获奖演讲中说："世界大多数是贫困人口，如果你懂得了穷人的经济学，那么你就会懂得经济学当中许多重要的原理。世界大多数贫穷人当中，又主要是以农业为生计的。如果你懂得了农业，那你就真正懂得了穷人的经济学。"[②]

那么，在转型期的中国是否需要"贫困人口法律学"呢？贫困人口法律学指为了贫困人口的法律，为了社会弱势群体的法律。笔者认为，这是非常有必要的。正如温家宝总理于 2009 年 2 月 2 日在英国剑桥大学演讲：经济学说应该代表公正和诚信，平等地促

---

① 唐钧：《2001—2002：中国贫困与反贫困形势分析》，载民政部网站，http://dbs.mca.gov.cn/article/csdb/llyj/200711/20071100003469.shtml。

② 卢周来：《何谓"穷人的经济学"》，载《北京日报》2005 年 3 月 23 日。

进所有人，包括最弱势人群的福祉。被誉为现代经济学之父的亚当·斯密在《道德情操论》中指出："如果一个社会的经济发展成果不能真正分流到大众手中，那么它在道义上将是不得人心的，而且是有风险的，因为它注定要威胁社会稳定。"① 同样，如果法律的公平正义不能真正分流到大众手中，那么它在道义上将是不得人心的，而且是有风险的。

在"贫困人口法律学"中"贫困人口犯罪"更是引人关注，通常是充满了辛酸与无奈。司法实践中，"贫困人口犯罪"的案件很多。例如，2008 年 7 月 10 日，一中年女子在郑州市一家双汇连锁店内因为偷窃猪肉被警察抓住。当该妇女发现报社记者拍摄照片时，便以头撞墙。她解释说她的儿子正在上高中，如果儿子看见了自己偷肉的照片，以后就没脸面生活下去。她告诉警察，自己供养儿子上高中花费很大，家里已经两个月没吃过肉了，偷肉是为了让儿子吃得好一点，能够补充一些营养。② 她到底是一个小偷，还是一位"伟大的母亲"？这是一个两难的问题。我们既无法斩钉截铁地说她是小偷，也无法理直气壮地说她是一位"伟大的母亲"——法律在母性面前丧失了权威（河南商报记者评论）。这则新闻引发数千名网友的热议，认为这位母亲虽然犯了盗窃罪，但她是一位伟大的母亲。在同情之余，不禁要问：是怎样的无奈和贫穷让这位母亲选择了犯罪？

"贫困人口犯罪"，是对行为人主要基于贫困的原因，而且这种贫困是持续的、被动的、仅靠本人努力难以摆脱的生活困难而实施犯罪的一种描述与概括。③ 因为犯罪主体比较特殊，属于经济社

① ［英］亚当·斯密：《道德情操论》，谢宗林译，中央编译出版社 2008 年版，第 35 页。

② 邢军：《女子超市偷肉，称只想让儿子吃好点》，载《河南商报》2008 年 7 月 11 日。

③ 关信平：《中国城市贫困问题研究》，湖南人民出版社 1999 年版，第 73 页。

会的弱势群体，最突出的矛盾和压力来自"生存困境——缺少生存条件；生计困境——生活贫困，朝不保夕；机会困境——没有个人发展或就业机会；权利困境——各方面权利得不到保障"，[①] 为了能够维持最基本的生存生活条件而选择犯罪。这类犯罪通常涉及法律与伦理的双重评价、公平与正义的拷问与质疑，理应受到社会和司法的关注。

二、贫困人口犯罪的模型

"贫困人口犯罪"是作者基于对犯罪现象的概括而提出的一个概念，主要为了论文论述的需要，未必准确。为了更深入地理解贫困人口犯罪的内涵，以下试图勾画一个贫困人口犯罪的模型。

（一）犯罪动机

动机的产生起始于需要，从需要发展到动机一般要经过"意向—愿望—动机"的心理过程。根据马斯洛的需求理论，人的需要有不同的层次，最基本、最低级的是生理需要（食物、水、温暖等），其次是安全的需要。这两层需要满足与否直接关系到人的基本生存。之所以贫困人口被归于弱势群体范畴，正是由于生存的基本需要没有得到基本的保障，或者虽然希望满足，却现实地缺少满足的能力，而这些生存需要往往是他们行为的第一动力。

生活在城市中的贫困人口背负着养家糊口，为子女或兄弟姐妹挣学费，乃至为病重的亲人挣医疗费等责任。但是，他们需要支付更高的生存成本，而且获得生存资源的渠道却十分匮乏，他们缺乏知识和技能资本、权力资本、人际资本，仅有的是其身体资本，而靠这种廉价劳动力（身体资本的表现形式之一）在城市中生存是

---

① 马皑、乐国安：《弱势群体与心态失衡》，载《政法论坛》2004 年第 2 期。

极为艰难的，偷盗、抢劫、卖淫等违法行为，就成为他们利用身体资本充分降低生存成本的一条可能的捷径。[1]

（二）犯罪主体与犯罪对象

通常，贫困人口犯罪多表现为城市中的外来流动人口犯罪。可以说，一部外来流动人口犯罪史乃半部贫困人口犯罪史。本文以外来流动人口犯罪为样本，探讨贫困人口犯罪的犯罪对象。有关调查数据显示，外来流动人口犯罪以侵财犯罪为主，上海市卢湾区2002 年的统计表明，盗窃、抢劫和抢夺三大侵财犯罪，分别占犯罪总数的 72.6%、6.9% 和 1.7%[2]；天津市 2003 年至 2005 年的统计资料显示，外来人口犯罪人数总数为 11705 人，其中 6726 人实施的是侵犯财产类犯罪，占 57.5%[3]；江苏省南京市 1998 年至2002 年的统计结果是，偷盗、扒窃、诈骗、敲诈，2002 年占44.4%，2001 年占 39.4%，2000 年占 42.0%，1999 年占 38.2%，1998 年占 46.6%[4]。可见，贫困人口犯罪主要是在基本生存需求的强烈犯罪动机驱使下，以财产为主要犯罪对象。相反，如果是非财产性犯罪，譬如侵犯人身权利犯罪、性犯罪等，即便由贫困人口所实施，也不属于"贫困人口犯罪"的基本范畴。

（三）犯罪目的

贫困人口犯罪的目的，应限定为用于维持基本生存的需要。这

---

① 杨胜娟、马皑：《弱势群体犯罪的犯罪动机研究》，载中国政法大学中德法学院编著：《中国法学文档（第 6 辑）》，知识产权出版社 2009 年版，第 41 页。

② 徐志林、金林生、何银松：《上海外来流动人口犯罪现状的社会学分析与控制对策》，载《上海公安高等专科学校学报》2004 年第 2 期。

③ 刘津慧：《天津市外来人口犯罪分析报告》，载《天津市政法管理干部学院学报》2006 年第 4 期。

④ 陈如、肖金军：《南京市流动人口犯罪的调查与思考》，载《青少年犯罪问题》2004 年第 1 期。

主要区别于一般的"贪图享乐"型犯罪。对于那些收入不高，但有正当职业而且能够维持基本生存需要的人员，为了不劳而获、吃喝享乐、贪慕虚荣等需要实施侵财犯罪，而且犯罪的收益用于个人挥霍的，这种犯罪无论如何也不能认定为贫困人口犯罪。笔者认为，贫困人口犯罪的目的一定是为了摆脱本人或者家庭成员面临的生存或生活危机，迫不得已而实施犯罪。其性质属于"雪中盗炭"，因此其可谴责性程度不高。

三、贫困人口犯罪的可宽宥性

根据贫困人口犯罪的模型，可以抽象和总结出贫困人口犯罪可宽宥性的事由。这些事由同时也是贫困人口犯罪可以从轻、减轻或者免除处罚的酌定情节。

（一）基于伦理"高地"

古人云："仓廪实而知礼节，衣食足则知荣辱。"贫困人口犯罪通常具有很强的伦理性，以维护生命健康权为目的和动机。从权利阶位来看，生命健康权显然高于财产权，那么基于生命健康权而侵犯财产权就具有朴素的正当性。正如马克思所说："当无产者穷到完全不能满足最迫切的需要，穷到要饭和饿肚子的时候，蔑视一切社会秩序的倾向也就愈来愈增长了。""生活对他们没有任何兴趣，他们几乎一点享受都得不到，法律的惩罚对他们再也没有什么可怕的。"[1]列宁说："在这种社会里，贫困驱使成千上万人走上流氓无赖、卖身求荣、尔虞我诈、丧失人格的道路。在这种社会里，必然使劳动者养成这样一种心理：为了逃避剥削，就是进行欺骗也

---

① 《马克思恩格斯全集》（第2卷），人民出版社1957年版，第400、401、501页。

行；为了摆脱令人厌恶的工作，就是摆脱一分钟也行；为了不挨饿，使自己和亲人吃饱肚子，聊以糊口，就是不择手段、不惜任何代价也行。"[1]

从伦理道德角度评价，贫穷已是人之不幸，如果再被社会遗忘抛弃，他们就只能依靠自己的法则生存，偷吃扒拿对他们来说已不再是羞耻，违法犯罪甚至成了他们的生存法则。[2]

(二) 基于国家责任

依社会契约论，社会、国家的合法起源来自于人们将自身一部分自然权利自愿让渡给国家。[3] 那么，国家就有责任通过实施各项公共政策来关心和改善每个社会成员的生活，提高社会成员的福利水平。借此，国家应当建立完善的社会保障体系，用以扶助社会弱势群体。1935 年，时任纽约市长的拉古迪亚曾在纽约贫民区的一个法庭旁听了一桩面包偷窃案庭审。被告人是一位老太太。当法官问她是否愿意认罪时，老太太嗫嚅着回答："我需要面包来喂养几个饿着肚子的孙子，他们已两天没吃到任何东西了。"法官裁定："罚款 10 美元，或者拘役 10 天。"意想不到的是，审判结束后拉古迪亚脱下帽子，放进了 10 美元，然后向旁听席上的人说："现在，请每个人另交 50 美分的罚金，这是为我们的冷漠所付的费用，以处罚我们生活在一个要老祖母去偷面包来喂养孙子的城市与社区。"在场的每个人都默默地捐出 50 美分。[4] 这个案例生动地说明了国家、社会乃至每一位公民，对贫困人口犯罪所应负的责任。

---

① 《列宁全集》，第 26 卷，第 385 页。

② 叶传龙：《从"水葬母亲"看穷人的生存法则》，载千龙网，http://news. xinhuanet. com/comments/2008－12/01/content_ 10437134. htm，2008－12－01。

③ [法] 卢梭：《社会契约论》，何兆武译，商务印书馆 1980 版，第 56 页。

④ 高玉社、杨英：《百年剑桥讲授的人生哲理》，华夏出版社 2009 年版，第 255—256 页。

19 岁的北京市顺义区农民李大伟（化名）听到自己被判决 18 年有期徒刑时，长舒了一口气。再次抢劫，他为的就是这一刻。身患严重再生障碍性贫血的他，在清河 999 急救中心等来了专程前来宣判的法官。法官的宣判意味着——他能到监狱里免费治疗，保住性命。这个案例被喻为现实版的《警察和赞美诗》。这是多么绝妙的讽刺，现实中的人竟然还不如犯人得到的医疗保障充足和完善。贫困人口看不起病已是不争的事实，所谓"脱贫三五年，一病回从前"。卫生部原副部长朱庆生曾在新闻发布会上说，至今中国农村仍有一半的农民因经济原因看不起病，在中西部地区，农民因看不起病，死于家中的比例高达 60%—80%。① 自从改革开放以来，居民平均收入水平有了相当大的提高。但是，贫富之间的差别却急剧扩大。用基尼系数进行衡量，② 1980—2005 年我国基尼系数呈直线上升的趋势：1980 年的基尼系数是 0.23，1995 年达到 0.389，2005 年达到 0.47，③ 超过了国际上 0.40 的警戒线。在列出的 127 个国家中，基尼系数低于我国的有 94 个，高于我国的只有 29 个，后者中 27 个是拉丁美洲和非洲国家，亚洲只有马来西亚和菲律宾两个国家高于我国。这充分说明了社会分配不公、贫富差距悬殊是现实存在的。

在这种贫富悬殊的社会中，政府必须对贫困人口及其犯罪负起责任。虽然一时还无法消灭贫穷，但如果能给像李大伟一样的贫困

---

① 洪巧俊：《以犯罪来获免费治疗国民皆受害》，载新华网，http：//news. xinhuanet. com/comments/2008－11/27/content_ 10419516. htm，2008－11－27。

② 所谓基尼系数，是反映一国社会分配状况的指标，0 为"完全平等"，1 为"极端不平等"。目前公认的标准是，基尼系数在 0.3 以下为"好"，0.3－0.4 之间为"正常"，超过 0.4 为"警戒"。一旦基尼系数超过 0.6，表明该社会处于可能发生动乱的"危险"状态。根据经济学的解释，基尼系数指在全部居民收入中用于不平均分配的百分比，数值越大，说明收入分配越不公平。林兆义、张江明：《现代化与辩证法 社会主义现代化建设若干重大关系问题研究》，济南出版社 1998 年版，第 315—316 页。

③ 资料来源：《中国统计年鉴》。

人口指明治病路径，再建立相应的社会保障机制，让贫困人口放弃他们不得已选择的生存法则，改变生存现状，减少犯罪。总之，只有让贫困人口有活下去的希望，这个社会才有希望。

（三）基于实质正义

罗尔斯把正义分为实质正义与形式正义。[①] 如果在刑事司法过程中，不考虑犯罪嫌疑人的身份，单纯地讲"法律面前人人平等"，其追求的结果必然只是形式上的正义，是形式上的平等，而不是实质的正义和实质的平等。我们国家转型期的社会现实的最大特征之一是城乡差距巨大、地区差距巨大、贫富差距巨大、社会不公现象突出。刑事司法在审查起诉、做出判决的时候，需要考虑这些社会现实吗？起码，按照目前的法律，没有规定需要考虑这些社会现实。但是，如果在刑事司法中不考虑这个社会现实背景，就意味着完全忽视了发生犯罪的社会因素，实质上是以极其过时的单纯报应主义的立场和理念执法。以单纯的报应主义作为刑事司法的立场，形式上是追求法律面前人人平等，但是并没有实现实质的正义和实质的平等。因为这种执法实际上以平等的法律去要求身份不平等的人，结果还是不平等。所以，不要说法律面前人人平等，因为他们是以不平等的身份面对这部法律，以不平等的身份遵守这部法律。不盗窃，对一个富人来讲，不是件困难的事，但是对于郑州双汇肉食店和纽约面包店盗窃的母亲和祖母而言，却不是件容易的事。更为关键的是，他们的贫穷，并非因为懒惰，并非因为他们不勤奋，不是因为他们拒绝接受教育，而是他们没有公平的机会去获得工作和教育，没有获得政府应当给予的帮助。

印度民族解放运动领袖甘地曾说，"我所理解的民主是：在这

---

① ［美］罗尔斯：《正义论》，何怀宏、何包钢、廖申白译，中国社会科学出版社1988年版，第52—55页。

一制度中最弱者应当有和最强者一样的机会。"① 教育机会的不平等，是机会不平等的重要表现之一。我国农村人口所享有的教育资源和教育机会，与城市人口相差悬殊。从全国范围来看，目前城乡大学生的比例分别是 82.3% 和 17.7%。而在 20 世纪 80 年代，高校中农村生源还占 30% 以上。因此有专家认为，近年来农村孩子上大学的绝对人数没有减少，甚至还有可能增加，但农村孩子在大学生源中的比例在明显下降，与 20 世纪 80 年代相比几乎下降了近一半。② 这为贫困人口犯罪埋下了隐患。

四、贫困人口犯罪的不起诉选择

（一）非犯罪化、非刑罚化的非主流性

我国的立法和司法指导思想，距离当今世界刑事法改革的潮流还有相当大的距离，刑法工具主义、刑法万能主义以及重刑主义倾向依然是当今立法者、司法者和广大公众的普遍情感逻辑。笔者悲观地预测，在可以预见的将来，非犯罪化、非刑法化、刑法个别化等现代刑事政策还难以成为中国刑事法治的主流选择；更不要说与新社会防卫运动所倡导的"坚决反对传统的报复性惩罚措施，坚决保护权利，保护人类，提高人类价值"的刑事政策接轨。那么，追求刑事司法的实质平等，就成为当代中国刑事司法者的一个具有崇高价值的挑战。现实，真的让人无所作为吗？不，当上帝关上一扇门时，一定为你打开一扇窗子。不起诉，就是我国重刑主义刑事法律体系留下的一扇窗、一个减压阀、一个调节器。对于"贫困人口犯罪"，司法者应当充分发挥不起诉这个减压阀的功能，让宽

---

① ［印度］甘地：《论非暴力》，载夏中义主编：《大学人文读本人与世界》，广西师范大学出版社 2002 年版，第 6 页。

② 郭立场、彭传丽：《82.3% 和 17.7%》，载《大众热报》2009 年 3 月 5 日。

缓的刑事政策更多地向贫困人口倾斜，特别是对那些因生活所迫、衣食无着而犯轻罪的偶犯、初犯，作为对他们不幸身份的一种补偿，也为了新社会防卫运动所倡导的所有人的价值和尊严。

（二）刑罚的过剩性与负面性

1. 刑罚的过剩性。刑法理论认为，刑罚过剩是指刑罚之量超过了适当之限度，对于惩治与改造犯罪人来讲，已属非必要性之刑罚。一般人心目中均有权衡利害得失之观念，即为"经济人"。在犯罪与刑罚的关系上，行为人往往将犯罪所得之益与刑罚所加之害相比较，如后者大于前者，就能阻吓犯罪。所以刑罚必须在此边际效用之限度内，以法律明文规定。即刑罚在这个限度之内能最好发挥功效，如过分逾越此限度，或不足，将会产生各种不良副作用，使法令的执行发生障碍。[①] 例如，24 岁的宋红磊大学毕业后在郑州市惠济区某单位工作，由于人品、文笔较好，案发前一星期刚被单位破格提拔为办公室主任。其父亲 1990 年被确诊为肝癌，1998 年去世，留下 30 多万元的外债。生活的重担全部压在宋红磊母亲身上，还要抚养 3 个孩子，一家 4 口常常是吃了上顿没下顿。上大学时，宋红磊为省钱，每月仅花 30 元生活费，周末回家蒸一锅馒头带到学校吃。不幸的是，宋红磊妹妹宋红玉被确诊得了红斑狼疮，而且是晚期，需要高额的医疗费用，只好申请回家靠吃药控制病情。2005 年 11 月，宋红玉病情恶化，又被送进了医院，并下了病危通知书。如果继续治疗需要赶快筹钱，否则医院要停止用药。11 月 14 日，宋红玉主动放弃治疗。就在这天，宋红磊为筹医疗费抢劫了 8 千元。庭审当天，辩护律师出示了宋红磊所在的郑州市惠济区青砦村村民们联名信，希望法院宽大处理。最后，法院判处宋红

---

① 谢瑞智：《犯罪与刑事政策》，台湾文笙书局 1996 年版，第 149 页。

磊有期徒刑三年，罚金 1000 元。① 严格从刑法规范来讲，法院判决无可厚非，但从刑罚的目的与作用来看，三年有期徒刑的刑罚对于"迫于无奈而犯罪"的"贫困人口"宋红磊来说是过剩的，刑罚只会给他留下"社会冷漠"与"反社会"的世界观。

2. 刑罚的负面性。从某种角度上讲，司法每制造一个人犯，就毁了一个家庭，人犯因此失去工作或就学、回归社会更加困难、家庭经济陷入困境、家庭关系疏离、夫妻情感失和、子女失去教养教育、家庭成员卷标化等。表面上虽是受刑人一人入监执行，实际却是全家一起"受罪"，正所谓"一人在刑，十人在徒"。不同的是人犯在监内执行自由刑，家属在监外执行"名誉刑"，因为家属可能受邻人白眼，儿女可能受同学嘲笑，家人可能抬不起头，受不敬的待遇，感到羞耻，其卷标的阴影可能是一辈子的。② 因此，监禁并非为最好的方法，除非犯罪属于显需监禁的，否则实不宜轻易为之，这是刑罚谦抑性原则的要求。

（三）不起诉处理的人道性

不起诉制度在一定程度上体现了刑法的人道价值。德国著名刑法学家耶赛克在两德统一后、1992 年德国刑法典第二十六修订版公布时所作的序言中说："刑法只是社会控制的一种方式，它的适用，必然会导致当事人的自由、尊严和财产的重大侵犯和由此而导致的其他社会不利后果，因此，它必须在最大可能限制的范围内使用。……今天，人们普遍认识到通过法制国家的基本原则对刑法加以限制的必要性。人们也普遍认识到，并不是一切看起来对于控制犯罪有效的方法都是正义的。……立法者要求任何量刑都必须考虑

---

① 邢莉云、王亦君：《大学生因贫穷犯罪凸现弱势救助体系完善》，载《中国青年报》2006 年 4 月 4 日。
② 陈新东：《监外行刑——"社区矫正"》，载（台湾）《矫正月刊》第 172 期。

到处罚对于判刑人未来生活所可能产生的影响，而绝不允许把刑罚仅仅看作是公正的表明。……作为刑事政策基础的人道主义不再是每个人对于事物所持的同情态度这样一种个人的事情，而是社会对于犯罪现象所应承担的共同责任问题。对于犯罪人的关怀不再是一种恩惠，而是法制国家一项义务性的社会任务。"① 这段话深刻地阐明了当代国际社会对刑法人道价值的追求和重视。实际上，"真正的法理、正义的法律，从来都是与情理沟通、充满人性意味和人文关怀的精神，因而具有其道德基础的"。② 因为人是社会的主体，人的存在本身即是目的，而不是手段，所以真正的法律必须体现和保障维系着社会存在的基本人道主义价值，这是法律与生俱来的任务。

可喜的是，一些检察官开始关注这样一个问题，并正确运用不起诉这个"调节器"处理案件，收到了良好法律效果和社会效果。例如，北京市丰台区检察院曾办理这样一起案件：山西的一对农民夫妇来北京谋生，找不到合适的工作，就在一些工地附近偷窃，被公安机关查获。案件侦查终结移送检察院审查起诉，检察机关调查发现，夫妇俩家境贫穷，为了供养两个未成年的孩子上学，来北京谋生。检察机关分析认为：其一，犯罪嫌疑人的盗窃动机与生活所迫确实有很大关系；其二，如果把夫妇二人均提起公诉，谁来抚养两个孩子？考虑到这两点，检察机关最后决定将丈夫提起公诉，将妻子做不起诉处理。无疑，这一处理方式彰显了刑事法律的人道主义光环。

这个案例使我想起几年前媒体报道的两则新闻：2006 年 6 月19 日，山西省榆社县一名高考考生的父亲服农药身亡，原因是得知儿子过了高考分数线而作为父亲却付不起儿子的大学费用；同年

---

① 李海东：《刑法原理入门（犯罪论基础）》，法律出版社 1998 年版，第 12 页。
② 梁根林：《刑事政策：立场与范畴》，法律出版社 2005 年版，第 36—37 页。

6月27日，同样的悲剧在翼城县上演，父亲李海明在得知女儿高考成绩的第二天，用一根捆麦的绳子上吊自杀，乡亲们都说是高昂的学费逼死了他。[①] 当时我想，贫穷杀人，高价教育杀人。现在我则思考，如果这两位父亲不是选择自杀，而是为了儿子女儿上大学而盗窃，因为贫穷而选择犯罪，比如盗窃3000元来为孩子凑齐学费。对这样的案件，司法机关该怎样处理呢？在自杀和盗窃犯罪之间选择，这无疑是一个折磨善良人心灵的假设，但是，对于刑事执法者而言，这依然是一个合理的、有价值的假设。

---

① 王霞：《山西再现高考悲剧：女儿考上父亲服农药自尽》，载新浪网2006年7月10日，来源陕西新闻网。

第五章 不起诉的刑法规范
根据

　　刑法规范（Criminal rules），就是以禁止、处罚犯罪行为为内容的法律规范，也称罪刑规范。具体地说，由国家制定与认可并由国家强制力保证实施的，禁止人们实施犯罪行为、命令人们履行义务以免犯罪、指示司法人员如何认定犯罪和追究刑事责任的法律规则，就是刑法规范。按照法理学的一般理论，构成刑法规范的必要因素，包括假定、处理和制裁。

　　刑法规范与刑法条文具有密切联系。刑法条文表达刑法规范，是刑法规范的载体，因此刑法规范是刑法条文的内容与实质。但规范与条文并非等同。由于规范的内容是禁止做什么、允许做什么、应当做什么，故刑法总则中的许多一般性规定与原则性规定，并不属于刑法规范；一个条文可能表达几个规范，几个条文可能表达一个规范；刑法条文是直观的，而刑法规范则不是直观的。

　　刑法规范首先表现为裁判（或审判）规范，即指示或命令司法工作人员如何裁定、判断行为是否构成犯罪、对犯罪如何追究刑事责任的一种规范。裁判规范所指向的对象是司法工作人员，旨在限定司法权力，故司法工作人员具有遵守裁判规范的义务，违反义务者将受到法律制裁。

我国刑法总则、分则以及司法解释中规定了大量的"免除处罚"、"不认为是犯罪"、"免予刑事处罚"、"不负刑事责任""不追究刑事责任"等条款，是不起诉的直接刑法规范依据。但是这些刑法规定的实体依据散落在刑法、刑法修正案和司法解释的不同角落，这些实体依据与不起诉的关系是什么，司法实践中如何正确适用，值得深入研究。本章对法定不起诉、酌定不起诉和存疑不起诉的刑法规范依据做一个系统的梳理。

第一节　法定不起诉的刑法规范根据

研究法定不起诉刑法规范根据必须以法定不起诉的本质属性作为逻辑起点和理论支撑。那么，法定不起诉的本质属性是什么，或者法定不起诉与酌定不起诉的划分标准是什么，可以从以下几个角度进行考察。(1) 从文义角度看，法定不起诉，又称绝对不起诉，由于检察机关没有裁量权，凡遇到法定情形，必须作出不起诉决定，起诉不合法，因此称为"法定不起诉"或绝对不起诉。(2) 从法定不起诉规范依据看，刑事诉讼法第 173 条第 1 款规定："犯罪嫌疑人没有犯罪事实，或者有本法第十五条规定的情形之一的，人民检察院应当作出不起诉决定。"该规范的结果模式属于命令性规范，也即人民检察院没有自由裁量权，只能作出不起诉决定。(3) 从诉权角度看，酌定不起诉属于检察机关有公诉权，但对案件进行权衡后认为放弃公诉权更为适宜；存疑不起诉属于检察机关拥有起诉权但没有胜诉权；法定不起诉属于检察机关没有起诉权。[①]（4）从刑事诉讼法第15条规定的实体内容看，刑事诉讼法第15条六种情形为：情节显著轻微、危害不大，不认为是犯罪的；犯罪已过追诉时效期限的；经特赦令免除刑罚的；依照刑法告诉才处理的犯罪，没有告诉或者撤回告诉的；犯罪嫌疑人、被告人死亡的；其他法律规定免予追究刑事责任的。该6种情形都是不认为是犯罪、不应追究刑事责任或者不能追究刑事责任的情形，检察机关处理这些案件没有裁量权，只能依法作出不起诉决定。据此判断，检察机关有无自由裁量权是判断法定不起诉与酌定不起诉的根本标准。换言之，没有裁量权是法定不起诉不同于酌定不起诉的本质特征。[②]

基于法定不起诉无自由裁量权这一本质特征，将法定不起诉区分为狭义的法定不起诉和广义的法定不起诉。狭义的法定不起诉是指犯罪嫌疑人具有刑事诉讼法第15条规定的情形之一的，人民检察院应当作出不起诉决定。[③] 而广义的法定不起诉是指出现法律规定的情形时，人民检察院必须作出不起诉的决定。[④] 在广义的法定不起诉语境下，"法律规定"不仅包括刑事诉讼法第15条规定的六种情形，而且还应当包括法律规定只能免除刑事处罚，以及法律规定应当作出不起诉决定的情形。因为在后两种情况下，检察机关同样没有自由裁量权，只能依法作出不起诉处理。因此，法定不起诉的刑法规范根据来源于三个方面：（1）刑事诉讼法第15条所指引的刑法规定；（2）刑法及司法解释关于只能免除刑事处罚之规定；（3）司法解释关于应当作出不起诉决定之规定。这些涉及刑

---

① 彭东、张寒玉：《检察机关不起诉工作实务》，中国检察出版社2005年版，第24—25页。

② 陈卫东：《刑事诉讼法学》，法律出版社2000年版，第112页。

③ 谭世贵：《刑事诉讼法学》，法律出版社2009年版，第319页。

④ 房保国：《刑事诉讼法精义》，中国法制出版社2007年版，第156页。

法规定内容，构成了法定不起诉的刑法规范根据的体系。

一、刑事诉讼法第 15 条的规定

根据刑事诉讼法第 173 条第 1 款规定，犯罪嫌疑人有刑事诉讼法第 15 条规定的免予追究刑事责任六种情形的，人民检察院应当作出不起诉决定。

（一）刑法第 13 条"但书"出罪条件的规定

刑法第 13 条规定："一切危害国家主权、领土完整和安全，分裂国家、颠覆人民民主专政的政权和推翻社会主义制度，破坏社会秩序和经济秩序，侵犯国有财产或者劳动群众集体所有的财产，侵犯公民私人所有的财产，侵犯公民的人身权利、民主权利和其他权利，以及其他危害社会的行为，依照法律应当受刑罚处罚的，都是犯罪，但是情节显著轻微危害不大的，不认为是犯罪。"作为刑法犯罪概念有机组成部分的"但书"内容，从反面说明了什么不是犯罪，为法定不起诉制度提供了实体依据。

1. 情节显著轻微

在刑法学中，"情节"是指依据刑法和刑事政策的规定，被认为能够体现行为的社会危害性和行为人的人身危险性的，各个主客观事实和情状。也即是"影响行为社会危害程度的各种情况，如行为的方法、手段、时间、地点、一贯表现、目的、动机等"。[1]"显著"意为"非常明显"，那么"显著轻微"可以理解为"非常明显地轻微"，不仅仅是对情节轻微程度的限定，更是对情节轻微是否容易被感知、是否容易被认识的强调。之所以得出这种结论，理由是"但书"不是宣告无罪的具体标准，而是指导司法机关解

---

① 马克昌：《犯罪通论》，武汉大学出版社 2003 年版，第 30 页。

释、适用刑法有关犯罪的具体规定。对此，有论者认为"但书"具有出罪功能，譬如"行为人出于集邮的爱好，将一邮件上邮票剪下，然后将此邮件隐匿，而该邮件并无特别重要性，亦未造成其他危害。显然，上述情况已完全符合私自开拆、隐匿、毁弃邮件、电报罪的构成要件，按照我国的犯罪构成理论，应认定为犯罪并应受刑罚处罚。然而实践中此类行为绝不可能被定罪，甚至连治安管理处罚的标准也算不上，至多应给予纪律处分。这时，便需注意但书的作用了。尽管上述行为已经符合该罪构成要件，但因其情节显著轻微危害不大，因此不认为是犯罪。这就将原本要认定为犯罪的行为排除出去，我们称之为出罪功能"。① 实际上，这里面存在一个悖论：如果行为符合犯罪构成，便成立犯罪；如果行为不符合犯罪构成，自然也就不构成犯罪；而若行为符合犯罪构成，却又根据第13条但书宣告无罪，那么犯罪构成要件便丧失了应有的意义，也违反了罪刑法定原则。② 至于情节是否显著轻微，应根据案件的具体情况进行综合判断。

2. 危害不大

学者认为，这里的"危害"是涵盖主观与客观的综合指标。其中，主观指标包括罪过、主观恶性、人身危险性；客观指标包括行为及其危害结果等。③ 应该说，这种观点赋予了"危害"以丰富的内涵，但这一内涵在该语境下值得商榷，因为将其等同于社会危害性和人身危险性的统一体，而社会危害性和人身危险性本身涵摄情节，如果将刑法第13条的"危害不大"视为社会危害性和人身

---

① 储槐植、张永红：《善待社会危害性观念——从我国刑法第13条但书说起》，载《法学研究》2002年第3期。

② 张明楷：《刑法学》（第三版），法律出版社2007年版，第83页。

③ 张小虎：《人身危险性与客观社会危害显著轻微的非罪思辨》，载《中外法学》2000年第4期。

危险性不大且与情节显著轻微相并列，是一种不必要的重复。① 本
文认为，此处"危害"是指危害社会的结果。理由为：（1）从立
法沿革看，1954 年中央政府法制委员会拟定的《中华人民共和国
刑法指导原则草案》第 1 条在犯罪概念中规定："情节显然轻微并
且缺乏危害后果，因而不能认为对社会有危险性的行为，不认为犯
罪。"1956 年全国人大常委会办公厅拟定的《中华人民共和国刑法
草案》（第 13 次稿）第 8 条在犯罪概念中规定："行为在形式上虽
然符合本法分则条文的规定，但是情节显著轻微并且缺乏社会危害
性的，不认为是犯罪"。1957 年全国人大常委员法律室拟订的《中
华人民共和国刑法草案》（第 21 次稿）第 10 条在犯罪概念中规
定："但是情节显著轻微危害不大的，不以犯罪论处。"此后的刑
法草案和刑法典基本沿用了这一规定。② 由此可以排除危害的主观
性。（2）从体系解释看，刑法第 14 条（故意犯罪）和第 15 条
（过失犯罪）行为模式中均有"危害社会的结果"，而结果行为则
是犯罪，与刑法第 13 条但书规范模型相同，因此危害的内容应当
是相同的。（3）从立法目的看，刑法第 13 条但书并没有使用"危
害社会的结果"，而是"危害不大"，主要目的在于揭示犯罪概念
的定量因素，从而为划分罪与非罪，尤其是划分刑事违法行为和其
他违法行为提供标尺。③

　3. 情节显著轻微与危害不大的关系

　在探讨两者关系时，一个特别值得注意的现象是，刑法、刑事
诉讼法在表述"情节显著轻微"与"危害不大"上存在着细微的
差别：刑法第 13 条采取一体式的表述方法，将二者连续表述，即

---

　① 张永红：《我国刑法第 13 条但书研究》，法律出版社 2004 年版，第 6 页。
　② 高铭暄、赵秉志主编：《新中国刑法立法文献资料总览》（上册），中国人民公
安大学出版社 1998 年版，第 136 页。
　③ 陈兴良：《刑法适用总论》（上卷），法律出版社 1998 年版，第 84 页。

"但是情节显著轻微危害不大的，不认为是犯罪"；而刑事诉讼法则是采取分离式的表达方法，将"情节显著轻微"与"危害不大"用顿号隔开，即"情节显著轻微、危害不大，不认为是犯罪的"。在笔者看来，这种表述的不同正好表征了两者的关系，即情节显著轻微和危害不大不是一回事，而是一个行为之所以不成立犯罪的充分必要条件而不是选择条件，只有实现这两个条件，才能不认为是犯罪。[①] 同时，两者又是不可分割的统一体，情节侧重说明行为人的主观恶性，而危害侧重说明行为的客观结果，两者有机结合便构成了社会危害性的基本内涵。[②] 以首例"安乐死"案件为例，王明成在其母夏素文病危濒死的情况下，再三要求主管医生蒲连升为其母注射药物，让其母无痛苦地死去，蒲连升在王明成的再三请求下，亲自开处方并指使他人给垂危病人夏素文注射促进死亡的药物。法院认为，二被告人属于情节显著轻微危害不大，不构成犯罪。[③] 应该说，被告人主观恶性小，属于情节显著轻微，但其客观危害结果严重即剥夺他人生命，所以不符合但书之规范。再者，直接根据但书宣告无罪是极为不妥的。

4. 不认为是犯罪

从刑法第 13 条"但书"立法嬗变的角度看，刑法草案第 22 稿的写法是："情节显著轻微危害不大的，不以犯罪论处"；刑法草案第 33 稿的写法是："情节轻微危害不大的，不以犯罪论处"；现行刑法的写法是"情节显著轻微危害不大的，不认为是犯罪。"由此可见，"但书"任务是从原则上划分罪与非罪的界限，因而，"不认为是犯罪"即不是犯罪。根据治安管理处罚法第 2 条规定：

---

① 王新元：《关于情节显著轻微的议论——兼谈对〈刑法〉第十条但书的理解》，载《宁夏社会科学》1997 年第 4 期。

② 张永红：《我国刑法第 13 条但书研究》，法律出版社 2004 年版，第 7 页。

③ 王鸿鳞：《关于我国首例"安乐死"案件》，载《人民司法》1990 年第 9 期。

"扰乱公共秩序，妨害公共安全，侵犯人身权利、财产权利，妨害社会管理，具有社会危害性，依照《中华人民共和国刑法》的规定构成犯罪的，依法追究刑事责任；尚不够刑事处罚的，由公安机关依照本法给予治安管理处罚。"

5. "但书"的相关司法解释

虽然但书不能直接被援引，但是源于但书的司法解释可以被援引。通过系统梳理，这类司法解释共有近 10 个，尽管表述上不尽相同，但是都是缘起于刑法第 13 条但书定量因素而被规范为不构成犯罪，并且具有法定性和开放性，为法定不起诉提供了更为丰富的实体依据。具体类型有：

（1）不认为是犯罪。例如，最高人民法院《关于审理未成年人刑事案件具体应用法律若干问题的解释》（法释〔2006〕1 号）第 6 条规定："已满十四周岁不满十六周岁的人偶尔与幼女发生性行为，情节轻微、未造成严重后果的，不认为是犯罪。"第 7 条规定："已满十四周岁不满十六周岁的人使用轻微暴力或者威胁，强行索要其他未成年人随身携带的生活、学习用品或者钱财数量不大，且未造成被害人轻微伤以上或者不敢正常到校学习、生活等危害后果的，不认为是犯罪。已满十六周岁不满十八周岁的人具有前款规定情形的，一般也不认为是犯罪。"第 9 条规定："已满十六周岁不满十八周岁的人实施盗窃行为未超过三次，盗窃数额虽已达到'数额较大'标准，但案发后能如实供述全部盗窃事实并积极退赃，且具有下列情形之一的，可以认定为'情节显著轻微危害不大'，不认为是犯罪：（1）系又聋又哑的人或者盲人；（2）在共同盗窃中起次要或者辅助作用，或者被胁迫；（3）具有其他轻微情节的。已满十六周岁不满十八周岁的人盗窃未遂或者中止的，可不认为是犯罪。"又如，最高人民法院、最高人民检察院《关于盗伐滥伐林木案件几个问题的解答》（法（研）发〔1991〕31 号）规定："盗伐林木者对护林人员施加暴力或者以暴力相威胁……情节显著轻微危害不大的，可不认为是犯罪。"等等。

（2）不作为犯罪处理。例如，最高人民法院《关于审理非法集资刑事案件具体应用法律若干问题的解释》（法释〔2010〕18号）第3条第4款规定："非法吸收或者变相吸收公众存款，主要用于正常的生产经营活动，能够及时清退所吸收资金，可以免予刑事处罚；情节显著轻微的，不作为犯罪处理。"最高人民法院、最高人民检察院《关于办理非法制造、买卖、运输、储存毒鼠强等禁用剧毒化学品刑事案件具体应用法律若干问题的解释》（法释〔2003〕14号）第5条第1款规定："本解释施行以前，确因生产、生活需要而非法制造、买卖、运输、储存毒鼠强等禁用剧毒化学品饵料自用，没有造成严重社会危害的，可以依照刑法第十三条的规定，不作为犯罪处理。"又如，《全国法院维护农村稳定刑事审判工作座谈会纪要》（法〔1999〕127号）规定："对那些迫于生活困难、受重男轻女思想影响而出卖亲生子女或收养子女的，可不作为犯罪处理；对于那些确属介绍婚姻，且被介绍的男女双方相互了解对方的基本情况，或者确属介绍收养，并经被收养人父母同意的，尽管介绍的人数较多，从中收取财物较多，也不应作犯罪处理。"最高人民法院《关于审理盗窃案件具体应用法律若干问题的解释》（法释〔1998〕4号）第6条第2项规定："盗窃公私财物虽已达到'数额较大'的起点，但情节轻微，并具有下列情形之一的，可不作为犯罪处理：（1）已满十六周岁不满十八周岁的未成年人作案的；（2）全部退赃、退赔的；（3）主动投案的；（4）被胁迫参加盗窃活动，没有分赃或者获赃较少的；（5）其他情节轻微、危害不大的。"等等。

（3）不以犯罪论处。例如，最高人民法院《关于审理非法制造、买卖、运输枪支、弹药、爆炸物等刑事案件具体应用法律若干问题的解释》（法释〔2009〕18号）第6条第2款规定："行为人非法携带本条第1款第3项规定的爆炸物进入公共场所或者公共交通工具……携带的数量达到最低数量标准，能够主动、全部交出的，可不以犯罪论处。"最高人民法院《关于审理抢劫、抢夺刑事案件适用法律若干问题的意见》（法发〔2005〕8号）第5条规定："行为人实施盗窃、诈骗、抢夺行为，未达到'数额较大'，为窝藏赃物、抗拒抓捕或者毁灭罪证当场使用暴力或者以暴力相威胁，情节较轻、危害不大的，一般不以犯罪论处。"又如，最高人民法院、最高人民检察院、海关总署《关于办理走私刑事案件适用法律若干问题的意见》（法〔2002〕139号）第7条规定："走私珍贵动物制品的……具有下列情形，情节较轻的，一般不以犯罪论处：（1）珍贵动物制品购买地允许交易；（2）入境人员为留作纪念或者作为礼品而携带珍贵动物制品进境，不具有牟利目的。"最高人民法院、最高人民检察院《关于办理组织和利用邪教组织犯罪案件具体应用法律若干问题的解答》（2002年5月20日）规定："对于实施组织和利用邪教组织犯罪的行为，但情节轻微，行为人确有悔改表现，不致再危害社会的，可以不以犯罪论处。"

（4）不追究刑事责任，即不当作犯罪①。例如，最高人民检察院、公安部《关于公安机关管辖的刑事案件立案追诉标准的规定（二）》（2010年5月7日）第54条规定："恶意透支，数额在一万元以上不满十万元的，在公安机关立案前已偿还全部透支款息，情节显著轻微的，可以依法不追究刑事责任。"又如，最高人民法院、最高人民检察院、公安部、司法部《关于依法惩治拐卖妇女儿童犯罪的意见》（2010年3月15日）第20条第2款规定："被追诉前主动向公安机关报案或者向有关单位反映，愿意让被收买妇女返回原居住地，或者将被收买儿童送回其家庭，或者将被收买妇女、儿童交给公安、民政、妇联等机关、组织，没有其他严重情节

---

①　高铭暄：《刑法学原理》（第1卷），中国人民大学出版社2005年版，第410页。

的，可以不追究刑事责任。"第31条规定："多名家庭成员或者亲友共同参与出卖亲生子女，或者'买人为妻'、'买人为子'构成收买被拐卖的妇女、儿童罪的，一般应当在综合考察犯意提起、各行为人在犯罪中所起作用等情节的基础上……对于其他情节显著轻微危害不大，不认为是犯罪的，依法不追究刑事责任。"等等。

（二）刑法第87条时效制度的规定

刑法上的追诉时效，是指犯罪人实施犯罪后，经过法律规定的期间未被追诉的，司法机关便不再进行追诉的制度。[①] 刑法第87条规定，犯罪经过下列期限不再追诉：一是法定最高刑为不满五年有期徒刑的，经过五年；二是法定最高刑为五年以上不满十年有期徒刑的，经过十年；三是法定最高刑为十年以上有期徒刑的，经过十五年；四是法定最高刑为无期徒刑、死刑的，经过二十年。如果二十年以后认为必须追诉的，须报请最高人民检察院核准。

1. 追诉时效的刑罚消灭效力

刑罚目的在于预防犯罪，对犯罪人处以刑罚是刑罚一般预防和特殊预防的二元化目的的体现。经过足够长的时间，犯罪人没有再犯罪，证明其主观恶性有所改善，人身危险性亦有所降低，这时再对犯罪人科以刑罚，不能达到特殊预防的目的，而仅仅是单纯的报应主义刑罚观的体现。正如刑法学大师加罗法洛所言：当时间已经逐渐地改变犯罪的道德，并使其成为有益和适用社会的人时，刑罚的目的就停止作用了，刑罚也应消灭。[②] 追诉时效制度作为一项导致刑罚消灭的制度，实质是刑事法律对国家求刑权的限制，其出发点在于为刑法力所不及的、处于刑罚真空中的犯罪人设置一种不得

---

① 赵秉志、吴振兴：《刑法学通论》，高等教育出版社1993年版，第472页。

② ［意］加罗法洛：《犯罪学》，耿伟、王新译，中国政法大学出版社1996年版，第324页。

已的补救性措施。对于规定期限内无法侦破的犯罪，既不能弃之不理，也不能永久追诉，将其终生推向社会的对立面，因而在立法上设立了追诉实效制度，既维护了刑法的尊严，又尊重了既定的社会秩序，兼顾了犯罪人和被害人的权益。[①] 这为法定不起诉奠定了制度性基础。

2. 刑罚消灭与犯罪的关系

刑罚消灭是以犯罪成立为基础的，因为犯罪的成立是刑罚权产生的前提，无犯罪即无刑罚，无刑罚也就不存在刑罚的消灭。根据有罪必罚的原则，犯罪与刑罚两者之间应当是相互对应、不可分离的。但由于追诉时效期限完成事由发生后，在犯罪尚存，且罪与刑的关系并未终结的情况下，国家因适用刑罚必要性消失等因素而放弃刑罚权，从而使刑罚权归于消灭。[②]

3. 刑罚消灭与不起诉的关系

刑罚消灭事实上是刑事责任的消灭。行为人实施犯罪以后，其和国家之间就形成了追究刑事责任与承担刑事责任的关系。[③] 这种追究与被追究的关系，因追诉时效期限完成予以解除。据我国刑法的规定，超过法定期限，除法定最高刑为无期徒刑、死刑的，经最高人民检察院核准必须追诉的以外，都不得再追究犯罪分子的刑事责任；已经追究的，应当撤销案件，或者不起诉，或者终止审理。

（三）刑法特赦制度的规范

1. 赦免基本制度

赦免又称恩赦，是指国家免除或者减轻犯罪人刑罚的一种制

---

① 于志刚：《追诉时效比较研究》，中国方正出版社 1999 年版，第 3 页。
② 于志刚：《追诉时效比较研究》，中国方正出版社 1999 年版，第 53 页。
③ 赵秉志：《刑法原理与实务》，高等教育出版社 2002 年版，第 345 页。

度。① 该制度源远流长，可以追溯至上古时代。据《尚书·舜典》
记载："眚灾肆赦，怙终贼刑。"但随着社会的发展，赦免制度慢
慢又演变成为国家用以调节利益冲突、平衡各种社会关系、救济法
律之不足的一种有效刑事政策②。从各国规定来看，赦免分为一般
赦免和个别赦免。③ 一般赦免也称大赦，是对某一时期内犯有一定
罪刑的犯罪人免予追诉或免除刑罚执行的制度，对象具有不特定
性，范围也比较广泛，由大赦令具体确定。个人赦免又称特赦，是
对特定犯罪人免除其全部或部分刑罚执行的制度，涉及面小，实施
起来灵活便捷，成为世界多数国家赦免犯罪的常用手段。④ 在我国
法律中，只有宪法、刑法和刑事诉讼法涉及赦免这一概念⑤。可以
说，对于赦免既无实体规定又无程序规定，赦免是法外之物，完全
被边缘化了。⑥ 或许，一些历史的片段是最好地说明，原全国人大
常委会副委员长、法制工作委员会主任王汉斌在答中外记者问时曾
指出："过去我们特赦过改恶从善的战争罪犯，那是根据当时的历
史情况决定的。根据我国目前的情况，我认为现在不需要实行特
赦，新中国成立 40 周年时也不需要实行特赦。"⑦

---

① 马克昌:《刑罚通论》，武汉大学出版社 1999 年版，第 692 页。

② 谢望原:《赦免的刑事政策意义》，载《人民司法》2003 年第 9 期。

③ 杨敦先:《我国是怎样实行赦免的?》，载《人民日报》1980 年 4 月 14 日，第 5
版。

④ 陈东升:《赦免制度研究》，中国人民大学出版社 2004 年版，第 121 页。

⑤ 现行宪法没有规定大赦，第 67 条规定特赦由全国人大常委会决定。第 80 条规
定，中华人民共和国主席根据全国人民代表大会的决定和全国人民代表大会常务委员会
的决定……发布特赦令。刑法第 65 条规定，对判处有期徒刑以上刑罚的犯罪分子，刑
罚执行完毕或者赦免（注：指特赦）以后……是累犯。刑事诉讼法第 15 条规定的"经
特赦令免除刑罚"。

⑥ 陈兴良:《书外说书》，法律出版社 2004 年版，第 230 页。

⑦ 孙本尧、何平:《王汉斌答中外记者问 谈民主与法制建设问题 建国 40 周年时
不需要实行特赦》，载《人民日报》1989 年 3 月 30 日第 1 版。

2. 特赦免刑效力

关于特赦的法律效力，存在该项制度的国家均赋予其免除刑罚或者减轻刑罚之效力。例如，《意大利刑法典》第 174 条第 1 款规定："特赦和恩赦免除已科处的全部或部分刑罚，或者将其改变为法律规定的其他种类的刑罚。它们不使附加刑消灭，除非有关命令做出不同的规定；它们也不使处罚的其他刑事效果消灭。"[1]《俄罗斯联邦刑法典》第 85 条第 2 款规定："特赦令可以免除因犯罪而被判刑的人继续服刑，或者缩减对他所判处的刑罚或改判较轻的刑种。对刑满人员，特赦令可以撤销其前科。"[2] 我国台湾地区"赦免法"第 3 条规定，特赦效力表现为：受罪刑宣告之人经特赦者，免除其刑之执行；其情节特殊者，得以其罪刑之宣告为无效。其效力不但可以免除刑之执行，还可以使罪刑宣告归于无效。

我国 1950 年《刑法大纲草案》第 33 条规定"犯罪的追诉权或者行罚权，得以中央人民政府委员会颁发的大赦令或者特赦令，消灭其全部或一部"，后来被取消了。虽然现行宪法和刑法对此未予明确规定，但从实践看来亦不例外。我国从 1959 年以来，先后实行了七次特赦。除第一次特赦是对战争罪犯、反革命罪犯和普通刑事罪犯实行外，其余都是只对战争罪犯实行的。从我国已实行的七次特赦的情况看，具有以下几个特点：（1）我国特赦是以犯罪分子是否确实改恶从善为标准，也就是以犯罪分子在政治上、思想上和实际上是否确实改造好了为标准。（2）特赦的内容，只是免除服刑中的犯罪分子刑罚的剩余部分，予以提前释放，或者减轻原判处的刑罚。（3）特赦由国家最高权力机关实行，而不是根据任

---

[1]　黄风译注：《最新意大利刑法典》，法律出版社 2007 年版，第 66 页。

[2]　黄道秀译：《俄罗斯联邦刑法典》，北京大学出版社 2008 年版，第 36 页。

何个人或社会团体的请求而实行的。①

3. 特赦免刑与法定不起诉的关系

从逻辑上判断，特赦经特赦令免除刑法作为法定不起诉依据不容置疑。但从理论上判断，还需要进一步明确特赦的效力范围，因为该规定与传统意义上特赦仅免刑不免罪之基本特征不符，传统意义的特赦只能是免除经确定判决业已宣告的刑罚，而刑事诉讼法的规定，要求特赦不但要免刑而且也要免罪，否则，无从适用不起诉。② 这个问题可以借鉴我国台湾地区"赦免法"之规定，将特赦制度区分为普遍特赦和特别特赦。所谓普通特赦，是指特赦的效力只是对所宣告的刑罚免除执行，可以是全部免除，也可以是只免除尚未执行的那一部分刑罚的执行，而不是使原宣告的罪刑归于无效。普通特赦也正是传统意义上的特赦。而所谓特别特赦，是指特赦的效力可以使已受宣告的罪刑归于无效，即行为人虽受有罪宣告，但若获得特赦，对其宣告的罪责和刑罚都归诸消灭。③ 再者，从实践角度判断，真正要对被特赦之人作不起诉，必然是针对特定犯罪嫌疑人特赦其涉嫌之罪，那么，这必然有违刑事诉讼法第12条"未经人民法院依法判决，对任何人都不得确定有罪"之规定。因此，笔者认为，这不仅仅是完善特赦效力范围就可以解决的，需要全盘加以考量。

(四) 告诉才处理制度的规定

根据刑法第98条规定，告诉才处理是指被害人告诉才处理，属于法定犯罪类型。在刑法上，这类犯罪共涉及5个罪名，即刑法

---

① 杨敦先：《我国是怎样实行赦免的?》，载《人民日报》1980年4月14日第5版。

② 阴建峰：《现代赦免制度论衡》，中国人民公安大学出版社2006年版，第419—420页。

③ 张灏：《中国刑法理论与实用》，三民书局1980年版，第432页。

第 246 条规定的侮辱罪和诽谤罪、第 257 条规定的暴力干涉婚姻自
由罪、第 260 条规定的虐待罪及第 270 条规定的侵占罪。

1. 告诉才处理制度的价值

告诉才处理制度最大的价值在于充分尊重被害人实体处分权和
充分保障被害人合法权益。控告犯罪的追诉权是被害人固有的权
利，在刑事诉讼中被害人处于控告犯罪的当事人地位，[①] 随着国家
权力干预的不断加大，被害人逐渐失去了求刑权、量刑参与权，从
某种意义上讲，犯罪行为被认为不仅仅是，甚至不是对被害人个人
的侵害，而是对国家、社会秩序和公共利益的危险和侵害，国家几
乎垄断刑罚追诉权。[②] 不可否认的是，立法之所以将绝大部分刑罚
追诉权交由专门国家机关行使，是基于国家追诉犯罪要比个人追诉
犯罪对于保障被害人权益更为充分。但同时必须清楚地看到，在某
些情况下被害人行使控告权更为有利。譬如，虐待罪、暴力干涉婚
姻自由罪，加害人往往是被害人的近亲属，基于亲情关系被害人可
能不愿意将他们交由公权力。又如，侮辱罪、诽谤罪，被害人往往
不愿意张扬其隐私，使其名誉蒙羞，更倾向于自己决定。对于这些
案件，如果国家强行干预，提起公诉，则很可能会违背被害人意
志，不利于保障其合法权益。基于这种判断，有必要将这些特定的
侵犯个人法益犯罪的控告权赋予被害人行使，更好地保障自身的合
法权益。

2. "告诉才处理"的定位

从文义解释的角度看，告诉才处理的"告诉"是"处理"的
必要条件，也即不告诉则不处理，而这里的"处理"应作"处以

---

① 杨正万：《刑事被害人问题研究》，中国人民公安大学出版社 2002 年版，第 15
页。

② 孙万怀、黄敏：《现代刑事司法和解精神的基础》，载《法学》2006 年第 4 期。

刑罚"讲。① 因此，告诉才处理可以理解为只有告诉才能处以刑罚，不告诉则不能处以刑罚。一般刑事法学理论认为，刑事追诉原则上是以职权进行的，无须考虑被害人的希望。但是，这一原则在某些特定类型犯罪情况下被打破，要求被害人提出正式的告诉，这些作为刑事程序的先决条件。由于提出告诉，被害人的希望被表达出来，即行为人应当因其实施的行为受到刑事追诉，如果被害人不提出法律要求的告诉权，或者撤回告诉权，这种方式使得行为人免受处罚。因此，告诉权被认为事实上是一种刑罚阻却权，② 阻却检察机关代表国家对这些案件提起诉讼，必须终止诉讼程序。这完全契合了法定不起诉的制度构造，故称其为法定不起诉刑法规范实体依据之一。但需要指出的是，"严重危害社会秩序和国家利益"的侮辱罪、诽谤罪，暴力干涉婚姻自由、虐待家庭成员致使被害人死亡的，不属于告诉才处理案件，因为它已经超出了被害人实体处分权的权限，应由检察机关依法提起公诉。

3. "告诉才处理"的例外

"有原则必有例外。"刑法第 98 条还规定，如果被害人因受到强制、威吓无法告诉的，检察机关和被害人的近亲属也可以代为告诉。也即，在这种情况下，检察机关可以对告诉才处理案件提起诉讼，但前提条件必须是被害人因受到强制、威吓无法告诉，如果被害人仅仅是不愿意告诉，或者因受到强制、威吓无法告诉但强制、威吓的因素已经排除，检察机关仍然不享有追诉犯罪的权力，只能作不起诉处理。因此，这种限制公诉与授权公诉的理念与规范是并行不悖的。

---

① 李立景：《亲告罪要论：告诉才处理的犯罪的研究新视角》，中国人民公安大学出版社 2003 年版，第 118 页。

② ［德］汉斯—海因里希·耶塞克、托马斯·魏特根：《德国刑法教科书》，徐久生译，中国法制出版社 2001 年版，第 1082 - 1083 页。

（五）刑法罪责自负原则的规范

刑法格言"任何人不因他人的不法行为受处罚"，表述了坚持个人责任（罪责自负）、禁止团体责任或者集体责任（反对株连）的原则，只有实施了犯罪行为的人才能承担刑事责任，或者说，任何人只对自己的不法行为承担责任，而不对他人的不法行为承担责任。[①] 这是刑法罪责自负原则的基本内涵。根据罪责自负的原则，犯罪人死亡意味着刑事法律关系主体的一方消失，由此犯罪人与国家之间因其犯罪行为而形成的刑事法律关系就归于消灭。[②]

从刑罚目的角度考察亦如此，犯罪嫌疑人、被告人在刑事诉讼过程中死亡，有如死刑立即执行一样永远地丧失了重新犯罪的能力，显然预防犯罪之目的业已实现，所以，再科以刑罚实属没有必要。就一般预防而言，人的生命是最宝贵的，即使是畏罪自杀，其因犯罪而付出生命的代价，对潜在犯罪人的警示和威慑作用仍然是巨大的，绝不会仅因对已经死亡的犯罪嫌疑人、被告人不再追究刑事责任，便以生命作赌注去实施犯罪。[③]

基于刑法罪责自负原则，犯罪嫌疑人、被告人死亡的直接法律后果是刑罚对象的丧失和追诉权的不复存在，从而决定了法定不起诉的必要性与可行性。

（六）其他免予追究刑事责任的规定

其他法律规定免予追究刑事责任包括两种情况[④]：

---

① 张明楷：《刑法格言的展开》，法律出版社1999年版，第81页。
② 张小虎：《刑法的基本观念》，北京大学出版社2004年版，第243页。
③ 卞文斌：《犯罪嫌疑人、被告人死亡后应当不再追究刑事责任》，载中国法院网 http：//www.chinacourt.org/html/article/200312/11/94659.shtml，2003-12-11。
④ 熊选国等：《刑事诉讼法及配套规定新释新解》，中国民主法制出版社1999年版，第21页。

第一种情况是，行为人的行为虽然造成了危害结果，但刑法规定不负刑事责任的。例如，刑法第 17 条第 4 款规定："因不满十六周岁不予刑事处罚的"；刑法第 18 条第 1 款规定："精神病人在不能辨认或者不能控制自己行为的时候造成危害结果，经法定程序鉴定确认的，不负刑事责任"；刑法修正案（七）（刑法第 201 条）规定，有逃税行为，经税务机关依法下达追缴通知后，补缴应纳税款，缴纳滞纳金，已受行政处罚的，不予追究刑事责任。刑法第 241 条第 6 款规定："收买被拐卖的妇女、儿童，按照被买妇女的意思，不阻碍其返回原居住地的，对被买儿童没有虐待行为，不阻碍对其进行解救的，可以不追究刑事责任。"刑法第 383 条第 4 项规定："个人贪污数额不满五千元……情节较轻，由其所在单位或者上级主管机关酌情给予行政处分。"刑法第 395 条第 2 款规定，国家工作人员在境外的存款，数额较大、隐瞒不报的，情节较轻的，由其所在单位或者上级主管机关酌情给予行政处分。刑法第 449 条规定："在战时，对被判处三年以下有期徒刑没有现实危险宣告缓刑的犯罪军人，允许其戴罪立功，确有立功表现时，可以撤销原判刑罚，不以犯罪论处。"

第二种情况是，按照刑法应当追究刑事责任但其他生效法律规定免予追究刑事责任的时候，则根据特别法优于普通法的原则不予追究。比如，国家安全法第 25 条规定："在境外受胁迫或者受诱骗参加敌对组织，从事危害中华人民共和国安全的活动，及时向中华人民共和国驻外机构如实说明情况的，或者入境后直接或者通过所在组织及时向国家安全机关或者公安机关如实说明情况的，不予追究。"

二、刑法及司法解释关于只能免除刑事处罚的规定

免予追究刑事责任与"免除刑罚"或"免予刑事处分"不同，

前者属于"不负刑事责任"或"不追究刑事责任"的范畴，后者属于"负刑事责任"或"追究刑事责任"的范畴。[①]

（一）应当免除刑事处罚规范与自由裁量权的关系

以量刑情节是否必然对具体刑罚结果产生影响为标准，可以将法定量刑情节分为"应当型"量刑情节与"可以型"量刑情节。[②] 所谓"应当型"量刑情节，又称"命令性"量刑情节，是指由刑法规范明文规定的，在量刑时必须予以适用，其特点在于刑法就其功能作了硬性规定，司法人员必须将其适用于具有该类情节的行为人，而不能任意选择。[③] 此种情节在法律中通常以"应当……"的形式出现，但也有不用"应当"一词加以限制情形，直接规定"从重处罚。"所谓"可以型"量刑情节，又称"授权性"量刑情节，是指由许可性或授权性刑法规范明文规定，在量刑时根据案件具体情况，酌情决定是否适用的情节。其特点是，如果没有特别情况，审判人员应当适用；如果有充足理由，审判人员有权不予考虑。这种情节在立法上一般是用"可以……"的形式表述，但是也有例外，如《刑法》第398条第2款规定："非国家机关工作人员犯前款罪的，依照前款的规定酌情处罚。"[④]

基于上述法定量刑情节理论，应当免除刑事处罚规范属于一种刚性规定，司法人员必须遵循法律的规定，没有选择以及自由裁量的权利。但需要特别指出的是，这里的"应当免除刑事处罚"不包含"应当从轻、减轻或者免除处罚"和"应当减轻、免除处罚"

---

①　高铭暄等：《中华法学大辞典·刑法学卷》，中国检察出版社1996年版，第433页。

②　张文、陈瑞华等：《中国刑事司法制度与改革研究》，人民法院出版社2000年版，第375页。

③　李洁：《刑法学》（上），中国人民大学出版社2008年版，第328页。

④　赵廷光：《计算机犯罪的定罪与量刑》，人民法院出版社2000年版，第142页。

的情形，因为在后两种情况下，虽然司法人员自由裁量权受到很大限制，但是仍然具有自由裁量权，完全可以不适用免除刑事处罚，进而不适用不起诉决定。因此，在单纯应当免除刑事处罚情形下，检察机关必须依法作出不起诉决定，应属于法定不起诉范畴。

（二）应当免除刑事处罚的基本类型

检视刑法及相关司法解释规范，单纯的"应当免除刑事处罚"之规定非常少见，但它是法定不起诉的一种有力的实体根据，具有示范性价值。

1. 刑法关于犯罪中止免除刑罚的规定

刑法第 24 条第 2 款规定："对于中止犯，没有造成损害的，应当免除处罚；造成损害的，应当减轻处罚。"中止犯之所以犯罪化，因为其客观上已实施了犯罪的实行行为，直接侵犯了刑法所保护的社会关系，即使其后来的中止行为有效避免了既遂犯罪结果的发生，但也不能消除其先前行为已经造成的那部分损害，也不能改变其先前行为的犯罪性质。因此，中止犯客观上已具有社会危害性。就其主观方面而言，行为人在自动中止犯罪前具有犯罪故意，即使后来其主观上决定自动中止犯罪，也不能说中止犯的主观恶性、人身危险性均已完全消除。① 部分中止犯之所以非刑罚化，因为在没有造成损害的情况下，中止犯罪的时空性、自动性、彻底性和有效性是有机统一的，这表明了行为人的社会危害性和人身危险性被降至"冰点"，应当免除处罚，检察机关据此应当作出不起诉决定。

2. 司法解释关于应当免除刑事处罚的规范

最高人民法院《关于审理未成年人刑事案件具体应用法律若干问题的解释》（法释〔2006〕1 号）第 17 条规定，未成年罪犯

---

① 张平：《中止犯论》，武汉大学 2005 年博士学位论文，第 164 页。

根据其所犯罪行，可能被判处拘役、三年以下有期徒刑，如果悔罪表现好，并具有下列情形之一的，应当依照刑法第 37 条的规定免予刑事处罚：（1）系又聋又哑的人或者盲人；（2）防卫过当或者避险过当；（3）犯罪预备、中止或者未遂；（4）共同犯罪中从犯、协从犯；（5）犯罪后自首或者有立功表现；（6）其他犯罪情节轻微不需判处刑罚的。

根据该司法解释的规定，如果检察机关遇到上述情形的案件，只能依法作出不起诉决定。其实体依据为：（1）符合刑法第 72 条规定的可以宣告缓刑的条件，这是前提条件。（2）未成年罪犯还必须同时具有该条所列举其中一项法定从轻、减轻或者免除处罚情节的。（3）符合刑法第 37 条规定的"犯罪情节轻微不需要判处刑罚"。[①] 而且，只有在三个条件必须同时具备的情况下，才构成法定不起诉的实体依据。

三、司法解释关于应当作出不起诉决定的规定

虽然有的司法解释是以程序规范形式出现的，但其内容涉及刑法规定，仍属于刑法规范范畴，具有根基性意义。这也进一步印证了马克思的论断："审判程序和法二者之间的联系如此密切，就像植物的外形和植物的联系，动物的外形和血肉的联系一样。审判程序和法律应该具有同样的精神，因为审判程序只是法律的生命形式，因而也是法律的内部生命的表现。"[②]

---

① 万鄂湘、张军：《刑法法官必备法律司法解释解读》（上册），人民法院出版社 2008 年版，第 301 页。

② 马克思：《关于林木盗窃法的辩论》，载《马克思恩格斯全集》第 1 卷，人民出版社 1956 年版，第 126 页。

（一）《人民检察院办理不起诉案件质量标准（试行）》关于"依法决定不起诉"的规定

《人民检察院办理不起诉案件质量标准（试行）》（〔2007〕高检诉发 63 号）第 1 条第 3 项规定，根据刑事诉讼法第 142 条第 2 款（2012 年刑事诉讼法第 173 条第 2 款）决定不起诉的案件，人民检察院对于犯罪情节轻微，依照刑法规定不需要判处刑罚或者免除刑罚的，经检察委员会讨论决定，可以作出不起诉决定。对符合上述条件，同时具有下列情形之一的，依法决定不起诉：（1）未成年犯罪嫌疑人、老年犯罪嫌疑人，主观恶性较小、社会危害不大的；（2）因亲友、邻里及同学同事之间纠纷引发的轻微犯罪中的犯罪嫌疑人，认罪悔过、赔礼道歉、积极赔偿损失并得到被害人谅解或者双方达成和解并切实履行，社会危害不大的；（3）初次实施轻微犯罪的犯罪嫌疑人，主观恶性较小的；（4）因生活无着①偶然实施盗窃等轻微犯罪的犯罪嫌疑人，人身危险性不大的；（5）群体性事件引起的刑事犯罪中的犯罪嫌疑人，属于一般参与者的。由此判断，其法定不起诉的实体依据是，犯罪情节轻微，依照刑法规定不需要判处刑罚或者免除刑罚，并且同时具备上述五种情形之一。

---

① 最高人民法院、司法部早在 1957 年《关于城市中当前几类刑事案件审判工作的指示（节录）》中就明确指出了，如确因生活无着落而有轻微偷窃行为的，不必处刑，可建议有关部门处理。可以说，《质量标准》在因生活无偶然实施盗窃等轻微犯罪不起诉问题上是对《指示》精神的继承与发展。司法实践中，如何界定"生活无着"？根据民政部《城市生活无着的流浪乞讨人员救助管理办法实施细则》（2003 年 7 月 21 日）第 2 条第 1 款规定，"城市生活无着的流浪乞讨人员"是指因自身无力解决食宿，无亲友投靠，又不享受城市最低生活保障或者农村五保供养，正在城市流浪乞讨度日的人员。据此，"生活无着"可解释为无力解决食宿，无亲友投靠，又不享受最低生活保障等生活无所依托的表现形式之一。

（二）《人民检察院办理未成年人刑事案件的规定》关于"应当依法作出不起诉决定"的规定

最高人民检察院印发的《人民检察院办理未成年人刑事案件的规定》（高检发研字〔2007〕1号）第20条规定，对于犯罪情节轻微，并具有下列情形之一，依照刑法规定不需要判处刑罚或者免除刑罚的未成年犯罪嫌疑人，一般应当依法作出不起诉决定：（1）被胁迫参与犯罪的；（2）犯罪预备、中止的；（3）在共同犯罪中起次要或者辅助作用的；（4）是又聋又哑的人或者盲人的；（5）因防卫过当或者紧急避险过当构成犯罪的；（6）有自首或者重大立功表现的；（7）其他依照刑法规定不需要判处刑罚或者免除刑罚的情形。该规定与最高人民法院《关于审理未成年人刑事案件具体应用法律若干问题的解释》规定基本一致，只是从不同的角度进行规范。应该说，该规定进一步具体化了"可诉可不诉的不诉"原则，充分体现了鼓励适用的基本精神。[1] 该法定不起诉实体依据为，犯罪情节轻微，并具有上述七种情形之一，依照刑法规定不需要判处刑罚或者免除刑罚。

（三）将上述两种情形归属为法定不起诉的理由及困境

将《人民检察院办理未成年人刑事案件的规定》第20条规定的六种情况和《人民检察院办理不起诉案件质量标准（试行）》第1条第3项规定的五种情形归属于法定不起诉范围，可能会有不同意见。在此阐述理由如下：

本文观点是以检察机关对案件是否有自由裁量权为标准，区分法定不起诉和裁量不起诉（或者相对不起诉、酌定不起诉）。因为

---

① 王守安、吴孟栓、石献智：《〈人民检察院办理未成年人刑事案件的规定〉解读》，载《刑事审判参考》2007年第1集（总第54集），法律出版社2007年版，第138页。

对于具有上述七种情形的未成年人犯罪嫌疑人，该解释规定"一般应当依法作出不起诉决定"，既然是"一般应当"，那么检察机关就基本没有自由裁量的余地，只能做出不起诉选项，因而符合法定不起诉的特质。对于《人民检察院办理不起诉案件质量标准（试行）》（〔2007〕高检诉发63号）第1条第3项规定的五种情形，该司法解释规定检察机关"依法决定不起诉"，也是唯一选项，不具有自由裁量的余地，因而也应归属于法定不起诉。

值得特别注意的是，《人民检察院办理未成年人刑事案件的规定》第21条与第20条表述做出不起诉处理的用语是有明显区别的，第21条表述为"可以依照刑事诉讼法第142条第2款（2012年刑事诉讼法第173条第2款）的规定作出不起诉的决定"，第20条表述为"一般应当依法作出不起诉决定"，其明显不同点在于：第21条用语是"可以"，第20条用语是"应当"；第21条用语是"依照刑事诉讼法第142条第2款规定"，其实是明确了作出酌定不起诉决定，而第20条用语是"依法作出不起诉决定"，并未指明是依照142条第1款还是第2款。在同一个司法解释的上下两条出现这样明显不同的表达方式，是耐人寻味的。

笔者认为，该解释第20条与第21条的不同，就是做出法定不起诉和酌定不起诉的不同。但是该解释第20条并没有明示应当依据刑事诉讼法第142条第1款还是第2款规定，从而使检察人员在办理案件适用法律条文上产生困惑：对该解释第20条规定的六种具体情形，应该适用刑事诉讼法第142条第1款规定的法定不起诉呢，还是适用刑事诉讼法第142条第2款规定的酌定不起诉？从法律规范制定的角度看，这种情况叫规范短缺，[①] 在形式上表现为无规范可依，在实质上将造成功能欠缺或功能弱化。显然，司法解释

---

① 曾康：《刑事诉讼程序功能分析——兼论价值、规范与功能的关系》，载陈光中、江伟主编：《诉讼法论丛》第7卷，法律出版社2002年版，第87页。

制定者并非有意或疏忽制造了规范短缺，而是不得已采用了这一模糊的表达方式，因为一方面根据该解释第 20 条规定，检察机关对于此六种情形应当作出不起诉决定，并没有自由裁量的余地，属于法定不起诉性质；另一方面刑事诉讼法第 142 条第 1 款及第 15 条规定的法定不起诉情形，又不包括该解释第 20 条规定的六种情形，这就陷入了一种困境。所以，解释无法指明六种情形应适用的具体法条，司法实践中对于六种情形的案件是适用法定不起诉还是酌定不起诉，也是莫衷一是。

第二节　酌定不起诉的刑法规范根据

酌定不起诉，又称相对不起诉，是刑事诉讼法确立的一项重要制度，充分体现了起诉便宜主义原则。酌定不起诉实行首先在于检察官拥有自由裁量权。检察官的自由裁量权（The prosecutor's discretionary power）是指检察官根据案件具体情况，在法律规定的范围内，就案件事实的认定和法律的适用，酌情作出公正、合理的决定的权力。[①] 检察官之所以拥有这项权力是因为"没有任何法律可以达得到如此精确地限定，以致避免了任何解释问题；同时，没有任何法律能够得到如此精确的限定，以至于明确地包含了一切可能出现的情况"。因此，法律必须给实施这部法律的人留有一种有限的自主权。[②] 自 20 世纪以来，特别是第二次世界大战以后，多数国家都在刑事诉讼立法中明确规定起诉条件的同时，兼采用起诉便宜主义，赋予检察官以自由裁量权。[③] 如《德国刑事诉讼法典》

---

① 张智辉、杨诚：《检察官作用比较研究》，中国检察出版社 2002 年版，第 360 页。

② ［美］密尔顿·弗里德曼：《弗里德曼文萃》，高榕、范恒山译，经济出版社 1991 年版，第 558 页。

③ 张兆松：《刑事司法公正的制度选择》，法律出版社 2008 年版，第 198 页。

第 153 条规定，对行为人责任轻微，不存在追究责任的公共利益的，检察官可以不予追究。① 《日本刑事诉讼法》第 248 条规定："由于犯人的性格、年龄及境遇、犯罪的轻重及清节和犯罪后的情况没有必要追诉时，可以不提起公诉"。② 《韩国刑事诉讼法》第 247 条第 1 项（起诉裁量主义）规定"检事可以参酌刑法第 51 条③的事项，不提起公诉。"④ 我国台湾地区"刑事诉讼法"第 376 条规定，检察官参酌刑法第 57 条⑤所列事项，认为以不起诉为适当者，得为不起诉之处分。需要特别指出的是，检察官不起诉的自由裁量权直接源于实体法的授权。可以说，有关刑法及司法解释的规范是酌定不起诉得以存在和适用的直接依据。

一、刑事诉讼法第 173 条第 2 款与刑法第 37 条的关系

刑事诉讼法第 173 条第 2 款规定："对于犯罪情节轻微，依照刑法规定不需要判处刑罚或者免除刑罚的，人民检察院可以作出不起诉决定。"通常，"依照刑法规定不需要判处刑罚"是指刑法第 37 条关于"对于犯罪情节轻微不需要判处刑罚的，可以免予刑事

---

　① 李昌珂译：《德国刑事诉讼法典》，中国政法大学出版社 1995 年版，第 72 页。

　② 宋英辉译：《日本刑事诉讼法》，中国政法大学出版社 2000 年版，第 58 页。

　③ 《韩国刑法》第 51 条规定，量刑时，应审酌下列事项：一是犯罪人之年龄、性行、知能与境遇，二是与被害人之关系，三是犯罪之动机、手段与结果，四是犯罪后之情况。[韩]金永哲译：《韩国刑法典及单行刑法》，中国人民大学出版社 1996 版，第 30 页。

　④ 马相哲译：《韩国刑事诉讼法》，中国政法大学出版社 2004 年版，第 72 页。

　⑤ 我国台湾地区"刑法"第 57 条规定，科刑时应审酌一切情状，尤应注意下列事项，为科刑轻重之标准：一是犯罪之动机，二是犯罪之目的，三是犯罪时所受之刺激，四是犯罪之手段，五是犯人之生活状况，六是犯人之品行，七是犯人之智识程度，八是犯人与被害人平日之关系，九是犯罪所生之危险或损害，十是犯罪后之态度。

处罚"的规定，并可以根据案件情况作非刑罚方法处理的情形。[1]
其两者关系为：

（一）援引与被援引的关系

　　按照法律规范内容是否直接明确地规定，可以把法律规范区分
为确定性规范、委任性规范和准用性规范。[2] 确定性规范是指明确
地规定了某一行为规则的内容，而不必援引其他规范来说明的法律
规范。如《刑法》第14条"已满十六岁的人犯罪，应当负刑事责
任"的规定。此法律规范内容非常明确。在适用时，不必援引其
他规范来加以说明其内容。我国多数法律规范都是属予这一规范。
委任性规范，又称非确定性规范，是指在规范中没有直接确定行为
规则的内容，而委托某一专门机关加以确定的法律规范。如《义
务教育法》第17条规定的"国务院教育主管部门根据本法制定实
施细则，报国务院批准后施行。省、自治区、直辖市人民代表大会
常务委员会可以根据本法，结合本地区的实际，制定具体实施办
法"。准用性规范，也称参照性规范，是指规则的内容没有直接表
述，且不具体，需要由其他规范来说明，规定在某个问题上需参
照、引用其他条文或其他法律、法规的法律规范。[3] 一般采用"适
用……的规定"、"准用……的规定"、"比照……的规定"、"依照
（比照）……的规定"等格式。通常，准用性规范可分两类：一是
全部参照其他规范，又称法律基础参照；二是只参照其法律后果，
又称法律后果参照。上例即属于法律后果参照。[4]
　　就刑事诉讼法第173条第2款规范而言，采用"依照……的规

① 杨诚、单民：《中外刑事公诉制度》，法律出版社2000年版，第7页。
② 徐显明：《法理学》，中国政法大学出版社2009年版，第29页。
③ 石泰峰、张恒山：《法理学教程》，中央党校出版社2000年版，第61—62页。
④ 杨登峰：《新旧法的适用原理与规则》，法律出版社2008年版，第193页。

定"模式明确指出援引刑法关于"犯罪情节轻微、不需要判处刑罚或者免除刑罚"的规定，属于准用性规范。也就是说，刑事诉讼法第 173 条第 2 款规范自身并不独立地具有"条件→行为模式→结果模式"完整的逻辑结构，而只是被援引规范刑法第 37 条的法律后果部分。如此则刑法第 37 条就成为该法律规范被援引的规范，两者共同构成一个行为规范的完整逻辑结构。需要特别指出的是，这里"（依照）刑法"不局限刑法本身，应当包含司法解释。那么，"依照刑法规定不需要判处刑罚"不仅包括刑法第 37 条"对于犯罪情节轻微不需要判处刑罚的，可以免予刑事处罚"的规定，而且包括依据刑法第 37 条作出的司法解释。例如，最高人民检察院《关于办理当事人达成和解的轻微刑事案件的若干意见》（高检发研字〔2011〕2 号）规定："对于其他轻微刑事案件，符合本意见规定的适用范围和条件的，作为犯罪情节轻微，不需要判处刑罚或者免除刑罚的重要因素予以考虑，一般可以决定不起诉。"又如，最高人民法院、最高人民检察院《关于办理组织和利用邪教组织犯罪案件具体应用法律若干问题的解释（二）》（法释〔2001〕19 号）第 12 条规定："人民法院审理邪教案件，对于有悔罪表现，不致再危害社会的被告人，可以依法从轻处罚；依法可以判处管制、拘役或者符合适用缓刑条件的，可以判处管制、拘役或者适用缓刑；对于犯罪情节轻微不需要判处刑罚的，可以免予刑事处罚。"

（二）包含与被包含的关系

1. 刑事诉讼法第 173 条第 2 款中"犯罪情节轻微"、"不需要判处刑罚"、"免除刑罚"的关系

第一种观点认为，"犯罪情节轻微"是适用酌定不起诉的前提条件。多位刑事诉讼法学者持这种观点。有学者认为，依据刑事诉讼法的规定，"犯罪情节轻微"是"不需要判处刑罚和免除刑罚"

的共同限制条件。① 另有学者也认为二者应当是必须同时具备的条件，立法原因是鉴于 1979 年刑事诉讼法中免予起诉权力被滥用的经验教训。② 还有学者持同样的观点："犯罪情节轻微"是一个独立于"不需要判处刑罚或者免除刑罚"的构成要件，即只有同时具备"犯罪情节轻微"和"依照刑法规定不需要判处刑罚或者免除刑罚"两项条件时，检察机关才享有自由裁量权，才有权根据该条件作出酌定不起诉。③

第二种观点认为，"犯罪情节轻微"只是"不需要判处刑罚"而不是"免除刑罚"的前提条件。④ 该观点认为，"依法不需要判处刑罚"是一种情况，"依法免除刑罚"是另一种情况，"犯罪情节轻微"不是统领后二者的前提条件，而是"依法不需要判处刑罚"的前提条件，对于符合"依法免除刑罚"的案件，不论犯罪情节是否轻微，都可以适用酌定不起诉。

第三种观点认为，原则上应当将"犯罪情节轻微"和"依照刑法规定不需要判处刑罚或者免除刑罚"视为共同必备条件，但是也有例外情况，如犯罪嫌疑人具有自首又有重大立功情节时，即使犯有较严重的罪行，也可以作出酌定不起诉的决定。⑤

2. 观点评析

第一种观点过于局限。正如有些学者所批评的那样，"相对不起诉限于轻微犯罪，其局限性无异于扼杀、割裂了该制度所蕴含的

---

① 陈光中：《刑事诉讼法实施问题研究》，中国法制出版社 2000 年版，第 171 页。

② 樊崇义、叶肖华：《论我国不起诉制度的构建》，载《山东警察学院学报》2006 年年第 1 期。

③ 宋英辉、吴宏耀：《不起诉裁量权研究》，载《政法论坛》2000 年第 5 期。

④ 汪建成：《论起诉法定主义与起诉便宜主义的调和》，载《中国人民大学学报》2000 年第 2 期。

⑤ 尹丽华：《检察机关自由裁量权及其被害人救济之管见》，载《中国刑事法杂志》2004 年第 1 期。

机能"，① 容易束缚检察机关的手脚，使其不敢使用不起诉决定，从而限制了检察机关的起诉裁量权，违背了起诉便宜主义的基本精神。其实，持第一种观点的专家在很大程度上是囿于刑事诉讼法规定的文字表述，其根本的看法并非如此。正如学者所论，如此理解酌定不起诉的条件使得酌定不起诉的适用空间十分狭窄，是立法规定的缺陷。②

第二种观点较为合理。以制度价值为基础，认为刑法规定免除刑罚的犯罪并不一定都属于"犯罪情节轻微"，如行贿人在被追诉前主动交代行贿行为的，如果仅以缺乏"犯罪情节轻微"为由将犯罪嫌疑人一律移送人民法院审判，由人民法院以有罪免刑判决的形式结案，不仅有违设置特殊自首刑法制度的宗旨，③ 而且与人民检察院的不起诉相比，其社会效果也不理想。特别是针对共同犯罪案件，通过对个别犯罪嫌疑人作出不起诉决定，可以有效地分化瓦解犯罪，实现教育、感化犯罪行为人的功能。

第三种观点是对第一种观点的修正，将一些显失公平公正的情形如犯罪嫌疑人具有自首又有重大立功情节（刑法修正案（八）已删去），作为不受"犯罪情节轻微"条件限制的例外，试图调和第一种观点和第二种观点，但是毕竟限制是原则，不受限制是例外，必定会影响到酌定不起诉的适用和功效。

3. 本文观点

本文赞同第二种观点。理由是：（1）从法律规范比较的角度看，刑法第 37 条是"犯罪情节轻微不需要判处刑罚，可以免除刑事处罚"，而刑事诉讼法第 173 条第 2 款是"犯罪情节轻微，依照刑法规定不需要判处刑罚或者免除刑罚"。显然，这不是立法者的

---

① 马新东：《论不起诉制度的完善》，载《中国刑事法杂志》总第 47 期。

② 宋英辉、吴宏耀：《不起诉裁量权研究》，载《政法论坛》2000 年第 5 期。

③ 于志刚：《刑法总则的扩张解释》，中国法制出版社 2009 年版，264—267 页。

疏忽而致使两个条文存在明显的差异，而是有意为之。因为刑事诉讼法第 173 条第 2 款比刑法第 37 条内容更为宽泛，后者免除刑罚的根据是"犯罪情节轻微不需要判处刑罚"，而前者免除刑罚的根据是法定的免除处罚情节，其犯罪本身情节可能不是轻微。① 换言之，刑事诉讼法第 173 条第 2 款可表达依据刑法第 37 条规定可以免除刑事处罚或者其他依法免除刑罚的，人民检察院可以作出不起诉决定。

（2）从刑法规定的内在逻辑、起诉便宜主义的精神实质以及司法实践情况三个维度来说明。刑法总则、分则以及司法解释中零散规定不需要判处刑罚和免予刑事处罚的情况，其前提就是这些行为具有从宽处理的特殊性，这些情节自身已经决定了其没有被追诉的必要。因此，有学者建议删去原规定中的"犯罪情节轻微"，而将原来的规定修改成两种情形，一是"犯罪情节轻微，依照刑法规定不需要判处刑罚的；"二是"依照刑法规定免除刑罚的"。② 这一修改建议，应当说代表了大多数学者的观点，体现了起诉裁量主义的精神，赋予了检察官更大的自由裁量权，是酌定不起诉制度发展的正确方向。

4. 关于两者关系的重申

刑事诉讼法第 173 条第 2 款规定的"犯罪情节轻微，依照刑法规定不需要判处刑罚或者免除刑罚"内涵，包括刑法第 37 条规定的"犯罪情节轻微不需要判处刑罚，可以免除刑事处罚"和"免除处罚"两方面。其中，"免除处罚"主要指刑法总则、分则以及司法解释规定的"可以"或"应当""免除刑罚处罚"的法定情节，但不包含"单纯应当免除刑罚处罚"在内。

---

① 阮齐林：《中国刑法上的量刑制度与实务》，法律出版社 2003 年版，第 68 页。

② 陈光中：《中华人民共和国刑事诉讼法再修改专家建议稿与论证》，中国法制出版社 2006 年版，第 507 页。

（三）程序规范与实体规范的关系

刑事诉讼法第 173 条第 2 款规定是酌定不起诉的程序规范根据，刑法第 37 条规定是酌定不起诉的实体规范根据之一。这种划分具有相对性，由于"在实体法与程序法之间不可能截然地划出一条线"，[①] 在酌定不起诉规范体系中，程序规范与实体规范交叉共处，本身就是实体法与程序法的合体，一边拴着实体法，一边拴着程序法。虽然两者之间的区分是相对性，但刑法第 37 条实体规范更侧重于目的和内容的内容，而刑事诉讼法第 173 条第 2 款程序规范更突出手段和形式的内容，保障实体规范的顺利、有效进行。

二、刑法第 37 条与其他法定免除刑罚情节的关系

在刑法学界，关于刑法第 37 条"免予刑事处罚"与其他免除刑罚的关系问题，主要有并列关系与包容关系两种观点。

（一）两种学说："并列关系说"与"包容关系说"

1. 并列关系说

该观点认为根据刑法规定，免除刑罚可以分为两种情况：第一种情况是符合法定情节的免除刑罚。例如从犯、胁从犯、预备犯、中止犯、自首、立功等。对于符合这种法定免除刑罚情节的案件，司法机关如果认为对行为人不需要判处刑罚时，可以直接援引相关条文，予以免除处罚。第二种情况是虽然不具备免除刑罚的法定情节，但是由于其他酌定情节的影响，也不需要对行为人判处刑罚的，人民法院可以根据刑法第 37 条之规定，"对于犯罪情节轻微

---

① ［英］戴维·M. 沃克编：《牛津法律大辞典》，邓正来等译，光明日报出版社 1988 年版，第 521 页。

不需要判处刑罚的,可以免除刑事处罚",对行为人做出免除刑罚判决。[1] 实践中,如果具备免除刑罚的法定情节,需要免除刑罚的,应当依照规定免除刑罚情节的有关条文,判决免除处罚;如果不具备法定免除处罚情节,而又不需要判处刑罚的,则应当依照《刑法》(1979 年刑法)第 32 条规定,免予刑事处分。[2]

2. 包容关系说

该观点认为两者是一般与具体内容的关系。刑法第 37 条所规定的不是独立的免除刑罚之事由,只是其他具体的免除处罚情节的概括性规定。理由是:(1)刑法所规定的免除刑罚的情节都是具体的,不是抽象的,而刑法第 37 条并没有规定具体的免除刑罚处罚的情节,其中的"情节轻微"是一个相当抽象的概念,将其作为独立的、具体的免除刑罚的根据,并不合适。(2)新法第 37 条旨在概括规定,具体免除处罚情节因而免除刑罚时,可以适用非刑罚的法律后果,而不是在于规定具体的免除处罚情节。(3)刑法在"刑罚的种类"设立本规定,而不是在"自首和立功"(量刑情节)之后设立本规定,说明其规定的不是独立的处罚情节。(4)刑法规定,对不具有刑法规定的减轻情节而又需要减轻处罚的,须经最高人民法院核准,才可以减轻处罚,如果可以直接根据刑法第 37 条规定免除刑罚,而不必经过最高人民法院核准,便极为不协调。(5)如果认为刑法第 37 条规定的是独立的免除处罚的事由,其消极后果是导致对任何犯罪,不问罪质轻重,都可以免除刑事处罚,违反了罪刑相适应原则;导致司法人员自由裁量权过大。(6)在犯罪人因中止犯罪而免除刑罚时,不能适用刑法第 37 条给予非刑罚处罚;只有当犯罪人不具备法定的具体免除刑罚情

① 高铭暄、马克昌:《刑法学》(上编),中国法制出版社 1999 年版,第 481 页。
② 王作富:《中国刑法研究》,中国人民大学出版社 1998 年版,第 323 页;何秉松主编:《刑法教科书》,中国法制出版社 1997 年版,第 448 页。

节，仅因情节轻微而免除刑罚时，才能适用刑法第 37 条给予非刑罚处罚。这显然不合适。总之，不宜直接根据刑法第 37 条规定免除刑罚，只有当行为人具有刑法规定的具体免除刑罚情节时，才能免予刑罚处罚。①

（二）本文观点："并列关系说"

笔者较为赞同并列关系说，理由是：

1. 刑法第 37 条免除刑罚的"犯罪情节轻微性"。虽然上文中有所论及，但在这里有必要重申和强调，"犯罪情节轻微"是对刑法第 37 条的严格限制，或者说刑法第 37 条的前提必须是犯罪情节轻微，在笔者看来，只有处三年以下有期徒刑、拘役或者管制的犯罪才可能适用刑法第 37 条免除刑罚，在有多个量刑幅度的规范中基本属于最低档，基本上不存在与刑法第 63 条第 2 款"经最高人民法院核准减轻"之规定的矛盾与冲突，也不会出现罪刑不相适应或者罪刑擅断的情况。

2. 刑法第 37 条免除刑罚与其他法定免除刑罚的规范形式不同。前者属于弹性的免除处罚事由。是为非刑罚化适用提供了一条"调节"的路径，契合了刑法的保障机制和现代化刑法思潮。因此，刑法第 37 条之规定相对较为抽象，旨在赋予司法人员有限的裁量权，使得一些不需要判处刑罚的轻微犯罪案件得到公正、有效的处理。后者属于具体性条款，相对较为明确具体，但笔者不太同意将"刑法第 37 条规定称之为免刑制度，具体免刑情节称之为免刑根据"。② 免刑制度应当是指刑法关于免除刑罚规定的总称，属于上位概念，将刑法第 37 条规定称之为免刑制度，意味着其他法定免除刑罚事由是由该制度派生而来的，显然不符合刑法理论。因

---

① 张明楷：《刑法学》（第三版），法律出版社 2007 年版，第 475－476 页。

② 喻伟主编：《刑法学专题研究》，武汉大学出版社 1992 年版，第 180 页。

此，可以将刑法第 37 条规定称之为一般免刑情节，而其他法定免除刑罚事由为特殊免刑情节，不是一种包含关系，而是一种并列关系。

3. 相关司法解释的指引。有论者认为，最高人民法院《关于审理未成年人刑事案件具体应用法律若干问题的解释》（法释〔2006〕1 号）第 17 条规定，未成年罪犯根据其所犯罪行，可能被判处拘役、三年以下有期徒刑，如果悔罪表现好，并具有又聋又哑的人或者盲人，防卫过当或者避险过当，犯罪预备、中止或者未遂，犯罪后自首或者有立功表现等情形的，应当依照刑法第 37 条的规定免予刑事处罚。该司法解释规定的适用免予刑事处罚表明，应当将具有的免刑情节如防卫过当或者避险过当，犯罪预备、中止或者未遂，犯罪后自首或者有立功表现等情形与刑法第 37 条的免予刑事处罚规定相结合，这实际上采纳了免除处罚与免予刑事责任二者的包容关系说，而未采纳二者的并列关系说。[1] 不可否认的是，司法解释语言表述的确存在欠妥当之处，但并不能依此得出这样的结论。最高人民法院《关于十二省自治区法院审理毒品犯罪案件工作会议纪要》（法（刑一）发〔1991〕38 号）指出，《全国人民代表大会常务委员会关于禁毒的决定》不规定"起刑点"，应当理解为走私、贩卖、运输、制造毒品不论其数量多少，应依法予以惩处。当然这并不是说可以不管情节，一律定罪判刑。刑法（1979 年刑法）第 32 条规定："对于犯罪情节轻微不需要判处刑罚的，可以免予刑事处分。"刑法总则的这些规定，对审理毒品案件，同样是适用的。毒品犯罪案件情况很复杂，其中对于犯罪情节轻微不需要判处刑罚的，应当依照刑法总则的上述规定予以判处。应该说，司法解释非常明确地指出刑法第 32 条（1997 年刑法第 37

---

[1]　孟庆华：《刑罚适用重点疑点难点问题判解研究》，人民法院出版社 2009 年版，第 294 页。

条）可以独立适用。

4. 刑法第 37 条规定的侧重点不影响作为量刑情节的定位。正如有学者指出的，刑法在"刑罚的种类"设立本规定，而不是在"自首和立功"（量刑情节）之后设立本规定。但并不能说明刑法第 37 条规定不是独立的处罚情节。因为刑法中并不是所有量刑情节都设立在"刑罚的具体运用"章节，关键要看其规范的侧重点，刑法第 37 条侧重于规范非刑罚化方法，所以与刑罚种类相并列，但是并不影响其量刑的基本功能。

（三）刑法第 37 条适用分则个罪

被告人杜某某系某市规划局总工程师。2000 年 1 月，该市规划局对某项目选址定点进行审定并发放《建设工程用地规划许可证》。2000 年 12 月，该市规划局审定通过了《168 控规图》，该图明确规定了该项目所在地段南北两侧均标明有 20 米绿化带。2001年 3 月，规划局在明知《168 控规图》规定的情况下审定通过了某项目在临迎宾大道一侧仅保留 9 米绿化带的总平方案。杜某某在另一相关图纸《153 控规图》中，按该局领导意见，将上述总平图作为现状考虑，并要求设计人员将《153 控规图》中某项目临迎宾大道一侧的绿化带调整为 10 米。同年 7 月，在杜某某主持召开的局技术审定委员会中通过了《153 控规图》。2003 年，某项目临迎宾大道一侧的会所因侵占《168 控规图》中标明的绿化带被爆破拆除，造成巨额经济损失。

法院认为，被告人杜某某在编制和审定《153 控规图》过程中，无视"路侧绿化带应保持在路段内的连续与完整的景观效果"的行业规范和《168 控规图》中标明的绿化带宽度，导致巨额经济损失的行为违反了城市规划法规定。其行为违反法律、法规，超越职权和不正确履行职责，给国家造成重大经济损失，已构成滥用职权罪。但杜某某行为系受领导指示，且局技术审查会通过的意见不是其个人行为，其犯罪情节轻微，可以免除刑事处罚，判决杜某某犯滥用职权罪，免予刑事处罚。[①]

三、酌定不起诉刑法规范根据之一：刑法第37条之规定

刑法第37条规定："对于犯罪情节轻微不需要判处刑罚的，可以免予刑事处罚……"该条包含两层意思，即酌定的免除刑事处罚与非刑罚处理立法。这是酌定不起诉的核心依据。但对于该规定的理解和把握，理论上存在较大的分歧，可以从以下几个方面来解读。

（一）犯罪情节轻微

1. 已构成犯罪

刑事诉讼法第173第2款之所以称之为酌定不起诉，原因在于犯罪嫌疑人实施的行为已经构成犯罪，也即只有在构成犯罪的前提下才具有可诉可不诉之选择，否则，无从酌定。[②] 因此，已构成犯罪是酌定免除刑事处罚和酌定不起诉的前提依据，也是刑法第37条与刑法第13条"但书"的本质区别。前者是"犯罪情节轻微"，后者是"情节显著轻微"，虽然两者表述上差别微乎其微，但是有与没有"犯罪"一词，意义截然不同，前者是以构成犯罪为条件，而后者结果却是不认为是犯罪，两者之间是一种矛盾关系，不存在任何的交集。同时，已构成犯罪也是酌定不起诉区别于存疑不起诉

---

① 四川省成都市中级人民法院：《司法裁判从技术到规则》，人民法院出版社2006年版，第22页。

② 姜伟、钱舫、徐鹤喃：《公诉制度教程》，法律出版社2002年版，第300页以下。

的前提依据。

2. 情节轻微

这是酌定免除刑事处罚和酌定不起诉裁量的实质依据，同时对检察机关不起诉裁量权具有限定作用。可以从三个方面综合判断：（1）轻罪。我国刑法并没有明确划分重罪与轻罪，在外国刑法中往往以刑罚轻重为标准划分重罪与轻罪，如《德国刑法典》第12条规定："称重罪者，谓最轻刑度为1年或逾1年自由刑之违法行为。称轻罪者，谓最轻刑度少于1年自由刑或科罚金之违法行为。"[①] 但是，在我国刑法的某些条文规定中有所体现，如刑法第7条规定："中华人民共和国公民在中华人民共和国领域外犯本法规定之罪的，适用本法，但是按本法规定的最高刑为三年以下有期徒刑的，可以不予追究。"将最高刑为三年以下有期徒刑的犯罪作为追究刑事责任与否的分水岭，司法实践中也基本上是按照这种刑罚标准来划分的。因此，轻罪原则是指处以最高刑为三年以下有期徒刑的罪刑。[②]（2）主观恶性较小。通常是指犯罪嫌疑人在实施犯罪时，或者出于过失，或者出于激情，或者被害人有过错等情况，在实施犯罪后，有悔罪表现，诸如犯罪中止、自首、立功、主动赔偿或者同意赔偿他人损失等情况。如果犯罪嫌疑人的主观恶性较深，属于累犯、惯犯、再犯、多次受过行政处分或处罚屡教不改的，犯罪之后拒不交代犯罪事实的，拒不认罪的等，不应认定为犯罪情节轻微。[③]（3）危害后果较轻。主要是指犯罪嫌疑人所实施的犯罪行为给被害人或者社会所造成的损害不大，如刚刚达到犯罪立案标

---

① 徐久生、庄敬华译：《德国刑法典》（2002年修订），中国方正出版社2004年版，第9页。

② 陈光中、［德］汉斯—约格 阿尔布莱希特：《中德不起诉制度比较研究》，中国检察出版社2002年版，第100—101页。

③ 杨新京：《论相对不起诉的适用条件》，载《国家检察官学院学报》2005年第6期。

准，社会影响面小，以及社会一般人认为的后果较轻的其他情形。

（二）不需要判处刑罚

不需要判处刑罚是酌定不起诉的直接依据，是指不适用刑事处罚也可以达到教育目的，犯罪人已认罪、悔罪等，对其没有判处刑罚的必要，[1] 主要是从刑罚的目的实现不需要对犯罪判处刑罚的角度，为免除刑事处罚找到了正当根据。[2] 从文义解释角度讲，"不需要判处刑罚"的核心思想是刑事裁量权[3]，因为"需要"与"不需要"属于合理性判断范畴，没有严格统一的标准，与司法人员专业知识、司法经验、社会阅历，甚至性格、嗜好等密切相关，具有相对性和不确定性。司法人员不违反法律的前提下，无论做出何种选择，都是合法有效的。譬如，同样一件犯罪情节轻微（依刑法规定可以免除处罚）的案件，A 可能基于同情被害人得出犯罪嫌疑人需要判处刑罚的结论，而 B 则可能基于同情犯罪嫌疑人得出不需要判处刑罚的结论，应该说，这两种结论是合法有效的。这正好体现了自由裁量的本质特征。

从刑罚目的上理解，刑罚需要性在个别预防的观点下，应该是教化需要性。换言之，个别预防思想下的刑罚，应该是依照行为人接受教化与矫治的需要程度而决定，刑罚只有在具有必要性与合目的性的情况下，才有其存在依据。[4] 那么，行为人接受教化与矫治

---

① 郎胜主编：《中华人民共和国刑法释义》，法律出版社 2009 年版，第 41 页。

② 邱兴隆、许章润编：《刑罚学》，中国政法大学出版社 1999 年版，第 300 页。

③ 刑事裁量权是指司法机关在刑事案件的处理过程中，根据法律的授权和案件的具体情况，在两个或两个以上的选择项中进行斟酌并作出合理决定的权力。该权力是一种相对权，它不能超越法律规则、原则和政策。周长军：《刑事裁量权论——在划一性与个别化之间》，中国人民公安大学出版社 2006 年版，第 53 页。

④ 林山田：《刑法通论》（下册），元照出版有限公司 2008 年增订 10 版，第 421 页。

的需要程度如何判断，需要司法人员根据行为人认罪、悔罪、初犯、偶犯等各个方面进行综合判断。这其中亦包含了司法官的自由裁量判断。

不需要判处刑罚是以犯罪情节轻微作为裁量的基础，以是否需要判处刑罚作为裁量的内容，具有某种量刑色彩。量刑就像是刑法理论的缩影，[①] 是刑事司法体系中最重要的一环，量刑裁量权有如确保刑法法治的锁头，同时也是违法擅断、破坏刑事法治的钥匙，这个锁头和钥匙都在司法人员手里。[②] 正是这种带有量刑色彩的刑事裁量权决定了检察机关诉与不诉。

（三）可以免除刑事处罚

免除刑事处罚，也称免除刑罚、免除处罚、免除刑罚处罚，是指原则上应当对行为人给予刑罚处罚，由于具备刑法规定免除刑罚情节而不判处任何刑罚。这里的"免除刑事处罚"是以"犯罪情节轻微"为前提，以"不需要判处刑罚"为基础，因此"犯罪情节轻微"和"不需要判处刑罚"是"可以免除刑事处罚"必须同时具备的两个条件，也即在既是"犯罪情节轻微"又是"不需要判处刑罚"的情况下，对犯罪嫌疑人"可以免除刑事处罚"[③]。

（四）关于刑法第 37 条的司法解释

1. 司法解释规定的免除刑罚能否作为酌定不起诉的依据

有论者认为，司法解释单独规定免除刑罚不能成为酌定不起诉的依据。譬如，最高人民法院《关于审理挪用公款案件具体应用

---

① ［日］团藤重光：《刑法纲要总论》，创文社 1957 年版，第 422—423 页。

② 甘雨沛、何鹏编：《外国刑法学》，北京大学出版社 1989 年版，第 537 页。

③ 陈国庆主编：《人民检察院刑事诉讼规则释义与适用》，警官教育出版社 1999 年版，第 312 页。

法律若干问题的解释》（法释〔1998〕9 号）第 2 条规定："挪用正在生息或者需要支付利息的公款归个人使用，数额较大，超过三个月但在案发前全部归还本金的，可以从轻处罚或者免除处罚。"而刑法第 384 条规定："国家工作人员利用职务上的便利，挪用公款归个人使用，进行非法活动的，或者挪用公款数额较大、进行营利活动的，或者挪用公款数额较大、超过三个月未还的，是挪用公款罪，处五年以下有期徒刑或者拘役；情节严重的，处五年以上有期徒刑。挪用公款数额巨大不退还的，处十年以上有期徒刑或者无期徒刑。""挪用用于救灾、抢险、防汛、优抚、扶贫、移民、救济款物归个人使用的，从重处罚。"比较刑法与司法解释的规定，可以看出刑法并未对挪用公款的行为有免除刑罚的规定，也就是说，所有挪用公款构成犯罪的行为，都应当受到刑罚的处罚。根据我国法律，司法解释是最高司法机关对具体运用法律所作的解释，它不能超过法律规定的权限作出扩大解释，否则就变成了立法活动。①

　　笔者认为，这种结论缺乏说服力。如果以刑法第 384 条对挪用公款的行为没有作出免除刑罚的明文规定为根据，推出"所有挪用公款构成犯罪的行为都应当受到刑罚处罚"的结论，是难以令人接受的。因为刑法总则中关于免除刑罚的规定有 11 个条文，依据刑法第 101 条所规定的"本法总则适用于其他有刑罚规定的法律，但是其他法律有特别规定的除外"，而刑法第 384 条并没有明确排除适用免刑处罚，因此这些条文原则都适用于挪用公款犯罪，可以或者应当免除刑罚。在笔者看来，需要真正关注的是，司法解释免除刑罚的事由是否具有刑法总则或者分则依据，如果具有相应的依据，那么司法解释就不属于越权解释；如果不具有相应的依

---

① 杨新京：《论相对不起诉的适用条件》，载《国家检察官学院学报》2005 年第 6 期。

据，则属于越权解释，其所解释的免除刑罚不应成为酌定不起诉的依据。就挪用公款罪司法解释规定而言，案发前全部归还本金的可从轻或者免除处罚，显然"案发前全部归还本金"是"可以免除处罚"的条件，符合刑法第 37 条的规范模型，也即"案发前全部归还本金"是"犯罪情节轻微不需要判处刑罚"的具体化，因此该条司法解释不属于"单独规定免除刑罚司法解释"，也不属于越权解释，是酌定不起诉的刑法依据之一。

2. 重申刑法第 37 条免刑之规定

这类司法解释仅仅重申了刑法第 37 条"犯罪情节轻微不需要判处刑罚，可以免予刑事处罚"之规定。例如，最高人民检察院《关于办理当事人达成和解的轻微刑事案件的若干意见》（高检发研字〔2011〕2 号）规定："对于其他轻微刑事案件，符合本意见规定的适用范围和条件的，作为犯罪情节轻微，不需要判处刑罚或者免除刑罚的重要因素予以考虑，一般可以决定不起诉。"最高人民法院《关于审理非法制造、买卖、运输枪支、弹药、爆炸物等刑事案件具体应用法律若干问题的解释》（法释〔2009〕18 号）第 9 条规定："因筑路、建房、打井、整修宅基地和土地等正常生产、生活需要，以及因从事合法的生产经营活动而非法制造、买卖、运输、邮寄、储存爆炸物，数量达到本解释第一条规定标准，没有造成严重社会危害，并确有悔改表现的，可依法从轻处罚；情节轻微的，可以免除处罚。"最高人民法院、最高人民检察院《关于办理组织和利用邪教组织犯罪案件具体应用法律若干问题的解释（二）》（法释〔2001〕19 号）第 12 条规定："人民法院审理邪教案件，对于有悔罪表现，不致再危害社会的被告人，可以依法从轻处罚；依法可以判处管制、拘役或者符合适用缓刑条件的，可以判处管制、拘役或者适用缓刑；对于犯罪情节轻微不需要判处刑罚的，可以免予刑事处罚。"最高人民法院《关于审理挪用公款案件具体应用法律若干问题的解释》（法释〔1998〕9 号）第 2 条第 2

项规定:"挪用公款数额较大,归个人进行营利活动的,构成挪用公款罪,不受挪用时间和是否归还的限制。在案发前部分或者全部归还本息的,可以从轻处罚;情节轻微的,可以免除处罚。"

3. 细化刑法第 37 条免刑之规定

这类司法解释,是最高司法机关根据刑法第 37 条之规定对一些具体案件进行具体化,实际上也是细化刑法第 37 条免刑规定的过程。主要包括:最高人民法院、最高人民检察院《关于办理诈骗刑事案件具体应用法律若干问题的解释》(法释〔2011〕7 号)第 3 条规定,诈骗公私财物虽已达到本解释第 1 条规定的"数额较大"的标准,但具有下列情形之一,且行为人认罪、悔罪的,可以根据刑法第 37 条、刑事诉讼法第 173 条的规定不起诉或者免予刑事处罚:(1)具有法定从宽处罚情节的;(2)一审宣判前全部退赃、退赔的;(3)没有参与分赃或者获赃较少且不是主犯的;(4)被害人谅解的;(5)其他情节轻微、危害不大的。最高人民法院《关于审理非法集资刑事案件具体应用法律若干问题的解释》(法释〔2010〕18 号)第 3 条第 4 款规定:"非法吸收或者变相吸收公众存款,主要用于正常的生产经营活动,能够及时清退所吸收资金,可以免予刑事处罚……"最高人民法院、最高人民检察院、公安部、司法部《关于依法惩治拐卖妇女儿童犯罪的意见》(2010年 3 月 15 日)第 3 条第 2 款规定:"收买被拐卖的妇女、儿童,犯罪情节轻微的,可以依法免予刑事处罚。"最高人民法院、最高人民检察院《关于办理妨害信用卡管理刑事案件具体应用法律若干问题的解释》(法释〔2009〕19 号)规定:"恶意透支应当追究刑事责任,但在公安机关立案后人民法院判决宣告前已偿还全部透支款息的,可以从轻处罚,情节轻微的,可以免除处罚。"最高人民法院、最高人民检察院《关于办理非法制造、买卖、运输、储存毒鼠强等禁用剧毒化学品刑事案件具体应用法律若干问题的解释》(法释〔2003〕14 号)第 5 条第 2 款规定:"本解释施行以后,确因生产、生活需要而非法制造、买卖、运输、储存毒鼠强等禁用剧毒化学品饵料自用，构成犯罪，但没有造成严重社会危害，经教育确有悔改表现的，可以依法从轻、减轻或者免除处罚。"最高人民法院《关于审理抢夺刑事案件具体应用法律若干问题的解释》（法释〔2002〕18 号）第 3 条规定，抢夺公私财物虽然"数额较大"的标准，但具有下列情形之一的，可以视为刑法第 37 条规定的"犯罪情节轻微不需要判处刑罚"，免予刑事处罚：（1）已满十六周岁不满十八周岁的未成年人作案，属于初犯或者被教唆犯罪的；（2）主动投案、全部退赃或者退赔的；（3）被胁迫参加抢夺，没有分赃或者获赃较少的；（4）其他情节轻微，危害不大的。最高人民法院《关于审理挪用公款案件具体应用法律若干问题的解释》（法释〔1998〕9 号）第 2 条规定："挪用正在生息或者需要支付利息的公款归个人使用，数额较大，超过三个月但在案发前全部归还本金的，可以从轻处罚或者免除处罚。"

四、酌定不起诉刑法规范根据之二：其他法定免除刑罚情节之规定

根据上文所述，这类刑法及司法解释规范与刑法第 37 条是一种并列关系，同属于酌定不起诉的刑法规范根据。

（一）非单纯应当免除处罚之规定

1. 应当减轻或者免除处罚之规定

这类刑法规范主要有，刑法第 20 条第 2 款规定："正当防卫明显超过必要限度造成重大损害的，应当负刑事责任，但是应当减轻或者免除处罚。"刑法第 21 条第 2 款规定："紧急避险超过必要限度造成不应有的损害的，应当负刑事责任，但是应当减轻或者免除处罚。"刑法第 28 条规定："对于被胁迫参加犯罪的，应当按照他

的犯罪情节减轻处罚或者免除处罚。"有关胁从犯应当减轻或者免除处罚的司法解释：最高人民法院、最高人民检察院、公安部《关于当前办理拐卖人口案件中具体应用法律的若干问题的解答》（1984年3月31日）规定，以介绍对象为名，骗取他人财物的；两人以上合谋骗钱，把妇女"卖"给他人为妻，得款后潜逃的，均应以诈骗罪论处。对于妇女被拐骗后，在犯罪分子胁迫或利诱下进行诈骗的，应酌情减轻或免除处罚。

2. 应当从轻、减轻处罚或者免除处罚之规定

刑法第27条第2款规定："对于从犯，应当从轻、减轻处罚或者免除处罚。"有关从犯应当从轻、减轻处罚或者免除处罚的司法解释：最高人民法院《全国法院审理经济犯罪案件工作座谈会纪要》（法〔2003〕17号）第2条第4项规定，刑法第383条第1款规定的"个人贪污数额"，在共同贪污犯罪案件中应理解为个人所参与或者组织、指挥共同贪污的数额，不能只按个人实际分得的赃款数额来认定。对共同贪污犯罪中的从犯，应当按照其所参与的共同贪污的数额确定量刑幅度，并依照刑法第27条第2款的规定，从轻、减轻处罚或者免除处罚。最高人民法院、最高人民检察院、海关总署《关于办理走私刑事案件适用法律若干问题的意见》（法〔2002〕139号）第20条规定，单位和个人共同走私偷逃应缴税额超过25万元且能区分主、从犯的，应当按照刑法关于主、从犯的有关规定，对从犯从轻、减轻处罚或者免除处罚。《全国法院审理毒品犯罪案件工作座谈会纪要》（法〔2000〕42号）规定："只要认定了从犯，无论主犯是否到案，均应依照并援引刑法关于从犯的规定从轻、减轻或者免除处罚。"

（二）可以免除处罚之规定

1. 可以免除处罚之规定

刑法第67条规定："犯罪以后自动投案，如实供述自己的罪

行的，是自首。对于自首的犯罪分子，可以从轻或者减轻处罚。其中，犯罪较轻的，可以免除处罚。"刑法第 351 条第 3 款规定："非法种植罂粟或者其他毒品原植物，在收获前自动铲除的，可以免除处罚。"

2. 可以减轻或者免除处罚之规定

主要包括，刑法第 10 条规定："凡在中华人民共和国领域外犯罪，依照本法应当负刑事责任的，虽然经过外国审判，仍然可以依照本法追究，但是在外国已经受过刑罚处罚的，可以免除或者减轻处罚。"刑法第 164 条第 3 款规定："行贿人在被追诉前主动交代行贿行为的，可以减轻处罚或者免除处罚。"刑法第 383 条第 1款第 3 项规定："个人贪污数额在五千元以上不满五万元的，处一年以上七年以下有期徒刑；情节严重的，处七年以上十年以下有期徒刑。个人贪污数额在五千元以上不满一万元，犯罪后有悔改表现、积极退赃的，可以减轻处罚或者免予刑事处罚，由其所在单位或者上级主管机关给予行政处分。"2011 年 5 月 1 日起施行的刑法修正案（八）第 41 条规定（作为刑法第 276 条之一）拒不支付劳动报酬罪，对"以转移财产、逃匿等方法逃避支付劳动者的劳动报酬或者有能力支付而不支付劳动者的劳动报酬，数额较大，经政府有关部门责令支付仍不支付的，处三年以下有期徒刑或者拘役，并处或者单处罚金；造成严重后果的，处三年以上七年以下有期徒刑，并处罚金"。单位犯前款罪的，对单位判处罚金，并对其直接负责的主管人员和其他直接责任人员，依照前款的规定处罚。"该条第 3 款规定："有前两款行为，尚未造成严重后果，在提起公诉前支付劳动者的劳动报酬，并依法承担相应赔偿责任的，可以减轻或者免除处罚。"刑法第 390 条第 2 款规定："行贿人在被追诉前主动交代行贿行为的，可以减轻处罚或者免除处罚。"刑法第 392条第 2 款规定："介绍贿赂人在被追诉前主动交代介绍贿赂行为的，可以减轻处罚或者免除处罚。"

3. 可以从轻、减轻或者免除处罚之规定

刑法第 19 条规定："又聋又哑的人或者盲人犯罪，可以从轻、减轻或者免除处罚。"刑法第 22 条第 2 款规定："对于预备犯，可以比照既遂犯从轻、减轻处罚或者免除处罚。"最高人民法院、最高人民检察院《关于办理妨害预防、控制突发传染病疫情等灾害的刑事案件具体应用法律若干问题的解释》（法释〔2003〕8 号）第 17 条规定，人民法院、人民检察院办理有关妨害预防、控制突发传染病疫情等灾害的刑事案件，对于有自首、立功等悔罪表现的，依法从轻、减轻、免除处罚或者依法作出不起诉决定等，也是酌定不起诉的具体依据。

第三节　存疑不起诉的刑法规范根据

刑事诉讼法第 171 条第 4 款规定："对于二次补充侦查的案件，人民检察院仍然认为证据不足，不符合起诉条件的，应当作出不起诉的决定。"这是存疑不起诉的法律依据，包括两个条件：一是程序条件，即案件必须经过补充侦查；二是实体条件，即案件的证据不足，不符合起诉条件。① 其中，实体条件下的"证据不足"主要是相对于"证据确实、充分"起诉条件和"无证据"而言的。根据刑事诉讼法第 53 条规定，"证据确实、充分"，应当符合以下条件：（1）定罪量刑的事实都有证据证明；（2）据以定案的证据均经法定程序查证属实；（3）综合全案证据，对所认定事实已排除合理怀疑。由此界定，"证据不足"在刑法实体上应包括"定罪证据不足"和"量刑证据不足"两个方面。但是，根据 2012 年《人民检察院刑事诉讼规则》第 404 条之解释，具有下列情形之一，不能确定犯罪嫌疑人构成犯罪和需要追究刑事责任的，属于证据不

---

①　王新环：《公诉权原论》，中国人民公安大学出版社 2006 年版，第 359 页。

足，不符合起诉条件：一是犯罪构成要件事实缺乏必要的证据予以证明的；二是据以定罪的证据存在疑问，无法查证属实的；三是据以定罪的证据之间、证据与案件事实之间的矛盾不能合理排除的；四是根据证据得出的结论具有其他可能性，不能排除合理怀疑的；五是根据证据认定案件事实不符合逻辑和经验法则，得出的结论明显不符合常理的。由此可见，存疑不起诉中的"证据不足"特指"定罪证据不足"，具体表现为以下几个方面：[①]

一、证明犯罪客观方面的证据不足

犯罪客观方面，是指犯罪活动的客观外在实施特征，包括危害行为、行为对象、危害结果及危害行为与危害结果之间因果关系、犯罪的时间、地点、方法等。因而，证明犯罪客观方面的证据不足，可以从上述这些方面进行考察。

（一）证明危害行为的证据不足

"无行为则无犯罪。"行为是刑法的基础，是犯罪成立的前提。犯罪行为在实践中的表现形式多种多样，但总体上可以划分成作为与不作为两种基本形式。作为，是指积极行为，即行为人积极实施刑法所禁止的危害行为，从证明角度讲，重点要围绕罪状所描述的客观行为进行证明，例如刑法第 236 条规定"以暴力、胁迫或者其他手段强奸妇女的"，需要证明行为人是否实施了暴力、胁迫或者其他手段，虽然行为人表面上实施了暴力行为，但如果被害人只是"半推半就"的本能反应，即可以认为证明危害行为的证据不足。不作为，是指消极行为，即行为人负有实施某种积极行为的特定的

---

① 刘生荣、蔺剑、张寒玉：《刑事不起诉的理论与司法实务》，中国检察出版社 1998 年版，第 82—85 页。

法律义务，并且能够实行而不实行的行为。不作为的行为性在证明上的困难缘自其身体的静止，即不像作为那样存在身体的外部动作，在单纯物理意义上是一种"无"的状态。[①] 因此，证明不作为犯罪行为，需要从行为人负有实施特定作为义务，而且能够履行该特定义务，但是没有履行的规范角度进行证明，否则，可认为证明危害行为的证据不足。只要存在证明危害行为的证据欠缺，检察机关应当依法作出存疑不起诉处理。

（二）证明犯罪对象的证据不足

犯罪对象，是指刑法规定的危害行为所侵犯或者直接指向的具体的人、物或者信息。作为犯罪构成要件之一的犯罪对象，在通常情况下，属于生活常识性内容而无须证明，但在特定的情况或者犯罪中，犯罪对象的证明并不是一件容易的事情，往往影响到罪与非罪。例如，刑法分则第三章第一节规定的生产、销售伪劣商品罪、第六章第九节规定的淫秽物品的犯罪以及刑法第219条侵犯商业秘密罪等。何谓"伪劣商品"、何谓"淫秽物品"、何谓"商业秘密"？需要相关鉴定机构作出鉴定，但实践中有些鉴定结论含糊其词，导致对于犯罪对象认识存在严重分歧，如果最后确实无法证实或证伪的，即可认定为证明犯罪对象的证据不足，检察机关应作存疑不起诉处理。

（三）证明危害结果的证据不足

刑法意义上的危害结果，是指犯罪行为实际所造成的损害事实，包括构成要件的结果与非构成要件的结果。前者称之为"结果犯"，例如故意伤害罪、过失性犯罪等，对于这类犯罪而言，如果危害结果的证据存在不足，检察机关可以作出存疑不起诉决定。

---

① 陈兴良：《规范刑法学》，中国政法大学出版社2003年版，第69页。

这种情况在实践中还是比较常见的，比如轻伤害案件中伤情鉴定滞后或者委托不同机构鉴定，可能导致最终结果的不同，尤其轻伤与轻微伤之差别势必影响到罪与非罪，在不能排除证据矛盾的情况下，可认为证明危害结果的证据不足，依法作出存疑不起诉决定。对于那些不要求危害结果作为构成要件的行为犯或危险犯，以及有些直接故意犯罪虽以某种特定危害结果为要件，但这种构成结果的有无，并不是区分犯罪成立与否的标准，而是区分犯罪完成形态与未完成形态标志的，虽然危害结果的证据存在不足，但并不影响犯罪的成立，仅对量刑产生影响。对于这种情形，检察机关如果作出存疑不起诉的决定，是不可以的。

（四）证明危害行为和危害结果之间因果关系的证据不足

刑法中的因果关系是指行为与结果之间决定与被决定、引起与被引起之间的关系，是行为与结果之间一种性质上的联系，一般不属于犯罪构成要件。但是，这不影响因果关系在犯罪构成中的地位，尤其是在结果犯的场合，无因果关系则无刑事责任。在刑法理论上，因果关系可以分为必要因果关系和偶然因果关系。前者是指危害行为必然地、合乎规律地引起或产生危害结果；后者是指在危害行为引起或者产生危害结果的发生过程中又与另一个危害行为引起或产生危害结果。实践中，涉及最多的案件是第三方因素介入和"特异体质"伤害案件。例如，A 追杀 B，B 无处可逃跳进河里，但 A 心有不甘仍然在河边等守，结果 B 因体力不支被淹死，如何证明 A 追杀行为与 B 死亡之间的因果关系？又如，行为人 C 抄起地上铁管朝 D 头部一击，造成 D 当场死亡，经鉴定发现 D 为特异体质之人，死于脑流质，如何证明 C 击打行为与 D 死亡之间的因果关系？如果证明必然因果关系的证明不足，就是证明危害行为与危害结果之间因果关系的证据不足，检察机关应当作出存疑不起诉处理。

（五）证明犯罪时间、地点、方法（工具）的证据不足

任何危害行为都是在一定的空间、时间维度下以一定的方式方法（工具）实施的。但是在一般情况下，刑法对犯罪的时间、地点、方法不作特别的限定，所以它们通常不是犯罪构成客观要件。但如果刑法把时间、地点、方法明文规定为某种犯罪的构成要件时，这些因素就成为判断罪与非罪的标准。例如，刑法第340条规定："违反保护水产资源法规，在禁渔期（时间）、禁渔区（地点）或者禁用的工具、方法进行捕捞水产品，情节严重的，处三年以下有期徒刑、拘役、管制或者罚金。"刑法第341条第2款规定："违反狩猎法规，在禁猎区（地点）、禁猎期（时间）或者使用禁用的工具、方法进行狩猎，破坏野生动物资源，情节严重的，处三年以下有期徒刑、拘役、管制或者罚金。"在这类犯罪中，如果证明犯罪时间、地点、方法（工具）的证据存在不足，检察机关应当作出存疑不起诉处理。

二、证明犯罪主体的证据不足

犯罪主体，是指实施犯罪行为并承担刑事责任的人，包括达到法定刑事责任年龄并且具有刑事责任能力的自然人和依法成立、具有刑事责任能力的单位两类。实践中，证明犯罪主体的证据不足，通常存在三种情形：

（一）证明刑事责任年龄的证据不足

刑事责任年龄，是指刑法规定的负刑事责任所必须达到的年龄。我国刑法对刑事责任年龄采用三分法：一是完全不负刑事责任年龄阶段，不满十四周岁的人不论实施何种危害行为，都不负刑事责任；二是相对负刑事责任年龄阶段，已满十四周岁不满十六周岁

的人犯故意杀人、故意伤害致人重伤或者死亡、强奸、贩卖毒品、放火、爆炸、投放危险物质罪的，应当负刑事责任；三是完全负刑事责任年龄阶段，已满十六周岁的人犯罪，应当负刑事责任。

实践中，关于认定未成年人是否达到刑事责任年龄的证据主要有：（1）公安机关出具的身份证件或户籍证明；（2）医院或卫生防疫部门出具的出生证、防疫接种记录；（3）父母、邻居、同学等就未成年人的出生、年龄等情况所作的证人证言；（4）骨龄鉴定；（5）行为人自报年龄；（6）计生部门出具的计生证明、学校出具的学籍证明或入学登记原始记录。① 但在一些农村地区，户籍信息采集、填写、保存极为不规范，致使有关户籍资料登记有误、随意篡改、相互矛盾，甚至遗失，而证人证言、行为人供述因记忆能力和利害关系等因素影响具有易变性，骨龄鉴定因受个体因素影响，根据最高人民检察院《关于"骨龄鉴定"能否作为确定刑事责任年龄证据使用的批复》（2000 年 2 月 21 日）精神，仅具参考价值。因此，在证明行为人是否已满十四周岁或者十六周岁（"边缘年龄"）时，往往不同证据之间相互矛盾，且无法合理排除。对于这种情况，可以认定为证明刑事责任年龄的证据不足，依法作存疑不起诉处理。

（二）证明刑事责任能力的证据不足

刑事责任能力，是指行为人构成犯罪和承担刑事责任所必需的，行为人具备的刑法意义上辨认和控制自己行为的能力。依据刑法第 18 条之规定，精神病人在不能辨认或者不能控制自己行为的时候造成危害结果，经法定程序鉴定确认的，不负刑事责任；尚未完全丧失辨认或者控制自己行为能力的精神病人犯罪的，应当负刑

---

① 郑迎红：《未成年人刑事责任年龄证据的审查与判断》，载《江苏法制报》2009 年 5 月 12 日。

事责任。这里涉及精神病人鉴定问题，根据刑事诉讼法第120条规定："对人身伤害的医学鉴定有争议需要重新鉴定或对精神病的医学鉴定，由省级人民政府指定的医院进行。"但实践中，精神病人司法鉴定只要当事人或办案部门委托，凡具有精神病鉴定资格的医院，都可以接受委托，并出具鉴定结果，而且这些鉴定机构之间没有上下级关系。在诊断依据上也有所不同，目前有三个诊断系统，即中国精神障碍分类与诊断标准第3版、国际疾病分类第10版以及美国精神障碍诊断和统计手册第4版。[①] 由于我国没有颁布统一的精神病司法鉴定国家标准，只有行业标准，而各诊断系统不同版本之间的标准存在差异，加之不同鉴定机构掌握的尺度，以及鉴定人专业素质、职业道德存在差别，所以，有时会出现多头鉴定、重复鉴定，并且鉴定结论不一致，甚至相互矛盾。如果不能证明行为人是否为精神病人，以及间歇性精神病人实施犯罪行为时有无发病，那么可以认为证明刑事责任能力的证据不足。

（三）证明犯罪主体特殊身份的证据不足

犯罪主体特殊身份，是指刑法所规定的影响行为人刑事责任的行为人人身方面特定的资格、地位或状态。如国家工作人员、军人、司法工作人员、辩护人、诉讼代理人、证人、依法被关押的罪犯、男女、亲属，等等。这些特殊身份不是自然犯罪主体的一般要件，而只是某些犯罪的自然人主体必须具备的要件。[②] 以国家工作人员为例，包括国家机关工作人员、准国家机关工作人员、准国家工作人员。其中，准国家工作人员又包括国有公司、企业、事业单

---

① 邹豫莨、高野：《完善我国精神病司法鉴定制度的思考》，载《法制与社会》2008年第5期。

② 高铭暄、马克昌：《刑法学》，北京大学出版社、高等教育出版社2000年版，第99页。

位、人民团体中从事公务的人员，国家机关、国有公司、企业、事业单位委派到非国有公司、企业、事业单位、社会团体从事公务的人员，以及其他依照法律从事公务的人员。依据最低指控标准，需要查明行为人工作单位、工作单位的性质（国家机关、国有事业单位、国有公司、企业等）、部门、职务、职权、级别，及获得上述职务、职权的时间等事实。[①] 但实践中，诸如单位性质、人事合同等问题很复杂，如"两块牌子、一套人马"、"国有控股公司"、"国有企业改制"、"聘任合同"等等。如果证明作为犯罪构成要件的特殊职务或者身份的证据不足，属于证明犯罪主体特殊身份的证据不足，检察机关可依法作出存疑不起诉处理。

三、证明犯罪主观方面的证据不足

犯罪主观方面，是指犯罪主体对其所实施的犯罪行为及其危害后果的心理态度，包括犯罪故意、犯罪过失、犯罪目的等要素。据此，证明犯罪主观方面的证据不足表现为：

（一）证明犯罪故意的证据不足

根据刑法第 14 条之规定，犯罪故意是指行为人明知自己的行为会发生危害社会的后果，并且希望或者放任这种结果的发生的一种心理态度。犯罪故意分为两种：直接犯罪故意和间接犯罪故意。直接故意，是指行为人明知自己的行为会发生危害社会的后果，而希望这种结果发生的心理态度；间接故意，是指行为人明知自己的行为可能发生危害社会的后果，并且放任这种结果发生的心理态度。

---

① 苗生明、李继华：《指控贪污罪的最低证据标准》，载《刑事司法指南》2001年第 1 集（总第 5 集）。

需要特别指出的是故意犯罪中"明知"的证明问题。刑法通说理论认为，总则的"明知"是对自己行为会造成危害社会的结果的明知，对于特定对象则有可能是知道或者是应当知道；而分则的"明知"则是对对象的某种特定情况的明知。在一般情况下，没有对对象的特定明知，并不影响对自己的行为会造成危害社会的结果的明知。但在特定情况下，如果没有对对象的特定明知，也就不会存在对自己的行为会造成危害社会的结果的明知，因而不存在犯罪故意。① 司法实践中，可以根据相关司法解释及精神进行把握，例如最高人民法院《关于审理洗钱等刑事案件具体应用法律若干问题的解释》（2009 年 11 月 4 日）第 1 条规定，刑法第 191 条（洗钱罪）、第 312 条（掩饰、隐瞒犯罪所得、犯罪所得收益罪）规定的"明知"，应当结合行为人的认知能力，接触他人犯罪所得及其收益的情况，犯罪所得及其收益的种类、数额，犯罪所得及其收益的转换、转移方式以及行为人的供述等主、客观因素进行认定。具有下列情形之一的，可以认定行为人明知系犯罪所得及其收益，但有证据证明确实不知道的除外：（1）知道他人从事犯罪活动，协助转换或者转移财物的；（2）没有正当理由，通过非法途径协助转换或者转移财物的；（3）没有正当理由，以明显低于市场的价格收购财物的；（4）没有正当理由，协助转换或者转移财物，收取明显高于市场的"手续费"的；（5）没有正当理由，协助他人将巨额现金散存于多个银行账户或者在不同银行账户之间频繁划转的；（6）协助近亲属或者其他关系密切的人转换或者转移与其职业或者财产状况明显不符的财物的；（7）其他可以认定行为人明知的情形。

类似于这种推定行为人"明知"的司法解释比较多，最高人民法院、最高人民检察院、公安部《关于办理网络赌博犯罪案件

---

① 陈兴良：《刑法适用总论》（上卷），法律出版社 1998 年版，第 140—149 页。

适用法律若干问题的意见》（2010 年 8 月 31 日）、《全国部分法院审理毒品犯罪案件工作座谈会纪要》（2008 年 12 月 1 日）、最高人民法院、最高人民检察院、公安部、国家烟草专卖局《关于办理假冒伪劣烟草制品等刑事案件适用法律问题座谈会纪要》（2003 年 12 月 23 日）等，在证明上能够达到司法解释确定的情形之一即可认定行为人主观具有"明知"，否则，就可以认定为证据不足，检察院应当就案件以存疑不起诉的结果处理。

（二）证明犯罪过失的证据不足

根据刑法第 15 条之规定，犯罪过失，是指行为人应当预见到自己的行为可能发生危害社会的后果，由于疏忽大意而没有预见，或者已经预见而轻信能够避免的一种心理态度。犯罪过失分为两种，即过于自信的过失和疏忽大意的过失。过于自信的过失是指行为人预见到自己的行为可能发生危害社会的后果，由于轻信能够避免，结果发生危害后果；疏忽大意的过失指行为人应当预见到自己的行为可能发生危害社会的后果，由于疏忽大意而没有预见，以致发生这种危害后果。对刑法规定的过失犯罪，如果证明疏忽大意的过失和过于自信的过失证据不足，可以作出存疑不起诉的决定。

（三）证明犯罪目的的证据不足

所谓犯罪目的，是指行为人希望通过实施犯罪行为而达到某种危害社会结果的心理状态，也是危害结果在行为人主观上的表现。一般来说，直接故意犯罪主观方面大都包含犯罪目的的内容，因此刑法对犯罪目的一般作明文规定。但是，对于某些犯罪，刑法条文特别规定了犯罪目的，如刑法第 152 条规定的走私淫秽物品罪要求"以牟利或者传播为目的"，刑法第 217 条规定的侵犯著作权罪要求"以营利为目的"，刑法第 224 条规定的合同诈骗罪要求"以非法占有为目的"，刑法第 363 条规定的制造、复制、出版、贩卖、传播淫秽物品牟利罪要求"以牟利为目的",等等。关于作为犯罪构成必备条件的犯罪目的的证明,类似于上文"明知"的证明。譬如,"以非法占有为目的"的证明,可依据《全国法院审理金融犯罪案件工作座谈会纪要》(2001 年 1 月 21 日)所指出的,认定是否具有非法占有为目的,应当坚持主客观相一致的原则,既要避免单纯根据损失结果客观归罪,也不能仅凭行为人供述,而应当根据案件具体情况具体分析。根据司法实践,对于行为人通过诈骗的方法非法获取资金,造成数额较大资金不能归还,并具有下列情形之一的,可以认定为具有"非法占有的目的":(1)明知没有归还能力而大量骗取资金的;(2)非法获取资金后逃跑的;(3)肆意挥霍骗取资金的;(4)使用骗取的资金进行违法犯罪活动的;(5)抽逃、转移资金、隐匿财产,以逃避返还资金的;(6)隐匿、销毁账目,或者搞假破产、假倒闭,以逃避返还资金的;(7)其他非法占有资金、拒不返还的行为。但是,在处理具体案件的时候,对于有证据证明行为人不具有非法占有目的的,不能单纯以财产不能归还就按金融诈骗罪处罚。如果作为犯罪构成必要条件的特定犯罪目的的证据不足,检察机关应当作出存疑不起诉的决定。

上述是从犯罪构成的角度考察指控犯罪的最低证据标准,如果不能达到这种标准,即可以认为证明犯罪的证据不足。而构成要件的内容从应然角度上讲就是刑事证据的本体,那么证明构成要件内容的证据不足就是存疑不起诉制度的根本性、实质性依据,决定了存疑不起诉的适用与否。

第六章 不起诉制度改革展望

如前所述，无论是在刑法理念、刑事政策还是刑事司法领域，非犯罪化、非刑罚化、人权保障成为刑事法改革的世界潮流和必然趋势，人道、谦抑、宽容、仁慈、效益，成为刑事诉讼中的标签式语言。从某种意义上说，刑事追诉是否宽容轻缓，是衡量一个国家和社会文明程度的重要标志。印度政治家、思想家甘地说过："人类只能通过非暴力来摆脱暴力，通过爱来克服恨。""非暴力是世界上最伟大和最积极的力量。""人类正处在十字路口，他必须选择人道的法则或者丛林的法则。"[①] 拉德布鲁赫也曾盛赞过宽容与仁慈，他认为从本意和原意上讲，仁慈，像一缕来自另一世界的光线射入晦暗冷凉的法的世界。诚如奇迹打破了物理世界的规律，仁慈则是法律规则世界之内打破规律的奇迹。在仁慈那里，异法的价值领域——宗教仁善价值和道

---

① ［印度］甘地：《论非暴力》，载夏中义主编：《大学人文读本人与世界》，广西师范大学出版社2002年版，第5、6、8、9页。

德宽容价值突入法律世界的内部。① 《宽容》一书，将人类的历史描写为一部从不宽容到宽容的历史。② 耶林说："刑罚的历史就是刑罚不断被废止的历史。"霍布斯说："在凡是可以宽大的地方实行宽大，也是自然法的要求。"我国学者在考察了刑法与政治宽容、刑法与宗教宽容、刑法与道德宽容的关系后，得出结论：刑法的历史就是一部为宽容而斗争的历史。③

公诉乃仁术。不起诉作为刑事诉讼的一项重要制度，她的本质是谦抑的、宽容的、经济的、效益的、仁慈的、文明的，她的功能和作用是经过世界文明国家的司法实践所证实的。出于进一步加强惩罚犯罪和保护人民的需要，全国人大常委会从 2009 年初开始着手刑事诉讼法修改方案的研究起草工作。学术界、司法界以及社会各界都对这次修改充满了期待。如何在刑事司法中贯彻宽严相济的基本刑事政策，有学者提出了两项改革重点：一是努力探索刑事和解、调解等多元化纠纷解决机制；二是充分认识检察机关作为刑事政策主要实现机关的重要地位，探索附条件不起诉、暂缓起诉等程序分流措施，强化检察机关的起诉裁量权，注意公诉权行使的合目的性和谦抑性。④ 笔者对此深表赞同，这两点正是（裁量）不起诉改革和完善的重点。随着 2012 年新《刑事诉讼法》的颁行，尤其是刑事和解与附条件不起诉的法律化，我国的不起诉制度得到了进一步的发展和完善。但是，如何完善不起诉决定后的非刑罚处罚措施，以及是否可以赋予检察机关适当的不起诉实体裁量权等问题，仍值得我们继续探索。

---

① ［德］拉德布鲁赫：《法律智慧警句集》，舒国滢译，中国法制出版社 2001 年版，第 34、36 页。

② 郭云忠：《刑事诉讼谦抑论》，北京大学出版社 2008 年版，第 17 页。

③ 陈兴良：《刑法理念导读》，法律出版社 2003 年版，第 222 页。

④ 卞建林：《改革开放 30 年中国刑事诉讼制度发展之回顾与展望》，载《法学杂志》2009 年第 1 期，第 12 页。

第一节　刑事和解与附条件不起诉的法律化

刑事和解与附条件不起诉，是近年来刑事司法领域开展的如火如荼且方兴未艾的两项司法改革探索。首先有必要明确的是，刑事和解和附条件不起诉制度都是自发式的自下而上的司法改革，它发源于基层司法实践，成长于基层司法实践，并逐步被最高层司法机关和中央司法主管部门认可，并在一定程度上被 2012 年刑事诉讼法所认可。

一、刑事和解的实践探索及意义

关于刑事和解的概念，有多种表述。刑事和解，又称加害人与被害人的和解（即 Victim – offender – reconciliation，简称 VOR），是指在犯罪后经由调停人使加害者和被害者直接相谈、协商，解决纠纷冲突，其目的是恢复加害人和被害者的和睦关系，并使犯罪人改过自新，复归社会。[①] 刑事和解又称加害人与被害人的和解，是指犯罪后加害人和被害人在有关调解组织的引导下，相互协商解决纠纷的过程。[②] 刑事和解是指在刑事诉讼程序运行过程中，被害人与加害人（即被告人与犯罪嫌疑人）以认罪、道歉、赔偿等方式达成谅解以后，国家专门机关不再追究加害人刑事责任或者对其从轻处罚的一种案件处理方式。即被害人与加害人达成一种协议和谅

---

① 刘凌梅：《西方国家刑事和解理论与实践介评》，载《现代法学》2001 年第 1 期。
② 马静华：《刑事和解的理论基础及其在我国的制度构想》，载《法律科学》2003 年第 4 期。

解，促使国家机关不再追究刑事责任或从轻处罚的诉讼制度。[①] 有学者认为，刑事和解是诉讼法上的专有概念，是指控辩双方在刑事诉讼过程中通过对话协商，就刑事纠纷的解决达成一致意见，从而终结诉讼，不再将案件移交法庭审判的活动。其主体应当是刑事诉讼中的控辩双方，而不是加害人和被害人。我国正在探索的加害人与被害人的和解，应当谓之"刑事谅解"。[②] 但是，将发生在加害人与被害人之间的谅解谓之刑事和解在中国已经约定俗成，"刑事谅解"的称谓并没有得到广泛认可。

尽管对刑事和解的定义不尽相同，但对各地刑事和解实践的做法进行归纳总结，一般包括如下要素：加害人的行为构成犯罪，且加害人自愿认罪、真诚悔过、向被害人赔礼道歉并做出经济赔偿；被害人对加害人的赔礼道歉及经济赔偿表示接受，对其犯罪行为予以谅解，并向公安机关、检察机关或者法院明确表示放弃追究加害人刑事责任意见；公检法机关通过主持调解或者审查，确认加害人的行为不具有较大的社会危害性且再次犯罪的可能性不大，对其作出撤销案件、不起诉、免予刑事处罚或者减轻刑事责任的决定。

一般认为，我国刑事和解的最早探索源于北京市朝阳区人民检察院，该院于 2002 年率先制定了《轻伤害案件处理程序实施规则（试行）》，次年，北京市政法委员会发布了《关于北京市政法机关办理轻伤害案件工作研讨会纪要》。之后，浙江、安徽、上海、湖南、海南等省级政法部门相继发布了有关办理轻伤害案件适用和解

---

① 陈光中：《刑事和解的理论基础与司法适用》，载《人民检察》2006 年第 10 期。

② 卞建林、封利强：《构建刑事和解的中国模式——以刑事谅解为基础》，载《刑事和解与程序分流学术研讨会论文集》第 7 页。

程序的规范性文件，① 其他一些地方的地市甚至县级政法部门也出
台了类似的政策性文件。②

　　正如率先探索刑事和解的北京和其他地方一样，刑事和解制度
最初主要适用于办理轻伤害案件，随着改革试验的逐步推进，这种
新型的刑事案件处理程序逐步扩展到未成年人犯罪案件、过失犯罪
案件以及在校大学生涉嫌犯罪的案件之中，所涉及的刑事案件类型
也从最初的轻伤害案件扩展为交通肇事、盗窃、抢劫、重伤等诸多
罪名案件。各地对刑事和解制度的探索适用，普遍收到了积极的效
果，在个别问题上虽有争议，但这一模式在整体上获得司法界、法
学界的普遍认同。

　　北京市朝阳区的改革试点在一定程度上可以作为例证：姚某和
刘某原本都是一个工地工作的同事，关系一直不错。在一次领材料
时，因为刘某几句不客气的话，引起了姚某的不满，姚某随手抄起
身边的物件将刘达打成了轻伤。案件以姚某涉嫌故意伤害罪移送到
北京市朝阳区检察院审查起诉。在检察官的主持协商下，受害人刘
某和加害人姚某最终达成了 6000 元的赔偿协议，检察院其后对姚

---

　　①　2004 年浙江省高级法院、浙江省检察院和浙江省公安厅联合发布了《关于当前办理轻伤害案件适用法律若干问题的意见》，2005 年安徽省公安厅、省法院和省检察院共同出台了《办理故意伤害案（轻伤）若干问题的意见》，2005 年上海市高级法院、上海市检察院、上海市公安局和市司法局联合下发了《关于轻伤害案件委托人民调解的若干意见》，2006 年湖南省检察院出台《关于检察机关适用刑事和解办理刑事案件的规定（试行）》，2007 年海南省高级法院、海南省检察院、公安厅、司法厅联合下发《关于办理轻伤害案件若干问题的意见》。

　　②　例如，2006 年山东省临沂市人民检察院试行《临沂市检察院审查起诉环节轻伤害案件委托人民调解委员会调解实施办法》，对轻伤害案件实行调解；2004 年河南许昌县人大常委会、县委政法委根据有关法律和规定，组织县人民法院、检察院、公安局、司法局，制定了《关于办理轻伤害案件若干问题的意见（试行）》。参见殷培军、薛伟：《轻伤害不急着起诉，先行调解》，载《法制日报》2006 年 7 月 14 日；《许昌出台轻伤害案件处理意见》，载《人民代表报》2004 年 11 月 2 日；四川简阳、山东寿光、江苏无锡、湖北宜都等地也出台了类似规定。

某作出了相对不起诉的决定，受害人和加害人双方都表示满意。据朝阳检察院的检察官马新宇统计，通过对 2003 年至 2007 年 4 年来的刑事和解案件进行回访，97% 的加害人赞同这一方式，被害人方则是 100% 赞同和解。在刑事和解结果的公正性方面，加害人与被害人的满意率均达到了 100%"。① 应该说刑事和解工作取得了很好的社会效果。

相反的一个典型案例是有关著作中提到的：一位男青年甲爱上了另一个村子的女青年乙，一天在双方约会期间，男方要求发生性关系，女方拒绝了，但男方以强力奸污了女方。回家后，女乙哭诉了经过，其父母向当地派出所报了案。在警察正式逮捕男青年之前，男方父母到女方家中请求"私了"，条件是男方娶女方，并支付女方人民币 3000 元，而女方应以撤诉作为回报。女方原则上同意这些条件，但是要求更多的赔偿，数额为 10000 元。双方经过讨价还价，最后达成协议，赔偿 5000 元。尽管双方还没有达到法定婚龄，他们还是通过熟人领取了结婚证。但是，这一规避法律的私了被政府发现了。婚姻被宣告无效，男青年被正式起诉并判刑。②

这样的案例在现实生活中可谓司空见惯，特别是在农村地区，这种处理方式更是习以为常。那么，如何看待这种处理方式呢？学者对此案作出了如下评论："事实上，他们是在知道国家法律会制裁男青年的情况下，作出了一种充满文化意蕴的理性选择——合作规避国家制定法。"③ 也有学者从公民对法律信仰的角度，亦对该案中男女当事人的选择给予了批评，认为他们对法律不是心存热爱、敬仰和信任，而是冷漠、厌恶、规避与拒斥，他们规避法律的根本原因是对法律信仰的缺失，法律与公众之间的这种紧张关系，使得中国刑法的现代化丧失了生存的基础。① 显然，无论从哪个角度，学者对该案中男女双方当事人及其家庭的选择，都是给与了否定性评价。

上述两位学者对该案的看法分别在 20 世纪的 90 年代中期及末期，时空流转，以今天的社会现实和眼光，特别是从刑事和解的视角，该如何看待当事人的选择和司法的处理方式呢？

笔者认为，从案件事实来看，抛却其因未达到法定年龄而违法办理结婚证的事实不论，从案件情节和刑事政策的角度来看，男女双方对于强奸行为的"私了"做法是完全可以接受的，而司法机关在双方已经达成私了协议的情况下又予以追诉并判处刑罚，绝对不是一个好的选择。理由有二：一是从案件情节来看，男女双方是恋爱关系，行为发生在双方谈恋爱期间，其主观恶性较一般强奸行为明显轻微；二是双方经协商达成了私了协议，实际上达成了刑事和解，且已办理了结婚手续，表明被害人已经彻底原谅了男方，原来处于对立关系的被害人和被告人，已经变成了关系极为密切的一家人，不以犯罪追究男方的刑事责任，符合宽严相济的刑事政策；相反，司法机关不顾上述案情，对男方判处刑罚的结果，不仅不利于化解矛盾，反而破坏了社会和谐，增加了新的社会矛盾，实不可取。

长期以来，由于受马克思主义关于"犯罪——孤立的个人反对统治关系的斗争"② 的认识影响，传统刑法理论把犯罪视为"孤立的个人反对国家的斗争"，是对国家规范和整体秩序的破坏，所

①　田宏杰：《中国刑法现代化研究》，中国方正出版社 2000 年版，第 69 页。
②　马克思、恩格斯主要是从阶级性的角度进行分析的，深刻揭露了犯罪的阶级性本质，犯罪是反对统治关系的斗争，也就是与统治阶级的整体意志作抗争的行为。《马克思恩格斯全集》（第 3 卷），人民出版社 1960 年版，第 379 页。

有的个人之间的冲突，都被转化为个人和国家之间的冲突。① 因此，过去的刑事司法，反映的是国家与犯罪人之间惩罚与被惩罚的关系，表现为国家惩治犯罪的模式。在这一刑事司法关系中，被害人被忽略了。相应地，刑事诉讼法就以规范"科处刑罚之国家"与"被科处刑罚之被告"的关系为主，犯罪被害人渐次沦为次要角色。② 当犯罪侵害发生时，被害人只能也只需作为一个见证人来行使证明责任就可以了，而犯罪是否成立、对犯罪人刑罚的确定与执行，都与被害人这个直接的与核心的受害人没有关系了。被害人的缺位，表明这种惩罚模式本身的异化。诚如恢复性司法创始人霍华德·泽尔所言："这真是绝妙的讽刺，也是一场终极的悲剧。那些直接遭受犯罪侵害的人反而不是解决犯罪方案中的组成部分，实际上，他们甚至没有被纳入我们对这一问题的理解的框架之中。"③ 虽然刑事诉讼为国家所独占，私人诉讼不予许可，但如果不建立在刑事诉讼中反映出刑事被害人的意思的制度，则刑事诉讼法便会游离于国民之外而失去信赖。④

本文认为，我国司法实践探索的刑事和解，与西方的恢复性司法有相似的因素，但亦有显著不同。主要不同在于，恢复性司法认为犯罪不仅是对国家权力的侵犯，也是对被害人、社区甚至是犯罪者本人的多重伤害；恢复性司法强调被害人与犯罪人之间的沟通和交流，双方对犯罪所造成伤害的叙说与抚慰，以及对社区关系的修复。通过交流，加害人通过真诚悔罪求得被害人的谅解，在主持人的帮助下确定解决方案。而我国的刑事和解，关注的核心问题是加

---

① 黎宏：《刑事和解：一种新的刑罚改革理念》，载《法学论坛》2006 年第 4 期。

② 黄朝义：《犯罪被害人参与诉讼制度》，载（台湾）《月旦法学教室》第 27 期（2005.01）。

③ 劳东燕：《被害人视角与刑法理论的重构》，载《政法论坛》2006 年第 5 期。

④ ［日］大谷实：《犯罪被害人及其补偿》，黎宏译，载《中国刑事法杂志》2000 年第 2 期。

害人对被害人的赔偿，影响和解成功与否的关键因素也是赔偿数额的多少，对双方因犯罪造成的心理伤害和对社区关系的伤害，关注较少。

关于刑事和解的理论基础，许多专家学者都认为，我国自古至今的"和合"文化、"和为贵"的文化，以及社会主义和谐社会理论，是刑事和解的理论基础；[1] 以恢复性司法作为刑事和解源头的学者，将恢复性司法的理论基础即恢复正义理论、平衡理论和叙说理论，作为刑事和解的理论基础；[2] 坚持刑事和解是中国独创司法模式的学者认为，刑事和解的基础是现实利益，即加害方与被害方利益的契合、司法机关的收益以及社会和谐的达成。[3] 本文认为，非犯罪化、非刑罚化的刑事政策，也是刑事和解制度的理论基础。首先，非犯罪化包括立法上的非犯罪化和司法上的非犯罪化，刑事和解正是对既已发生的犯罪，在司法上的做非犯罪化处理的一项有效措施。对于通过刑事和解撤销案件、作出不起诉决定案件，其结果就是不以犯罪论处。刑罚个别化的直接含义，就是根据犯罪行为、犯罪人的具体情况决定适用刑罚。作为解决刑事纠纷的一种新模式，刑事和解在不损害普遍公正的前提下，更加关注个案中犯罪行为和犯罪人的具体情况，尊重加害人和被害人双方的个人意愿，实质上追求的是一种具体的个别公正，这正契合了刑罚个别化思想，充分体现了刑罚个别化的要求。这种内在的契合，使刑事和解获得了刑罚理论上的正当性。

关于刑事和解的效力，从大多数国家的法律规定看，加害人与

① 张智辉：《主题探讨——刑事和解：法律家与法学家对话》，载《国家检察官学院学报》2007年第4期。

② 卞建林、封利强：《构建刑事和解的中国模式——以刑事谅解为基础》，载《刑事和解与程序分流学术研讨会论文集》第15页。

③ 陈瑞华：《刑事诉讼的私力合作模式——刑事和解在中国的兴起》，载《中国法学》2006年第5期。

被害人在不同的刑事诉讼阶段和解，其效力有所不同：侦查阶段刑
事和解表现为不立案或撤销案件；审查起诉阶段刑事和解表现为检
察机作出不起诉或者附条件起诉的决定；审判阶段刑事和解表现为
法院作出缓刑宣告或者减轻或免除被告人的刑罚；刑罚执行阶段刑
事和解表现为被服刑人假释或者刑罚执行的减少乃至消灭。例如，
《法国刑事诉讼法典》第 6 条第 3 款规定："此外，在法律有明文
规定时，公诉得经交易或执行刑事和解而消失；在告诉是提起追诉
之必要条件时，撤回告诉，公诉亦消失。"第 41 - 1 条规定："共
和国检察官如认为进行调解可以保证被害人受到的损失得到赔偿，
可以终止因犯罪造成的扰乱，有助于罪犯重返社会，在其公诉作出
决定之前，并征得各方当事人的同意，可以决定实行调解。"对于
因和解达成协议，检察官应作出不立案决定，案件便止于侦查阶
段。法国刑事诉讼法典第 41 - 2 条与第 41 - 3 条对刑事和解作了详
细规定，法国的刑事和解是从"刑事指令"① 的基础上发展而来，
1999 年 6 月 23 日第 99 - 515 号法律对刑事和解（composition
pénale）做出了规定。刑事和解是指，检察院（共和国检察官）在
提起公诉之前与犯罪行为人就公诉进行（辨诉）交易的一种特别
形式。刑事和解得到执行，公诉即告消灭。②

　　如果严格区分"刑事和解"与"刑事调解"的概念，法国刑事
诉讼法第 41 - 1 条规定的实际是"刑事调解"（médiation pénale），
其实质是检察官行使公诉权的一种起诉替代措施，加害人和被害人
并不能自行调解或要求调解。刑事和解的实质是检察官与被告人进
行的一种辩诉交易。二者与我国司法实践中以被害人—加害人为中

---

　　① 所谓"刑事指令"是指：在没有"坐席司法官"（法国法律对审判法院法官的
称呼，检察官则称为"立席法官"）的参与下，检察官与犯罪行为人之间实行的一种
（辨诉）交易。

　　② 罗结珍：《再谈法国刑事诉讼法中的刑事调解与刑事和解》，中国诉讼法律网 2010 年
1 月 9 日，http：//www.procedurallaw.cn/xsss/zdwz/201001/t20100109_ 300102. html。

心的刑事和解有很大的区别。尽管如此，法国刑事调解后终止刑事诉讼的后果，与我国刑事和解终止刑事诉讼的后果是类似的，因而仍然具有借鉴意义。

德国法律对刑事和解法律效力进行了详细地规定。譬如，《德国联邦共和国少年法院法》第 10 条、第 45 条、第 47 条的规定，法院可以科处少年犯罪人努力与被害人和解的教育处分，如果少年犯罪人执行了该教育处分，检察机关据此认为法官已无科处少年刑罚必要，可以免予追诉，法官因而可终止诉讼程序。又如，《德国刑法典》第 46a 条规定：行为人具备下列情形之一的，法院可依第 49 条第 1 款减轻其刑罚，或者如果可能科处的刑罚超过 1 年自由刑或 360 单位日额金之附加刑的，免除其刑罚：（1）努力与被害人达成和解（犯罪人—被害人和解），其行为全部或大部得到补偿，或努力致力于对其进行补偿的，或（2）被害人的补偿要求全部或大部得到实现的。

如前所述，在我国的司法改革实践中，一个刑事案件达成刑事和解的结果，在侦查阶段是撤销案件、在审查起诉阶段是不起诉、在审判阶段是免予刑事处罚，或者判处缓刑等从宽处理。然而，我国 1996 年刑事诉讼法所规定的酌定不起诉受限于"犯罪情节轻微，依照刑法规定不需要判处刑罚或者免除刑罚"的条件，尚不能包容基于加害人与被害人达成和解而终结审查起诉的情形。应当说，在很长一段时期内，一些刑事和解案件根据 1996 年刑事诉讼法第142 条第 2 款规定的酌定不起诉方式结案，并非完全符合现行法律规定。

但是，在审查起诉阶段依据被害人和加害人刑事和解协议而终结刑事诉讼程序，其价值取向与现行法律规定的酌定不起诉制度具有广泛的一致性，在终结案件刑事诉讼程序的路径上，完全具备对接的基础。

裁量不起诉制度是起诉便宜主义的产物，刑事和解与起诉便宜主义亦有密切关联。从世界各国的立法与实践来看，加害人与被害人是否达成和解是起诉便宜主义考量的重要因素。实践中，在对犯罪嫌疑人决定是否适用相对不起诉时，检察机关要在充分考虑犯罪嫌疑人的个人情况、犯罪事实和犯罪后的表现。这里的"犯罪后的表现"是指"行为人实施犯罪后有无悔改之意，是否谢罪与恢复损害、有无逃跑与销毁证据、有无对被害人赔偿、达成和解、被害人的受害感情、时间经过、社会形势的变化、法令的变化等"。①可见，"达成和解"是包含在起诉便宜主义里面的，加害人与被害人是否和解以及和解协议是否履行通常是判断起诉是否符合公共利益以及是否需要提起公诉的重要根据。和解协议的达成及履行，既表明被害人不再追诉的立场，也表明加害人真诚悔罪，人身危险性减小，没有必要对案件提起公诉。

　　刑事和解的出现，在刑事案件处理方式上改变了传统的刑事司法模式，在刑事诉讼领域具有变革性的重大意义。对此，学者不吝赞美之词，给予了高度评介：刑事和解制度的出现，提供了一种以"被害人——被告人"关系为中心的新型司法模式。在这一模式中，被害人具有真正意义上刑事诉讼当事人的地位，并主导着刑事和解的进程和诉讼的实体结局：被害人根据与加害人达成的刑事和解向司法机关提出不予追究加害人刑事责任，来实现对刑事案件做出非犯罪化或者非刑罚化处理的结果。这种依据当事人诉讼处分权能构建起来的司法模式，很好地融合了刑事诉讼和民事诉讼的程序理念，具有了较强的民事自治色彩，也为轻微犯罪行为"民事侵权化"处理提供了模式。刑事和解制度的适用，使得被告人与被害人具有了对诉讼实体结局的处分权，具体表现为对案件的两个重要实体事项的处分：一是经济赔偿的数额标准，二是对被告人刑事

① ［日］田口守一：《刑事诉讼法》，张凌等译，法律出版社2000年版，第104页。

责任的继续追究问题。在双方当事人自愿达成和解的基础上，司法机关一旦认可了双方的和解协议，并据此做出非犯罪化、非刑罚化的处理，意味着当事人双方的和解方案被法律认可，并决定了案件的最终处理结果。刑事和解的"非犯罪化、非刑罚化"处理方式，从某种角度上讲也意味着司法机关开始将一些轻微犯罪视为"民事侵权行为"，从而也打破了犯罪行为与侵权行为之间绝对界限。

进而，学者将刑事和解制度概括为一种"私力合作模式"，以区别于传统的以控辩双方为中心的"对抗性司法模式"，也区别于那种通过国家公诉机关与被告方协商达成合作的"公力合作模式"。因此，认为刑事和解的三种模式①都与源于西方的"恢复性司法"有着本质的区别，是源自中国本土的具有独创性的一种新型司法模式。

可以说，刑事和解是刑事政策产物。正如学者所论述的那样：刑事政策的出现使得刑事司法裁判的唯一性转化成了可选择性。在刑事政策领域，刑事责任并不是犯罪的唯一法律后果，刑事司法裁判也不是对犯罪进行处理的唯一方式方法。犯罪不仅可以通过刑事司法裁判方式来解决，也可以通过其他的方式方法解决。②刑事政策是在赋予现行法以价值判断的基准以便发现更妥当的法律。③拉德布鲁赫也曾指出，考虑到每年花费在诉讼上惊人的金钱、人力和精力，人们倡导的与诉讼对立的和解已经成为迫切的需要……因为法律秩序也是和平秩序，如果能为"热爱和平"而放弃"好的法

---

① 以和解主持人的不同，将刑事和解区分为三种模式，即"加害方—被害方自行和解模式、司法调解模式、人民调解委员会调解模式"。陈瑞华：《刑事诉讼的私力合作模式——刑事和解在中国的兴起》，载《中国法学》2006年第5期，第16、17页。

② 李卫红、段晓博：《刑事政策对刑事司法裁判权的弱化与分离》，载《河南公安高等专科学校学报》2008年第3期，第69页。

③ ［德］李斯特：《德国刑法教科书》，徐久生译，法律出版社2000年版，第13页。

律",法律秩序就会在某些琐碎案件中发挥最佳作用。[1]

二、附条件不起诉的实践探索及意义

附条件不起诉,又称"暂缓起诉"[2]、"起诉犹豫",专家对其定义有多种版本。附条件不起诉,是指检察机关对犯罪嫌疑人的犯罪性质、个人情况、犯罪危害程度以及犯罪情节、犯罪后的表现等情况综合审查后,依法认为没有必要立即追究犯罪嫌疑人刑事责任而决定暂时提起公诉的制度。[3] 暂缓起诉是检察机关根据法律的规定,对符合法定条件的刑事被告人决定附条件缓予起诉的决定,犯罪嫌疑人在一定期限内履行了法定的义务后,作出终止诉讼决定的起诉裁量制度。[4] 暂缓起诉是指检察机关对某些符合起诉条件的案件,基于犯罪嫌疑人的自身状况、公共利益以及刑事政策的考虑,设立一定的考验期,对犯罪嫌疑人暂时不予起诉,期满后再根据具体情况,对其作出起诉或不起诉的一项制度。[5]

尽管上述概念在表述上有所不同,就其实质而言,都是通过一种制度安排使一些符合起诉条件的案件最后不进入起诉程序。如果

---

[1] 〔德〕拉德布鲁赫:《法学导论》,米健、朱林译,中国大百科全书出版社 1997 年版,第 129 页。

[2] 暂缓起诉称谓"其文意与实际制度都不甚贴切,若望文生义还会产生误解",给人的感觉是本来要起诉,但由于某种特定事由而暂时搁置,到条件成熟时再起诉。而附条件不起诉称谓,一方面在于表征了附加特定条件这一显著特征;另一方面既有利于鼓励被不起诉人认真履行义务,争取不起诉处理,又便于安抚被害人及其亲属,让他们明白,这种不起诉是附条件和附期限的,被不起诉人只有在条件成就时,才能获得不起诉利益。陈光中、张建伟:《附条件不起诉:检察裁量权的新发展》,载《人民检察》2006 年第 7 期。

[3] 黄京平:《暂缓起诉的法理基础与制度构建》,载《国家检察官学院学报》2003 年第 5 期,第 55 页。

[4] 王敏远:《暂缓起诉:争议及前景》,载《人民检察》2006 年第 7 期,第 10 页。

[5] 孙力:《暂缓起诉制度研究》,中国检察出版社 2009 年版,第 1 页。

原本就符合不起诉条件，再附加条件和期限考验才作不起诉处理，这是现代司法理念所不允许的。原本符合起诉条件而不起诉，就必须保证一点，即起诉必要性的排除，只有经过证明确认没有起诉的必要，才可以使这些符合起诉条件的案件最后不进入起诉程序。而附加特定的条件，正是证明起诉有无必要，是否能够排除起诉必要性的手段。因此，附条件不起诉是不起诉的一种类型，它与刑事诉讼法规定的酌定不起诉的精神实质是一致的，体现的也是起诉便宜主义精神和检察机关的自由裁量权。但是其适用条件和适用范围比酌定不起诉更加灵活和宽泛，已经超出了我国 1996 年修改的刑事诉讼法的规定和高检院关于不起诉的司法解释范围。

（一）附条件不起诉的理论基础

附条件不起诉是特定的经济社会条件下的法律现象，其产生的直接动因是犯罪激增与司法资源严重不足之间的矛盾对刑事司法效率价值的迫切要求，其合理性源自目的刑理论、诉讼便宜主义理论和宽严相济刑事政策理论等。

1. 报应刑向目的刑的转变是附条件不起诉的刑法基础。"刑罚并非国家之本能反应，而系国家有目的性之作为，国家行使刑事追诉权，应作目的性之考量。"① 随着目的刑、教育刑理论的兴起，传统的"有罪必罚、有罪必诉"报应刑理论有所冲击，刑罚的目的也开始由一般预防向一般预防与特殊预防并重转变。日本刑事法理论认为，尽管对检察官是否作出起诉犹豫决定难以给出统一的标准，"但应着重考虑到对犯罪人不科刑是否对其回归社会产生明显的有利条件。另外，也要把重点放在即使对犯罪人不科以刑罚，是否能够有利于维护社会秩序，也即从贯彻刑事政策的基本精神去考

---

① 林山田：《刑事诉讼程序之基本原则》，载陈朴生主编：《刑事诉讼法论文选辑》，五南图书出版公司 1984 年版，第 20 页。

量这一问题"。①考虑到犯罪人回归社会的困难，以及监所教化功能的不理想，尤其短期自由刑的弊害，确有必要从特殊预防的角度赋予检察官附条件不起诉裁量权，可以根据具体案件中犯罪人的具体情状，有针对性、有条件地对犯罪人做出不起诉处理，以实现刑罚个别化、促进犯罪人的改过自新。

2. 从起诉法定主义向起诉便宜主义的转变是附条件不起诉的诉讼基础。近代国家的形成，确定了国家追诉模式。在国家追诉模式下，检察机关成为代表国家追诉犯罪的机关。为了避免检察官成为执政者的附庸而对权贵阶级滥用权力不予追诉，大陆法系国家在建构检察制度之初，确定了法定起诉原则，要求检察官只要有证据认定犯罪，不论犯罪嫌疑人身份地位，一律起诉，无裁量余地。法定起诉原则的确立，避免了检察官恣意擅断，确保了刑事追诉的公平性、安定性和权威性，同时符合有罪必罚及一般预防的刑罚报应理论，并作为刑事司法被社会大众所信任的先决条件。②但如果将所有符合起诉条件的案件，不考量罪名、犯罪情节及犯罪已嫌疑人心理状态，一律提起公诉，非但失之苛细，而且有背刑罚的谦抑性原则，也不符合个案具体正义、诉讼经济。③起诉便宜主义尝试补救起诉法定主义之缺陷，实现刑事追诉的合理性。从刑事政策角度看，将所有犯罪加以处罚，在实际上不仅不可能，就刑事司法的目的性及有效性而言，也是没有必要的。附条件不起诉实质上赋予检察官对已经构成犯罪的犯罪嫌疑人是否决定起诉的一种自由裁量权。检察官是否拥有自由裁量权，是起诉法定主义与起诉便宜主义

---

① ［日］法务省刑事局：《日本检察讲义》，中国检察出版社 1990 年版，第 117 页。

② 陈运财、吴伟豪：《缓起诉制度实务运作状况之检讨——以台北、台中、云林地方法院检察署为调查中心》，载《东海大学法学研究》，2003 年总第 18 期，第 255 页。

③ 甘添贵、谢庭晃：《捷径刑法总论》，瑞兴图书股份有限公司 2006 年版，第 6 页。

区别的关键所在，而起诉裁量机制从起诉法定主义向起诉便宜主义转变，正是附条件不起诉制度存在的诉讼法基础。这对于不具有可罚性及必要性的犯罪嫌疑人尽早脱离诉讼程序，减少其回归社会的障碍，纾缓了司法机关工作压力及监所收容人数超额负荷，具有重要的现实意义。

3. 从"严打"刑事政策向宽严相济刑事政策的转变是附条件不起诉产生的现实政策基础。在较长的一段时间里，我国实行单向的"严打"重刑主义刑事政策。马克昌教授在《刑法三十年反思》一文中指出，自 1983 年开始"严打"斗争，从 1984 年的发案率看，犯罪虽有所下降，确实取得成效。但随后逐年回升，严重犯罪发案率一直居高不下，社会治安的严峻形势未能得到根本好转，"严打"斗争没有取得预期的效果。① 基于对"严打"政策的理性反思和构建社会主义和谐社会的需要，党的十六大在《中共中央关于构建社会主义和谐社会若干重大问题的决定》中明确提出应"实施宽严相济的刑事司法政策"。而附条件不起诉的基本特征是实体上构成犯罪和程序上诉讼中（终）止，最终犯罪嫌疑人的犯罪行为不仅可能不被追究，而且不计入犯罪记录，充分体现了宽大处理的刑事政策。这在"严打"重刑主义刑事政策下是难以想象的。可以说，附条件不起诉是宽严相济刑事政策"宽"的一面的具体体现，是宽严相济刑事政策的"催化物"。

（二）附条件不起诉的价值分析

1. 附条件不起诉有利于犯罪嫌疑人回归社会。联合国《关于检察官作用的准则》中明确指出："根据国家法律，检察官应在充分尊重嫌疑人或者受害者的人权的基础上适当考虑免予起诉，有条件的或者无条件的中止诉讼程序，或使某些案件从正规的司法系属

① 马克昌：《刑法三十年反思》，载《人民检察》2008 年第 19 期。

转由其他办法处理。目的不仅仅是减轻过重的法院负担，而且可以避免受到审前拘留、起诉和定罪的污名以及避免监禁带来的不利后果。"正如我国学者所言："'犯罪'是一个极具道义评价性的概念。法院经过司法裁判对一个公民定罪，意味着国家对一个人打上犯罪的烙印，贴上犯罪的标签。无论是否导致刑罚的科处，或者通过程序和实体如何淡化，犯罪评价都足以使一个人的名誉和前途受到一系列的负面影响。"[①] 还有学者曾指出，"单单起诉的歧视效应，就足以对被告人的人身、家庭及名誉产生重大影响，被告往往因被起诉而在社会评价上被认为至少涉嫌犯罪，无罪推定原则可不是社会上大多数人看待被告人的态度，纵使被告人最后获得无罪判决，公众对其印象也未必改观"。[②] 对此，附条件不起诉制度可以有条件地中止诉讼程序，将那些追诉利益较小的案件转处在审判程序之外，从而可以避免因起诉、定罪给犯罪人带来的上述诸多负面影响，减少其回归社会的现实与心理的障碍。

2. 附条件不起诉有利于提高诉讼效率。司法是一种资源，具有成本的属性。刑事案件的立案、侦查、起诉、审判和执行每个环节，都是需要付出成本的。为实现司法经济，在诉讼活动中，世界各国都力求以最小的诉讼投入，获取最大的诉讼效益。有资料显示，我国刑事案件中被判处三年以下有期徒刑、拘役、管制等轻微刑事犯罪人数占判决总人数的60%。[③] 而关押一名犯人，每年需花费一万元以上的费用。[④] 显然，对轻刑犯罪的诉讼和羁押消耗了大

---

① 黄京平等：《暂缓起诉的法理基础与制度构建——兼论对未成年人适用暂缓起诉的必要性和可行性》，载《国家检察官学院学报》2003 年第 5 期。

② 陈卫东、韩红兴：《初论我国刑事诉讼中设立中间程序的合理性》，载《当代法学》2004 年第 4 期。

③ 杨光、关义、崔金花：《浅谈适用暂缓起诉制度的必要性》，载中国企业新闻网，http://www.jcfydb.com/fzw/2008 - 04 - 13/news_ 120003684. html。

④ 毛磊：《刑事犯罪走势前瞻》，载《人民日报》2002 年 11 月 17 日。

量的司法资源。附条件不起诉制度作为分流刑事案件的程序之一，避免了过多的甚至不必要的司法资源的投入。通过附条件不起诉制度使那些社会危害性不大、对公共利益侵犯程度较低的刑事案件在审前阶段以简易便行的方式得到消解，将有限的司法资源投放到严重的、复杂的、社会影响面较大的大要案的追究和审判上，进一步提高刑事诉讼效率，实现诉讼资源配置的科学化与合理化。

3. 附条件不起诉有利于维护被害人的合法权益。附条件不起诉在实体上以犯罪嫌疑人补偿因其犯罪给被害人造成的损害为前提，在程序上检察机关在作出不起诉决定前须听取被害人的意见，并将犯罪嫌疑人是否积极争取被害人的谅解，作为是否适用附条件不起诉的重要依据。实践中，附条件不起诉往往以犯罪嫌疑人与被害人刑事和解为前提，以双方当事人充分参与为保障，以注重对被害人利益的保护为重要特征。附条件不起诉制度可以改变被害人长期以来在刑事诉讼中权利和地位边缘化的现状，使得被害人"把自己从受害者的状态下解放出来，不再心怀怨言，死抱住创伤不放，从而开创出新的人际关系。他们给予罪行的制造者以机会，从内心的愧疚、愤怒和耻辱中解脱出来。这样形成了双赢的局面"。①

（三）附条件不起诉的比较考察

1. 德国的"暂不予起诉"制度。作为大陆法系国家典范代表的德国，传统上是起诉法定主义的代表，检察官不起诉裁量权受到严格限制。第一次世界大战后，因经济犯罪剧增与国家司法疲惫，以及受到刑罚预防理念的影响，于1924年引入了起诉便宜原则，赋予检察官对于轻微犯罪案件可裁量不予以追诉。第二次世界大战后，德国进一步扩大了起诉便宜原则的适用，在既有的微罪不起诉规定之外，就轻微甚至中度犯罪案件，增订了暂不予起诉制度。该

---

① 宋英辉、许身健：《恢复性司法程序之思考》，载《当代法学》2004年第3期。

制度是参照缓刑制度，将缓刑制度上暂不执行刑罚的考验期运用到审查起诉阶段，并与不起诉制度相结合，使检察官在作出不起诉决定的同时附加考验期，如同被判处缓刑之人，须遵守相关规定，对于考验期内遵守规定之人，可不再提起公诉。[①]

根据《德国刑事诉讼法》第 153 条 a 规定，经负责开始审理程序的法院和被指控人同意，检察院可以对轻罪暂时不予提起公诉，同时要求被告人：（1）作出一定给付，弥补行为造成的损害；（2）向某公益设施或者国库交付一笔款额；（3）作出其他公益给付；（4）承担一定数额的赡养义务。[②] 根据该规定，暂不予起诉需满足以下条件：（1）被指控人所犯罪行为轻罪。德国根据因犯罪而被科处的刑罚的严重程度将犯罪划分为重罪、轻罪和违警罪，暂缓起诉仅适用于轻微犯罪，而不适用于重罪和违警罪。（2）必须是基于公共利益的考虑。所谓"基于公共利益的考虑"就是看是否有必要追究犯罪人刑事责任，公众是否有兴趣对犯罪人提起诉讼。（3）必须经过负责开始审理程序的法院和被指控人的同意。（4）必须履行一定的要求和责令。[③] 据统计，1981 年至 1997 年期间，德国起诉率一直较低，最高为 19%，最低为 12.3%，绝大多数案件被采取不起诉、撤销案件等其他方式处理掉。而在不起诉处理的案件中，5.6%—6.2% 的案件是根据 153 条 a 作出的。[④]

---

①　王玉皇：《刑事追诉理念的转变与缓起诉——从德国刑事追诉制度之变迁谈起》，载《月旦法学杂志》第 119 期，第 55 页。

②　李昌珂译：《德国刑事诉讼法》，中国政法大学出版社 1995 年版，第 73 页。

③　黄京平等：《暂缓起诉的法理基础与制度构建——兼论对未成年人适用暂缓起诉的必要性和可行性》，载《国家检察官学院学报》2003 年第 5 期。

④　陈光中、[德] 汉斯—约格阿尔布莱希特主编：《中德不起诉制度比较研究》，中国检察出版社 2002 年版，第 272 页。

2. 日本的起诉犹豫制度①。《日本刑事诉讼法》第 248 条规定，根据犯人的性格、年龄及境遇、犯罪的轻重及情况与犯罪后的情况，无追诉必要时，可以不提起公诉。② 该"裁量起诉主义"之规定被认为是日本刑事诉讼法中最重要的条文之一。③ 根据日本刑事诉讼法规定，检察机关适用起诉犹豫制度应当考虑三类因素：（1）犯罪行为人的因素，包括犯人的性格，犯罪行为人的年龄，犯罪行为人的环境；（2）犯罪因素，包括犯罪的轻重，犯罪的情节、情况；（3）犯罪后的因素，包括有关行为，对被害人的行为，其他变化。根据日本法律、刑事政策以及日本检察机关的司法裁量权限，检察机关适用起诉犹豫的范围主要包括：轻微触犯刑法的少年或老年嫌疑人；犯罪情节显著轻微的偶犯嫌疑人；对犯罪后果采取了弥补或悔改措施的嫌疑人；适用暂缓起诉更有利于使之改恶从善，复归社会的犯罪嫌疑人等，原则上不适用于杀人、强奸、放火、投毒等严重危害社会的凶恶犯罪案件。据统计，近年来，暂缓起诉占到不起

---

① 日本起诉犹豫制度，我国很多人将其理解为"暂缓起诉"，这大概是与"执行犹豫"（缓期执行）机械对照加以误读的结果。其实，日本起诉犹豫制度与暂缓起诉并不是一个层面上的问题。起诉犹豫是检察官在具备诉讼条件，具有犯罪嫌疑但不需要追诉时作出的一种广义的酌定不起诉。对适用起诉犹豫的人，法律并没有规定必须有一定期限的考验及其考验条件，也即检察机关在作出起诉犹豫决定的同时可以对犯罪嫌疑人进行保护观察，也可以不进行保护观察而直接予以释放，对保护观察情况的后续处理也不是一概而论的。根据大正 7 年司法省法务局发布的指示看："凡被疑案件，虽然诉讼条件完备，有充分犯罪嫌疑，且犯罪情节并非轻微，但根据犯罪人的主观情况，在一定期间内可暂缓提起公诉，以观察其期间的行为，如有违法行为时，则以诉诸起诉程序为目的实行这样一种不起诉处分。"孙长永：《日本刑事诉讼法导论》，重庆大学出版社1994 年版，第 196 页。

② 宋英辉译：《日本刑事诉讼法》，中国政法大学出版社 2000 年版，第 58 页。

③ [日]西原春夫：《日本刑法的形成与特色》，李海东等译，中国法律出版社、日本成文堂 1997 年联合出版，第 153 页。

诉案件的 90% 左右，占全部刑事案件的 25% —30%。[1]

3. 美国的延缓起诉制度。在美国，延缓起诉也是介于起诉与不起诉之间的一种处分决定，[2] 是指检察官根据犯罪嫌疑人的主体身份状况以及所犯罪行的性质，基于公共公益的考虑，检察官就与犯罪嫌疑人或其辩护律师签订协议，由后者承诺在一定期限内履行约定的义务，如果犯罪嫌疑人在期满前履行了上述义务，检察官就放弃指控。反之，检察官就会对犯罪嫌疑人的行为进行指控。[3] 延缓起诉通常与分流项目结合起来。《加利福尼亚州刑事法典》将审前分流定义为"在指控后至审理前的任何时间，将对轻罪案件的起诉决定暂时或者永久性推迟的程序"。[4] 分流项目使犯罪人免受刑事起诉的耻辱并要求犯罪人参加复归治疗，切实解决涉嫌犯罪的一些具体问题，以犯罪人同意参与这些积极活动为交换条件。在美国，目前适用延缓起诉的案件通常是未成年人犯罪、吸食毒品类的犯罪以及盈利性的公司法人犯罪。[5]

4. 荷兰暂缓起诉制度。荷兰刑事诉讼法第一编第一章第 5 节 7 条规定了暂缓起诉制度，[6] 法律赋予检察官可以因为技术原因或者政策原因而放弃起诉权，"如果犯罪严重，弃权一般要附加条件，

---

①　黄京平等：《暂缓起诉的法理基础与制度构建——兼论对未成年人适用暂缓起诉的必要性和可行性》，载《国家检察官学院学报》2003 年第 5 期。

②　田耀主编：《影响美国历史进程的经典案例》，天津大学出版社 2009 年版，第 165 页。

③　[美] 爱伦—豪切斯泰勒·斯黛丽、南希·弗兰克：《美国刑事法院诉讼程序》，陈卫东、徐美君译，中国人民大学出版社 2002 年版，第 274 页。

④　侯晓炎：《美国刑事审前分流制度评论》，载《环球法律评论》2006 年第 1 期，第 121 页。

⑤　张泽涛：《规范暂缓起诉——以美国缓起诉制度为借鉴》，载《中国刑事法杂志》2005 年第 3 期。

⑥　郎胜、熊选国主编：《荷兰司法机构的初步考察和比较》，法律出版社 2003 年版，第 125—126 页。

犯罪人只有满足条件才被免入法庭。这些条件可以是支付赔偿，或者是履行一定的服务（类似于社区服务命令）。如果犯罪人没有履行以上条件，他将被法庭传唤。"① "荷兰的公共检察官被赋予很大权利。具体表现为：公共检察官可以根据'公共利益'的需要，采用延期起诉的办法控制起诉范围，其中，在有的情况下附加一定条件，在有的情况下则不附加条件。如果附加条件，条件内容与缓刑条件相类似，荷兰延期起诉的方法使用得很频繁。"②

5. 台湾地区缓起诉制度。台湾学者指出："'缓起诉'一言以蔽之，就是暂缓起诉之处分，或者说是一种附条件的便宜不处分；'条件成就'之后处分才会确定，'处分之确定'之后被告才能终局获得不起诉之利益。"③ 为缓解司法负荷，台湾"刑事诉讼法"于2002年增设了缓起诉制度，其中第253-1条④至第253-3条对此作了规定。其内容如下：（1）缓起诉的范围。限于被告所犯为死刑、无期徒刑或最轻本刑三年以上有期徒刑以外之罪。（2）缓起诉的条件。一是综合考量犯罪人本身的事项、犯罪的事项及犯罪后情况；二是公共利益；三是适当性。（3）缓起诉的期间。一年以上三年以下。（4）缓起诉的负担。被告应当履行向被害人道歉；立悔过书；向被害人支付相当数额之财产或非财产上之损害赔偿；向公库或指定之公益团体、地方自治团体支付一定之金额；向指定

① ［荷］克里斯杰·布莱兹、［英］斯迪沃特·菲尔德：《起诉中的裁量权与责任——关于法庭外处理犯罪的比较研究》，载江礼华、杨诚主编：《外国刑事诉讼制度探微》，法律出版社2000年版，第118页。

② 甘雨沛、杨春洗、张文：《犯罪与刑罚新论》，北京大学出版社1991年版，第394—395页。

③ 林钰雄：《刑事诉讼法》（下册），中国人民大学出版社2005年版，第60页。

④ 第253-1条规定："被告所犯为死刑、无期徒刑或最轻本刑三年以上有期徒刑以外之罪，检察官参酌刑法第五十七条所列事项及公共利益之维护，认以缓起诉为适当者，得定一年以上三年以下之缓起诉期间为缓起诉处分，其期间自缓起诉处分确定之日起算。"

之公益团体、地方自治团体或社区提供 40 小时以上 240 小时以下之义务劳务；完成戒瘾治疗、精神治疗、心理辅导或其他适当之处遇措施；保护被害人安全之必要命令；预防再犯等事项。（5）缓起诉的效力。释放被告；返还扣押物；检察官对供犯罪所用、供犯罪预备或因犯罪所得之物，得单独申请法院宣告没收；追诉权时效停止；排除自诉；禁止再诉。（6）缓起诉的撤销。撤销的理由有：缓起诉期间，内故意犯有期徒刑以上刑之罪；缓起诉前，因故意犯他罪，而在缓起诉期间内受有期徒刑以上刑之宣告者；未履行负担。（7）缓起诉的救济。对于缓起诉处分得申请再议和申请交付审判。

6. 附条件不起诉比较小结。域外附条件不起诉制度主要包括以下内容：（1）适用主体。附条件不起诉一般由检察官决定适用。（2）适用范围。一般根据法定刑轻重设定标准。其中，美、日没有规定附条件不起诉的范围，德国仅适用于轻罪，台湾地区排除极重大的犯罪适用。（3）适用条件。美、日检察官拥有较大的裁量权，对案件决定是否附条件不起诉几乎不受限制。德国和台湾地区检察官裁量权较小，必须在满足一定条件才可适用。（4）适用效力。附条件不起诉一般产生追诉权时效停止、禁止再诉的效力。如果犯罪嫌疑人履行附设的条件，没有发生可撤销的情形，附条件不起诉处分发生最终的实质确定力，不再追究犯罪嫌疑人的刑事责任；否则，撤销附条件不起诉处分，恢复刑事起诉，并且犯罪嫌疑人不得请求返还其已经为履行作出的给付。（5）制约与救济措施。在日本，如果控告人等认为检察官犹豫起诉不当，可提请检察审查委员会审查，或提起准起诉程序。[①] 台湾地区缓起诉参考日本立法例规定了再议程序和交付审判程序。德国因采用附条件不起诉时法

---

① ［日］田口守一：《刑事诉讼法》，刘迪、张凌、穆津译，卞建林审校，法律出版社 2000 年版，第 110 页。

官事先介入的立场，法律没有专门规定事后救济措施。美国检察官起诉裁量权很大，可以选择案件起诉，对于证据充分的犯罪，也可以基于公共利益而拒绝起诉，[1] 法院或者其他机关原则上不得过问，告诉人也不得申请再议。

（四）附条件不起诉的探索与实践

在我国，虽然刑事诉讼法没有规定附条件不起诉制度，但是实践中早有附条件不起诉的做法。据有关文献资料显示，我国附条件不起诉的探索最早始于上海市长宁区人民检察院。1992 年年初，长宁区人民检察院对一名涉嫌盗窃罪的 16 岁犯罪嫌疑人延期起诉，考察期 3 个月（当时称之为"诉前考察"），考察期内该人表现良好，检察院对其从宽处理，作出免予起诉决定。[2] 此后，附条件不起诉改革经历了初创、发展推广到停顿三个阶段。在改革发展的高潮时期，全国有 1/3 的检察机关曾经试行附条件不起诉。[3] 在此过程中，适用附条件不起诉的人员和案件数量明显增多。对附条件不起诉制度的探索和适用也从开始的仅适用于未成年人犯罪案件，扩大到未成年人犯罪案件、在校学生犯罪案件和轻微刑事案件，甚至出现了对于单位犯罪适用暂缓起诉的探索，还出现了决定暂缓起诉的公开咨询制度，等等。[4]

较早进行附条件不起诉制度改革的还有湖北省武汉市江岸区人民检察院和河北省石家庄市长安区人民检察院。武汉市江岸区人民检察院于 2000 年 12 月首先适用对未成年犯罪嫌疑人的暂缓起诉。

---

① American Bar Association, Standards Relating to the Administration of Criminal Justice, 3 - 3. 9 （b）.

② 孙力：《暂缓起诉制度研究》，中国检察出版社 2009 年版，第 121 页。

③ 李郁：《暂缓起诉：严格执法中的温情》，载《法制日报》2003 年 8 月 19 日。

④ 孙力：《检察实务中诉讼参与人合法权益保障研究》，中国检察出版社 2006 年版，第 89 页。

该院适用暂缓起诉的目的旨在保护未成年人合法权益，依据是《刑法》、《刑事诉讼法》、《预防未成年人犯罪法》及最高人民检察院有关精神。被适用暂缓起诉的是两名 15 岁的初三学生。这两名初三学生与他人合谋，在深夜抢劫三轮车司机 13 元钱且用砖头砸破其头部。检察机关认为，两犯罪嫌疑人已构成抢劫罪，但由于他们系未成年人，且系初犯，最终决定对二人暂缓起诉，暂缓起诉期限为 5 个月。两名学生在暂缓起诉期间，参加了初中毕业补考。[①]

2001 年 5 月，河北省石家庄市长安区人民检察院出台《关于实施"社会服务令"暂行规定》，并开始探索实施对未成年犯罪嫌疑人的暂缓起诉制度。该《规定》明确对符合不起诉条件的未成年犯罪嫌疑人，由检察机关下达"社会服务令"，并推荐到社会公益性机构，由检察机关聘用的辅导员对其进行思想感化教育，并在规定时间内从事有益的无薪工作，对社会作出一定补偿，使其重拾自尊，早日回归社会。检察机关将根据未成年犯罪嫌疑人社会服务期间的工作表现和思想转变情况，决定是否对其作出不起诉处理来代替检控。[②] 该《规定》的实质内容就是附条件不起诉制度。《规定》出台后第一位被判"社会服务令"的是一名涉嫌盗窃手机的 17 岁的少年，他被判到社区进行 2 个月无薪劳动。2 个月后，长安区人民检察院根据其表现下达了"不起诉决定书"。[③]

2002 年 10 月，江苏省南京市人民检察院通过了《检察机关暂缓不起诉试行办法》，明确犯罪嫌疑人或单位如符合四项条件，可以暂缓不起诉：（1）无前科劣迹；（2）犯罪情节较轻，不致再危害社会；（3）能如实供述自己罪行，积极退赔或协助挽回损失；

---

① 钱忠军：《武汉实施"暂缓起诉"引争议》，载《长江日报》2000 年 12 月 20 日。

② 孙文红：《刑事政策视野中的司法理念》，中国检察出版社 2006 年版，第 256 页。

③ 丁文亚：《中国发出第一道"社区服务令"》，载《北京晚报》2001 年 8 月 22 日第 2 版。

（4）能够提出保证人或足额缴纳保证金。暂缓不起诉期限最长不超过 12 个月，最短不少于 3 个月。在此期间，犯罪嫌疑人如有下列情形之一的，检察机关可及时作出相对不起诉的最终处理决定。即有发明创造或重大技术革新，对国家和地区经济发展、社会进步做出重大贡献的；未成年犯罪嫌疑人、在校生在学业上取得显著成绩，或参加重要活动有突出表现，为学校争得荣誉；涉嫌犯罪人（单位）为国家和社会做出重大贡献的；有其他主动表现的。① 南京市浦口区人民检察院根据该区作为本市大学城所在地的特点，率先成立了在校大学生犯罪预防中心，并对涉嫌犯罪的大学生实行"暂缓不起诉"的新举措，即"对于已构成犯罪的在校大学生针对不同情况，有选择地对有帮教条件和具有可塑性的初犯、偶犯，综合考察其犯罪情节、作案手段以及犯罪动机，检察机关可相应地作出暂缓不起诉的决定"。②

　　2004 年 5 月，北京市海淀区检察院、区公安局、区妇联、区团委联合签署实行暂缓起诉制度协定书，标志着犯罪未成年人的暂缓起诉制度首次在北京实施。该制度的适用对象为犯罪事实清楚、犯罪情节较轻、可能判处 3 年以下有期徒刑、犯罪嫌疑人系初犯、偶犯且有悔改表现的案件，被暂缓起诉的未成年人有 1 个月至 6 个月不等的考验期，考验期间内由海淀检察院等共同设立的未成年犯罪嫌疑人帮教委员会负责落实具体的帮教工作。被暂缓起诉的犯罪未成年人，在考验期满后，没有发现有严重违法行为或再犯新罪，则撤销暂缓起诉决定，公开宣布对其犯罪不再起诉。③ 在此基础上，海淀区人民检察院出台了《实施暂缓起诉制度细则》规定：（1）暂

---

① 《暂缓不起诉首现南京》，载大洋网 2002 年 12 月 1 日，www.dayoo.com.
② 李岚：《试论暂缓起诉制度》，载樊崇义、冯中华、刘建国主编：《刑事起诉与不起诉制度研究》，中国人民公安大学 2007 年版，第 601 页。
③ 张润东：《北京首次实施对犯罪未成年人暂缓起诉制度》，载《京华时报》2004 年 5 月 22 日。

缓起诉的适用对象为涉嫌犯罪的未成年人。（2）暂缓起诉的适用条件：一是案件的犯罪事实清楚、证据确实、充分；二是犯罪情节较轻，可能判处三年以下有期徒刑；三是犯罪嫌疑人犯罪后有悔改表现，不致再继续危害社会；四是犯罪嫌疑人系初犯、偶犯或者是共同犯罪中的从犯、胁从犯；五是具备较好的帮教条件。

2005年6月，河南省南阳市桐柏县人民检察院对一初中三年级学生因与同学争执持水果刀故意伤害致死同学的案件作出了"暂缓起诉"的决定，让这名原本优秀的少年继续学业。因为本案案情并非偶犯盗窃之类的轻微犯罪情节，为慎重起见，该院决定初步把对少年的暂缓起诉考验期暂定为一年。该案后被业内称为"中国'暂缓起诉首例命案'"。① 2009年4月，山东省青岛市莱西市人民检察院对一名因复制学习资料和同学发生口角，拿水果刀将同学捅成重伤的19岁的高中生作出附条件不起诉的决定，确立9个月的跟踪考察期。该名学生后被济宁市某高校录取。②

2010年5月，浙江省宁波市北仑区人民检察院推出"附条件不起诉"。就实体而言，也是适用于轻微的刑事犯罪，尤其是对外来人员犯罪的适用。从程序上来说，决定要经过严格的流程：检委会要召开两次，且整个讨论过程均同步录音、录像，以"经得起历史检验"。同时，对于附条件不起诉者，检方设置了两种帮教措施：其一，与共青团、志愿者协会、老年协会等配合，安排犯罪嫌疑人参加社会公益活动，如做交警协管或者到社区、敬老院、慈善机构等作义工；其二，在考察期内，犯罪嫌疑人必须定期提交思想

---

① 曾庆朝、王大伟、周闻胜：《中国"暂缓起诉首例命案"调查》，载《民主与法制》2006年第19期。

② 宋涛：《高中生捅伤同学 检察院暂缓起诉准其先高考》，载《半岛都市报》2009年4月15日。

汇报，在考察期满时还需要其所在单位、学校、社区出具书面材料。① 虽然附条件不起诉制度的创新、发展过程伴随着诸多争议，但不影响其司法的生命力，越来越多的基层检察院正在推行附条件不起诉制度。

综观各地情况，附条件不起诉的改革实践主要有以下特点：（1）附条件不起诉的适用对象。多限于未成年人，特殊情况下扩大到已成年的在校学生（包括大学生）。（2）附条件不起诉的考察期限。一般都是设置 1 至 6 个月的考察期限，最长不超过 1 年。（3）附条件不起诉的案件适用范围。多为可能判处 3 年以下有期徒刑、拘役或者管制，且系初犯、偶犯的轻微刑事案件，但有个别检察机关将之推广适用到了故意伤害致人重伤、故意伤害致人死亡等重刑案件。（4）附条件不起诉的义务负担。主要有遵守法律规定、书面悔过、接受帮教监督、定期汇报情况、积极赔偿等义务，还有规定"积极参与各项公益、劳务活动"。（5）附条件不起诉的法律效力。一般都规定了在附条件不起诉期间犯新罪、漏罪的，要撤销附条件不起诉决定，提起公诉。但关于违反其他义务的，一般没有作为附条件不起诉撤销的情况（个别地方规定了严重违反其他义务也可撤销）。（6）附条件不起诉的配套措施。附条件不起诉需要社会共同参与，有的情况下要求在决定附条件不起诉前召开听证会，由人大、政法委、公安局等多部门代表参加，听取多方意见后作出决定。此外，还要联系学校、社会团体进行联合帮教，共同进行跟踪监督。

总之，关于刑事和解与附条件不起诉制度纳入刑事诉讼法的争论从未停止，存在"肯定说"与"否定说"两种截然不同的观点。肯定说认为，刑事和解和附条件不起诉制度应纳入刑事诉讼法。理

---

① 孔令泉、张建勇：《农民工驾车肇事被检察院安排做义工引争议》，载《民主与法制时报》2010 年 7 月 4 日。

由是：（1）有利于维护被害人的合法权益，抚平被害人的创伤。
（2）有利于矫正犯罪，实现犯罪人的再社会化。（3）有利于提高
诉讼效率，节约司法资源。（4）有利于恢复被害人与加害人的和
睦关系，修复社会关系。（5）有利于保证被害人的参与权，实现
程序正义。否定说认为，刑事和解和附条件不起诉制度不应纳入刑
事诉讼法。理由大体有：（1）违反了法律面前人人平等的原则，
可能存在"以钱买刑"①、"以善代刑"② 现象。（2）可能损害被害
人的合法权益。在回应型司法中，由于被害人拥有了决定加害人命
运的权力，加害人及其社会关系网络对被害人潜在危险也随之增
大。③（3）可能削弱刑罚的一般预防功能。"按照传统的刑事诉讼
程序，行为人事前可知悉犯罪后果，在权衡后决定是否采取行动。
如果当行为人预计可以通过赔偿来逃避惩罚，则可能更加积极主动
地实施犯罪。"④

　　刑事和解与附条件不起诉制度是近年来我国刑事司法探索的一
项司法改革任务，仍然处在初期阶段，难免会有某些缺陷。但是不
能因为这些制度有缺陷，就全盘否定。2006 年 12 月 28 日，最高
人民检察院第十届检委会第六十八次会议通过了《最高人民检察
院关于在检察工作中贯彻宽严相济刑事司法政策的若干意见》。其
中，该意见第 12 条指出，对于轻微刑事案件中犯罪嫌疑人认罪悔
过、赔礼道歉、积极赔偿损失并得到被害人谅解或者双方达成和解
并切实履行，社会危害性不大的，可以依法不予逮捕或者不起诉。

---

　　①　秦玉红：《刑事和解的困境与超越——以"花钱买刑"为视角》，载《社会科
学家》2010 年 8 期。

　　②　何森玲：《化解矛盾，还是"以善代刑"？——"附条件不起诉"引发争议》，
载《湖南日报》2010 年 8 月 13 日。

　　③　孙勤：《刑事和解的价值分析》，中国人民公安大学出版社 2009 年版，第 5 页。

　　④　陈兴良：《宽严相济刑事政策研究》，中国人民大学出版社 2007 年版，第 280
页。

第 26 条指出，要加强对刑事和解、逮捕条件、附条件不起诉、抗诉条件、简易程序以及其他有关问题的研究，积极提出完善贯彻宽严相济刑事司法政策相关法律制度的建议。这些规范为刑事和解、附条件不起诉制度立法化指明了方向。

有学者在关于刑事诉讼法修改的建议稿中，明确建议增加刑事和解与附条件不起诉制度。[①] 2008 年 12 月，中共中央办公厅转发了《中央政法委员会关于深化司法体制和工作机制改革若干问题的意见》（中发〔2008〕19 号）。该文件围绕优化司法职权配置、落实宽严相济刑事政策、加强政法队伍建设、加强政法经费保障 4 个方面，提出了 60 项改革任务，其中包括完善快速办理轻微刑事案件的工作机制、适应未成年人案件实际特点的办案机制，建立刑事和解、暂缓起诉、前科消灭等内容。[②]

2012 年颁行的新《刑事诉讼法》增加了一编"特别程序"，未成年人的附条件不起诉制度和公诉案件的刑事和解制度赫然在列，这标志着两项司法改革制度的法律化。具体而言，一方面，《刑事诉讼法》第五编第一章增设了"未成年人刑事案件诉讼程序"，针对未成年人犯罪案件的特点，特别设置了附条件不起诉制度，规定对于未成年人涉嫌侵犯人身权利民主权利、侵犯财产、妨害社会管理秩序犯罪，可能判处一年有期徒刑以下的刑罚，符合起诉条件，但有悔罪表现的，人民检察院可以作出附条件不起诉的决定。另一方面，《刑事诉讼法》第五编第二章增设了"当事人和解的公诉案件诉讼程序"，将部分公诉案件纳入和解程序。同时考虑到公诉案件的国家追诉性质和刑罚的严肃性，防止出现新的不公正，将公诉案件适用和解程序的范围限定为因民间纠纷引起，涉嫌

---

① 陈光中：《中华人民共和国刑事诉讼法再修改专家建议稿与论证》，中国法制出版社，2006 年版。

② 谭世贵：《中国司法体制若干问题研究》，载《法治研究》2011 年第 3 期。

侵犯人身权利民主权利、侵犯财产犯罪，可能判处三年有期徒刑以下刑罚的案件，以及除渎职犯罪以外的可能判处七年有期徒刑以下刑罚的过失犯罪案件。但是，犯罪嫌疑人、被告人在五年以内曾经故意犯罪的，不适用这一程序。对于当事人之间达成和解协议的案件，人民法院、人民检察院和公安机关可以依法从宽处理。

第二节　酌定不起诉的依法充分适用

统计表明，作为不起诉裁量权的酌定不起诉制度在我国没有能够依法充分行使。这实际是检察机关没有充分、恰当地履行刑事诉讼法的问题。通过合理的制度机制构建，仅仅从依法充分履行酌定不起诉制度这一个途径，就可以使不起诉裁量权在司法实践中大放异彩。

一、酌定不起诉适用中存在的主要问题

检察机关对案件依法适用酌定不起诉的比例较低，是 1996 年刑事诉讼法修改以来普遍存在的问题，这反映出检察机关行使自由裁量权的力度和尺度较小。酌定不起诉适用较少的主要原因，一是法律赋予检察机关自由裁量权的限度本身较小；二是检察机关对法律已经赋予的自由裁量权没有充分行使，自我限制了自由裁量权的行使；三是检察机关设置的酌定不起诉程序烦琐，导致检察官不愿行使。其中，第二、第三点是主要原因。

不起诉率，是指检察机关决定不起诉的案件（包括法定不起诉、酌定不起诉、证据不足不起诉案件）占审结总人数（不起诉与起诉人数之和）的比例。让我们首先来看看全国检察机关在 1996 年刑事诉讼法修改前后不起诉适用率的统计情况：

年　份	1986	1987	1988	1989	1990	1991	1992	1993	1994	1995	1996
不起诉率	10.88	10.49	11.2	14.45	13.38	12.17	13.89	11.59	10.3	9.69	11.52

表 6.1　1986 年至 1996 年全国检察机关不起诉率统计①

年　份	1997	1998	1999	2000	2001	2002	2003	2004	2005	2006
不起诉率	2.93	1.88	1.64	2.35	3.90	3.13	3.30	3.02	2.12	1.55

表 6.2　1997 年至 2006 年全国检察机关不起诉率统计②

　　从以上两个表格的统计数据可以看出，在 1996 年刑事诉讼法修改之前的十年时间里，我国的不起诉率绝大部分年份保持在 10% 以上，最高年份达到 14.45%，而在刑事诉讼法修改之后的 15 年间，不起诉率徘徊在 2%—3%。1996 年刑事诉讼法修改后，不起诉率大幅度下降的主要原因是修改的刑事诉讼法废除了 1979 年刑事诉讼法规定的免予起诉制度。该制度的废除，实际上是取消了检察机关相当大程度的自由裁量权。从此之后，全国检察机关的不起诉率一直在较低比率内徘徊。在个别省份和地区，不起诉使用率更低。如江苏省 2003 年至 2006 年不起诉适用率为 1.8%、1.6%、0.9%、1.4%，同期江苏省苏州市的不起诉率仅为 0.52%、0.79%、0.85%、0.75%，适用率更低。③

　　造成不起诉适用率过低现状的首要原因，是现行工作考评制度的限制和束缚。检察机关运用刑事起诉权打击犯罪是维护治安、保障经济发展的重要手段，为了不影响"严打"和社会治安综合治理开展，检察机关较为严格地控制了案件不起诉率。④ 特别是最高人民检察院有关文件规定了烦琐的审核、决定程序，导致不起诉率

①②数据来源：《中国法律年鉴》。
③　李赞、张凤军：《不起诉案件的实证分析》载《国家检察官学院学报》2007 年第 5 期，第 25、26 页。
④　陈兴良：《宽严相济刑事政策研究》，载《法学杂志》2006 年第 2 期，第 27 页。

明显下降的现状。根据现有工作制度，不诉案件是上级检察机关对下级检察机关考核的重点，捕后作出相对不起诉，就意味着案件质量存在问题，而且相对不诉意味着错误逮捕，相应将会引起国家赔偿。因此，受这两方面的影响和制约，检察机关在面对相对不诉案件时，总是倾向于严格控制适用，由上至下数字化控制不起诉，规定不起诉率的上限，努力把不起诉率控制在较低的幅度内。办案人员为争取更好的工作业绩，避免无谓猜忌，并不热衷于不起诉的适用。这种消极、保守的状态，使不起诉制度失去了其应有的功能和效用。对此，有学者这样评价：我国不起诉制度缺乏应有的独立性，远未成为一种具有内在尊严和自治能力的完善而稳健的法律制度。①

造成不起诉适用率过低现状的第二个原因是，办理不起诉案件的审批程序烦琐导致办案人员不愿意选择不起诉方式。根据现行办案流程，办理适用简易程序提起公诉案件的审批流程是：承办人提出提起公诉并适用简易程序的意见——公诉部门负责人审批——主管检察长审批，只有三个流程具备方可将审查起诉阶段的案件程序终结；如果是主诉检察官办理适用简易程序的案件，则只需要主诉检察官本人就可决定移送起诉，即只有一个流程即可终结审查起诉程序。而办理不起诉案件的审批流程是：承办人提出不起诉意见——公诉部门负责人审批——主管检察长审批——检察委员会研究决定——报上级检察院备案，共有五个流程；而且对不起诉案件按规定还要进行专项检查，承办人要撰写检查汇报，接受评判。因为对于那些所谓"可诉可不诉"的轻微刑事案件，适用提起公诉程序都符合适用简易程序的条件，不需要出庭支持公诉，对于承办人而言只需最多三个审批环节就意味着办结了案件，对主诉检察官而言，则只需要自己决定一个环节即可；而要适用不起诉程序，则

---

① 刘兰秋：《刑事不起诉制度研究》，中国政法大学 2006 年博士学位论文，第 32 页。

至少需要五个流程。二者比较,显然选择起诉是省心、省时又省力,还避免了公安机关可能的异议,以及社会上对承办人司法腐败的嫌疑和打击不力的指责。[①] 可以说,不起诉考评制度和专项检查制度的异化,直接导致并形成了办案人员"可诉可不诉就诉"的心理倾向,并成为不起诉适用率低的重要原因。

有关资料显示,日本 1924 年实施的刑事诉讼法第 279 条以法律确定了起诉便宜主义之后,大大推动了起诉犹豫运用的活跃化。1918 年的起诉犹豫率为 40.2%,到 1923 年就越过 50%,1929 年达到了 55%。进入 20 世纪 30 年代,起诉犹豫率继续攀升。1931 年起诉犹豫率为 59.5%,1934 年上升至 63.9%。[②] 日本 1993 年统计的不起诉处分约为 29%,[③] 1994 年后的不起诉率均为 34.6% 以上,2002 年的不起诉率为 40.7%。[④] 据 2002 年日本《检察统计年报》统计,在检察厅已办结的刑事涉案人员共为 2204578 人中,947104 人被交付不起诉处分,占总数的 43.0%,其中,起诉犹豫处分有 896759 人,占 40.7%,其他不起诉处分有 50345 人,占 2.3%。

德国 1997 年检察机关受理案件的总数为 4204153 件,其中 26.7% 的案件(1154980 件)检察官根据刑事诉讼法第 170 条第 2 款撤销案件,12.3%(531612 件)起诉,15.6%(675228 件)申请处罚令,21.3%(923291)的案件不起诉,5.7%(247116 件)的附条件停止起诉。1997 年德国仅有 12.3% 的案件经检察机关起诉至法院。[⑤] 随着时间推移,案件处理决定越来越依赖于自由裁量

---

① 宋英辉:《酌定不起诉中面临的问题与对策》,载《现代法学》2007 年第 1 期,第 164、165 页。

② [日] 三井诚:《刑事程序法Ⅱ》,有斐阁 2003 年版,第 26—27 页。

③ [日] 田口守一:《刑事诉讼法》,法律出版社 2000 年版,第 107 页。

④ 蓝传贵:《缓起诉制度之探讨》,载《法令月刊》2005 年第 5 期。

⑤ 陈光中、[德] 汉斯—约格 阿尔布莱希特:《中德不起诉制度比较研究》,中国检察出版社 2002 年版,第 270 页。

而非传统的"法定起诉"。与仍然统治着德国刑事司法体系的传统法定原则不同的是，今天的检察机构似乎更是一个"不起诉机构"而非一个"起诉机构"。[①]

尽管我国的犯罪概念与德国、日本不同，绝对的不起诉数字不具有可比性。但是，不同国家在一定时期不起诉率呈现的增长、持平或者递减的趋势，是具有可比性的。德国、日本对案件适用不起诉率不断上升的趋势表明，我国检察机关的不起诉适用率还有很大的提升空间。

二、酌定不起诉依法充分适用的主要空间

下图统计数据表 6.3 显示，1997 年至 2009 年全国法院做出"免予刑事处分"、"宣告无罪"和"判处缓刑、拘役、管制及其他处罚"处理的被告人占刑事罪犯总数的 31.19%。其中，2005 年至 2009 年法院判决三类案件数量占审理刑事案件总数的比例都在35% 以上。[②] 另有统计表明，全国检察机关适用相对不起诉不超过全部案件的 2%，而起诉的案件差不多有 40% 由法院判处缓刑、拘役、免于刑事处罚。[③] 与法院判决结果相比较，法院判决三类案件的数量和比例远远高于检察机关作出不起诉的比例。在部分地区也是类似情况，江苏省苏州市的调研结果显示，2003 年至 2006 年该地区年均不起诉率约 0.73%，而该时间段法院年均判决缓刑人数的比例约为 14.68%，年均判处免予刑事处罚、管制、拘役、单处财产刑

---

① 陈光中、[德] 汉斯—约格 阿尔布莱希特：《中德不起诉制度比较研究》，中国检察出版社 2002 年版，第 270 页、174 页。

② 《中国法律年鉴》。

③ 陈国庆：《贯彻宽严相济刑事政策：刑事司法的认知与对策》，载《检察日报》2007 年 4 月 26 日。

和缓刑人数的比例是 29.05%。① 明显可以看出，检察机关适用不起诉的比例远远低于法院判决缓刑以及其他轻缓刑罚的比例。以上数据分析说明，相当一部分案件在检察机关可以适用相对不起诉而没有适用，使不起诉裁量权的案件分流功能没有充分发挥。

年 份	刑事罪犯总数	判处缓刑、拘役、管制及其他处罚	免予刑事处分	宣告无罪	三类罪犯所占比例 (%)
1997	526312	92454	8790	3476	19.90
1998	528301	120604	9414	5494	25.65
1999	602380	143755	9034	5878	26.34
2000	639814	158773	9770	6617	27.89
2001	746328	176197	10588	6597	25.91
2002	701858	184831	11266	4935	28.64
2003	742261	213802	11906	4835	31.06
2004	764441	242992	12345	3365	33.84
2005	842545	283221	13317	2162	35.45
2006	889042	335122	15129	1417	39.56
2007	931739	310551	15196	1713	35.15
2008	1007304	367806	17312	1373	38.39
2009	996666	357147	17223	1206	37.68

表 6.3　刑事不起诉扩大适用的空间范围（1997—2009）②

来自江西省某基层法院的数据更能说明问题：该法院 2010 年一审判决 602 件刑事案件，其中判处拘役 188 件、管制 20 件、单处罚金 18 件、适用缓刑 87 件，这四项加起来占到案件总数 50% 多。③ 其实，这一半多的轻微刑事案件中有很多是完全符合不起诉条件的，如果作不起诉处理能够获得更理想社会效果，可惜都被公

---

① 李赞：《不起诉案件的实证分析》，载《国家检察官学院学报》2007 年第 5 期，第 25 页。

② 数据来源：《中国法律年鉴》。

③ 熊红文：《对未成年人附条件不起诉》，载独醉江湖的法律博客，http://xhw99.fyfz.cn/art/1043516.htm。

诉人一诉了之。

笔者认为，依据法律规定和法律精神，对于上述最终被法院判处免予刑事处分、宣告无罪以及被判处缓刑、拘役、管制和单处罚金的案件，绝大部分是可以在审查起诉阶段依法作出不起诉处理，提早分流案件，终结诉讼程序的。对此，早在 20 世纪初日本司法大臣通过训示等形式反复强调，对于实施刑罚缓期执行的案件，还不如事前就作出起诉犹豫处分更为妥当，而且，不以微罪为限，"凡是除科刑外还存在其他惩罚途径的案件"，都应该作出起诉犹豫。① 笔者对此观点比较赞同。既然最终审判结果是免予刑事处罚、判处缓刑、拘役、管制或者单处罚金，表明法院认为这些被检察机关起诉的案件，是犯罪情节轻微的，从适用刑种上就可以看出，情节轻微到不需要适用徒刑的刑种。既然是犯罪情节轻微的，那么，就有条件适用相对不起诉，具体分别阐述理由如下：

首先，对于被法院判决"免予刑事处分"的被告人，其行为情况显然符合刑法第 37 条和刑事诉讼法第 142 条第 2 款的规定，在审查起诉阶段基本上可以直接依法做出相对不起诉处理。根据上表统计，1997 年至 2009 年全国被判处"免予刑事处分"的被告人总数是 142960 人，占同期刑事罪犯总数 8218991 人的 1.74%。比例虽然不大，但绝对数量已达 14 万人之巨。

其次，对于"宣告无罪"的被告人一般系证据不足或者属于刑事诉讼法第 15 条的六种情形，其对应的不起诉应为存疑不起诉和法定不起诉，检察机关在审查起诉阶段，依法可以做出存疑不起诉或者绝对不起诉处理。

最后，对于"判处缓刑、拘役、管制及其他处罚"的被告人，也应都属于犯罪轻微之范畴，可以考虑依据《刑法》第 37 条和《刑事诉讼法》第 142 条第 2 款对其作相对不起诉处理。根据上表

---

① ［日］三井诚：《刑事程序法Ⅱ》，有斐阁 2003 年版，第 24—25 页。

统计，1997 年至 2009 年审判的这部分人数量高达 2987255 人，占同期刑事罪犯总数的 36.35%。这绝对是一个庞大的比例，已经超过罪犯总数的三分之一。

本文认为，这三部分案件是检察机关在审查起诉阶段办理案件拓展扩大适用不起诉比例的有效合法空间，可以根据情况不交付审判，而由检察机关基于诉讼经济原则和自由裁量原则径直作不起诉处理。其中，对于可能判处"免予刑事处分"、"宣告无罪"的案件，可以依法作出不起决定；对于可能"判处缓刑、拘役、管制及其他处罚"的案件，可以适用附条件不起诉。

同时，对于拓展适用酌定不起诉的案件，应当满足以下条件（1）刑罚要件：拟被不起诉人犯罪情节轻微或较轻，比较确信可能判处免予刑事处罚、缓刑的案件，或者可能判处拘役、管制、单处罚金的案件；（2）人身危险性要件：拟被不起诉人确实能够真诚地认罪、悔罪、赔礼道歉，接受训诫、具结悔过，不具有再犯的危险性；（3）客观要件：拟被不起诉人能够赔偿损失、愿意接受行政处罚或行政处分，与被害人达成和解协议。

对于可能判处缓刑、拘役、管制、单处罚金的案件，在审查起诉过程中认为犯罪嫌疑人不符合不起诉的人身危险性要件、客观要件的人，则提起公诉移送法院审理。

如前所述，当前制约酌定不起诉的主要障碍之一是检察机关做出不起诉处理的审批程序复杂烦琐，特别是承办案件的公诉人费时费力，怕麻烦甚至怕引起不必要的猜疑。因此，要拓展不起诉的适用，必须从工作制度上改革不起诉审查的程序，使之简约化，有利于诉讼效率的提高，用制度保证不起诉的充分适用；还要转变公诉人的观念，当人道的、谦抑的理念超越了个案效率和怕麻烦心理的时候，不起诉才可以真正成为公诉人的自觉选项。

按照这样的思路拓展适用不起诉方式处理案件，可以使约三分之一的案件在审查起诉阶段提前分流结案。这样就可以有效缓解法院的刑事诉讼压力，法官可以将全部的精力投到另外 2/3 的案件审理中，确保案件处理客观公正；另一方面可以大大节约司法资源，由于省略了至少一个诉讼环节，假设审理一个罪犯耗费的司法成本是 1000 元，那么，每年至少可以节约 3 亿元的司法资源。

第三节　赋予检察机关不起诉实体裁量权的探讨

不起诉裁量权，是指在案件具备法定起诉条件时，检察官依法享有的根据自己的认识和判断选择起诉或不起诉的权力。[①] 不起诉裁量权是与起诉便宜主义密切相关的，是起诉便宜主义的主要内容和具体体现，是法律特别授予或认可的检察官对起诉与否的选择权，是检察权的重要内容。我国刑事诉讼法第 173 条第 2 款规定的酌定不起诉，是法律授予检察机关不起诉裁量权的具体规定。本节所要讨论的主要问题有两个：一是检察机关对案件行使不起诉裁量权之后，法律规定的案件后续处理情况如何？二是检察机关在程序性裁量权力之外，是否可以赋予实体性裁量权？

一、酌定不起诉决定后的非刑罚处罚措施的执行

检察机关根据刑事诉讼法第 173 条第 2 款规定，对行为人依法作出酌定不起诉决定的行为，是典型的程序性裁量，其结果是宣布案件刑事诉讼程序的终结，使被不起诉人不再承受提起公诉的追诉，从而使被不起诉人获得了程序上无罪的认定，不承担任何刑罚后果。

然而，被不起诉人因酌定不起诉而不承担刑罚后果，并不意味

[①] 宋英辉、吴宏耀：《不起诉裁量权研究》，载《政法论坛》2000 年第 5 期，第116 页。

着其不再承担其他后果。酌定不起诉的条件是被不起诉人的犯罪情
节轻微，依照刑法规定不需要判处刑罚或者免除刑罚，这一条件的
实体根据是刑法第 37 条规定。刑法第 37 条规定，对犯罪情节轻微
不需要判处刑罚的，可以免予刑事处罚；该条后半段规定了非刑罚
处罚措施，即对被酌定不起诉的被告人"可以根据案件的不同情
况，予以训诫或者责令具结悔过、赔礼道歉、赔偿损失，或者由主
管部门予以行政处罚或者行政处分"。对此，刑事诉讼法第 173 条
第 3 款也规定："对被不起诉人需要给予行政处罚、行政处分或者
需要没收其违法所得的，人民检察院应当提出检察意见，移送有关
主管机关处理。"1999 年《人民检察院刑事诉讼规则》第 291 条也
规定："人民检察院决定不起诉的案件，可以根据案件的不同情
况，对被不起诉人予以训诫或者责令具结悔过、赔礼道歉、赔偿损
失。对被不起诉人需要给予行政处罚、行政处分或者需要没收其违
法所得的，人民检察院应当提出检察意见，连同不起诉决定书一并
移送有关主管机关处理。"2012 年《人民检察院刑事诉讼规则》第
409 条同样规定："人民检察院决定不起诉的案件，可以根据案件
的不同情况，对被不起诉人予以训诫或者责令具结悔过、赔礼道
歉、赔偿损失。对被不起诉人需要给予行政处罚、行政处分的，人
民检察院应当提出检察意见，连同不起诉决定书一并移送有关主管
机关处理，并要求有关主管机关及时通报处理情况。"

　　法律规定的"训诫、责令具结悔过、赔礼道歉、赔偿损失、
行政处罚、行政处分、没收其违法所得"七种非刑法处罚方法也
被称为"起诉替代措施"[①]。那么，司法实践中对酌定不起诉决定
后的非刑罚处罚措施适用情况如何呢？

　　针对这个问题，北京市海淀区人民检察院的检察官在对该院

---

　　① 冯亚景、蔡杰：《公诉机关起诉替代措施研究》，载《中国刑事法杂志》2006
年第 1 期。

2008 年办理的 48 件酌定不起诉案件进行了调研，分析后得出两个结果：[①] 一是检察机关对被不起诉人建议主管部门或主管机关进行行政处罚或行政处分的数量为零；二是大都采用赔礼道歉、赔偿损失两种非刑罚处罚措施，其中有被害人的案件几乎都要求赔偿损失，赔偿金额在 1800 ~ 27000 元之间。关于第一点，调研表明建议给予被不起诉人行政处罚或行政处分的方法，近年来几乎不予采用，主要原因是该种手段只有惩罚功能而缺乏教育功能、容易损害被不起诉人的权益、无法对行政处罚或处分进行监督，因而检察机关对行政处罚或处分的检察建议权的行使持非常谨慎的态度，基本不予使用。关于第二点，部分案件的被害人对于赔礼道歉、赔偿损失等替代性处罚措施仍然不满意，认为被不起诉人没有受到应有的制裁。

事实上，关于不起诉后非刑罚处罚措施适用存在的问题，并非在海淀区人民检察院一地存在，这种现象可以说是普遍的。

由以上实证分析可以看出，作为酌定不起诉决定后果的非刑罚处罚措施，在实践中出现了两个问题，一个是过分依赖赔礼道歉这一简单措施和赔偿损失这一经济性措施，二是行政处罚和行政处分措施出现了空置现象。过度依赖某一两种措施以及某些措施被空置，都不是法律实施的正常现象。其后果是使非刑罚处罚方法应有的功能无从发挥作用，从而削弱了酌定不起诉的功能和价值。

除了上面实务部门调研的原因以外，笔者认为，出现上述问题的原因还有：（1）检察机关以及承办案件的检察官对非刑罚处罚措施的意义、作用和价值理解不够，往往是宣布完了不起诉决定书就意味着案件办理完结，对非刑罚处罚措施几乎不再关心。应然的状态恰如刑法第 37 条和刑事诉讼法第 173 条第 3 款规定的那样，

---

① 孙力、王振峰：《不起诉实务研究》，中国检察出版社 2010 年版，第 131—134 页。

根据"案件的不同情况"和"需要",决定采取不同的非刑罚处罚措施。(2)非刑罚处罚措施适用缺乏程序保障。目前,尚没有关于如何实现非刑罚处罚措施的程序规定,这制约了该规定有效行使。要充分发挥非刑罚处罚措施的功能,还有重视实现这些措施的形式,诸如完善关于训诫、责令具结悔过、赔礼道歉措施时的条件、程序、仪式、步骤,完善建议相关机关和部门进行行政处罚或行政处分的条件、标准、程序,等等,使非刑罚处罚措施的适用有章可循。(3)非刑罚处罚措施的项目还不够丰富。(4)行政处罚[①]措施需要建议相关行政机关行使,客观上比较烦琐且检察机关难以监督,因而检察机关很少适用。

二、国外检察机关不起诉实体裁量权的规定及借鉴

一般认为,检察官的刑事自由裁量权是一种程序性权力,而非实体性权力;这种权力只限于程序上的起诉与不起诉,而不涉及有罪或无罪。[②] 根据法律规定,我国检察机关在刑事诉讼过程中,只能有控诉职能,而没有具体刑事案件的实体定罪权,对此笔者是没有异议的。本部分要探讨的问题是,检察机关在行使不起诉裁量权的过程中,是否只存在决定不起诉的程序性权力,对被不起诉人有没有实体性裁量权的空间?让我们先来考察有关国家不起诉裁量权的属性和内容。

自由裁量权是 20 世纪西方法学家提出的重要理论。《布莱克

---

① 《中华人民共和国行政处罚法》第 8 条规定了七类行政处罚措施:(1)警告;(2)罚款;(3)没收违法所得、某收非法财物;(4)责令停产停业;(5)暂扣或者吊销许可证、暂扣或者吊销执照;(6)行政拘留;(7)法律、行政法规规定的其他行政处罚。

② 董玉庭、董进宇:《刑事自由裁量权基本问题》,载《北方法学》2007 年第 2 期,第 55、56 页。

法律辞典》解释：法官自由裁量亦称司法自由裁量，是指法官或者法庭自由斟酌的行为，意味着法官或者法庭对法律规则或原则的界限予以厘定。①《牛津法律大辞典》定义："所谓自由裁量权，是指法官酌情作出决定的权力，并且这种决定在当时情况下应是正义、公正、正确和合理的。"② 约翰·梅里曼认为自由裁量权就是"能够根据案件事实决定其法律后果，为了实现真正的公平正义可以不拘泥于法律，还能够不断地解释法律使之更合于社会的变化。"③ 可见，在自由裁量权的经典定义中，自由裁量权主要是指法官的裁量权。起诉便宜主义兴起之后，检察官的自由裁量权才得以提起。

在英美法系国家，检察权基本上属于行政权。基于实行当事人主义的理念，检察官对案件的不起诉裁量权实质上属于处分权范围，而且这种自由裁量权是十分广泛的、几乎不受限制的权力。④ 在大陆法系的德国、法国、荷兰等过，检察机关具有一定的准司法机关的性质。在法国人的观念中，检察官与法官的职业联系如此密切，以至于分别被称为"站着的司法官"和"坐着的司法官"。⑤ 荷兰的检察官，也明显具有"站着的法官"的特点。由于检察官的准司法官性质，就使大陆法系国家检察官的某些裁量权，已经属于实体性裁量权力。以下以德国、荷兰的检察官裁量权为例展开比较分析。

---

① Black's Law Dictionary (5th Ed), West Publishing Co. 1979. P. 419.

② 《牛津法律大辞典》，中译本，光明日报出版社1989年版，第261—262页。

③ ［美］约翰·亨利·梅里曼：《大陆法系》，顾培东等译，法律出版社2004年版，第52—53页。

④ 宋英辉、吴宏耀：《不起诉裁量权研究》，载《政法论坛》2000年第5期，第119页。

⑤ John Hatchard and others, Comparative Criminal Procedure, the British Institute of International and Comparative Law, pp. 62 - 64. 转引自陈瑞华：《问题与主义之间——刑事诉讼基本问题研究》，中国人民大学出版社2008年版，第29页。

(一) 德国检察官的不起诉实体裁量权

德国检察官的不起诉裁量权是随着时代发展不断扩大的，这一扩大趋势在德国刑事诉讼法修改过程中得到了清晰的呈现。1964年，德国议会通过法律赋予检察官以不起诉裁量权，当时修订的《德国刑事诉讼法》第153条的规定，如果行为人的犯罪行为轻微，且追究其刑事责任对于公共利益又无实际意义，检察机关可以决定终止诉讼，但是原则上应征得法院同意。1975年，《德国刑事诉讼法》修订增加了第153条a，根据该条项规定，在处理轻罪案件时，在征得管辖法院同意的条件下，检察院在作出不起诉决定的同时，可以对被不起诉人决定处以惩罚性措施——包括缴纳罚款、提供社区服务、赔偿犯罪之被害人的损失、遵守赡养令或扶养令；而对于小额财产案件，1975年法律修正案规定，检察官作出不起诉决定终止诉讼程序时，无须再征得法院同意。1993年，为了实现大幅度降低追究刑事责任的费用和刑事司法机关开支的目的，《减轻司法负担法》予以颁布，该法再一次扩大了检察官不起诉裁量权的适用范围，检察机关决定不起诉权限范围由原来的轻微犯罪扩大到中等严重程度的犯罪。德国学者认为，"如果说1993年之前的《刑事诉讼法》第153条a使检察机关受制于'过失轻微原则'，那么新法典第153条a则是这样限制检察机关的：即过失的轻重程度不能阻碍刑事诉讼的终止，这也就是说检察机关终止刑事诉讼的权限已经扩大到中等严重程度的犯罪。"[1] 不但如此，检察机关决定不起诉时无须征得法院同意的范围也得以扩大。1998年，德国刑事诉讼法第153条a又增加了关于对危害公路交通犯罪行为

---

[1] ［德］汉斯—约格 阿尔布莱希特：《刑事诉讼中的变通政策以及检察官在法庭审理开始前的作用》，载陈光中、江伟主编：《诉讼法论丛》（第3卷），中国政法大学出版社1999年版，第207页。

人处以参加一期劳动班的负担，但检察院作出该项命令须经法院同意。①

从以上脉络分析可以看出，德国 1975 年对刑事诉讼法修改的实质是在赋予检察官不起诉决定程序权的同时，赋予检察官对被不起诉人的实体处分权：在很大程度上将原来只有法官拥有的选择权、定义权和惩罚权转移给了检察官，如可以对犯罪嫌疑人处以罚款、提供社区服务的权力，这在某种程度上与法官的刑罚权并无二致。② 这样修改的最主要原因，是从诉讼效率和诉讼经济的角度考虑，是为了减少司法机关的负担。

（二）荷兰检察官的"交易"结案实体裁量权

1926 年荷兰刑事诉讼法规定了起诉便宜原则。③ 荷兰检察官在是否起诉犯罪上，拥有四种权力，即法定不起诉、政策性不起诉\弃权（PolicyWaiv）、"交易"（Transactions）、警告。④ 其中的政策性不起诉，相当于我国的酌定不起诉。最有特色的是通过"交易"方式结案的不起诉裁量权，检察官的这种权力已经有几十年的历史。根据荷兰刑法规定，犯罪嫌疑人可以通过支付一定数额的罚金的方式，避免经受刑事诉讼过程及由此带来的一切消极后果。荷兰《检察官准则》明确规定了"交易"措施的适用范围以及应缴纳的罚金数额。关于检察官"交易"裁量权的案件范围，荷兰 1983 年

---

① 陈光中、［德］汉斯—约格 阿尔布莱希特：《中德不起诉制度比较研究》，中国检察出版社 2002 年版，第 67 页。

② 陈光中、［德］汉斯—约格 阿尔布莱希特：《中德不起诉制度比较研究》，中国检察出版社 2002 年版，第 265 页。

③ See Dato Streenhuis: Criminal prosecution in the Netherlands, P53. The Role of the Prosecutor, edited by J. E. HallW illiams etc. published in association with the London School ofEconomics and PoliticalScience.

④ 赵丹：《荷兰检察官的自由裁量权》，载《国家检察官学院学报》2007 年第 3 期。

《财产制裁法案》规定检察官可以处理刑期六年以下的刑事案件。因此，"交易"既可用于轻罪，又可用于比较严重的犯罪，适用范围比较广泛。当然后者不包括侵犯人身的严重暴力犯罪、性犯罪以及严重的毒品犯罪等。对于"交易"裁量案件的，被告人自己决定是接受还是拒绝"交易"，要么接受罚款，要么被诉至法庭。

通过上述介绍可以看到，荷兰的检察官具有非常大的不起诉实体裁量权。其"交易"结案方式，实际是检察官对被告人处以的一种替代性刑罚措施，其目的仍然是处罚和威慑。检察官在决定"交易"时，扮演的是课刑者的准司法官角色。

三、我国检察机关不起诉裁量权属性分析

我国检察机关的不起诉自由裁量权，其属性是仅具有程序性的处分权还是兼具有实体性的处分权？一种观点认为，检察官的刑事自由裁量权仅是一种程序性权力，而非实体性权力。[①] 主要理由是检察官不能对被告人做有罪或无罪的认定宣告；有检察官认为，存疑不起诉的裁量具有程序性，兼备实体性。[②] 主要理由是不起诉权实际发挥着司法功能，它成为一种司法处置权，产生的直接法律后果是诉讼终止和对被不起诉人的无罪处分。在深入讨论这个问题之前，先来看我国法律关于不起诉处理的规定。

2012 年刑事诉讼法第 173 条第 3 款、2012 年人民检察院刑事诉讼规则第 409 条是关于不起诉案件处理的规定，刑法第 37 条是关于非刑罚处罚方法的规定。上述法律条款，实际是规定了"训诫、责令具结悔过、赔礼道歉、赔偿损失、行政处罚、行政处分、

---

① 董玉庭、董进宇：《刑事自由裁量权基本问题》，载《北方法学》2007 年第 2 期。

② 王新环：《公诉权原论》，中国人民公安大学出版社 2006 年版，第 358 页。

没收其违法所得"七种非刑法处罚方法，人民检察院刑事诉讼规则第409条，确认了检察机关具有并可以行使其中的"训诫、责令具结悔过、赔礼道歉、赔偿损失"等四种非刑罚处罚方法，而另外的"行政处罚、行政处分、没收其违法所得"三种非刑法处罚方法，则不属于检察机关的权限。那么，"训诫、责令具结悔过、赔礼道歉、赔偿损失"等四种非刑罚处罚方法，是什么属性的裁量权？是程序性裁量权还是实体性裁量权？本文认为，这四种非刑罚处罚方法，因为它本身是一种处罚结果、是一种责任承担结果，具有终局性和确定性，因而属于实体性裁量权。如果这个判断正确的话，那么至少可以得出这样一个初步结论：按照现行法律规定，检察机关是具有不起诉的实体性裁量权的。

刑事诉讼法第173条第3款关于不起诉的处理之规定，当然属于不起诉裁量权的范畴，因此，确认现行法律赋予了我国检察机关不起诉的实体裁量权，是可以站得住脚的。在这个基础上，笔者进一步认为，不仅存疑不起诉裁量具有实体性权力性质，酌定不起诉同样具有。法定不起诉除了是一种程序性裁量权力之外，同时也都具有实体性裁量的权力。理由有三：

（1）不起诉具有终结诉讼的程序后果和对被不起诉人无罪处分的实体后果。三种不起诉都具有终结诉讼的程序后果，这毋庸赘述。在实体后果方面，法定不起诉的后果是一种实质上的无罪、法律上的无罪，存疑不起诉的后果是"事实上可能有罪"、法律上的推定无罪，酌定不起诉的后果是所谓的"事实上的有罪"、法律上的无罪。尽管不起诉决定书没有也不可能像判决书那样对被不起诉人宣布"无罪"，但对被不起诉人而言，无罪的后果和效果却是事实。尽管对于存疑不起诉的案件和酌定不起诉的案件，可能发生存疑不起诉案件因为发现新的证据而重新提起公诉，或者酌定不起诉案件因为被害人申诉而提起公诉或被害人自诉，而最终被判处有罪的情况，但是对于存疑不起诉、酌定不起诉的绝大部分案件，无罪的后果是主要的结局。而这种结局，既是终局性的，也是实体性的。换一个角度来说，对不起诉人的无罪的实体处分结果，是不必以书面的、明确的方式来呈现的，是不同于法院判决书直接明示的宣判方式的。

（2）不起诉裁量权继承延续着审判权的实体裁量权属性。不争的事实是，先有起诉法定主义，后有起诉便宜主义，不起诉裁量权是从起诉法定主义中分离出来的。这个逻辑说明，后天赋予检察机关的不起诉裁量权力，原来是属于审判机关的权力。同一个权力，在审判机关具有的实体裁量属性，在成为检察机关的不起诉裁量权力之后，仍然具有这种属性，这在逻辑上是成立的。

（3）不起诉裁量权是消极的实体性处分权。法院对于提起公诉的案件进行审判和裁量，从实体上确认被告人有罪或者无罪的结果，其方式是积极的、明确的；与审判裁量权的行使方式不同，检察机关不起诉裁量权的行使方式，在程序性裁量上是积极的、明确的，即对被不起诉人宣布终结诉讼的程序性后果，而在实体性裁量上，则不明确表述被不起诉人无罪的实体后果。因而，作者将不起诉裁量权区分为积极的程序性裁量权和消极的实体性裁量权。

四、我国检察机关不起诉实体裁量权的完善

"在世界史上没有任何一个法律制度无自由裁量权。为了实现个别公正，为了实现创设性正义，自由裁量权都是不可缺少的，取消自由裁量权会危害政治程序，会抑制个别公正。"① 检察官拥有自由裁量权的正当性基础之一，是节约司法成本、提高司法效率的司法实践的客观需要。我国刑事诉讼制度的改革与构建，必须充分

---

① Mortimer and Kadish, Discretion to Disobey: Study of lawful Departure from legal Rules, Stanford University Press, 1973, p. 4.

借鉴域外司法经验，努力与国际司法准则接轨。因为国际刑事司法准则是世界各国在刑事司法和预防犯罪领域共同追求的价值目标、共同努力的重大成果，是全人类法律文化的宝贵财产。而"是否符合国际形势司法准则成为一国刑事司法文明、民主、进步与否的国际标准"。[①]

（一）完善酌定不起诉决定后的非刑罚处罚制度

必须明确，对犯罪情节轻微的犯罪嫌疑人，法律规定不需要判处刑罚、免除刑罚，并不是对刑事责任的免除，而只是对刑罚的免除。虽然免除了刑罚，但是犯罪嫌疑人仍然需要承担刑事责任。非刑罚处罚措施就是承担刑事责任的一种方式。依法对被不起诉人作出不起诉决定，并免予刑事处罚，绝不意味着被不起诉人不承担任何刑事责任，更不意味着不承担民事责任和行政责任。否则，刑罚就与刑事责任等同为一。

刑法第37条规定对免予刑事处罚的，"可以"根据案件的不同情况，予以训诫或者责令具结悔过、赔礼道歉、赔偿损失，或者由主管部门予以行政处罚或者行政处分，刑事诉讼法第173条第3款规定，对被不起诉人"需要"给予行政处罚、行政处分或者需要没收其违法所得的，人民检察院应当提出检察意见，移送有关主管机关处理。此两处法律条文用"可以"、"需要"的术语，似乎是选择性条款，但是在多大程度上选择适用这些措施，并不是简单的"可以也不可以"或者"需要也不需要"这样的不确定状态，更不是可有可无的。这种选择必须结合法律规定的前提条件来判断适用非刑罚处罚措施的必要性，考虑到适用非刑罚处罚措施的前提条件是犯罪嫌疑人已经构成犯罪，仅因情节轻微或其他可宽恕情

① 卞建林：《改革开放30年中国刑事诉讼制度发展之回顾与展望》，载《法学杂志》2009年第1期。

节，而对其免予刑事处罚。所以，在已构成犯罪但免予刑事处罚的前提下，来理解法律规定的"可以"和"需要"的适用程度，得出的结论更多的是"应当"和"必须"的含义。根据不同案件情况适用这些措施，实质是起诉的替代措施、刑罚的替代措施。对被不起诉人正确适用非刑罚处罚措施，关系到被不起诉人悔过自新的效果，也关系到与被害人关系的修复。因此，必须重视和解决过于依赖某一两种非刑罚处罚措施和某些措施长期空置不适用的现象。

1. 根据案件分别不同情况适用非刑罚处罚措施

法律规定的"训诫、责令具结悔过、赔礼道歉、赔偿损失、行政处罚、行政处分、没收其违法所得"七种非刑法处罚方法，人民检察院刑事诉讼规则第409条，确认了检察机关具有并可以行使其中的"训诫、责令具结悔过、赔礼道歉、赔偿损失"等四种非刑罚处罚方法，而另外的"行政处罚、行政处分、没收其违法所得"三种非刑法处罚方法，则不属于检察机关的权限。为保证不起诉后非刑罚处罚措施的充分正确适用，应当明确非刑罚处罚措施的条件、程序。

(1) 训诫的适用。训诫，是指对被不起诉人当面予以批评、谴责，责令其改正错误，不再犯罪的方法。训诫一般应当以口头形式当面进行，承办案件的检察官应当严肃地指出并分析其犯罪行为的危害性，表明国家对其犯罪行为的否定评价和对被不起诉人的谴责态度，并促使被不起诉人认识到自己犯罪行为的危害性，努力悔过自新，保证以后不再犯罪。训诫应当适用于酌定不起诉的所有被不起诉人。

(2) 责令具结悔过的适用。责令具结悔过，是指责令被不起诉人以书面方式保证悔改，保证不再犯罪的一种非刑罚处罚方式。刑法并没有规定责令具结悔过的适用方式。结合司法实践流程，一般应当在宣布不起诉书决定之前，要求犯罪嫌疑人在一定期限内按照要求写出书面具结悔过书，在宣布不起诉决定书时，由被不起诉人宣读，表示真诚的悔过。有被害人和单位的，还应当将具结悔过书交给被害人和单位。

（3）责令赔礼道歉的适用。责令赔礼道歉，是指责令被不起诉人以公开的方式向被害人当面承认犯罪和错误，表示真诚的歉意，并保证以后不再侵犯被害人的非刑罚处罚方式。赔礼道歉主要适用于有被害人的案件。这种方式有助于促使被不起诉人悔过自新，平息被害人及其家属以及社区群众的愤怒，促使被不起诉人与被害人、社区群众的和解，恢复被损害的社会关系。对于有被害人的案件，应当适用责令赔礼道歉的方式。

（4）责令赔偿损失的适用。责令赔偿损失，是指由于犯罪行为给被害人造成了身体或财产的损失，责令被不起诉人给予被害人一定经济赔偿的非刑罚处罚方法。对于因犯罪行为造成被害人经济损失和人身伤害的案件，被不起诉人应当对被害人赔偿因犯罪造成的经济损失和人身伤害需要的经济赔偿；对于没有被害人的案件，被不起诉人应当将造成的损失赔偿给国家。责令赔偿损失，一般应在宣布不起诉决定书之前完成，相关内容在不起诉书中予以体现。

（5）没收违法所得的适用。对于被不起诉人因犯罪行为带来的金钱收入和财物所得，应当追缴或没收；对于追缴的金钱或财物，有被害人的，发还被害人；没有被害人的，将非法所得金钱直接上缴国库，将非法所得财物进行公开拍卖，所得款项上缴国库。

（6）行政处罚和行政处分的适用。对于被不起诉人的行为违反了行政处罚法、治安管理处罚法的，检察机关应当根据行政处罚法、治安管理处罚法的规定，向公安机关提出对被不起诉人进行行政处罚或治安处罚的建议书，建议书提出的建议应当具体，如建议适用警告、罚款及罚款的数额幅度，以及行政拘留的天数等。对于被不起诉人的行为违反行政条例纪律，需要给予行政处分的，检察机关应当向相关单位提出对被不起诉人进行行政处分的建议书，建议书提出的行政处分建议应当具体，如记过、记大过、降级、开除等。

2. 完善适用非刑罚处罚措施的程序保障

非刑罚处罚措施适用缺乏程序保障。目前，尚没有关于如何实现非刑罚处罚措施的程序规定，这制约了该规定有效行使。要充分发挥非刑罚处罚措施的功能，还有重视实现这些措施的形式，诸如完善关于训诫、责令具结悔过、赔礼道歉措施时的条件、程序、仪式、步骤，完善建议相关机关和部门进行行政处罚或行政处分的条件、标准、程序，等等，使非刑罚处罚措施的适用有章可循。

（二）赋予检察机关更广泛的非刑罚处罚措施

既然检察机关可以被赋予不起诉的实体处分权，在理论上和实践中均有依据，为了进一步节约诉讼成本、提高诉讼效率，可以参照德国、荷兰的模式，在现行刑事诉讼法规则规定的检察机关行使的训诫、责令具结悔过、赔礼道歉、赔偿损失的基础上，可以考虑将下列非刑罚处罚措施直接赋予检察机关：（1）警告；（2）罚款；（3）追缴或没收非法所得；（4）责令提供社区服务。这样，就比较容易解决酌定不起诉案件的后续处理条款空置的问题，将刑事诉讼法规定的对被不起诉人适用的非刑罚处罚措施落到实处。

参考文献

一、中文著作类

1. 卞建林、刘玫主编:《外国刑事诉讼法》,人民法院出版社 2002 年版。

2. 蔡墩铭:《刑事诉讼法论》(修订版),台湾五南图书出版公司 1993 年版。

3. 曹泽林:《国家文化安全论》,军事科学出版社 2006 年版。

4. 陈东升:《赦免制度研究》,中国人民公安大学出版社 2004 年版。

5. 陈光中主编:《刑事诉讼法实施问题研究》,中国法制出版社 2000 年版。

6. 陈光中、〔德〕汉斯—约格 阿尔布莱希特主编:《中德不起诉制度比较研究》,中国检察出版社 2002 年版。

7. 陈光中主编:《刑事诉讼法》(第 2 版),北京大学出版社、高等教育出版社 2005 年版。

8. 陈光中主编:《中华人民共和国刑事诉讼法再修改专家建议稿与论证》,中国法制出版社 2006 年版。

9. 陈国庆主编:《人民检察院刑事诉讼规则释义与适用》,警官教育出版社 1999 年版。

10. 陈新民：《德国公法学基础理论》（下），山东人民出版社2001年版。

11. 陈卫东、严军兴主编：《新刑事诉讼法通论》，法律出版社1996年版。

12. 陈兴良：《刑法适用总论》（上卷），法律出版社1998年版。

13. 陈兴良：《刑法的价值构造》，中国人民大学出版社1998年版。

14. 陈兴良：《当代中国刑法新视界》，中国政法大学出版社1999年版。

15. 陈兴良：《刑法哲学》，中国政法大学出版社2000年版。

16. 陈兴良：《本体刑法学》，商务印书馆2001年版。

17. 陈兴良：《刑法的启蒙》，法律出版社2003年版。

18. 陈兴良：《规范刑法学》，中国政法大学出版社2003年版。

19. 陈兴良：《刑法理念导读》，法律出版社2003年版。

20. 陈兴良主编：《刑法学》，复旦大学出版社2003年版。

21. 陈兴良：《书外说书》，法律出版社2004年版。

22. 陈兴良：《中国刑事政策检讨》，中国检察出版社2004年版。

23. 陈兴良：《共同犯罪论》（第2版），中国人民大学出版社2006年版。

24. 陈兴良：《走向哲学的刑法学》，法律出版社2008年版。

25. 陈兴良：《罪刑法定主义》，中国法制出版社2010年版。

26. 陈瑞华：《刑事审判原理论》（第2版），北京大学出版社2003年版。

27. 陈复华主编：《古代汉语词典》（大字本），商务印书馆2002年版。

28. 程味秋等编：《联合国人权公约和刑事司法文献汇编》，中国法制出版社 2000 年版。

29. 储槐植主编：《刑事一体化论要》，北京大学出版社 2007 年版。

30. 储槐植：《刑事一体化与关系刑法论》，北京大学出版社 1997 年版。

31. 樊崇义主编：《刑事诉讼法实施问题与对策研究》，中国人民公安大学出版社 2001 年版。

32. 樊崇义：《迈向理性刑事诉讼法学》，中国人民公安大学出版社 2006 年版。

33. 费孝通：《乡土中国》，三联书店 1985 年版。

34. 高铭暄：《中华人民共和国刑法的孕育和诞生》，法律出版社 1981 年版。

35. 高铭暄主编：《刑法学》，北京大学出版社 1989 版。

36. 高铭暄主编：《新编中国刑法学》，中国人民大学出版社 1998 年版。

37. 高铭暄、赵秉志编：《新中国刑法立法文献资料总览》（上册），中国人民公安大学出版社 1998 年版。

38. 高铭暄、马克昌主编：《刑法学》（上编），中国法制出版社 1999 年版。

39. 高铭暄、马克昌主编：《刑法学》，北京大学出版社、高等教育出版社 2000 年版。

40. 高铭暄主编：《刑法学原理》（第 1 卷），中国人民大学出版社 2005 年版。

41. 甘雨沛、何鹏编：《外国刑法学》，北京大学出版社 1989 年版。

42. 甘文：《行政与法律的一般原理》，中国法制出版社 2002 年版。

43. 关信平：《中国城市贫困问题研究》，湖南人民出版社

1999 年版。

44. 郭云忠：《刑事诉讼谦抑论》，北京大学出版社 2008 年版。

45. 何秉松主编：《刑法教科书》，中国法制出版社 1997 年版。

46. 何家弘主编：《刑事司法大趋势——以欧盟刑事司法一体化为视角》，中国检察出版社 2005 年版。

47. 胡康生、李福成主编：《中华人民共和国刑法释义》，法律出版社 1997 年版。

48. 黄华生：《论刑罚轻缓化》，中国政法大学图书馆馆藏博士学位论文 2004 年。

49. 黄先雄：《司法谦抑论：以美国司法审查为视角》，法律出版社 2008 年版。

50. 姜伟、钱舫、徐鹤喃：《公诉制度教程》，法律出版社 2002 年版。

51. 冀祥德：《建立中国控辩协商制度研究》，北京大学出版社 2006 年版。

52. 菅强主编：《中国突发事件报告》，中国时代经济出版社 2009 年版。

53. 康树华：《犯罪学：历史·现状·未来》，群众出版社 1998 年版。

54. 康树华、张相军主编：《刑事犯罪学》，群众出版社 2000 年版。

55. 康树华：《当代中国犯罪主体》，群众出版社 2005 年版。

56. 郎胜主编：《中华人民共和国刑法释义》，法律出版社 2009 年版。

57. 李立景：《亲告罪要论：告诉才处理的犯罪的研究新视角》，中国人民公安大学出版社 2003 年版。

58. 李海东：《刑法原理入门（犯罪论基础)》，法律出版社 1998 年版。

59. 李翔：《情节犯研究》，上海交通大学出版社 2006 年版。

60. 梁根林：《刑罚结构论》，北京大学出版社 1998 年版。

61. 梁根林：《刑事政策：立场与范畴》，法律出版社 2005 年版。

62. 林山田：《刑罚学》，台湾商务印书馆股份有限公司 1985 年版。

63. 林山田：《刑法通论》（上册），元照出版有限公司 2008 年增订 10 版。

64. 林山田：《刑法通论》（下册），元照出版有限公司 2008 年增订 10 版。

65. 林俊益：《程序正义与诉讼经济》，元照出版公司 2000 年版。

66. 林兆义、张江明主编：《现代化与辩证法 社会主义现代化建设若干重大关系问题研究》，济南出版社 1998 年版。

67. 刘全德著译：《西方法律思想史》，中国政法大学出版社 1996 年版。

68. 刘生荣等：《刑事不起诉的理论与司法实务》，中国检察出版社 1998 年版。

69. 刘兰秋：《刑事不起诉制度研究》，中国政法大学 2006 年博士学位论文。

70. 刘远：《刑事政策哲学解读》，中国人民公安大学出版社 2005 年版。

71. 罗玉中、万其刚：《人权与法制》，北京大学出版社 2001 年版。

72. 马克昌主编：《犯罪通论》，武汉大学出版社 2003 年版。

73. 马克昌主编：《近代西方刑法学说史略》，中国检察出版社 2004 年版。

74. 马克思：《马克思恩格斯全集》（第 1 卷），人民出版社

1956 年版。

75. 孟庆华：《刑罚适用重点疑点难点问题判解研究》，人民法院出版社 2009 年版。

76. 闵钐编：《中国检察史资料选编》，中国检察出版社 2008 年版。

77. 潘绥铭：《性，你真懂了吗?》，中国检察出版社 1998 年版。

78. 彭东、张寒玉：《检察机关不起诉工作实务》，中国检察出版社 2005 年版。

79. 邱兴隆、许章润编：《刑罚学》，中国政法大学出版社 1999 年版。

80. 曲新久：《刑法的精神与范畴》，中国政法大学出版社 2000 年版。

81. 曲新久主编：《刑法学》（第 3 版），中国政法大学出版社 2009 年版。

82. 汝信、陆学艺、李培林主编：《2008 年中国社会形势分析与预测》，社会科学文献出版社 2008 年版。

83. 汝信、陆学艺、李培林主编：《2010 年中国社会形势分析与预测》，社会科学文献出版社 2009 年版。

84. 阮齐林：《中国刑法上的量刑制度与实务》，法律出版社 2003 年版。

85. 宋军：《免予起诉制度》，中国政法大学出版社 1993 年版。

86. 苏力：《法治及其本土资源》，中国政法大学出版社 1996 年版。

87. 孙力、王振峰：《不起诉实务研究》，中国检察出版社 2010 年版。

88. 童建明、万春主编：《中国检察体制改革论纲》，中国检察出版社 2008 年版。

89. 田宏杰：《中国刑法现代化研究》，中国方正出版社 2000 年版。

90. 田文昌：《刑罚目的论》，中国政法大学出版社 1987 年版。

91. 王作富：《中国刑法研究》，中国人民大学出版 1998 年版。

92. 王瑾：《中华刑法论》，姚建龙勘校，中国方正出版社 2005 年版。

93. 王新环：《公诉权原论》，中国人民公安大学出版社 2006 年版。

94. 王以真主编：《外国刑事诉讼法学》（新编本），北京大学出版社 2004 年版。

95. 王立峰：《惩罚的哲理》，清华大学出版社 2006 年版。

96. 魏平雄主编：《犯罪学教程》，中国政法大学出版社 1998 年版。

97. 夏勇主编：《走向权利的时代》，中国政法大学出版社 1995 年版。

98. 夏甄陶：《关于目的的哲学》，上海人民出版社 1982 年版。

99. 谢望原、卢建平等：《中国刑事政策研究》，中国人民大学出版社 2006 年版。

100. 谢瑞智：《犯罪与刑事政策》，台湾文笙书局 1996 年版。

101. 熊红文：《公诉实战技巧》，中国检察出版社 2007 年版。

102. 许福生：《刑事政策学》，中国民主法制出版社 2006 年版。

103. 徐显明主编：《法理学》，中国政法大学出版社 2009 年版。

104. 徐岱：《中国刑法近代化论纲》，人民法院出版社 2003 年版。

105. 杨诚、单民主编：《中外刑事公诉制度》，法律出版社 2000 年版。

106. 杨春洗、杨敦先主编：《中国刑法论》，北京大学出版社1994年版。

107. 杨正万：《刑事被害人问题研究》，中国人民公安大学出版社2002年版。

108. 阴建峰：《现代赦免制度论衡》，中国人民公安大学出版社2006年版。

109. 于志刚：《追诉时效制度研究》，中国方正出版社1999年版。

110. 于志刚：《刑法学总论》，中国法制出版社2010年版。

111. 喻伟主编：《刑法学专题研究》，武汉大学出版社1992年版。

112. 赵秉志、吴振兴主编：《刑法学通论》，高等教育出版社1993年版。

113. 赵秉志主编：《新刑法典的创制》，法律出版社1997年版。

114. 赵宝成：《犯罪学专论》，中国人民公安大学出版社2005年版。

115. 赵廷光主编：《中国刑法原理》（总论卷），武汉大学出版社1992年版。

116. 张琳：《刑罚个别化研究》，中国政法大学2001年诉讼法学博士论文。

117. 张灏：《中国刑法理论与实用》，三民书局1980年版。

118. 张建伟：《刑事诉讼法通义》，清华大学出版社2007年版。

119. 张军、郎胜等：《刑法纵横谈》（总则部分修订版），北京大学出版社2008年版。

120. 张明楷：《刑法格言的展开》，法律出版社2003年版。

121. 张明楷：《刑法学》（第2版），法律出版社2003年版。

122. 张明楷：《刑法学》（第3版），法律出版社2007年版。

123. 张旭：《国际刑法论要》，吉林大学出版社 2000 年版。

124. 张锐智主编：《小康·和谐·法治：关于社会主义法治建设的新思考》，辽宁大学出版社 2007 年版。

125. 张千帆：《宪法学导论》，法律出版社 2004 年版。

126. 张智辉：《刑法理性论》，北京大学出版社 2006 年版。

127. 张绍彦：《刑罚实现与行刑变革》，法律出版社 1999 年版。

128. 张穹主编：《人民检察院刑事诉讼理论与实务》，法律出版社 1997 年版。

129. 张文显：《法学基本范畴研究》，中国政法大学出版社 1993 年版。

130. 张中秋：《中西法律文化比较研究》，南京大学出版社 1991 年版。

131. 张永红：《我国刑法第 13 条但书研究》，法律出版社 2004 年版。

132. 甄贞主编：《刑事诉讼法学研究综述》，法律出版社 2002 年版。

133. 周长军：《刑事裁量权论——在划一性与个别化之间》，中国人民公安大学出版社 2006 年版。

134. 周密：《论证犯罪学》，北京大学出版社 2005 年版。

135. 周密：《中国刑法史纲》，北京大学出版社 1998 年版。

136. 周振想主编：《中国新刑法释论与罪案》，中国方正出版社 1997 年版。

137. 左卫民、周长军：《刑事诉讼的理念》，法律出版社 1999 年版。

138. 澄社、民间司法改革基金会：《司法的重塑——民间司法改革研讨会论文集（二）》，（台湾）桂冠图书股份有限公司 2000 年版。

139. 历年《中国统计年鉴》。

140. 历年《中国法律年鉴》。

141. 历年最高人民法院工作报告。

142. 历年最高人民检察院工作报告。

二、中译文著作

1. ［德］弗兰茨·冯·李斯特：《德国刑法教科书》，徐久生译，法律出版社 2000 年版。

2. ［德］黑格尔：《法哲学原理》，范扬等译，商务印书馆 1961 年版。

3. ［德］黑格尔：《逻辑学》（上卷），杨一之译，商务印书馆 1974 年版。

4. ［德］康德：《法的形而上学原理——权利的科学》，沈叔平译，商务印书馆 1991 年版。

5. ［德］汉斯·海因里希·耶塞克、托马斯·魏特根：《德国刑法教科书》，徐久生译，中国法制出版社 2001 年版。

6. ［德］汉斯·约格·阿尔布莱希特：《刑事诉讼中的变通政策以及检察官在法庭审理开始前的作用》，载《诉讼法论丛》第三卷，中国政法大学出版社 1999 年版。

7. ［德］拉德布鲁赫：《法律智慧警句集》，舒国滢译，中国法制出版社 2001 年版。

8. ［德］拉德布鲁赫：《法哲学》，王朴译，法律出版社 2005 年版。

9. ［德］拉德布鲁赫：《法学导论》，米健、朱林译，中国大百科全书出版社 1997 年版。

10. ［法］卡斯东·斯特法尼等：《法国刑事诉讼法精义》，罗结珍译，中国政法大学出版社 1999 年版。

11. ［法］卢梭：《社会契约论》，何兆武译，商务印书馆 1980 年修订第二版。

12. ［美］罗尔斯：《正义论》，何怀宏、何包钢、廖中白译，中国社会科学出版社 1988 年版。

13. ［法］孟德斯鸠：《论法的精神》，孙立坚译，陕西人民出版社 1999 年出版。

14. ［法］马克·安赛尔，《新刑法理论》，卢建平译，香港天地图书有限公司 1990 年版。

15. ［法］米海依尔·戴尔玛斯·马蒂：《刑事政策的主要体系》，卢建平译，法律出版社 2000 年版。

16. ［美］欧内斯特·盖尔霍恩、罗纳德·M. 利文：《行政法与行政程序概要》，黄列译，中国社会科学出版社 1996 年版。

17. ［美］爱伦·豪切斯泰勒·斯黛丽、南希·弗兰克：《美国刑事法院诉讼程序》，陈卫东、徐美君译，中国人民大学出版社 2002 年版。

18. ［美］博登海默：《法理学—法哲学及其方法》，邓正来译，华夏出版社 1987 年版。

19. ［美］波斯纳：《正义/司法的经济学》，苏力译，中国政法大学出版社 2002 年版。

20. ［美］博登海默：《法理学：法律哲学与法律方法》，邓正来译，中国政法大学出版社 1999 年版。

21. ［美］约翰·亨利·梅利曼：《大陆法系》，顾培东等译，法律出版社 2004 年版。

22. ［美］理查德·霍金斯等：《美国监狱制度——刑罚与正义》，孙晓雳、林遐译，中国人民公安大学出版社 1991 年版。

23. ［英］杰里米·边沁：《立法理论——刑法典原理》，孙力等译，中国人民大学出版社 1998 年版。

24. ［英］麦高伟等：《英国刑事司法程序》，姚永吉等译，法律出版社 2003 年版。

25. ［英］亚当·斯密：《道德情操论》，谢宗林译，中央编译出版社 2008 年版。

26. ［日］ 大谷实：《刑事政策学》，黎宏译，法律出版社 2000 年版。

27. ［日］ 大塚仁：《刑法概说》，冯军译，中国人民大学出版社 2003 年版。

28. ［日］ 田口守一：《刑事诉讼法》，刘迪等译，法律出版社 2000 年版。

29. ［日］ 西原春夫：《刑法的根基与哲学》，顾肖荣等译，法律出版社 2004 年版。

30. ［日］ 山口邦夫：《19 世纪德国刑法学研究》，八千代出版股份公司 1979 年版。

31. ［日］ 三井诚：《刑事程序法 II》，有斐阁 2003 年版。

32. ［日］ 森下忠：《犯罪者处遇》，白绿铉译，中国纺织出版社 1994 年版。

33. ［日］ 团藤重光：《刑法纲要总论》，创文社 1957 年版。

34. ［日］《图解法律用语辞典》，自由国民社 1998 年修订版。

35. ［日］ 州七原保雄等：《日本国语大辞典》，小学馆 2001 年版。

36. ［意］ 贝卡里亚：《论犯罪与刑罚》，黄风译，中国法制出版社 2002 年版。

37. ［意］ 杜里奥·帕多瓦尼：《意大利刑法学原理》，陈忠林译，法律出版社 1998 年版。

38. ［意］ 菲利：《实证派犯罪学》，郭建安译，中国政法大学出版社 1987 年版。

39. ［意］ 加罗法洛：《犯罪学》，耿伟、王新译，中国政法大学出版社 1996 年版。

40. ［意］ 龙勃罗梭：《犯罪人论》，黄风译，中国法制出版社 2000 年版。

41. ［印度］甘地：《论非暴力》，载夏中义：《大学人文读本 人与世界》，广西师范大学出版社 2002 年版。

42. ［韩］金永哲译：《韩国刑法典及单行刑法》，中国人民大 学出版社 1996 年版。

43. 西南政法学院编印：《苏联刑法论文选》（第 1 辑）。

44. 马相哲译：《韩国刑事诉讼法》，中国政法大学出版社 2004 年版。

45. 李昌珂译：《德国刑事诉讼法典》，中国政法大学出版社 1995 年版。

46. 黄风译：《最新意大利刑法典》，法律出版社 2007 年版。

47. 黄道秀译：《俄罗斯联邦刑法典》，北京大学出版社 2008 年版。

48. 徐久生、庄敬华译：《德国刑法典》，中国法制出版社 2000 年版。

49. 徐久生、庄敬华译：《德国刑法典》（2002 年修订），中国 方正出版社 2004 年版。

50. 徐久生、庄敬华译：《瑞士联邦刑法典》（2003 年修订），中国方正出版社 2004 年版。

51. 宋英辉译：《日本刑事诉讼法》，中国政法大学出版社 2000 年版。

52.《马克思恩格斯全集》（第 2 卷）人民出版社 1957 年版。

53.《列宁全集》（第 26 卷）人民出版社 1958 年版。

54.《牛津法律大辞典》，中译本，光明日报出版社 1989 年版。

三、中文期刊类

1. 卞建林：《改革开放 30 年中国刑事诉讼制度发展之回顾与 展望》，载《法学杂志》2009 年第 1 期。

2. 卞建林、封利强：《构建刑事和解的中国模式——以刑事谅解为基础》，载《刑事和解与程序分流学术研讨会论文集》。

3. 陈光中：《论诉讼法与实体法的关系》，陈光中、江伟主编：《诉讼法论丛》（第1卷），法律出版社1998年版。

4. 陈光中：《论我国酌定不起诉制度》，载《中国刑事法杂志》2001年第1期。

5. 陈光中：《刑事和解的理论基础与司法适用》，载《人民检察》2006年第10期。

6. 陈光中、张建伟：《附条件不起诉：检察裁量权的新发展》，载《人民检察》2006年第7期。

7. 陈国庆：《不起诉制度的观点争议回应》，载《人民检察》2007年第24期。

8. 陈庆彬、胡敏佳：《以期待可能性理论诠释"生活无着型犯罪"》，载《检察日报》2008年6月16日。

9. 陈如、肖金军：《南京市流动人口犯罪的调查与思考》，载《青少年犯罪问题》2004年第1期。

10. 陈瑞华：《刑事诉讼的私力合作模式——刑事和解在中国的兴起》，载《中国法学》2006年第5期。

11. 陈伟：《未成年人的人身危险性及其征表》，载《西南政法大学学报》2011年第1期。

12. 陈卫东、韩红兴：《初论我国刑事诉讼中设立中间程序的合理性》，载《当代法学》2004年第4期。

13. 陈卫东、李洪江：《论不起诉制度》，载《中国法学》1997年第1期。

14. 陈翔：《生活无着偷窃就能不起诉吗?》，载《广州日报》2007年8月16日。

15. 陈新东：《监外行刑——"社区矫正"》，载（台湾）《矫正月刊》第172期。

16. 陈兴良：《入罪与出罪：罪刑法定司法化的双重考察》，载

《法学》2002 年第 12 期。

17. 陈兴良：《刑事法治视野中的刑事政策》，载陈兴良主编：《中国刑事政策检讨》，中国检察出版社 2004 年版。

18. 陈兴良：《宽严相济刑事政策研究》，载《法学杂志》2006 年第 2 期。

19. 陈兴良：《当代中国的刑法理念》，载《国家检察官学院学报》2008 年第 3 期。

20. 陈运财、吴伟豪：《缓起诉制度实务运作状况之检讨——以台北、台中、云林地方法院检察署为调查中心》，载《东海大学法学研究》，2003 年总第 18 期。

21. 储槐植：《刑事政策：犯罪学的重点研究对象和司法实践的基本指导思想》，载《福建公安高等专科学校学报》1999 年第 5 期。

22. 储槐植、汪永乐：《再论犯罪概念中的定量因素》，载《法学研究》2000 年第 2 期。

23. 储槐植、张永红：《善待社会危害性观念——从我国刑法第 13 条但书说起》，载《法学研究》2002 年第 3 期。

24. ［日］大谷实：《犯罪被害人及其补偿》，黎宏译，载《中国刑事法杂志》2000 年第 2 期。

25. 丁华宇：《刑法中的兜底性条款探析》，载《黑龙江省政法管理干部学院学报》2009 年第 4 期。

26. 丁文亚：《中国发出第一道"社区服务令"》，载《北京晚报》2001 年 8 月 22 日。

27. 董玉庭、董进宇：《刑事自由裁量权基本问题》，载《北方法学》2007 年第 2 期。

28. 杜光：《普世价值：一个时代性的重大课题》，载《炎黄春秋》2009 年第 1 期。

29. 冯亚景 蔡杰：《公诉机关起诉替代措施研究》，载《中国刑事法杂志》2006 年第 1 期。

30. 高铭暄、彭凤莲：《新中国基本刑事政策的演进》，载卢建平主编：《刑事政策评论》第 1 卷，中国方正出版社 2007 年版。

31. 郭立场、彭传丽：《82.3% 和 17.7%》，载《大众热报》2009 年 3 月 5 日。

32. 郭云忠：《刑事司法，中的母爱主义》，载《法律科学》2009 年第 2 期。

33. ［德］汉斯—约格 阿尔布莱希特：《刑事诉讼中的变通政策以及检察官在法庭审理开始前的作用》，载《诉讼法论丛》第 3 卷，中国政法大学出版社 1999 年版，第 207 页。

34. 郝宏奎：《评英国犯罪预防的理论、政策与实践》，载《公安大学学报》1997 年第 6 期。

35. 何淼玲：《化解矛盾，还是"以善代刑"？——"附条件不起诉"引发争议》，载《湖南日报》2010 年 8 月 13 日。

36. 侯晓炎：《美国刑事审前分流制度评论》，载《环球法律评论》2006 年第 1 期。

37. 黄京平：《暂缓起诉的法理基础与制度构建——兼论对未成年人适用暂缓起诉的必要性和可行性》，载《国家检察官学院学报》2003 年第 5 期。

38. 黄京平：《宽严相济刑事政策的时代含义及实现方式》，载《法学杂志》2006 年第 4 期。

39. 蒋杏新：《浅谈悔改表现》，《常州法苑》2004 年第 4 期。

40. ［荷］克里斯杰·布莱兹、［英］斯迪沃特·菲尔德：《起诉中的裁量权与责任——关于法庭外处理犯罪的比较研究》，载江礼华、杨诚主编：《外国刑事诉讼制度探微》，法律出版社 2000 年版。

41. 孔令泉、张建勇：《农民工驾车肇事被检察院安排做义工引争议》，载《民主与法制时报》2010 年 7 月 4 日。

42. 孔一：《少年再犯研究——对浙江省归正青少年重新犯罪的实证分析》，载《中国刑事法杂志》2006年第4期。

43. 蓝传贵：《缓起诉制度之探讨》，载《法令月刊》2005年第5期。

44. 劳东燕：《被害人视角与刑法理论的重构》，载《政法论坛》2006年第5期。

45. 李丰丰：《被告人死亡罪名能否消除》，载《人民法院报》2003年7月10日。

46. 黎宏：《刑事和解：一种新的刑罚改革理念》，载《法学论坛》2006年第4期。

47. 李居全：《也论我国刑法中犯罪概念的定量因素——与储槐植教授和汪永乐博士商榷》，载《法律科学》2001年第1期。

48. 李岚：《试论暂缓起诉制度》，载樊崇义、冯中华、刘建国主编：《刑事起诉与不起诉制度研究》，中国人民公安大学2007年版。

49. 李卫红、段晓博：《刑事政策对刑事司法裁判权的弱化与分离》，载《河南公安高等专科学校学报》2008年第3期。

50. 李晓斌：《审判效率如何能有大幅度提高》，载《法学》1998年版第10期。

51. 李郁：《暂缓起诉：严格执法中的温情》，载《法制日报》2003年8月19日。

52. 李赞、张凤军：《不起诉案件的实证分析》，载《国家检察官学院学报》2007年第5期。

53. 梁根林：《非刑罚化——当代刑法改革的主题》，载《现代法学》2000年第6期。

54. 梁根林、付立庆：《刑事领域违法性的冲突及其救济——以社会危害性理论的检讨与反思为切入》，载陈兴良主编：《刑事法评论》（第10卷），中国政法大学出版社2002年版。

55. 林崇德、李庆安：《青少年身心发展特点》，载《北京师范大学学报（社会科学版）》2005 年第 1 期。

56. 林山田：《刑事诉讼程序之基本原则》，载陈朴生主编：《刑事诉讼法论文选辑》，五南图书出版公司 1984 年版。

57. 刘海燕、李玲玲：《脑的可塑性研究探析》，载《首都师范大学学报（社会科学版）》2006 年第 1 期。

58. 刘津慧：《天津市外来人口犯罪分析报告》，载《天津市政法管理干部学院学报》2006 年第 4 期。

59. 刘凌梅：《西方国家刑事和解理论与实践介评》，载《现代法学》2001 年第 1 期。

60. 刘守芬、韩永初：《非犯罪化、非刑罚化之理性分析》，载《现代法学》2004 年第 3 期。

61. 刘艳红：《刑法的目的与犯罪论的实质化——"中国特色"罪刑法定原则的出罪机制》，载《环球法律评论》2008 年第 1 期。

62. 卢建平：《新中国刑事政策与刑法关系的历史演变》，载赵秉志、郎胜主编：《和谐社会与中国现代化刑法建设》，北京大学出版社 2007 年版。

63. 卢周来：《何谓"穷人的经济学"》，载《北京日报》2005 年 3 月 23 日。

64. 马皑、乐国安：《弱势群体与心态失衡》，载《政法论坛》2004 年第 2 期。

65. ［法］马克·安塞尔著，王立宪译：《从社会防卫运动角度看西方国家刑事政策的新发展》，载《中外法学》1989 年第 2 期。

66. 马克昌：《宽严相济刑事政策刍议》，载《人民检察》2006 年第 10 期（上）。

67. 马克昌：《论宽严相济刑事政策的定位》，载《中国法学》2007 年第 4 期。

68. 马克昌：《刑法三十年反思》，载《人民检察》2008 年第 19 期。

69. 毛磊：《刑事犯罪走势前瞻》，载《人民日报》2002 年 11 月 17 日。

70. 马静华：《刑事和解的理论基础及其在我国的制度构想》，载《法律科学》2003 年第 4 期。

71. 马新东：《论不起诉制度的完善》，载《中国刑事法杂志》2000 年第 5 期。

72. 苗生明、李继华：《指控贪污罪的最低证据标准》，载《刑事司法指南》2001 年第 1 集（总第 5 集）。

73. 莫洪宪、王树茂：《刑法谦抑主义论纲》，载《中国刑事法杂志》2004 年第 1 期。

74. 欧爱民：《我国犯罪概念的宪法学透视》，载《法商研究》2006 年第 4 期。

75. 潘开元、李仲林：《北京市监狱管理局在押累犯犯罪原因及矫正对策》，载《中国司法》2006 年第 4 期。

76. 钱弘道：《法律经济学的理论基础》，载《法学研究》2002 年第 4 期。

77. 钱忠军：《武汉实施"暂缓起诉"引争议》，载《长江日报》2000 年 12 月 20 日。

78. 秦玉红：《刑事和解的困境与超越——以"花钱买刑"为视角》，载《社会科学家》2010 年 8 期。

79. 上海市第一中级人民法院少年审判庭课题组：《未成年人重新犯罪的实证分析及对策研究——以上海市未成年犯管教所在押少年犯为研究样本》，载《青少年犯罪问题》2011 年第 3 期。

80. 宋涛：《高中生捅伤同学 检察院暂缓起诉准其先高考》，载《半岛都市报》2009 年 4 月 15 日。

81. 宋莹：《北京市法院关于判处非监禁刑未成年人复学情况

的调研报告》，载《青少年犯罪研究》。

82. 宋英辉：《日本刑事诉讼的新发展》，载《诉讼法论丛》（第 1 卷）。

83. 宋英辉：《酌定不起诉中面临的问题与对策》，《现代法学》2007 年第 1 期。

84. 宋英辉：《国外裁量不起诉制度评介》，载《人民检察》2007 年第 24 期。

85. 宋英辉、吴宏耀：《不起诉裁量权研究》，载《政法论坛》2000 年第 5 期。

86. 宋英辉、许身健：《恢复性司法程序之思考》，载《当代法学》2004 年第 3 期。

87. 孙本尧、何平：《王汉斌答中外记者问 谈民主与法制建设问题 建国 40 周年时不需要实行特赦》，载《人民日报》1989 年 3 月 30 日。

88. 孙力、李巧芬：《认罪案件处理程序研究——以北京市海淀区人民检察院办案实践为视角》，载《人民检察》2008 年第 14 期。

89. 孙胜玉：《无罪推定与罪刑法定》，载《丹东纺专学报》1997 年第 3 期。

90. 孙万怀、黄敏：《现代刑事司法和解精神的基础》，载《法学》2006 年第 4 期。

91. 孙应征、赵慧：《论刑事和解在我国相对不起诉制度中的构建》，载《法学评论》2007 年第 2 期。

92. 谭世贵：《中国司法体制若干问题研究》，载《法治研究》2011 年第 3 期。

93. 陶锋：《刍议证据不足不起诉》，载樊崇义等主编：《刑事起诉与不起诉制度研究》，中国人民公安大学出版社 2007 年版。

94. 田享华：《司法改革任重道远 法院经费"钱景"渐明》，

载《第一财经日报》2005 年 11 月 14 日。

95. 万静波：《被"遗忘"在看守所 28 年的人》，载《南方周末》2003 年 11 月 14 日。

96. 汪建成：《论起诉法定主义与起诉便宜主义的调和》，载《中国人民大学学报》2000 年第 2 期。

97. 王洪坤：《应立法规范刑事和解》，载《检察日报》2011 年 8 月 12 日。

98. 王鸿鳞：《关于我国首例"安乐死"案件》，载《人民司法》1990 年第 9 期。

99. 王敏远：《暂缓起诉：争议及前景》，载《人民检察》2006 年第 7 期。

100. 王娜：《职务犯罪的概念和现象论析》，载刘明祥主编：《马克昌教授八十年华诞祝贺文集》，中国方正出版社 2005 年版。

101. 王书成：《论比例原则中的利益衡量》，载《甘肃政法学院学报》2008 年第 2 期。

102. 王新元：《关于情节显著轻微的议论——兼谈对〈刑法〉第十条但书的理解》，载《宁夏社会科学》1997 年第 4 期。

103. 王玉皇：《刑事追诉理念的转变与缓起诉——从德国刑事追诉制度之变迁谈起》，载《月旦法学杂志》第 119 期。

104. 武功：《德国的刑事司法改革》，载《检察日报》2000 年 8 月 7 日。

105. 武延平：《不起诉制度的改革与完善》，载樊崇义主编：《诉讼法学研究》（第 2 卷）中国检察出版社 2002 年版。

106. 谢望原：《西欧探寻短期监禁刑替代措施的历程》，载《政法论坛》2001 年第 2 期。

107. 谢望原：《赦免的刑事政策意义》，载《人民司法》2003 年第 9 期。

108. 邢军：《女子超市偷肉，称只想让儿子吃好点》，载《河南商报》2008 年 7 月 11 日。

109. 邢莉云、王亦君：《大学生因贫穷犯罪凸现弱势救助体系完善》，载《中国青年报》2006 年 4 月 4 日。

110. 信春鹰：《中国国情与社会主义法治建设》，载《法制日报》2008 年 6 月 29 日。

111. 徐岱：《未成年人犯罪的刑法处遇》，载《吉林大学社会科学学报》2006 年第 6 期。

112. 徐志林、金林生、何银松：《上海外来流动人口犯罪现状的社会学分析与控制对策》，载《上海公安高等专科学校学报》2004 年第 2 期。

113. 杨敦先：《我国是怎样实行赦免的?》，载《人民日报》1980 年 4 月 14 日。

114. 杨胜娟、马皑：《弱势群体犯罪的犯罪动机研究》，载中国政法大学中德法学院编著：《中国法学文档（第 6 辑）》，知识产权出版社 2009 年版。

115. 杨新京：《论相对不起诉的适用条件》，载《国家检察官学院学报》2005 年第 6 期。

116. 尹丽华：《检察机关自由裁量权及其被害人救济之管见》，载《中国刑事法杂志》2004 年第 1 期。

117. 殷培军、薛伟：《轻伤害不急着起诉，先行调解》，载《法制日报》2006 年 7 月 14 日。

118. 曾庆朝、王大伟、周闻胜：《中国"暂缓起诉首例命案"调查》，载《民主与法制》2006 年第 19 期。

119. 翟中东：《刑罚个别化的蕴涵：从发展角度所作的考察》，载《中国法学》2001 年第 2 期。

120. 张军：《非犯罪化思潮与我国刑事政策路径选择》，载《江苏警官学院学报》2005 年第 5 期。

121. 张明楷：《司法上的犯罪化与非犯罪化》，载《法学家》

2008 年第 4 期。

122. 张锐智：《国外法官选任制度特点及启示》，载《辽宁公安司法管理干部学院学报》2007 年第 1 期。

123. 张润东：《北京首次实施对犯罪未成年人暂缓起诉制度》，载《京华时报》2004 年 5 月 22 日。

124. 张小虎：《人身危险性与客观社会危害显著轻微的非罪思辨》，载《中外法学》2000 年第 4 期。

125. 张小虎：《犯罪预防与犯罪控制的基本理念》，载《河南省政法管理干部学院学报》2008 年第 1 期。

126. 张旭：《罪刑法定与无罪推定》，载《现代法学》1998 年第 5 期。

127. 张正德：《刑事诉讼法价值评析》，载《中国法学》1997 年第 4 期。

128. 张朝霞：《德国不起诉制度》，载《诉讼法论丛》第 4 卷，法律出版社 2000 年版。

129. 张卫理：《中国需要大批法律人才》，载《法制日报》1997 年 10 月 3 日。

130. 张泽涛：《规范暂缓起诉——以美国缓起诉制度为借鉴》，载《中国刑事法杂志》2005 年第 3 期。

131. 张智辉：《主题探讨——刑事和解：法律家与法学家对话》，载《国家检察官学院学报》2007 年第 4 期。

132. 赵丹：《荷兰检察官的自由裁量权》，载《国家检察官学院学报》2007 年第 3 期。

133. 赵笑梅、田语壮：《因"穷"轻微犯罪就能不起诉?》，载《深圳晚报》2007 年 8 月 20 日。

134. 郑琦：《比例原则的个案分析》，载《行政法学研究》2004 年第 4 期。

135. 郑迎红：《未成年人刑事责任年龄证据的审查与判断》，

载《江苏法制报》2009 年 5 月 12 日。

136. 周路：《青少年罪犯群体人生轨迹实证研究》，载《青年研究》2003 年第 11 期。

137. 周少华：《刑法的目的及其观念分析》，载《华东政法大学学报》2008 年第 2 期。

138. 周雪祥、肖晋：《刑事程序人道价值初论》，载《政治与法律》2005 年第 5 期。

139. 中国政法大学刑事法律研究中心：《英国刑事诉讼制度的新发展》，载《诉讼法论丛》1998 年第 2 卷，中国政法大学出版社1998 年版。

140. 朱本：《关于儿童的可塑性与抗塑性问题的探讨》，载《教育改革》1998 年第 5 期。

141. 邹豫莨、高野：《完善我国精神病司法鉴定制度的思考》，载《法制与社会》2008 年第 5 期。

142. 左卫民、吴卫军：《形合实独：中国合议制度的困境和出路》，载《法制与社会发展》2002 年第 2 期。

四、外文类

1. Black's Law Dictionary (5th Ed), West Publishing Co. 1979. p. 419.

2. Hou Xiaoyan, Procuratorial Discretion in China: Formal Rules and Informal Practice, Hong Kong Law Journal, Vol. 33, Part 3 of 2003. p. 663.

3. John Hatchard and others , Comparative Criminal Procedure, the British Institute of International and Comparative Law, pp. 62 – 64.

4. Mortimer and Kadish, Discretion to Disobey: Study of lawful Departure from legal Rules, Stanford University Press, 1973, p. 4.

五、网络资料

1. 《跨国侵权犯罪：互联网上涌动暗流》，公安部网站，ht-

tp：//www. mps. gov. cn/n16/n1252/n1852/n2647/124275. html。

2. 《湖南岳阳闹市万人聚众赌博 庄家疑有保护伞》，淮海网，
http：//news. huaihai. tv/guoneinews/2007/0422/2007 － 04 －
2236205. html。

3. 卞文斌：《犯罪嫌疑人、被告人死亡后应当不再追究刑事责
任》，中 国 法 院 网，http：//www. chinacourt. org/html/article/
200312/11/94659. shtml，2003 － 12 － 11。

4. 洪巧俊：《以犯罪来获免费治疗国民皆受害》，新华网，ht-
tp：//news. xinhuanet. com/comments/2008 － 11/27/content ＿
10419516. htm，2008 － 11 － 27。

5. 胡志清：《应尽快立法界定"初犯"的确切含义》，中国法院
网，http：//www. chinacourt. org/html/article/200902/05/343251. shtml，
2009 － 02 － 05。

6. 李松、黄洁：《检、学共建"刑事和解办公室"破解角色
难题》，http：//www. legaldaily. com. cn/bm/2009 － 03/20/content
＿ 1057012. htm。

7. 罗结珍：《再谈法国刑事诉讼法中的刑事调解与刑事和解》，
中 国 诉 讼 法 律 网，http：//www. procedurallaw. cn/xsss/zdwz/2010
01/t20100109＿ 300102. html。

8. 唐钧：《2001—2002：中国贫困与反贫困形势分析》，民政
部 网 站，http：//dbs. mca. gov. cn/article/csdb/llyj/200711/200711
00003469. shtml。

9. 王霞：《山西再现高考悲剧：女儿考上父亲服农药自尽》，载新
浪网 2006 年 7 月 10 日，来源山西新闻网。http：//www. sina. com. cn。

10. 肖玮、吕卫红：《因生活无着轻微犯罪可不起诉?》，正义
网 http：//review. jcrb. com/200708/ca628740. htm，2007 － 08 － 17。

11. 杨光、关义、崔金花：《浅谈适用暂缓起诉制度的必要
性》，中国企业新闻网，http：//www. jcfydb. com/fzw/2008 － 04 －

13/news_ 120003684. html。

12. 叶传龙：《从"水葬母亲"看穷人的生存法则》，千龙网，http：//news. xinhuanet. com/comments/2008 － 12/01/content ＿ 10437134. htm，2008 － 12 － 01。

后　记

　　曾经想象过到写论文后记的时候，会是一个十分幸福和享受的过程。因为每当拜读他人的专著和博士论文，总是对后记饶有兴趣。现在，真正着手写自己的论文后记，却无论如何找不到那种感觉。因为，写作这篇 20 万字的东西，用曲折和艰苦来形容，一点也不夸张，且不说它的质量如何。博士求学和论文写作的诸多感慨，一言难尽。

　　攻读博士学位，是由来已久的梦想。曾经有一段时间，当看到周围的同学朋友正在攻读或已经完成博士学业，心中就陡生一种焦虑感和危机感。我是以双学士的前学历报考博士研究生的。第一次复习考博是在 2002 年，基本是抱着试一试的心态，结果专业课和外语均上线了，但是因为总分不高，没有被录取。2003 年 10 月女儿出生，孕前产后的大大小小的事情，足以让一个人忙得团团转，就不要说复习考试了，考博之事暂时告一段落。2004 年从美国学习回来，感觉自己的英语水平有所提升，更重要是读博的理想之火仍然在心底燃烧，于是再次报考，结果专业课和英语依然得以通过，没有想到的是，加试的一门课没有通过，还是没有被录取。次年，又经历了无数个挑灯夜战的复习、第三次步入考场经受考试的洗礼。2006 年 4 月考试成绩和录取名单公布，至今还记得一个人在二分院十楼办公室从网上看到结果的那一刻，心跳加快的激动心情依然可以触摸。之后在人民大学明德楼法学院 9 楼复试的场景，历历在目。还记得王作富教授面试时问我的问题是"口头合同能否构成合同诈骗罪"从人民大学毕业工作 10 年之后，我再次成为母校的注册学生。不同的是，1993 年是乘坐 332 路公交车到校，从中关村大街（那时还叫白颐路）的东门入校的，2006 年是开着汽车从苏州街的西门进入校园的。10 年时间，人大法学院从靠近东门的资料楼搬到西门南侧的贤进楼，又搬进西门北侧的明德楼。而我个人，最早报考博士研究生的时候，是在临近人大的海淀区检察院，考试和学习期间则到了市检二分院，论文完成的时候，又身在北京市人民检察院。入学的时候，女儿才 3 岁，刚刚入幼儿园小班，如今女儿已经是 3 年级的小学生，读书写字俨然没有障碍。无论是学校、个人还是家庭，10 年的变化，可谓沧海桑田。

"你们觉得入学考试难，真正难的是论文写作。"导师黄京平教授在入学之初即正告过我和同门师弟。论文写作中间一直到现在，越来越体会到导师当年的谆谆教诲是多么富有先见之明。可惜当时没有从内心理解老师的真意，没有早动手写作，导致论文的完成一延再延。应当说，我的论文题目是同班同学中确定最早的之一。大约 2007 年下半年上刑法专题研究课的时候，黄老师在课堂上就给我建议了"不起诉的实体根据研究"这个博士论文选题。

整个论文的写作过程，大致经历了两个阶段。第一阶段是在开题之后至 2009 年 2 月。主要是利用周末和晚上的时间，在家里、在单位里写啊写，但是，进度比预想的慢了很多。至 2009 年 2 月，各个章节断断续续地都打好了框架，总字数大约写了近 7 万字。距离最后交稿的时间还有一个多月，本想请个假集中一段时间拼命写完，但是市检察院的一次调研活动完全打乱了这个计划——那年3月6日市检察院政治部抽调我参加为期三个月的"基层院建设专题调研"，要写出调研报告、制定出北京市检察机关加强基层检察院建设的意见，并向市委汇报。作为抽调到调研组专门从事这项工作的我，开始还想将调研和论文写作兼顾，常常白天参加调研活动，晚上回二分院写论文。这样持续了两周之后，不得不中断了博士论文的写作，与正常毕业时间擦肩而过。是年9月，在完成市院专题调研任务两个月之后，我被正式调到北京市检察院政治部教育培训处工作。新的工作单位、新的工作任务和工作环境，需要全身心地投入到工作中去，实在没有时间写作论文。论文写作的第二阶段，是在2010年的下半年至2011年9月。除了周末和晚上，基本没有整块的时间进行写作。时间，成为最稀缺的资源。更加不幸的是，2011年4月我爱人的右膝关节前叉韧带损伤，需要双拐辅助行走，无法上班，严重的时候无法做饭，更无法接送孩子上学，保守治疗的时间超过了半年。又要工作，又要做饭，又要接送孩子上学，又要带爱人去医院检查治疗，又要尽快写完论文，那真是一段非同寻常的日子。

　　博士学习和博士论文的完成，路虽艰辛，心中却积攒了无数的感激与感恩。首先要向我的恩师黄京平教授送上最诚挚的感谢。1999年至2009年，黄老师先后在海淀区检察院和北京市检二分院挂职副检察长，并负责审批公诉案件，对检察业务十分熟悉。可以说，在当今中国刑事法学者中，黄老师是将刑事法理论与刑事法实务结合得最好的专家。在海淀检察院和市检察院二分院工作的一段时间里，黄老师既是我学习的导师，又是我工作的领导。是黄老师把我领进了刑法学博士学习的殿堂，并为我选择了一个有挑战性和有价值的博士论文题目。在学习、论文开题和论文写作的过程中，黄老师给了我诸多指导。特别是在论文写作过程中，黄老师十多次面谈督促和短信督促我早日完成论文，使我深感惭愧和歉意，以至于都难以启齿向老师做些解释。在论文初稿完成之后，黄老师在一周之内秉烛夜读，逐页阅读我的论文，从论文框架章节结构到观点论据论证，一一指出了论文的错误、不足和修改意见，红色的、蓝色的彩笔批改文字处处点到要害，犹如指路航灯，令我茅塞顿开。按照导师的意见修改之后，又向黄老师汇报，黄老师再次提出一系列修改意见，如此三番五次地修改，才有了答辩论文的模样。可以说，这篇博士论文从选题、开题报告，到写作、修改、答辩，都凝聚了黄老师的无数心血。我内心对恩师的感激之情，真是难以言表。

五年半的博士求学之路，因为学习和论文写作，对家庭生活也有不小的影响。这里要特别感谢妻子和女儿对我的支持和关心。在绝大部分时间里，妻子承担了做饭洗衣、照顾孩子、辅导作业等一系列重大家庭事务。在论文写作即将结束的时候，妻还帮助我整理编写了论文目录和参考文献。女儿以爸爸是博士为自豪，这是对爸爸最大的褒奖。

在这里，也要向我的父亲母亲表示问候。这两年里，通电话时父亲母亲总忘不了问一问博士学业的情况，希望儿子早日拿到博士学位。

在这里，要感谢中国人民大学法学院曾经为我授过课的高铭暄、王作富两位德高望重的老先生，戴玉忠教授、韩玉胜教授、谢望原教授、刘明祥教授、张小虎教授、冯军教授、肖中华教授、田宏杰教授、时延安副教授，各位老师在课堂上给了我最好的刑法学教育。

在这里，还要感谢我工作所在的市检察机关的领导和同事给我的支持和帮助。市检察院慕平检察长、卢希副检察长、张幸民主任高度重视检察人才培养，倡导、鼓励、支持干部在职深造，为我的学习创造了良好的环境。伦朝平检察长多年来对我的学习工作和成长给予了无私的关心和支持，使我能够在学习中工作，在工作中成

长。甄贞副检察长、苗生明副检察长对我的学术和论文写作，给予
了许多的鼓励和帮助。市检二分院研究室的王伟、魏文荣两位同事
在论文写作前期，为我准备查阅了大量书籍报刊资料。市检察院政
治部教育培训处的郭小锋同事，在论文写作后期为我查找统计数
字、制作统计表格、校对修改论文错误，付出了辛苦的劳动。海淀
检察院的汪承昊、张紫千两位80后年轻人为论文的参考文献整理、
摘要翻译加班加点。

　　首都师范大学的但未丽副教授、中国人民公安大学的陈志军副
教授，对论文写作及修改提出了许多宝贵意见，使我受益匪浅。博
士同班同学王剑波、赵剑、梁晟源、沈玉忠、张果等，为我留下了
美好的同窗回忆。

　　在论文写作过程中，我深深地体会到，以自己的能力来驾驭这
样一个横跨实体法和程序法的极具挑战性的论文题目，实在是力所
不及。我也真正体会到了什么叫"学然后知不足"，哪怕是一些基
础性的刑事法概念，都需要认真学习，仔细研读，才能逐渐理解其
真意。

　　论文写完了，学习的路还没有完。

李继华于北京海淀厂洼家中

2011 年 10 月 1 日

后记（二）

2011 年 11 月，是我博士论文答辩的日子。巧合的是，论文答辩与入学复试选在了同一个地点——人民大学明德楼 917 会议室。答辩之后，按照答辩委员会各位老师提出的意见，我对论文及时作了修改，并提交到学校图书馆和法学院图书馆。

在此，要特别感谢博士论文书面评审及答辩的各位老师。书面评审老师是：中国人民大学法学院韩玉胜教授、甄贞教授，北京师范大学刑事科学研究院卢建平教授、刘广三教授，中国政法大学于志刚教授，中国社会科学院法学研究所冀祥德教授；答辩委员会组成人员是：中国社会科学院法学研究所王敏远教授、冀祥德教授，中国人民大学法学院韩玉胜教授，北京师范大学刑事科学研究院刘广三教授，中国青年政治学院法律系林维教授。王敏远教授担任答辩委员会主席，中国人民大学法学院博士后姚东担任答辩委员会秘书。组织博士论文答辩俨然是组织一次正规的会议，印刷递送论文、协调时间地点、准备笔墨茶水等工作，都是由我的好友王锋和郭小锋帮助完成的，在此一并表示衷心的感谢。

2012 年全国人大五次会议通过关于修改刑事诉讼法的决定，2013 年 1 月 1 日修改的刑事诉讼法正式实施。根据修改后的刑事诉讼法，我对论文中涉及修改后刑事诉讼法的条文、内容进行了相应的修改。

承蒙中国检察出版社的厚爱，我的博士论文得以纳入出版社的刑事法学博士文库公开出版。在此，向中国检察出版社的安斌编审表示诚挚的谢意，向出版社为本书付出辛勤劳动的马力珍主任以及其他编辑表示诚挚的谢意。可以说，没有各位编辑老师鼎力相助，就没有本书的出版。

毕业之后，我的导师黄京平教授一如既往地关心我、指导我，在本书决定出版之后，欣然答应作序。感恩之情，无以回报。

本书是个人的第一部专著。由于能力和水平所限，书中必然存在诸多缺点和不足，唯愿能够给刑事法学术界和司法实务界提供一个参考的资料和批评的靶子，诚恳地期望各位专家老师和实务同仁给予批评指正。

李继华于北京市人民检察院
2013 年 3 月 1 日